国家出版基金项目
NATIONAL PUBLICATION FOUNDATION

中国长江流域当代经济发展研究

Economic research in contemporary the Yangtse river basin

张学恕 —— 著

山西出版传媒集团
山西经济出版社

图书在版编目(CIP)数据

中国长江流域当代经济发展研究 / 张学恕著. -- 太原 : 山西经济出版社,2017.10
ISBN 978-7-5577-0242-7

Ⅰ. ①中… Ⅱ. ①张… Ⅲ. ①长江流域—区域经济发展—经济史—研究—近代 Ⅳ. ①F127.5

中国版本图书馆 CIP数据核字(2017)第 213815 号

中国长江流域当代经济发展研究
ZHONGGUO CHANGJIANG LIUYU DANGDAI JINGJI FAZHAN YANJIU

著　　者: 张学恕
出 版 人: 孙志勇
选题策划: 李慧平
责任编辑: 李慧平　申卓敏
复　　审: 李春梅
终　　审: 张宝东

出 版 者: 山西出版传媒集团·山西经济出版社
地　　址: 太原市建设南路 21 号
邮　　编: 030012
电　　话: 0351-4922133(市场部)
0351-4922085(总编室)
E - mail : scb@sxjjcb.com(市场部)
zbs@sxjjcb.com(总编室)
网　　址: www.sxjjcb.com

经 销 者: 山西出版传媒集团·山西经济出版社
承 印 者: 山西出版传媒集团·山西人民印刷有限责任公司

开　　本: 787mm × 1092mm　1/16
印　　张: 21
字　　数: 448 千字
印　　数: 1—1000 册
版　　次: 2017 年 10 月　第 1 版
印　　次: 2017 年 10 月　第 1 次印刷
书　　号: ISBN 978-7-5577-0242-7
定　　价: 80.00 元

绪 论

1949 年 10 月 1 日,新中国成立后,长江流域同全国各地一样,在中国共产党和人民政府领导下,坚持走社会主义道路,自力更生,艰苦奋斗,从贫穷落后逐步走向繁荣富强。尽管从 20 世纪 50 年代后期开始,国家总的指导思想出现了“左”的错误,在经济上盲目追求“一大二公三纯”。特别是 60 年代中期以后,“左”的错误越来越严重,最终导致延续 10 年之久的“文化大革命”,使国民经济濒临崩溃的边缘,人民生活陷入极端困难。但我们的党和国家依靠自身的力量,于 1976 年一举粉碎了“四人帮”,结束了“文化大革命”。中共十一届三中全会果断地停止了以阶级斗争为纲,把党和国家的工作重心转移到社会主义现代化建设上来,开创了改革开放新时代,经济发展取得了辉煌成就,人民生活水平有了很大的提高。

在建设中国特色社会主义经济的过程中,长江流域和全国各地一样,始终坚持公有制为主体、多种所有制经济共同发展的基本经济制度,以及同基本经济制度相适应的、以按劳分配为主体、多种分配方式并存的分配制度,同时坚持和完善市场经济体制,以充分发挥社会主义制度优越性和市场配置资源的基础性,不断解放和发展生产力,努力提升综合国力和国际竞争力,推进大众创业、万众创新,始终走生产发展、生活富裕、生态良好的文明发展道路。

改革开放 30 多年来,长江流域在现代化建设的进程中,逐步实现了从落后的生产方式到先进的生产方式的转变,集中表现在:一是由传统农业到现代农业的转变。传统农业通常使用简单的生产工具,以人力或畜力作为动力,凭借世代相传的耕作方法和农业技术,农业劳动生产率较低,基本上属于自给自足的小农经济范畴。现代农业则是用现代工业和现代科学技术武装起来的农业,在发展农业过程中尽可能大量以机械和电力为动力,因而现代农业是优质高效农业,是以市场为导向、规模经营、适度集中的农业,现代农业的经济效益、社会效益和生态效益比传统农业高得多。改革开放以来,长江经济带特别是长三角和长江沿江地区,现代农业蓬勃兴起,农业技术装备、农业基础设施、农业抵抗自然灾害能力都有了相当大的进步,特别是农业综合生产能力有了显著提高。由于农业现代化的全面推进,带来了农产品产量大幅度提高,农产品品种增多,质量大为提高,使长江经济带的现代农业呈现空前繁荣的景象。

二是工业由基础薄弱、技术落后到先进的新型工业化转变。新中国成立初期，长江流域特别是长江中上游地区，除沿江地区少数城市外，其余地区根本谈不上工业化和工业体系，“一穷二白”是工业落后的真实写照。新中国成立后，国家在原来基础落后的长江中上游地区建设了一批新兴工业，特别是“三线”建设，给长江中上游地区带来了一批技术较为先进的工矿企业。改革开放以后，整个长江经济带掀起了工业化的浪潮，大量引进国外资金和先进技术、设备与人才，全面推进新型工业化。特别是原来工业基础较好的长三角地区和沿江一些新兴工业城市，除利用外资和国外先进技术，兴建一批技术含量高的高新技术产业基地外，还利用外资和国外先进技术，改造传统产业，使原有老工矿企业焕发了青春，加入新型工业化的行列。

新型工业化的全面推进，使长江经济带的现代工业由小到大、由弱变强，工业结构由简单到门类齐全，从以轻工业为主、重工业为辅到轻重工业协调发展的转变，从以劳动密集型工业为主导，逐步走向劳动、资本和技术密集型工业共同发展的转变。长江经济带现正处在工业化中期或中后期阶段，主要标志是钢铁、有色金属、电力、煤炭、石油加工、化工、机械、建材、轻纺、食品、医药等工业部门逐步发展壮大；一些新兴工业部门和高新技术产业，如航空航天工业、汽车工业、电子工业、生物工程等，从无到有，从小到大，发展速度之快，极为罕见。如今一个以高新技术为主导、行业门类比较齐全的工业体系，已在长江经济带形成，联合国产业分类中所列的全部工业门类，在长江经济带各地大体上都能找到。如今长江经济带已成为中国乃至亚洲重要的工业基地，成为中国实现现代化的重要支撑力量，并对亚洲乃至世界经济发展产生重要的推动作用。

三是由传统服务业向现代服务业转变。传统服务业知识含量较低，往往以劳务为主要服务手段。而现代服务业是信息和知识相对密集的服务业，与传统服务业相比，更突出了高科技知识与技术密集的特点。现代服务业是在工业比较发达的阶段产生的，主要依托信息技术和现代化管理理念发展起来。加快发展现代服务业，尽快使服务业成为国民经济的主导产业，是长江经济带调整产业结构，加快转变经济发展方式的必由之路，也是缓解长江经济带特别是长三角地区资源、能源不足和提高资源利用率的重要途径。

现代服务业又称新兴第三产业，包括金融、交通、信息、科技等生产性服务业，还包括餐饮、旅游等生活性服务业。金融业是现代化经济的核心，加快金融业发展，是当今经济带的重中之重。上海要尽快建成国际金融中心。南京、武汉、重庆要抓紧建成区域性金融中心。长江经济带现已形成以高速铁路和高速公路为主导，包括铁路、公路、水运、航空、管道等各种运输方式齐全的综合交通运输体系，今后应进一步健全和完善这个体系，推进现代化建设蓬勃发展。长江经济带有条件的大中城市，应从实际情况出发，逐步形成以服务经济为主导的产业结构，以适应全面建成小康社会的需要。

四是由城镇化到城市群的进展。城镇化是现代化的必由之路，城市群是城镇化的重要载体，中国未来的全面现代化，将率先在城市群中实现。长江经济带城市群布局合理、体系完整，各自优势突出，在中国区域发展格局中都占有重要地位。首先，地处经济文化发达的长江下游，以上海为中心和以南京、杭州两个省会城市为副中心，包括江苏、浙江、上海两省一市的全部辖区的长三角城市群，是中国唯一的世界级城市群，被列为世界第六大城市群，且是中国三大成熟型城市群之一，其经济总量位居三大城市群之首，相当于京津冀和珠三角两大城市群之和。其次，地处长江中游，以武汉、长沙、南昌 3 个省会城市为中心，包括武汉城市圈、环长株潭城市群、环鄱阳湖城市群在内的长江中游城市群，是特大型城市群，面积约 31.7 万平方公里，承东启西，连南接北，是实施促进中部地区全面崛起、推进区域一体化的重要途径。再次，地处长江上游，以重庆、成都为核心的成渝城市群，包括直辖市重庆和四川省 14 个市，土地面积为 23.99 万平方公里，比长江中游城市群面积小，但它处于西部地区的核心位置，北临西北，南带西南，东联华中，西引西藏，是连接西部各省的重要交通枢纽，也是西部地区重要的经济中心。就整个长江经济带而言，以上海为中心的长三角城市群，是带动、辐射长江经济带共同发展的龙头地区，而长江中游城市群和成渝城市群要主动接受辐射，三大城市群发挥各自的优势，推进优势互补，共同推动长江经济带的开发开放，为实现“两个一百年”的宏伟目标做出更大的贡献。

五是从封闭经济走向开放型经济。新中国成立后，我国曾经努力对外开放，但由于复杂的国际形势，加之当时经验不足，最终走上封闭半封闭的道路，进一步拉大了与世界发达国家的差距。1978 年中共十一届三中全会清除了“左”的错误，确立了改革开放的基本国策，实现了从封闭半封闭到全方位、多层次、宽领域对外开放的伟大转折。就经济领域对外开放而言，长江经济带各地对外开放取得了显著成绩，特别是长三角地区和沿江许多城市对外开放程度名列全国前列，在对外开放内涵和途径方面显示以下几个特点：

第一，商品输出和服务贸易相结合。改革开放时期，由于经济困难，外汇紧缺，长江流域各地以出口创汇为抓手，大量出口工业品和农副产品，为国家换取外汇。随着改革开放的深入发展，长江经济带各地根据国际市场的需求，大力推进劳务出口，到国外承包工程，凭借智慧和劳务为国家创造财富。尤其是中国在加入世贸组织的谈判中，对服务贸易做出了广泛而深入的承诺，使服务贸易逐步成为我国对外贸易的重要组成部分，出现了服务贸易全面发展的新格局。如今长江经济带各地的服务贸易出口，在旅游运输、建筑等传统服务贸易取得长足发展的同时，服务贸易结构逐步优化，高附加值的新兴服务贸易也取得了可喜的成就。

第二，招商引资和“引技引智”相结合。改革开放初期，长江经济带同全国各地一样，建设资金困难，企业技术落后，设备陈旧，为尽快摆脱贫穷落后的状况，国家动员各方面力量，通过各种渠道，广泛开展招商引资活动，尽可能吸引海外资金、技术和人才。随着改革开放的深入发展，贫穷落后的状况大为改观，许多先富起来的地区和单位招商引资的重点，逐步转向引进国外先进技术、设备和各类人才，从根本上解决贫穷落后的关键问题，并尽快赶超先进水平。于是，“引技引智”就成为各地发展经济刻不容缓的大事。实践证明，由“引资”向“引技引智”转变，是加速发展现代化经济的明智决策，也是长江经济带快速发展的根本举措。

第三，“引进来”与“走出去”相结合。改革开放之初，面对贫穷落后的困境，长江经济带各级党委和人民政府带领广大人民自强不息，顽强奋斗，大力引进国外先进技术、设备和管理方法，加快现代化建设步伐，迅速改变了贫穷落后的面貌。随着综合国力的增强和国际竞争力的提高，党和政府又不失时机地带领人民群众由“引进来”转向“走出去”，大踏步走出国门，在国外投资兴办各类工商企业，充分利用国外资源和市场，在国外就地生产、就地销售，以取得更大的经济效益和社会效益，同时大大提高中国的综合国力和国际地位。

第四，推进经济国际化和提高开放型经济水平相结合。当今世界已进入全球性时代，各国相互依存度十分广泛和深入。推进经济国际化，就是顺应经济全球化的大趋势。为适应正在到来的知识经济时代，我国加快建立面向国际市场、符合国际规范、高效率的经济运行机制；加快企业经营机制与国际市场竞争机制接轨，促进生产要素的国际流动和合理配置；实施市场多元化和以质取胜的发展战略，加快建立世界经贸营销网络，发展跨国经济。为适应经济国际化的需要，长江经济带应从实际情况出发，进一步发展对外贸易、利用外资、服务贸易、技术贸易、对外投资等对外经济合作，全面推进全方位、多层次、宽领域的开放型经济。长江经济带各地面对经济全球化的趋势和我国对外开放新格局，深刻认识到促进高新技术产业发展是开放型经济发展的新特征，从战略高度全面推进高新技术产业发展，充分利用国际国内两种资源和两个市场，大力发展开放型经济，努力提高开放型经济水平和国际竞争力。

国家对长江经济带的战略定位：一是具有全球影响力的内河经济带；二是东中西互动合作的协作发展带；三是沿海、沿江、沿边全面推进的对内对外开放带；四是生态文明建设的先行示范带。[①]

从 1990 年 4 月中共中央、国务院批准上海浦东开发开放为起点，吹响了以上海为龙头的长江经济带开发开放的号角。1992 年 10 月中共十四大明确提出了长江经济带的发展战略。从此，长江经济带广大人民在中共中央和国务院领导下，万众一心，众志成城，全面推进长江经济带的开发开放。经过 25 年的现代化建设，长江经济带积累了丰富的经验，取得辉煌成果，如今一条现代化的、具有全球影响力的、中国最大的内河经济带，雄立于世界东方。长江经济带已成为中国内陆与外洋交流、陆海经济相互整合的重要通道。未来长江经济带将以崭新的姿态和更加雄厚的经济实力，跻身世界巨型江海经济带的行列，成为中国和世界经济发展中的一盏光芒四射的明灯。

长江经济带和“一带一路”是当代中国经济发展的主轴和优化开发区，两者优势互补并互动协调发展，必将加速实现中华民族伟大复兴的中国梦，为建设富强、民主、文明、和谐的现代化中国做出更大的贡献。

---

①《扬子晚报》，2015 年 3 月 5 日，A4～A5 版。

目　录

第一章　长江流域当代社会主义经济的建立和发展

中华人民共和国的成立开创了中国历史的新纪元，中国革命和建设事业由此开始了从新民主主义到社会主义的转变。从1949年10月1日新中国成立到1956年9月社会主义改造基本完成，在这7年的时间内，长江流域各地人民在中国共产党的领导下，在恢复和发展国民经济的同时，成功地确立了社会主义国营经济的领导地位，基本完成了对农业、手工业和资本主义工商业的社会主义改造，建立和发展了社会主义经济。

长江流域各地在基本完成生产资料私有制的社会主义改造以后，到“文化大革命”前的10年中，开始了全面的大规模的社会主义经济建设。在此期间，虽然受到“左”倾错误的干扰，经济建设仍然取得了很大的成就，奠定了社会主义现代化建设的物质基础，培养了经济建设的人才和骨干力量，积累了丰富的经验。

在长达10年的“文化大革命”期间，由于林彪、江青两个反革命集团的严重破坏和“左”倾错误的严重干扰，长江流域的经济在政治动乱中跌宕起伏，经济建设成果遭到巨大损失。但由于广大工人、农民、知识分子和各界民众的英勇斗争和辛勤劳动，长江流域各地的经济发展仍然取得了一定的成绩。

第一节　长江流域社会主义经济的建立

一、社会主义国营经济领导地位的确立

新中国成立后，长江流域各地的中国共产党组织和人民政府依靠人民群众，采取各种有效措施，大力发展社会主义国营经济，确立了国营经济在国民经济中的领导地位，为巩固人民政权、发展社会主义经济和改善人民群众生活奠定了物质基础。

新中国成立以后，长江流域的社会主义国营经济来源由以下三个部分组成：

(一)革命根据地和解放区的公营经济发展为社会主义的国营经济

1927年以后，长江流域各革命根据地和解放区，为适应革命事业的需要，分别建立了许多军用工业，如兵工厂、弹药厂、机械修理厂、炼铁厂、被服厂等，也有些民用工业，如煤矿、纺织厂等。到新中国成立前夕，随着解放区的日益扩大，各解放区的公营厂矿企业和工商金融机构也迅速发展壮大，成为实力较为雄厚的公营经济事业。新中国成立后，长江流

域各解放区的公营经济直接转变为社会主义的国营经济，并成为新中国成立后多种经济成分中的领导力量。

（二）没收官僚资本并将其转变为社会主义国营经济

长江流域特别是长三角和沿江大中城市，是官僚资本最集中的地方。新中国成立后，长江流域各地党和人民政府根据党中央和中央人民政府的政策法令，没收了南京国民政府及其所属各级地方政府和大官僚经营的各类经济机构和企业。具体做法是："各专案系统，自上而下，原封不动，先接后分。"[①]这样，可以有条不紊地接收官僚资产，便于接收后迅速恢复和发展生产。1949 年 5 月上海解放后，党和人民政府委派华东财委秘书长孙冶方接收南京国民政府资源委员会的全部财产。资源委员会是庞大的官僚资本机构，控制全国的资源和重工业生产，拥有 21 个总公司、291 个工矿企业、近千个生产单位；有职员 32800 人，其中 40%是工程技术人员；有职工 67 万人，其中技术工人 22 万人[②]。资源委员会总部设在南京，1949 年 1 月迁到中国最大的经济中心上海，所属企业分布于长江流域各地和有关城市，在人民政府接管资源委员会时，中国人民解放军三野司令员兼上海市市长陈毅亲赴资源委员会大楼讲话，欢迎资源委员会全体员工回到人民的怀抱，希望广大职工尽快恢复和发展经济。

没收官僚资本的企业和财产，是新中国成立初期长江流域国营经济最主要的来源。由于长江流域在全国占有举足轻重的经济地位，因而也是全国国营经济的重要来源之一。长江流域各地在新中国成立初期没收和接管官僚资本，并使它转变为社会主义国营经济，严格执行党和国家的有关政策法令。小官僚和地主所办的工商业，则不在没收之列。对官僚资本企业中不属于没收范围的私股，均予以承认，并有留退自由。但对隐匿在私人企业中的官僚资本，经清理和查实后，均加以没收。由于各级党委和政府的正确领导，没收和接管工作进展顺利，许多企业在被接管并转为国营经济后，很快恢复了生产，有的企业迅速达到了历史最高水平。

（三）外资在华企业中相当一部分转变为社会主义国营经济

外国资本在华企业，大都是伴随着帝国主义对华经济侵略和依靠各种特权发展起来的。它们攫取了高额利润，在中国的现代化产业中占垄断地位，控制了旧中国的经济命脉。全国解放后，我国宣布废除帝国主义在华的经济特权和其他各种特权。对于外资企业采取慎重态度，加以监督和管制。抗美援朝战争开始后，美英等国进行经济封锁，美国还宣布管制中国在美国辖区内的一切公私财产。中国政府针锋相对，宣布管制和冻结美国在华的一切公私财产。以上海为中心的长江下游地区是外资企业最为集中的地区，在新中国成立后，对外资企业根据不同情况，分别采取征用、征购、代管、管制等多种办法，加以区别对待，并将其中相当一部分转变为社会主义国营企业。如旧中国最大的驻华英美烟草公司（后改称颐中烟草公司）所属各厂转交给国营上海烟草公司。

新中国成立后，长江流域同全国其他地区一样，存在着国营经济、合作社集体经济、劳动者个体经济、私人资本主义经济、国家资本主义经济等 5 种经济成分并存的所有制结

①《陈云文选》（1926～1949 年），人民出版社，1984，第 269～270 页。

②张学恕：《中国长江下游经济发展史》，东南大学出版社，1990，第 626 页。

构，其中全民所有制国营经济集中了众多近代化的大企业，具有较为雄厚的物质技术力量和人才优势，控制了国家经济命脉，代表了经济社会发展方向，同其他经济成分相比具有巨大的优越性，因此，国营经济在整个国民经济体系中必然居于领导地位。

二、农村的土地制度改革

新中国成立后，长江流域各地新解放区面临一项十分重要而紧迫的任务，就是要像老解放区那样，全面实行土地制度改革，废除封建地主土地所有制，使广大无地或少地的农民获得土地。这是新民主主义革命的一项基本内容，也是新民主主义向社会主义转变必须解决的一项根本任务。不废除封建地主土地所有制，解决广大农民迫切需要解决的土地问题，就不可能消除农村贫穷、落后的根源，也不可能恢复和发展农业生产，当然也不可能向社会主义过渡和实行新中国的工业化。因此，全面实行土地制度改革，势在必行，刻不容缓。

（一）土改前的农村土地占有概况

长江流域同全国其他地区一样，旧中国遗留下来的封建土地制度极不合理，严重地束缚了农村生产力的发展。据当时对华东、中南地区一些乡村的调查，地主占有的土地约占30%～50%，富农占有的土地约占10%～15%，小土地出租者占有土地约占30%～50%。在全部耕地中，除富农自耕土地约占10%以外，其余约90%的土地由中农、贫农和雇农耕种，但他们大部分没有土地所有权。许多地区土地所有权占有的不合理问题更为突出。如四川等地，地主占有土地约占70%～80%。四川西南部地主占土地约85%以上：比较肥沃的土地集中在只占人口2.4%的地主手中。成都县占人口总数1.1%的地主所占有的土地竟高达90%以上。大邑县全县30多万人，共有土地50多万亩（一亩≈0.067公顷），仅刘氏家族14户地主就占有30多万亩土地。[①]

广大贫苦农民为了生存，不得不租种地主占的大量土地，被迫向地主缴纳苛重的地租。在通常情况下，农民向地主缴纳的地租要占农田产量的50%，土地集中的地区竟高达70%～80%。重庆市郊歇马场，“每收谷一石，主得七五，佃得二五”；万县一带“主九佃一者有之，主八佃二者有之，主七佃三者有之”，以“主八佃二者为普遍”。[②]广大农民除遭受地主苛重的地租剥削外，还受高利贷的剥削，一般利息均在20%以上，高者达30%～50%，并受反动政府名目繁多的苛捐杂税剥削，成年累月在饥饿线上挣扎。因此，废除封建地主土地所有制，使无地或少地的广大农民获得土地，不仅是广大农民的迫切要求和强烈愿望，也是发展农业生产，改变国家贫穷落后状况的迫切需要，更是全面提高农村生产力和实现社会工业化的必由之路。因此，实行土地制度，是长江流域乃至全国各级党委和政府的一项刻不容缓的重要任务。

（二）土地改革的全面开展和主要成就

1950年6月，中共七届三中全会决定在3月内有计划、有秩序地完成新解放区的土地改革工作。同年6月14日，中央人民政府委员会第八次会议讨论和通过了《中华人民共和

---

①②董辅礽等：《中华人民共和国经济史》上卷，经济科学出版社，1999，第73页。

国土地改革法》,并于6月30日公布执行。当时,人民解放战争已经基本结束,长江流域属于新解放区,已经建立了各级党委和人民政府,为这个地区遵循国家政策、法令,有领导、有计划、有秩序地开展土地改革的各项工作,在政治上、组织上和物质上创造了根本条件。

长江流域各地同全国其他新解放区一样,始终坚持党和国家提出的土地改革的总路线:依靠贫农、雇农,团结中农,中立富农,有步骤、有分别地消灭剥削制度,发展农业生产。土地改革的基本目的是废除地主阶级封建剥削的土地所有制,实行农民的土地所有制,借以解放农村生产力,发展农业生产,为新中国的工业化开辟道路。

由于新中国成立后的形势和客观条件发生了重大变化,同新中国成立前老解放区相比,包括长江流域在内的新解放区土地改革在政策上有一些新规定和新的特点:一是将打击和消灭富农经济的政策改为保护富农经济。这是因为全国解放后,党的工作中心已经转向经济建设,在新的历史条件下,富农有较多的资金、畜力和农具,经营规模较大,生产效率较高,在一定时期内允许富农经济存在,有利于发展农业生产。同时,保护富农经济有利于孤立地主,保护中农,防止发生偏差,有利于土地改革顺利进行,也有利于稳定城市中对资产阶级的统一战线,促进国民经济的恢复和发展。二是将没收地主全部财产的政策改为仅没收地主的土地、耕畜、农具、多余的粮食及在农村中多余的房屋,其他财产均不予没收。三是更加强调必须团结和保护中农。新的政策明确规定:"保护中农(包括富裕中农在内)的土地及其他财产,不得侵犯。"四是增加了对小土地出租者的"少量土地,不予征收"的规定。五是增加了照顾少数民族、宗教人士、归国华侨及侨属等特殊政策。实行这些新的政策,对于土地改革的顺利进行和健康发展,对于迅速恢复和发展农业生产,都是十分有利的。

长江流域农村的土地改革,大体上从1950年冬开始,到1953年顺利结束,历时3年。土改开始前,各地都普遍开展了各项准备工作,包括建立强有力的各级土改领导机关及其办事机构,制订分期进行土改的工作计划,培训大批土改工作干部,深入农村分别进行土改工人试点,取得经验,逐步推开。当时,仅长江下游的皖南、皖北两个行署,就培训了两万多名土改干部,分别搞了32个村和38个乡的土改试点。[①]沪、宁、汉、渝等四大经济中心和许多大中城市,还组织了各民主党派、广大知识分子和许多知名人士,赴农村参加或参观土改工作,形成了广泛的反封建统一战线。

长江流域各地大规模的土地改革,大致分为三个阶段进行:一是发动群众,开展清匪反霸、减租减息等斗争;二是严格按照政策,划分阶级成分;三是没收地主的土地、农具、耕畜、多余的粮食和农村中多余的房屋,统一地、公平合理地分配给无地、少地及缺乏其他生产资料的贫苦农民所有。

长江流域的土地改革,是新中国建立后广大农村翻天覆地的空前壮举,虽然规模宏大、情况复杂、变动激烈,但因路线清晰、目的明确、策略得当,特别是广大干部和群众的团结奋战,终于如期顺利完成,取得了举世瞩目的伟大成就,具有十分重要的意义。

首先,废除了统治中国近3000年的封建剥削制度,真正实现了耕者有其田。通过土地

①张学恕:《中国长江下游经济发展史》,东南大学出版社,1990,第627页。

改革，地主阶级作为一个阶级已被消灭。广大农民说："以前是地主的天下，现在是我们的世界。"据统计，华东区共没收地主土地 11889 万亩，占全区耕地总数的 34.6%，分配给无地或少地的农民。另据调查，中南区 100 个乡土改后湖北贫雇农平均每人占有的土地相当于百乡总人均土地的 91.4%，湖南为 92.6%，江西为 91.5%。华东局给中央的报告说："贫雇农得地开心，中农有利放心，富农不动定心，地主劳动回心。"这充分显示了农村各阶层对土改成就的赞誉。

其次，解放了长期被束缚的农业生产力，促进了农业生产的恢复和发展。土改以后，广大无地农民第一次获得了属于自己的土地，许多农民增加了土地，再也不受地主阶级的剥削和奴役，因而生产积极性空前高涨，极大地推动了农业生产的恢复和发展。据安徽省统计，全省在土改后的 1952 年粮食总产量比土改前的 1949 年增加了 147.04%，棉花总产量比 1949 年增加了 53.32%。①湖南省在土改后掀起了农田水利建设高潮，共挖建水塘 9.8 万多个，修堤坝 2.25 万座，修渠沟 4139 公里（1 公里 =1 千米），为进一步发展农业生产创造了物质条件。②

最后，改善了广大农民的物质文化生活。土地改革以后，长江流域各地农民获得了较多的经济利益，使生活水平有了较大的提高。以浙江省慈溪县歧山村为例：新中国成立前全村 90%以上的土地被少数地主霸占，广大农民遭受残酷的封建剥削，过着十分贫困的悲惨生活。土地改革以后，农民分得了土地，不再受到封建剥削，生产积极性空前高涨，1952 年全村平均亩产籽棉 80 公斤，比土改前的 1949 年增加了两倍多。在发展生产的基础上，农民生活大为改善。不但吃得饱、穿得暖，而且盖起了砖墙瓦顶的住房。广大农民在实践中认识到：只有在共产党和人民政府的领导下，才能获得政治上和经济上的翻身，走上富裕幸福的道路。

三、对农业的社会主义改造

从 1953 年开始，长江流域各地全面贯彻党在过渡时期的总路线，在实施以第一个五年计划为中心的大规模经济建设的同时，逐步实现国家对农业、手工业和资本主义工商业的社会主义改造。在全面实行对生产资料私有制社会主义的"三大改造"中，对农业的社会主义改造首当其冲，并对资本主义工商业和手工业的社会主义改造起了重大的推动作用。这是因为农业是国民经济的基础，在占全国人口绝大多数的广大农村建立起的社会主义的基本经济制度，必然要求和带动资本主义工商业和个体手工业加快走上社会主义的光明大道。因此，对农业合作化的成就和作用必须予以充分肯定，任何从根本上否定这场变革的观点都是错误的。当然，看不到农业合作化过程中的缺点和失误，以及对后来经济建设的负面影响也是错误的。

（一）土改后的农村经济状况

土地改革结束后，长江流域各地农业生产有了很大的发展。但是，历史上遗留下来的

①张学恕：《中国长江下游经济发展史》，东南大学出版社，1990，第 628 页。
②董辅礽等：《中华人民共和国经济史》上卷，经济科学出版社，1999，第 89 页。

农业生产力落后的状况并没有得到根本改变。除极少数合作经济外，农业个体经济仍然占有绝对优势，基本上处于个体的分散经营。生产规模狭小，耕畜和农具不足。加之个体经济的不稳定性，个体劳动者经常发生新的分化和变化。当时有些富裕的农民生产条件较好，又善于经营，开始雇工生产；许多贫雇农生产条件较差，仍然比较贫困，甚至被迫出卖土地，有的农村甚至出现土地兼并和贫富两极分化的现象。据湖南省溆浦县 1953 年 10 月对 104 个乡的调查，有 302 户出卖土地、房屋和山林，占农户总数的 0.85%，出卖土地的原因多种多样，有的是因为生活困难，有的是不务正业，有的是铺张浪费，等等。[①]因此，引导农民走互助合作的道路，是避免在土地私有制的基础上产生两极分化的客观要求，也是发展和扩大农业生产并为工业化提供更多的原料、资金的迫切需要。

（二）农业合作化的兴起和合作化高潮的出现

农业合作化运动是关系改变中国亿万农民生产资料占有方式、生产方式和生活方式的伟大变革。为保证这场伟大变革健康发展，引导中国农村绝大多数的农民组织起来走社会主义的道路，中共中央于 1953 年 2 月将 1951 年 12 月下发试行的《关于农业生产互助合作的决议（草案）》作了个别修改，作为正式文件发给各中央局、分局并转各省、市委施行，这个决议要求在条件比较成熟的地区，有领导、有重点地发展初级农业生产合作社。这是一种以土地入股、统一经营为特征的半社会主义性质的农业集体经济组织。其规模一般以 10 多户至几十户为一个生产单位，农民入社时将自己的私有土地及耕畜、大农具等生产资料入股，或将耕畜、大农具等折价归社，由生产合作社统一经营，生产合作社按社员入股土地及其他生产资料的质量和数量给予社员相应的报酬，同时给予社员劳动报酬。由于初级社将社员生产资料的所有权与经营权分离开来，实行集体劳动，并产生了一定的公共积累，从而显示了它的社会主义性质。党中央认为，“这种走向社会主义的过渡的形式又正是富有生命的有前途的形式。”

1953 年 12 月，党中央又公布了《中共中央关于发展农业生产合作社的决议》，这是中央关于农业互助合作的第一个决议之后，又一个关于农业合作化的决议。《决议》认为初级社已经在试办和初期发展中显示出优越性，证明它是引导农民过渡到完全社会主义的高级社的适当形式，是领导互助合作运动继续向前的重要环节，要求各地把农村工作重点更多地转向兴办初级农业生产合作社。

根据党中央文件精神，我国农业的社会主义改造必须采取逐步过的形式。第一步，组织具有社会主义萌芽的农业互助组；第二步，建立土地入股、统一经营的半社会主义性质的初级农业生产合作社；第三步，建立土地公有、按劳分配的完全社会主义性质的高级农业生产合作社。党中央还强调指出，发掘农业互助合作运动，必须坚持自愿互利、典型示范和国家帮助的原则，采取积极引导、稳步前进的方针，并以增产增收作为办好农业生产合作社的根本标志。党中央的决议和方针政策，为包括长江流域各省在内的全国农业社会主义改造指明了方向和具体途径。

---

①《中共党史研究》1989 年第 1 期。

在各级党组织和人民政府的领导下,长江流域各地的农业互助合作运动有计划、有步骤地逐步开展起来。从 1953 年正式开始,到 1955 年 7 月,广大农村中的初级农业生产合作社不断增长,其间虽然出现了某些急躁冒进的现象,但经过调整和整顿,从总体上看,其发展还是较为稳步前进的。比如,长江下游的安徽省 1952 年试办了 122 个农业社,1953 年春全省农业社发展到 529 个,比 1952 年增加了 3 倍,入社农户比 1952 年增加了 4 倍。[①]

在长江流域各地大办农业生产合作社的过程中,浙江省农村急躁冒进的问题最为突出和严重。有的农村干部公然宣布,入了社可以少派粮食征购任务,不入社就要多派。许多地区为了办社,对不入社的农户强制调换土地。当时许多农民被强制入社。因此,全省农业社数量迅猛增加,由 1953 年秋收前的 3800 个发展到 1955 年春的 50950 个,加上 4800 个自发社,全省农业社共达 55000 多个。为解决浙江省农业合作社过急、过快、过粗的问题,中共中央农村工作部长邓子恢于 1955 年 3 月下旬,约请中央有关部门和浙江省委负责人共同研究处理意见。他们根据党中央和毛泽东的指示精神,并经党中央同意、给浙江省委发了电报,建议对农业社停止发展,适当收缩,全力巩固。浙江省委经过讨论,同意并认真贯彻落实中央的指示,实事求是地纠正了违反自愿互利原则办社和合作社发展过多过猛造成的错误。经过一个多月艰苦工作,到同年 5 月上旬,浙江省农业生产合作社由 53144 个减为 37507 个,减少了 15607 个社,大部分转为互助组。[②]总的来说,浙江省收缩和整顿农业社取得了良好的效果,不仅缓和和稳定了当时浙江农村"粮食、合作化两紧张"的形势,巩固和发展了按自愿互利原则建立起来的农业社,而且团结和稳定了中农,有力地促进了农业生产的发展。这本来是实事求是、坚持真理、修正错误的好事。但是邓子恢同志和其他坚持正确意见的同志很快被批判犯了所谓"右倾"。这种错误的批判大大助长了本来已经存在的"左"倾错误,并导致农业社会主义改造中继续出现要求过急、速度过快、工作过粗的偏差。

从 1955 年下半年起,长江流域各地在批判了对农业合作化问题的所谓"右倾保守"错误之后,相继出现了大办农业社和初级社向高级社转变的高潮。以长江下游的农业大省安徽省为例:仅 1955 年 9 月、10 月两个月,就新办起 45105 个农业社,连同原来的农业社一起,全省已有 96771 个农业社,入社农户达到 2704026 户,再加上刚建立"空架子"农业社的农户,入社农户占全省总农户的 52%以上。其中全椒县入社农户占到全县总农户的 75.5%,成为安徽省第一个基本上实现农业合作化的县。同年 11 月,安徽省召开全省第三次党代表会议,对全省农业合作化运动做出全面规划,要求在 1956 年秋种前全省入社总户数最低达到 75%,争取达到 80%,[③]从而把全省的农业合作化运动进一步推向高潮。与此同时,长江流域其他各地也都掀起了农业合作化的高潮,许多地方出现了小社并大社、初级社转高级社的热潮,有些地方刚建立初级社,马上又并社升级为高级社;有不少农户超越初级社,一步就跨入了高级社。到 1956 年底,长江流域各地都基本上实现了农业合作化。由此表明,长江流域同全国其他地区一样,到 1956 年底已经基本上完成了对农业社会主义改造的任务。

---

①张学恕:《中国长江下游经济发展史》,东南大学出版社,1990,第 635 页。

②薄一波:《若干重大决策与事件的回顾》上卷,中共中央党校出版社,1993,第 341 页。

③据 1959 年安徽省档案馆馆藏档案资料统计。

(三)农业社会主义改造的巨大成就和某些失误

长江流域的农业社会主义改造,是广大农村里的一场翻天覆地的空前壮举,取得了巨大的成就,具有十分重要的作用和深远的意义。

首先,在广大农村建立和发展了社会主义集体所有制。通过农业社会主义改造,使广大农民彻底摆脱了土地私有制的束缚,把汪洋大海似的个体经济,改造成为社会主义集体经济,个体农民也成为集体经济组织的成员。以安徽省为例:到1956年年底全省共建立30924个农业生产合作社,入社农户663.3万人,分别占农村总农户的95.6%和总农业人口的93%[①]。这就割断了资本主义同广大农村的联系,消除了农民陷于贫穷落后的经济根源,使社会主义制度在广大农村建立和发展壮大起来。

其次,为农田基本建设和农业技术改造创造了有利条件。农业合作化以后,初步显示了集体经济和协作劳动的优越性,有利于进行大规模的农田基本建设、水利灌溉建设和农业科学技术推广,而这些建设在合作化前农民分散劳动和个体经营时是根本无法做到的。比如,为改变旱涝等自然灾害对农业生产的严重危害,党和国家组织大批农业劳动力,对淮河、荆江等许多河道进行治理,修建了一批水库和分洪、发电设施,为农业生产的发展开辟了广阔的前景。

再次,为国家工业化的起步提供了重要条件。国民经济经过3年恢复以后,从1953年起,开始了以"一五"计划为中心的大规模工业建设,不仅需要大量的建设资金,而且需要更多的粮食、棉花、油料等农产品作为工业原料,以满足城乡人民的衣食之需。为此,长江流域和其他地区的农民在"一五"期间,把相当于自己净收入的5%奉献给国家作为建设的资金[②],同时为国家工业化提供了大量的粮食和各种农副产品作为工业的原料。

最后,对农业社会主义改造道路和农业生产责任制等重大理论与实践问题进行了有益的探索。长江流域广大干部和群众在农业社会主义改造的过程中,从中国和本地区的实际情况出发,在实践中认识到农业社会主义改造,必须遵循客观经济规律,有计划、有步骤地采取多种形式稳步前进,必须坚持自愿互利的原则,反对任何行政命令和操之过急;必须坚持是否有利于生产力发展作为衡量成败的标准。对于农业生产责任制的探索,浙江省温州专区取得显著成效和丰富的经验。当时温州专区实行包产到户,由生产队实行包工、包产、包成本,生产队再以"三包"原则包给每户成员;社员对承包土地的产量负完全责任,超产奖励,减产赔偿;平时每户社员单独生产,农忙时小组互助,全社性农活集体出工,社内农具搭配到户或轮流使用。这种形式得到社员热烈拥护。农业生产责任制的出现和推广,显示了明显的优越性,促进了农业生产的发展。尽管从1957年冬以后,较长的时间内受到错误批判,但它始终显示出顽强的生命力。直到20多年后的改革开放时期,家庭联产承包责任制在全国广大农村普遍推广。

我们在充分肯定长江流域农业社会主义改造取得巨大成就的同时,也要清楚地看到改造过程中的缺点和失误,主要是要求过急,改变过快,特别是走入了目标模式的误区,后

①安徽省统计局1979年11月编印的统计资料,第10页。

②《中共党史研究》1989年第1期。

来建立起一个不符合中国国情的以计划经济为特征的生产资料公有制，这一失误种下了其后人民公社化恶果的根苗。

四、对资本主义工商业的社会主义改造

中国共产党在过渡时期总路线的一个重要内容，就是实现国家对资本主义工商业的社会主义改造。第一个五年计划也规定了对资本主义工商业进行社会主义改造的具体任务，计划要求5年内“基本上把资本主义工商业分别地纳入各种形式的国家资本主义的轨道，建立对于私营工商业的社会主义改造的基础”“国家对资本主义工业的改造，第一步是把资本主义转变为各种不同形式的国家资本主义，第二步是国家资本主义转变为社会主义。”对私营资本主义商业也要“逐步改造成为各种形式的国家资本主义”，最后成为社会主义经济的组成部分。

（一）资本主义工商业的概况和改造任务的提出

长江流域特别是以上海为中心的长三角地区和沿江一带，是中国近代资本主义工商业的发祥地，这里集中了全国重要的私营工商业部门和大中型骨干企业。上海则是中国近代工商业最早兴起的“大本营”。新中国成立前，上海的企业总数、职工总数和主要工业部门，都在全国占有绝对优势。1947年，上海拥有工厂7738家，占全国工厂总数的54.95%；拥有工人367433人，占全国工人总数的53.84%。上海的工业门类齐全，配套能力较高，综合加工能力较强，专业化协作较好。在上海近代工业中，以纺织面粉业规模最大，号称“纺织大王”和“面粉大王”的荣宗敬、荣德生兄弟，则是中国最大的民族资本家。上海还有生丝、火柴、卷烟，机器制造等70多个工业门类。1947年，上海华纱厂拥有纱锭1706434枚，占全国华商纱锭总数的61.8%。全国卷烟厂有60家，上海占有46家。上海企业的机械化程度也相当高。1947年使用各种机器总数为2096708台，占全国总数的65.7%①。上海的对内、对外贸易也十分发达，在全国居于遥遥领先的地位。1947年，上海的棉花、棉纱、机器的货物贸易值分别占全国的82.5%、70.7%和82.1%。②由于上海是全国最大的资本主义工商业中心，对以上海为龙头的长江流域资本主义工商业进行社会主义改造，就具有特别重要的意义。通过改造，在这个地区消灭资产阶级的生产资料私有制，不仅能加速这个地区社会主义经济的发展和壮大，而且必将对全国社会主义经济的发展产生重大的影响。

由于中国民族资本主义经济的两重作用和民族资产阶级的两面性，在国民经济恢复时期，党和国家在优先发展社会主义国营经济的同时，允许民族资本主义工商业的存在和发展，实行了“公私兼顾、劳资两利”的政策，使其有利于国计民生的部分得到发展，同时对其不利于国计民生的消极作用采取必要的限制措施。

在完成国民经济恢复任务后，中共中央统战部部长李维汉于1953年3、4月间带领调查组到长江中下游的武汉、上海、南京、无锡、常州等工商城市进行调查，于同年5月27日向中共中央作了《关于〈资本主义工业中公私关系问题〉给中央并主席的报告》。报告分析

①②陈立仪等：《建国前上海在全国经济中心的地位》，载《上海地方史研究》(三)，上海社会科学院出版社，1994，第18～19页。

了国家资本主义经济的发展情况，认为国家资本主义是我们利用和限制资本主义工业的主要形式，是资本主义工业向社会主义过渡的主要形式。报告明确提出对资本主义工业采取利用、限制、改造的办法，提出公私合营是国家资本主义的高级形式，最有利于将资本主义企业改造成为社会主义企业。报告还指出，随着企业的改造，这些企业中的资产阶级分子也可以得到改造。同年6月15日，中央政治局扩大会议讨论并同意了这个报告。这个报告来源于长江中下游地区，总结了长江中下游地区对资本主义工商业社会主义改造的经验和做法，提出了对资本主义工商业利用、限制和改造的根本政策，是指导长江流域和全国工商业进行社会主义改造的一个较早的重要文献。

（二）从初级形式向高级形式全面推进

1953年完成国民经济改造任务后，长江流域各地工业中相继出现了初级形式的国家资本主义，主要有收购、加工、订货、统购、包销等形式，在商业中出现了经销、代销等形式。在加强对资本主义工商业改造的过程中，国家有计划、有步骤地扩大了加工订货、统购包销的范围，由大型企业发展到中小企业，由大城市发展至中小城市，并加强了国营经济在国民经济中的领导地位。

从1955年下半年起，随着农业、手工业合作化高潮的到来，广大农民和手工业者走上了合作化的道路，加之国家对粮、油、棉等主要农产品实行统购统销政策，基本上割断了资本主义同农村的联系，使资产阶级陷于孤立。同时，私营企业中广大职工迫切要求变革资本主义的生产关系，私营工商者中也出现了一批走社会主义道路的积极分子。因此，国家资本主义的初级形式和个别企业的公私合营，已经不能适应经济发展的要求。只有实行全行业的公私合营、由领导机构按规定向资本家支付股息、使资本家的所有权脱离原来的企业，才能统一进行生产改组，按国家计划要求组织生产。因此，实行国家资本主义的高级形式即全行业的公私合营，是当时形势发展的需要，也是生产发展的客观要求所决定的。

1955年第三季度，上海出现了全行业公私合营的高潮。首先是上海市的棉纺、毛纺、麻纺、面粉、碾米、卷烟、造纸、搪瓷8个行业及3个冷藏制冰厂共168家企业按行业进行了公私合营。继之，上海市的机器、造船、钢铁等13个行业实行了公私合营。随后，上海市的绒线、棉布、绸缎3个商业行业，也实行了全行业公私合营。

当时，上海的轻工、重工两大工业部门和商业部门分别进行全行业公私合营的具体做法是：①从实际情况出发，自愿组合。有的是按系统进行公私合营，有的按资本或生产上的连属关系、按生产需要合并进行公私合营，还有以大带小、以先进带落后进行公私合营。②全行业公私合营不一定包括行业中的每一个企业。如有个别企业不愿意合营，可以等一等，条件成熟，再合营。③按照全行业的计划，在党和政府的领导下，由领导机构派遣工作组，对各行各业分头安排和落实合营的产、供、销等各项工作。④社会主义改造与生产改组相结合。或者先生产改组再全行业合营，或者边合营边改组。究竟如何改组为好，要广泛征求群众意见，然后做出合乎实际情况的决定。采取领导和群众相结合，是上海市实行全行业公私合营最基本的工作方法，也是上海全行业公私合营取得成功的主要经验。

上海在全国率先实行全行业公私合营，对加快实现资本主义工商业社会主义改造的步伐,起了典型示范的作用。当时,中共中央高度评价和充分肯定了上海的做法,称之为"上海方式",并决定1955年第四季度在全国范围内对一切重要行业实行全行业或大部分行业的公私合营。于是,在全国范围内掀起了对资本主义工商业社会主义改造的高潮。继北京1956年1月上旬全部实现公私合营以后,长江流域的南京、武汉、重庆等中心城市和大批大中小城市以及全国各地,也纷纷掀起了资本主义工商业社会主义改造的热潮。比如,到1956年3月,安徽全省实行公私合营的工业企业有435家,占全省工业企业总数的99.08%;安徽省私营商业纳入各种改造形式的有150119家,占全省私营商业总数的76.94%。①

公私合营是国家资本主义的高级形式。在公私合营企业中,社会主义经济成分已由企业外部进入企业内部并居于领导地位,国家在控制企业的原料供应和产品销售的同时,也能控制企业的整个生产和流通过程,从而使企业的生产和销售纳入国家计划的轨道。在长江流域各地进入全行业公私合营以后,资本家原来占有的生产资料归国家所有,由国家统一调配和使用,资本家对生产资料完全丧失支配权。根据国家有关规定,公私合营后取消了原来"四马分肥"的利润分配办法,一律实行定息制度,即根据"公平合理、实事求是"的原则,核定资本家私股的股额,无论企业盈亏,都按期发给私股股东固定息率(一般为年息5%)的股息,留在企业任职的原有私营工商者,已不是生产资料所有者的身份,而是作为劳动者的身份参与企业的管理和生产技术工作。

(三)资本主义工商业社会主义改造的意义和失误

长江流域同全国其他地区一样,从1953年起,对资本主义工商业进行社会主义改造,经过国家资本主义初级形式到高级形式的发展,到1956年基本完成对资本主义工商业社会主义改造的伟大任务。这表明我国几千年的以生产资料私有制为基础的剥削制度基本上被消灭,以生产资料公有制为基础的社会主义制度基本上建立起来。这是我国历史上最深刻、最伟大的社会变革。

在长江流域资本主义工商业进行社会主义改造的过程中,我国积累了丰富的经验,取得了伟大的成就,具有十分重要的意义。

首先,不是采取强制没收的方法,而是用和平赎买的方法来消灭资产阶级的生产资料私有制,并成功地创造了国家资本主义从低级到高级的一系列过渡形式和赎买形式。这是当时我国的国情和特殊的历史条件所决定的。实践证明,采取国家资本主义从低级到高级发展的这个形式,使资本主义所有制逐步转变为社会主义所有制,有利于保护和发展社会生产力,减少社会的震动。在私营工商业改造的过程中,生产不但没有受到影响,而且还有较大的发展。比如,安徽省公私合营企业的工业生产总值比合营前一年平均增长70.2%;公私合营商业的营业收入1955年比1954年上升了54.55%。②在节约原材料和降低成本方面,公私合营企业也取得了可喜的成绩。如1954年上海的19家公私合棉纺厂,在10月份有9家纱用棉量低于国家规定标准,到12月份已全部低于国家规定的标准。③

其次,把对企业的改造和对人的改造结合起来,把原来的剥削者改造成自食其力的劳

①②据1959年安徽省档案馆馆藏资料统计。

③董辅礽:《中华人民共和国经济史》上卷,经济科学出版社,1999,第195页。

动者。长江流域各地在对资本主义工商业社会主义改造的过程中，根据“量才使用，适当照顾”的原则，谨慎而妥善地安排了原有私营工商业者的工作。只要有一技之长、能够工作的，均予以适当安排。有些原私营工商者还担任了公私企业的领导职务，并给予较高的工资。著名的或有重大贡献的资本家，还安排在各级人大常委会、政协各级委员会和各种群众团体担任领导职务。这样做，既保证了资本主义工商业社会主义改造的顺利进行，又充分发挥了原有工商业者的某些技术和管理特长，有利于社会生产力的发展。

第三，在政治上保持原有工商业者的选举权和其他民主权利，把工人阶级同民族资产阶级之间的矛盾当作人民内部矛盾处理，其结果是化消极因素为积极因素，有利于工人阶级和人民群众的根本利益。

综上所述，长江流域各地根据中共中央和国务院的统一部署，于 1956 年顺利地完成了对资本主义工商业社会主义改造的任务，标志着这个地区最后一个剥削阶级——资产阶级作为一个阶级已经基本上消灭了。这个地区对资本主义工商业的社会主义改造，是与对农业、手工业的社会主义改造同时完成的。对长江流域生产资料私有制“三大改造”的完成，表明社会主义生产资料公有制在长江流域各地普遍地建立和发展壮大起来。

当然，我们在充分肯定长江流域资本主义工商业社会主义改造取得伟大成就的同时，还应当清醒地看到在改造过程中出现的一些缺点和某些失误：主要是公私合营的面过宽，改组过多，有些地方对原有工商业者的使用和处理不当。尤其是改造速度过快，完成比较急促。比如，从 1955 年 10 月到 1956 年，各地出现资本主义工商业社会主义改造高潮，发展显然过于迅猛。这些缺点和失误，同社会主义改造的伟大成就这个主流相比，虽然属于支流，但也不应当忽视。

五、对个体手工业的社会主义改造

1953 年 6 月，中共中央提出的过渡时期总路线，把对个体手工业的社会主义改造列为“三大改造”之一，农业和资本主义工商业的社会主义改造同时进行。国家“一五”计划明确提出：“采用说服、示范和国家援助的方法，逐步把手工业者引向合作化的道路，使手工业生产合作社成为国营工业的得力助手。”

（一）手工业的特点和作用

长江流域各地的手工业历来比较发达，分布于城乡各地，是这个地区国民经济的重要组成部分，并在全国手工业中占有重要的地位。以江苏省为例：1949 年江苏全省城乡专业手工业从业人员有 73 万多人，占全国手工业从业人数的 11.3%。此外，全省农村还有 15 万人左右以手工业作为副业的农民。同年，江苏省城乡手工业总产值为 5.89 亿元，占当年全省工农业总产值的 13.6%，占工业总产值的 38.9%[①]。具体来说，长江流域各地的手工业和个体手工业者有以下一些特点和作用：

首先，手工业都是分散经营的小规模的个体经济，属于小商品经济范畴，没有多少生

①莫远人：《江苏乡镇工业发展史》，南京工学院出版社，1987，第 68 页。

产资料,资本有机构成比个体农业还低。个体手工业者既是劳动者又是私有者,自食其力,不剥削他人,还不同程度地受到地主和资本家的剥削。加之生产工具简单,设备陈旧落后,技术比较保守,多数以家庭作为生产单位,以个体劳动为主,实行家长制管理,容易发生两极分化。因此,对个体手工业进行社会主义改造,采用合作化的方式和途径,是十分必要和可行的。

其次,手工业行业众多,经营灵活多样,手工业产品丰富多彩,能满足城乡广大人民的生产和生活需要。江苏的手工业行业有 100 多种。安徽省的手工业产品有七大类 1 万多种。据对浙江省兰溪县 4 家农户调查显示,家具 107 种 486 件,炊具 29 种 255 件,除热水瓶、搪瓷面盆外,全为手工业产品。补充国家和地区轻工业产品的不足,以满足人民群众日常生活用品的需要,是手工业最为重要的作用。

第三,手工业的生产经营活动同市场始终保持紧密联系,其原料供应和产品销售同城乡各类经济及广大消费者有着不可分割的联系。长江流域各地手工业行业不仅为工业品"拾遗补阙"和为农产品加工服务,而且为广大农民提供许多重要的生产资料,为建筑业提供多种建筑材料,为各类生产部门提供服务。

第四,手工业还为国内外市场提供丰富多彩的工艺美术品和具有地方特色的传统产品,为发展旅游经济和换取外汇提供了有利条件。

(二)手工业合作化的兴起和合作化高潮的出现

新中国成立后,为加速手工业的发展,满足城乡人民对手工业产品的需要,长江流域各地党和人民政府,一方面在资金、原材料供应、产品销售和经营管理等方面,给予手工业部门和企业极大的支持和帮助;另一方面帮助手工业者组织起来,采用典型示范、树立榜样的办法,积极引导广大个体手工业者走合作化的道路。

党在过渡时期的总路线公布以后,从 1953 年起,长江流域各地对个体手工业的社会主义改造,进入了全面、普遍发展的阶段。1953 年 11 月,第三次全国手工业合作会议确定了对个体手工业进行社会主义改造的方针和政策。即"在方针上,应当是积极领导,稳步前进;在组织形式上,应当是从手工业者生产小组、手工业供销生产合作社到手工业生产合作社;在方法上,应当是从供销入手,实行生产改造;在步骤上,应当是由小到大,由低级到高级。"会议还确定了手工业合作化的对象是手工业独立劳动者、家庭手工业者、手工业工人;发展合作社的重点是手工业比较集中的城市和集镇。[①]经过一年的实践,在 1954 年 12 月召开的全国第四次手工业合作会议上,国家根据当时的形势要求,完整地提出"统筹兼顾,全面安排,积极领导,稳步前进"的方针。

长江流域各地遵循党和国家个体手工业社会主义改造的方针和政策,按照各级党委和政府的具体部署,有计划、有步骤、全面地开展了手工业社会主义改造。许多地区坚持把手工业改造同国家工业化密切结合,统筹兼顾;在生产方面就原料产地、产品的品种和数量、销售地区、劳动调配等问题,全盘合理安排,纳入地方计划。对现有社(组)分别予以整

①郑惠等:《五十年国事纪要》,湖南人民出版社,1999,第 110 页。

顿、巩固和提高，并从实际情况出发，适当发展新社（组）。从总体上看，在1955年上半年以前，各地的手工业社会主义改造还是稳步发展的。

从1955年7月以后，中国农业合作化开始走向高潮；同年10月，又出现资本主义工商业全行业公私合营的高潮。在急躁冒进的思想带动下，极大地推动了手工业合作化高潮的到来，使得手工业社会主义改造的步伐急剧加快。1956年1月，北京市在两天之内手工业基本上全部实行合作社化。①接着，长江流域的南京、武汉、上海等大城市和许多中小城市也都在几天之内先后全部实行了手工业合作化。到2月20日，全国已有143个大中城市和691个县的手工业全部或基本上实行了合作化。新成立的手工业生产合作社，只有一小部分是经过生产小组过渡而来的，大部分则是在改造高潮中直接组织起来的。

（三）手工业社会主义改造的成就和某些失误

长江流域各地的手工业社会主义改造，与农业和资本主义工商业的改造一样，是一场生产关系的极为深刻的历史变革。正是通过这次变革，奠定了包括长江流域在内的全国社会主义的经济基础，从而为社会生产力的解放和发展创造了极为重要的前提条件。同时，我们还应当看到，在这场社会大变革中，也存在着某些失误。我们应当充分认识这场变革的伟大成就，同时也要总结这场变革中的经验和教训。

长江流域各地手工业社会主义改造的成就主要有：

第一，促进了手工业生产的发展。这是衡量手工业社会主义改造得失乃至成败的根本标志。手工业合作化以后，特别是手工业改造的高级形式即手工业生产合作社成立后，各地手工业逐步纳入了国家计划的轨道，按照国家计划和市场需要组织生产，产品的原材料和销售都有了保证，使生产能够稳步、健康发展，从而促进了手工业生产力的普遍提高。江苏省盐城县5个农具生产合作社成立后，同附近50多个供销合作社签订了产销合同，克服了“旺季忙煞，淡季闲煞”的现象。据统计，1954年江苏省手工业生产合作社（组）共生产棉布419万多匹、毛巾209万多打、袜子116万多打、砖瓦2953万块、主要农具460多万件，满足了城乡人民生产和生活的需要。另据江苏省刺绣等4个行业统计，1954年出口总值418万元。在新中国成立初期，我国工业还不发达，长江流域的传统手工业产品成为当时出口创汇的主要来源之一。

第二，在一定程度上改善了手工业的生产条件。生产规模小，设备陈旧落后，大多数是手工操作，这是手工业合作化前的基本特点。手工业合作化以后，由于有了一定的公共积累，就有可能改进和提高生产技术。特别是在生产装备上，接收和利用国家闲置的或大中型工业企业设备更新替换下来的设备与机器，使许多手工业能够逐步实现机械化或半机械化生产，从而使广大手工业者的劳动强度有了较大的改善，减轻了繁重的劳动负担。

第三，促进了手工业劳动生产率和经济效益的提高。手工业合作化以后，手工业者较为普遍地从事集体劳动，改进了劳动组合，实行分工协作，开展技术革新，改进生产工具，提高了产品质量，减少了原材料和燃料消耗，不仅大大提高了手工业的劳动生产率，而且

①《人民日报》1956年1月13日。

大大提高了经济效益。由于生产过程和劳动组合的改善与进步，长江流域各地都不同程度地提高了劳动生产率，通常提高 10%~30%，有些地区甚至提高一倍以上。江苏省徐州市的手工业较为发达，在手工业合作化以后，织布、鞋帽、油漆等五大行业手工业生产合作社成立，共改进了 16 种生产工具，提高工效 4 倍以上[①]。

第四，改善广大手工业职工的物质和文化生活。据江苏省 1954 年第二季度末对 250 个手工业生产合作社调查，共拥有资金 110 多万元，其中公共积累 98 万余元，相当于手工业者入股股金的 79.1%和自有资金的 88.77%。[②]在发展生产和扩大公共积累的基础上，广大手工业者的物质和文化生活普遍有了不同程度的改善。1957 年，安徽省手工业生产合作社职工的工资比 1955 年增长 19.2%[③]。各地普遍兴办了各级各类业余夜校或识字班组织广大手工业职工学习文化和科学知识。

我们在充分肯定长江流域各地手工业合作化取得巨大成就的同时，也要实事求是地看到在手工业合作化的过程中出现的一些缺点和某些失误，主要是在合作进程上要求过急和过快，在工作上过粗和过简，在所有制结构和规模上要求过纯和过大，并急于向全民所有制工厂过渡的过高要求。产生这些缺点和失误的根本原因，是违背党历来倡导的实事求是的基本原则，在指导思想上急躁冒进，不了解或不完全了解国情、省情和各地的特点，在工作进程中有些地方脱离党的群众路线，忽略了手工业者自愿的原则，甚至以主观想象替代客观规律。这些缺点和失误，在以后一个长时期内逐渐显现出消极影响。

六、以社会主义工业化为主导的有计划经济建设的开始

中国共产党在过渡时期的总路线，规定了社会主义工业化和对生产资料私有制的社会主义改造同时并举的方针。一方面进行社会主义工业化建设，发展生产力；另一方面对农业、手工业和资本主义工商业进行社会主义改造，解放生产力。建设与改造互相促进，相辅相成。也就是说，“一化”为“三大改造”奠定物质基础，“三大改造”为“一化”创造前提条件。从 1953 年起，长江流域各地根据党中央和国务院的统一部署和要求，在全面推进“三大改造”的同时，实行以社会主义工业化为主体的、大规模有计划的经济建设，为完成和超额完成我国第一个五年计划做出了重要贡献。

（一）社会主义工业化的进步

1953 年元旦，党和政府通过《人民日报》社论向全国人民宣布，我国开始执行国家建设的第一个五年计划。1954 年 9 月，第一届全国人大第一次会议指出，“经济建设工作在整个国家生活中已经属于首要地位。”并向全党和全国人民发出伟大号召：“把我国建设成为强大的社会主义的现代化的工业国家。”[④]于是，长江流域同全国各地一样，在各级党委和政府的领导下，把注意力集中到实现社会主义工业化的任务上来，把热情投入到大规模有计

①江苏省手工业联社：《江苏省十年来手工业史资料汇编》，第 33 页。

②莫远人：《江苏乡镇工业发展史》，南京工学院出版社，1987，第 79 页。

③据 1959 年安徽省档案馆馆藏资料统计。

④《周恩来选集》下卷，人民出版社，1997，第 133 页。

划的经济建设之中。

实现工业化，是近代以来中国仁人志士共同的追求和理想。中国共产党人在民主革命时期就明确提出：要使落后的农业国转变为先进的工业国。中国作为一个经济文化落后的大国，通过社会主义道路实现国家工业化，是一种历史的必然。1953 年开始“一五”的建设，其目的是建立比较完整的工业体系，打下工业化的基础。因此，1953 年成为我国社会主义工业化的起点。

要全面推进和实现工业化，首先必须确定优先发展重工业的战略方针。这是因为：第一，重工业是生产资料的部门。社会主义工业化和整个国民经济的发展，需要重工业提供丰富的原材料、能源和技术装备。优先发展重工业，建立强大的重工业基础，对于实现社会主义工业化，提高经济建设的自力更生能力，具有决定性的意义。第二，从当时现状看，重工业基础薄弱，发展缓慢，无法为轻工业提供必要的原材料，也不能为农业提供更多的农业机械，直接影响轻工业和农业的发展。第三，从资源条件看，长江流域是我国重工业资源最丰富的地区；这里有 110 种矿产资源，占全国矿种约 80%以上，尤以金属矿产最负盛名。在 38 种主要矿产中，储量占全国总量 60%以上的有 13 种，钒、钛等矿储量居世界前列。因此，长江流域完全有条件优先发展重工业，不但能就地取材，减少运输成本，而且因储量丰富，可以在相当长的时间内开发利用。第四，重工业同国防力量息息相关。优先发展重工业，为国防提供足够的武器装备，可以增强国防实力，为建立强大的现代化国防提供物质技术支撑。

为了充分利用我国沿海地区较好的工业基础和内地丰富的工业资源，长江流域各地在社会主义工业化起步阶段，遵循优先发展重工业的战略方针，在“一五”期间工业建设的主要内容有以下 20 多个重点项目。它们既是长江流域工业建设的核心和骨干，也是全国具有重大影响力的重点企业。现分别略述如下：①国防工业有：南昌飞机厂，株洲航空发动机厂，南京航空液压附件厂，成都飞机厂（成都航空发动机厂）。②冶金工业有：武汉钢铁公司（1955～1962①年），株洲硬质合金厂（1955～1957 年），江西大吉山钨矿（1955～1959年），江西西华山钨矿（1956～1959 年），江西岿美山钨矿（1956～1959 年），云南锡业公司（1954～1958 年），云南东川铜矿，云南会泽铅锌矿。③能源工业有：淮南谢家集中央洗煤厂（1957～1959 年），武汉青山热电厂（1955～1959 年），株洲热电厂（1955～1957 年），重庆电厂（1952～1954 年），成都热电厂（1956～1958 年），云南个旧电厂（1957～1958 年）。④机械工业有：武汉重型机床厂（1955～1959 年），湘潭船用电机厂（1957～1959 年）。

“一五”期间，长江流域各地除兴建大批工业骨干企业外，交通运输业方面也取得了惊人的成就。比如，修建武汉长江大桥，连接京汉、粤汉两条铁路干线，新建贯通西北和西南的宝成铁路、江西鹰潭到福建厦门的鹰厦铁路；兴建安徽裕溪口港，扩建上海、武汉等主要港口。重点建设武汉、成都等工业城市，扩建上海等老工业基地，使之在社会主义工业起步阶段发挥更大的作用。

应当特别提到的是：“一五”期间的社会主义工业建设，是近代以来规模最大、效果最

---

①前面年代为开工时间，后面年代为建成时间，下同，不另注。

好、作用最大的工业化浪潮。在这次有史以来第一次大规模的工业建设中，长江流域同全国其他地区一样，涌现出许多可歌可泣的光辉事迹。如今享誉中外的武汉钢铁公司，于1955年8月开始施工，得到长江流域和全国人民的有力支援，先后有18个省（自治区）、48个城市、1000多家工厂为武钢制造设备和配件。铁道部专门改造车皮，为武钢运输直径为5.8米的高炉炉顶大钟；人民解放军也给予了支援，参谋总长粟裕亲自下令，派13架军用飞机为武钢运输建设急用的物资。

我国钨矿产量居世界首位，素有"世界钨都"之称的江西省西华山钨矿就是其中之一。1953年新中国第一支地质勘探队开进矿区探明钨矿储量，1956年西华山钨矿开工兴建，成为中国钨工业的开路先锋。由于广大职工艰苦创业，大搞技术革新，基本上实现了平巷凿岩台车化、装岩机械化、运矿电气化、卸矿自动化、矿井的风、水、电遥控化，综合生产能力比原来提高了78%，生产效率一直保持在全国同行业先进水平，被国家有关部门授予安全文明生产先进单位。

（二）国民经济的各个部门都取得巨大成就

"一五"期间，长江流域各地在以极大的精力全面推进社会主义工业化的同时，努力进行各个经济部门的生产建设，使国民经济的整体水平有了相当大的提高。

第一，工农业总产值都有了相当大的增长。以经济较为发达的江苏省为例："一五"计划开始的1953年，全省工农业总产值为67.88亿元，其中工业总值为24.52亿元，农业总产值为43.36亿元；到"一五"期末的1957年全省工农业总产值增至81.43亿元，其中工农业总产值分别增长至34.60亿元和46.83亿元。全省"一五"期间工农业总产值平均每年递增速度为5%，其中工业和农业平均递增速度分别为10.7%和1.8%。[①]再以安徽省为例，1957年比1953年全省工农业总产值增长43.9%，其中工业和农业总值分别增长38.1%和27.1%。特别是重工业增长了350.7%[②]。

第二，轻纺工业和农业的主要产品产量增长幅度较大。轻纺工业和农业是广大人民的衣食之源，在"一五"期间都有相当大的发展。纺织业历来是上海工业的一大支柱。"一五"期间，上海棉纺织业新增长纱锭201万枚，等于新中国成立前60年间建成的500万枚纱锭的40.2%。"一五"期末的1957年，虽然遇到上年棉花歉收，但上海棉纱产量仍然达到465万件，居长江下游各省之首，比新中国成立前上海棉纱最高年产量增加90%；棉布产量达到50.5亿米，亦居长江下游各省之首，比新中国成立前棉布最高年产量增加80%以上。上海在"一五"期间的棉纱、棉布产量，在全国各省中居于遥遥领先的地位。[③]

再从农业产品产量来看，江苏省1952年粮食和棉花产量分别为997.55万吨和9.275万吨，到"一五"期末的1957年，粮食和棉花产量分别增加到1063.6万吨和15.0115万吨。[④]再以安徽省为例：1952年全省粮食和棉花产量分别为891.45万吨和3.6275万吨；到1957

---

①④据江苏省统计局1982年5月编印的统计资料。

②据安徽省统计局1979年11月编印的统计资料。

③张廷霖：《上海棉纺织简史》，载《上海地方史资料》（三），上海社会科学院出版社，1984，第36页。

年粮食和棉花产量分别增加到 1027 万吨和 4.597 万吨。①

第三,基本建设成就显著。长江流域各地在"一五"期间,基本建设取得很大成绩,一批新建企业建成投产,发挥了投资效益。江苏省"一五"期间基本建设总投资达到 10.79 亿元,新增固定资产 9.59 亿元,占基建投资总额的 88.8%。江苏省 1957 年工业基建新增主要生产能力为:煤炭年产 36 万吨,发电装机容量 20400 千瓦,合成氮年产 1.31 万吨,化学农药年产 2.5 万吨②。安徽省"一五"期间基本建设投资总额为 13.13 亿元,新增固定资产 10.51 亿元,占基建投资总额的 80.04%③。

第四,新建企业经济效益和社会效益突出。浙江省新安江水电站,是"一五"时期我国自力更生建立起来的大型水电站,总投资4.8 亿元,总装机量 662500 千瓦,是华东地区最大的水电站。这个水电站的建成,不仅消除了历史上经常的洪涝灾害给浙、皖两省人民带来的严重灾难,而且带来多种经济效益,平均年发电量为 18.6 亿千瓦,设计灌溉面积 114.3 万亩。上游农田可用库水灌溉,下游 5 万亩利用江水抗旱,并可利用发电下泄的低温水防止水稻病害,每亩粮食单产可提高 25 ~ 50 公斤(1 公斤 =1 千克)。水电站大坝上游已形成 110 公里的深水通航,水库还可发展水产养殖事业。如今水电站已形成重要的旅游胜地④。此外,"一五"期间,安徽省境内还兴建了佛子岭水库和梅山水库等水利设施,都具有发电、农田灌溉和水产养殖多种经济功能。⑤

在"一五"期间,长江流域还建成一批试制新产品的企业,不仅填补了我国工业部门的许多空白,而且满足了国内外市场的急需。上海第三制药厂在 20 世纪 50 年代,克服重重困难,终于试制成功市场紧缺的抗生素,是我国第一家生产抗生素的工厂,被誉为"中国抗生素的摇篮"。杭州丝绸印染联合企业,是我国"一五"期间的重点建设项目。他们根据国内外市场的需要,尽可能采用国际先进技术,生产多种新产品,并大量出口创汇,成为享誉中外的著名现代化丝绸印染联合企业。

第五,人民群众的物质、文化生活有了较大改善。长江流域各地在"一五"期间,在经济发展的基础上,能较为妥善处理积累与消费的关系,在开展经济建设的同时,兼顾人民群众的物质、文化生活需要。江苏省 1953 年国民收入省内使用额为 35.77 亿元,其中积累资金 6.52 亿元,积累率为 18.2%,低于全国平均水平,而消费资金为 29.25 亿元,消费占国民收入省内使用额的 81.8%,高于全国平均水平。1957 年,江苏国民收入省内使用额为 43.19 亿元,其中积累资金 8.71 亿元,积累率为20.2%,而消费资金为 34.48 亿元,消费占国民收入省内使用额的 79.8%⑥。1957 年全省积累虽比 1953 年有了提高, 但仍低于全国平均水平,而且消费资金的绝对数增加了,所以居民的生活仍然得到了较大的改善。

人民群众在改善物质生活的同时,文化生活也有了较大的提高。原来经济、文化基础比较薄弱的安徽省,在"一五"开始时的 1953 年,全省高等学校在校学生 2869 人,普通中

①③安徽省统计局 1979 年 11 月编印的统计资料。

②⑥江苏省统计局 1982 年 5 月编印的统计资料。

④⑤张学恕:《中国长江下游经济发展史》,东南大学出版社,1990,第 644 页。

学在校学生 83090 人，中等技术学校在校学生 7513 人；到“一五”期末的 1957 年，全省高等学校在校学生增至 8632 人，普通中学在校学生增至 152591 人，中等技术学校在校学生增至 14106 人。在 5 年期间，全省大中学校在校学生增加了一倍左右。①

第二节　长江流域社会主义经济建设的全面展开

1956 年生产资料私有制社会主义改造的基本完成、社会主义工业化初步基础的奠定和“一五”计划的提前完成，为长江流域社会主义经济建设的全面展开创造了有利条件。从 1956 年 9 月中共八大到 1966 年 4 月“文化大革命”前夕的 10 年中，长江流域各地人民在中国共产党和人民政府的领导下，发挥自力更生、艰苦奋斗的精神，开展了全面的、大规模的经济建设。其间虽然经过“大跃进”运动、农村人民公社运动，以及以高指标、瞎指挥、浮夸风和“共产风”为主要标志的“左”倾错误的严重干扰，加之自然灾害的危害，经济建设遭受种种严重困难，不得不在曲折中前进。

一、贯彻执行党的总路线和经济建设基本方针

1956 年 9 月召开的中共八大，总结了我国社会主义经济建设的经验，发出了把我国尽快地从落后的农业国变为先进的工业国的号召。大会确定全党全国人民的主要任务是集中力量发展社会生产力，正确处理人民内部的矛盾，调动一切积极因素，为经济建设服务。大会认为，从我国经济落后、人口众多这一基本国情出发，正确处理积累与消费，重工业与农业、轻工业，经济与国防等基本关系，把既反保守又反冒进，坚持在综合平衡中稳步前进，作为经济发展的指导方针。长江流域各地同全国人民一道，认真贯彻落实党的八大做出的这些正确决策和经济建设的指导方针，不仅迎来了 1957 年的经济工作是新中国成立以来效果较好的年份之一，而且对长江流域和全国以后相当长的时期内的经济建设产生深远影响。

1958 年 5 月召开的中共八大二次会议，提出了“鼓足干劲，力争上游，多快好省地建设社会主义”这条社会主义建设总路线。在经济建设方面，八大二次会议提出了几个“并举”的方针：在重工业优先发展的条件下，工业和农业同时并举；在集中领导、全面规划的条件下，中央工业和地方工业同时并举，大型企业和中小企业同时并举；通过这些并举，尽快地把我国建设成为一个具有现代工业、现代农业和现代科学文化的伟大的社会主义国家。这条社会主义建设总路线的核心是一个“快”字，即力争高速度，尽量加快建设步伐，要求大大缩短“赶英超美”的时间。因此，可以说高速度是总路线的灵魂。这就带来了包括长江流域在内的全国经济建设要求过快、过高的消极影响。正如后来中共十一届三中全会通过的《关于建国以来党的若干历史问题的决议》所指出的：“党的八大二次会议通过的社会主义

①安徽省统计局 1979 年 11 月编印的统计资料，第 28～29 页。

建设总路线及其基本点，其正确的一面是反映了广大人民群众迫切要求改变我国经济文化落后状况的普遍愿望，其缺点是忽视了客观的经济规律。”

二、“大跃进”和人民公社化运动及其严重后果

1958年发生的以农业高指标和工业大炼钢铁为主要内容的“大跃进”运动，伴随着“大跃进”而同时发生的人民公社化运动，在包括长江流域在内的全国范围广泛发生并形成高潮。两者都是脱离我国国情和脱离生产力发展的客观要求，都是“左”倾错误严重的产物和“左”倾错误的集中表现，都是在经济建设中急于求成和片面夸大人的主观能动性，其结果都给包括长江流域在内的全国范围带来了巨大的灾难，不仅严重地破坏了全国经济建设的正常发展，破坏了全国的社会生产力，而且给全国人民的生活乃至生存带来极大的危害，长江流域的安徽省等地甚至发生饿死人的惨剧。两者所不同的是存在的时间长短不一。所谓“大跃进”运动仅存在三年左右，到1960年基本结束。而人民公社在包括长江流域在内的全国却存在了20多年，到改革开放以后，四川省有个地区首先废除了“政社合一”机构，成立了乡人民政府，并以此作为基层政权组织形式。

(一)“大跃进”运动

1958年5月中共八大二次会议，肯定了“大跃进”形势的到来，提出中国正在经历着“一天等于20年”的伟大时期。会议要求争取7年赶上英国，再加8年或者10年赶上美国。于是，“大跃进”在长江流域和全国各条战线迅速展开。在批判“右倾保守”思想之后，长江流域许多省提出了“苦干三年，改变面貌”的口号，浙江、江苏、安徽、江西等省提出：5年或者稍多一点时间，粮食产量达到农业发展纲要的目标。在头脑发热、急于求成的思想指导下，农业生产指标一再提高，有的地方甚至出现“人有多大胆，地有多大产”的口号。当时，过高的指标，急于求成的要求，大辩论开路刮风式的领导，引起各级干部严重的浮夸风，是1958年农业“大跃进”的显著特点。1958年8月15日《人民日报》报道：“湖北省麻城县麻溪乡建国第一农业社放了一颗早稻大卫星，创亩产36956斤的纪录。”由于各级决策和领导者不断制定超越客观可能的高指标，并通过各级组织层层加码，导致强迫命令、浮夸风盛行，极大地伤害广大农民的生产积极性，造成了农业生产和农业劳动力的巨大浪费。

同广大农村以粮食产量高指标为特点的农业“大跃进”相伴的，是全国大炼钢铁运动，保证“钢铁元帅升帐”，这是工业战线“大跃进”的重要标志。1958年9月1日《人民日报》发表社论《立即行动起来，完成把钢产量翻一番的伟大任务》。同年9月5日《人民日报》再发表社论，提出：“钢铁生产是整个工业的基础，是整个工业的钢，是整个工业的元帅”“全力保证实现钢产翻一番，是全党全民当前最重要的政治任务”，要求其他部门“停车让路，让钢铁元帅升帐。”于是，一场大炼钢铁的群众运动，在长江流域和全国各地如火如荼地开展起来。

为了完成钢铁产量翻一番的政治任务，长江流域同全国各地一样，广泛发动群众，采用土法上马、土洋结合的办法。1958年9月，毛泽东在视察安徽、江苏、上海等地时，明确提出：“发展钢铁工业一定要搞群众运动，什么工作都要搞群众运动，没有群众运动是不行

的。”同年 9 月 20 日,《人民日报》发表社论,介绍湖南、贵州等省采用群众运动大办钢铁的经验,强调全党全民、各行各业编钢铁师、运输营、采矿队等各种野战军和后勤部,昼夜突击,突破一点,创最高纪录,开现场会议,推动大面积丰收。”于是,以小高炉、小转炉为主体的土法炼钢的群众运动在城市乃至农村广为兴起。在城市,几乎所有单位都在自己的后院建起了小高炉,人们到处收集来的废钢烂铁,甚至正在使用的铁器和用具,全部投入炉火中。在集镇和农村,除了必要的农具和生产工具,大部分铁器都没逃脱回炉的命运,尤其是那些大办公共食堂的社队,把农民做饭的锅砸碎,作为大炼钢铁的原料。参加大炼铁的劳动者,包括各级各类干部、工人、农民、士兵和大中小学学生,甚至七八十岁的老人,他们夜以继日地奋战在矿区和炉旁。

长江流域各地以大炼钢铁为中心的工业“大跃进”,给整个国民经济发展造成极大的困难,也给广大人民造成了巨大的损失。

首先,这种不计成本、不顾质量、不管效益的大炼钢铁群众运动,极大地浪费了城乡人民的人力、物力和财力。为了大炼钢铁,动员了城乡大量劳动力,投入这场群众运动。许多农民被迫放弃农业劳动,投入小高炉炼铁,甚至成熟了的农作物,也无劳力去收割。在大炼钢铁的过程中,因不按客观规律办事,往往破坏了许多矿山资源,而且炼出来的土钢土铁,因质量低劣,根本不能满足工农业生产的需要,造成人力、物力的巨大浪费。小高炉炼铁成本高,亏损由国家财政补贴,从而增加了国家财力负担。

其次,削弱了农业和轻工业,加剧了农轻重工业之间比例失调。为了保证钢铁生产,轻工业所需要的燃料动力、钢材、木材等原材料以及运输能力被挤占,使轻工业落后于重工业发展。由于抽调大批农业人口大炼钢铁,并在一定程度上挤占发展农业的资金,使农业与工业发展的比例失调。在重工业内部,由于强调钢铁元帅升帐,加剧了加工业和采掘工业之间的比例失调。

(二)人民公社化运动

1958 年 7 月 1 日,《红旗》杂志第 3 期发表《全新的社会,全新的人》,赞扬湖北省鄂城县旭光农业社“把每个合作社变成既有农业合作又有工业合作的基层单位,实际上是农业和工业相结合的人民公社”。于是,在全国首先出现了“人民公社”的名称。在浙江省舟山群岛的蚂蚁岛,还正式出现过乡社合一的渔业生产合作社。浙江省诸暨县城南乡,成立了一个“红旗共产主义公社”。这些是长江流域、也是全国当年最早出现的农村人民公社。

1958 年 8 月,《中共中央关于在农村建立人民公社问题的决议》正式发布,明确指出:“在目前形势下,建立农林牧副渔全面发展、工农商学兵互相结合的人民公社,是指导农民加速社会主义建设,提前建成社会主义并逐步过渡到共产主义所必须采取的基本方针。”《决议》还指出:人民公社目前一般以一乡一社、2000 户为宜;不要忙于改集体所有制为全民所有制,目前还是以采用集体所有制为好。《决议》宣布,“共产主义在我国的实现,已经不是什么遥远将来的事情了,我们应该积极地运用人民公社的形式,摸索出一条过渡到共产主义的具体途径。"[①]于是,在包括长江流域在内的全国范围掀起了人民公社运动的热潮。同年10月1日,《人民日报》宣布"全国基本实现了农村人民公社化。"

在农村人民公社蓬勃兴起的同时，城市也广为试办人民公社，一般以行政街道为单位,一街一社,武汉市则以区为单位,一区一社,下设若干分社。在推进城市人民公社化的过程中,各地相继兴办了各种形式的生产和服务组织。如上海市有85.5万居民参加了集体生产和服务组织,兴办了1667个里弄公共食堂,2117个托儿所,3274个服务站。[②]由于城市和农村的情况大不相同,农村人民公社基本上是由农业生产合作社演变而来,是在小社并大社的浪潮中产生的政社合一的组织，而城市根本不具备兴办人民公社的物质条件和群众基础,完全是靠主观主义和行政命令的办法试办城市人民公社,结果只能是在人民群众的不满和怨言中销声匿迹。

长江流域的农村人民公社,同全国其他地区一样,都具有"一大二公"和"政社合一"的显著特点,造成党政不分,政社不分,以党代政,以政代社(企)。在管理体制上,实行集中领导,分级管理,即公社、大队、生产队三级管理。在生产经营上,实行统一经营,集中劳动,往往以公社为单位,统一调配劳动力,甚至"大兵团"作战,不利于农业生产专业化分工和社会化大生产。在生产上,不能按照市场需要组织生产和发展经济,这种落后的、封闭的、自给自足的经济形式,严重地妨碍和限制了生产力的发展。在分配上,实行平均主义,"大锅饭"盛行,干好干坏一个样,干多干少一个样,极大地束缚了广大农民的主动性和生产积极性。

三、经济面临严重困难和国民经济的调整

(一)经济面临严重困难

从1958年开始的"大跃进"和人民公社化运动,给长江流域和全国各地的国民经济带来了严重的困难,特别是以高指标、瞎指挥、浮夸风和"共产风"为主要标志的"左"倾错误严重地泛滥开来，进一步加剧了国民经济的严重困难程度。加之当时各地严重的自然灾害,使经济困难更为严重。1959~1961年,被称为经济和人民生活最为困难的"三年困难时期",集中表现在以下几点:

一是农业生产连年下降。如安徽省在1959年、1960年、1961年三年内,农业总产值分别比1958年下降14.1%、8.8%和22.1%[③]。农业历来发达的江苏省，在1959年、1960年、1961年三年内,农业总值分别比1958年下降3.46亿元、3.30亿元和1.16亿元。

二是基本建设规模过大。基建战线越拉越长,超过了物力、财力的承受能力,同人力、物力、财力的可供量存在着严重的矛盾。积累率过高,积累与消费比例严重失调。如江苏省1959年和1960年积累率分别为32.2%和32.1%,消费占国民收入的比重不断下降。[④]

三是工业内部比例失调。当时片面强调"以钢为纲""钢铁元帅升帐",造成重工业内部

①党史研究室:《中共党史学习文献简编(社会主义时期)》,中共中央党校出版社,1983,第129~132页。
②《人民日报》,1960年4月10日。
③安徽省统计局1979年11月编印的统计资料,第22页。
④江苏省统计局1982年5月编印的统计资料,第14页。

比例失调和轻重工业比例失调。如安徽省 1960 年轻、重工业总产值在全省工业总产值中所占的比重分别为 44.1%和 55.9%;1961 年轻、重工业的比重分别为 45.2%和 54.8%。[①]

四是工业与交通运输比例失调。由于以钢铁为主的重工业超过实际可能而猛烈增长,基本建设战线摊子铺得太长,不仅挤掉了其他物资的正常运输,而且交通运输工具因长期超负荷运载,造成严重失修和损坏,反过来又影响运输能力的提高,加剧了工业和交通运输之间的比例失调。

五是经济效益普遍下降。“大跃进”时提出:只算“政治账”,不算“经济账”,盲目追求速度和数量,忽视效益和质量。当时花费了大量的人力、物力、财力生产的土铁、土钢,有许多是废品,即使勉强使用,也只能生产一些简单的工具,根本不能作为工业和基建的原材料。在大办钢铁时,大量砍伐森林,甚至连珍贵林木和果树也被砍去作为“小土群”炼铁的燃料。浪费十分惊人,后果极其严重。许多工业企业盲目追求高指标,只顾数量,不顾质量,粗制滥造,以致产品质量低劣,消耗增加,品种减少,亏损严重。

六是人民的物质生活水平普遍下降。“大跃进”和浮夸风、“共产风”等“五风”的严重后果,导致人民物质生活的明显下降。粮食紧张,日用消费品紧缺,是当时长江流域城乡各地普遍存在的现象。由于粮食生产量连年下降,导致城乡供应十分紧张。安徽省粮食总产量由 1957 年 102.7 亿公斤,1958 年降为 88.45 亿公斤,1959 年又降为 70.11 亿公斤,1960 年再降为 67.46 亿公斤,1961 年更降至 62.9 亿公斤。[②]由于粮食产量一减再减,以致城乡粮食奇缺,造成城乡出现大量非正常疾病和死亡,安徽成为全国饿死人最多的省份之一。历来被誉为“苏湖熟,天下足”的苏、浙两省,粮食产量也分别下降,人均占有粮食显著减少。如江苏省 1957 年平均每人粮食占有量为 254.5 公斤,到 1962 年下降到 222.5 公斤[③],是新中国成立以来人均占有粮食最低的年份之一。

七是自然生态环境受到严重破坏。在“左”倾错误思想指导下的三年“大跃进”,不仅给国民经济和人民生产带来严重困难,而且也破坏了人们赖以生存的自然环境和生态平衡。在当时普遍存在的“左”倾错误影响下,有些地区片面强调“以粮为纲”,忽视农业多种经营,盲目毁林造田、围湖造田,造成水土大量流失,加剧了水涝旱灾。安徽省天长县在 20 世纪 50 年代湖泊水面 3609 万亩,围垦后湖泊水面只剩 17.6 万亩,使全县渔产捕捞量减少 60%。安徽省沿江地区枞阳县在新中国成立初期湖面面积 52 万亩,1958 年围垦后只剩 26.9 万亩,水生植物减少 80 种。许多滩涂植物,因围垦造田而枯死[④]。

（二）国民经济的调整

为了克服 1959 ~ 1961 年的经济困难,纠正经济工作中的“左”倾错误,长江流域各级党组织和人民政府认真贯彻执行党中央和国务院的正确决策和指导方针,领导广大人民团结一致,渡过难关,战胜困难。1961 年 6 月,毛泽东在上海召开的中央政治局扩大会议上

①安徽省统计局 1979 年 5 月编印的统计资料,第 24 页。

②安徽省统计局 1979 年 11 月编印的统计资料,第 42 页。

③江苏省统计局 1982 年 5 月编印的统计资料,第 108 页。

④上海大学、中山大学等 8 校:《新编中国现代史》下册,江西人民出版社,1987,第 214 页。

的讲话中,提出计划要留有余地,要把品种、质量放在第一位,数量放在第二位。但是,同年7、8月间,苏联政府突然照会中国政府,单方面决定在一个月内撤走全部在华专家,撤销所有建设合同和合作协定书,废除所有科技合作项目,中断当时在建的援助项目,并停止所有物资设备的供应。苏联政府这一突然袭击的做法,扰乱了我国的经济建设,加重了我国的经济困难。由于当时苏联援助建设项目有相当一部分安排在长江流域尤其是长江中上游地区,因此,苏联政府当时突然单方面撤走专家和撕毁合同的做法,对长江流域的经济建设也造成了严重破坏和影响。

面对严重的国内困难和严峻的国际形势,中国共产党人和中国人民并没有被吓倒和屈服,发扬了大无畏的英雄气概和自力更生、艰苦奋斗的精神,采取一切有效措施,千方百计地克服困难。党内经济专家和领导人李富春在讨论1961年的经济计划时,提出要按"调整、巩固、提高"的精神安排计划。周恩来总理在听取汇报时表示赞同,并在这6个字上增加了"充实"两个字,完整地形成了"调整、巩固、充实、提高"的八字方针。同年9月,中共中央批转了《关于1961年国民经济计划控制数字的报告》,明确提出:"要把农业放在首位,使各项生产、建设事业在发展中得到调整、巩固、充实和提高"。这是中共中央文件中第一次提出调整国民经济的"八字"方针,也是克服经济困难和发展国民经济的重要方针和有效途径。这个方针的主要内容是调整生产关系、国民经济的比例关系和有关经济政策;巩固国民经济发展中获得的巨大成果;充实一些部门的生产力,使其成龙配套;提高产品质量和经济效益,提高经营管理水平和劳动生产率。中心是调整,是当时克服困难的关键所在。通过调整恢复和发展工农业生产,争取经济上根本好转。这是社会主义建设全面展开以来经济工作指导思想的重要转折,标志着包括长江流域在内的我国经济从"以钢为纲"、全面"大跃进",逐步转向调整,走上了经济发展的正确轨道。

从1961年起,长江流域各地党和人民政府及各级经济部门计划用二三年时间,全面贯彻落实"调整、巩固、充实、提高"的方针。首先,调动一切力量,加强农业战线、适当缩短工业战线,大力发展农业生产,为恢复工业生产和稳定市场创造条件。其次,按照农、轻、重次序进行综合平衡,大力压缩过大的基建规划,使之同人力、物力、财力相适应。再次,对部分工业企业实行"关、停、并、转",如安徽省工业企业由1959年的15103个,到1962年调整到820个,从而使工业生产同农业提供的粮食和原料相适应,同各个工业部门能提供的原料、材料、燃料和动力相适应。第四,实行"精兵简政",减少城镇人口,把城镇人口减少到同农业能提供的商品粮和副食品供应相适应。

由于党和政府采取一系列有效措施和人民群众的艰苦奋斗,到1962年底,长江流域各地工农业生产开始回升,城乡人民生活有所好转。1963~1964年,各地继续贯彻"八字"方针,重点转向"充实、提高",主要是充实采掘工业、交通运输业和人民生活息息相关的薄弱环节;在生产建设中进行填平补齐、成龙配套,重点抓好技术革新和技术改造,组织专业化生产和协作,以及改善工业内部各方面的比例关系。在农业战线强调农业是国民经济的基础,粮食是基础的基础,要以极大的努力抓好粮食和其他农产品的生产,压缩一切可能压缩的劳动力,充实农业生产第一线,并要求工业部门把支援农业的任务放在头等重要的地位。因此，到 1964 年底，长江流域国民经济已经全面好转，工业和农业以及工业内部的比例关系已经趋于协调，工业支援农业的任务也进一步加强。这一切表明，调整国民经济的任务已经基本完成。

四、工业建设的全面展开及其成就

从 1956 年 9 月中共八大到 1960 年 4 月“文化大革命”前夕，是包括长江流域在内的全国全面开始社会主义建设的时期。在这 10 年内，长江流域和全国各地一样，工业建设虽然受到“左”倾错误和急于求成思想的干扰，并经历了经济最为困难的“三年困难”时期，但在全面贯彻落实党的“调整、巩固、充实、提高”的“八字”方针后，长江流域的工业生产仍然有了很大的发展，取得了令人瞩目的成就。

从 1956 年 9 月到 1966 年 4 月的 10 年间，长江流域各地的工业生产经历了曲折的发展过程，显示了以下几个特点：

（一）轻重工业之间的比例关系最终走向较为协调发展的轨道

在开始全面建设社会主义的 10 年间，长江流域的工业发展，大体上经历了轻重工业比较协调→不协调→新的协调的曲折发展的过程。也就是说，在 1956 ~ 1957 年的两年内，轻重工业的发展是比较协调的。如安徽省 1956 年轻、重工业总产值分别占工业总产值的 69.4%和 30.6%，1957 年分别为 66.9%和 33.1%；在 1959 ~ 1961 年三年困难时期，轻重工业的比例出现了严重的不协调，安徽省 1959 年轻、重工业总产值分别占全省工业总产值的 50.8%和 49.2%，1960 年分别为 44.1%和 55.9%，1961 年分别为 45.2%和 54.8%；在1962 ~ 1964 年三年调整期间，由于认真贯彻“八字”方针，轻、重工业的比例趋于协调发展，安徽省 1962 年轻、重工业总产值分别占全省工业总产值的 55.3%和 44.7%，1963 年分别为 59.3%和 40.7%，1964 年分别为 60.9%和 39.1%，1965 年和 1966 年也大体上保持这个比例。①长江流域其他省、市轻、重工业比例关系也大体上经历了这样曲折发展的过程。

（二）主要工业产品产量都有较大的增长

在 1956 ~ 1966 年的 10 年间，长江流域各地无论轻工业还是重工业的主要产品产量，都有了不同程度的增长。现以江苏和安徽两省为例(见表 1–1)，说明这一时期主要工业产品和产量增长的具体情况。由表 1–1 可以看出，在这 10 年内，苏、皖两省除个别产品产量有下降外，其他工业产品产量都有增长，其中有些产品产量增长的幅度还相当大。

---

①安徽省统计局 1979 年 11 月编印的统计资料，第 24 页。

表 1-1 1956～1966 年江苏、安徽两省主要工业产品产量

地区/年份/产品	江苏省①		安徽省②	
	1957 年	1965 年	1956 年	1966 年
钢(万吨)	1.68	6.53	0.17	40.04
生铁(万吨)	0.31	6.47	17.91	61.16
钢材(万吨)	0.27	18.48	—	22.41
发电量(亿千瓦时)	7.08	25.78	2.24	20.14
原煤(万吨)	193.11	485.66	378.68	1188.35
硫酸(万吨)	24.68	52.52	207	8.02
机床(台)	2399	2717	—	591
汽车(辆)	—	2350	—	—
水泥(万吨)	80.7	103.00	—	46.72
化学纤维(吨)	—	5399	—	—
棉纱(万件)	44.58	69.32	3.33	23.29
棉布(亿米)	6.97	6.76	0.88	2.05
机制纸(万吨)	5.42	9.86	0.3	7.16
缝纫机(万架)	0.38	2.76	—	—
肥皂(万吨)	0.74	2.37	0.52	1.19
卷烟(万箱)	10.83	18.04	14.70	41.14

(三)支农产品发展很快

农业是国民经济的基础。发展农业,不仅可以为工业提供更多的原料和商品粮,更重要的是解决广大人民的衣食之需。1959～1961 年的经济严重困难,首先表现在农业上的困难,其中又主要是粮食供应严重不足。因此,在 1962～1964 年调整国民经济时期,首先集中力量发展农业,工业部门也把支农产品的生产放在十分重要的地位。

在 1956～1966 年的 10 年间,长江流域各地的支农产品有了大幅度增长。江苏省农用化肥产量 1957 年只有 17.28 万吨, 到 1965 年增至 107.13 万吨。其中磷肥由 1962 年的 30.63 万吨, 到 1965 年增至 75.05 万吨。江苏省化学农药产量 1957 年只有 0.02 万吨,到 1965 年增至 1.29 万吨。安徽的化学肥料产量 1955 年 0.88 万吨,1966 年增至 59.21 万吨,其中磷肥由 1959 年 0.77 万吨,到 1966 年增至 12.58 万吨。安徽省的化学农药由 1959 年的 18 万吨,到 1966 年增至 1479 万吨。③

(四)新建和扩建了一批国内最大的或著名的工业企业,填补了许多工业产品的空白

长江流域特别是沿江地区许多城市的工业虽有一定的基础, 但只是同旧中国内地工

①江苏省统计局 1982 年 5 月编印的统计资料,第 144～161 页。

②安徽省统计局 1979 年 11 月编印的统计资料,第 78～94 页。

③安徽省统计局 1979 年 11 月编印的统计资料,第 84 页。

业的落后状况相比而言。那时沿江地区许多城市工业部门并不齐全,许多工业产品还是空白,同国外发达国家相比,差距就更为突出。新中国成立后,经过“一五”计划的建设,奠定了工业化的初步基础。到全面建设社会主义的10年间,长江流域各地出现了许多新兴工业部门和新建了一批重点企业,并试制成功大批新产品、新材料和新工艺,为我国工业填补了许多空白,在中国工业发展史上留下了光辉的篇章。

(1)轻工业部门填补了许多空白,并建成了一批国内最大的轻工企业。长江中下游地区特别是上海,是我国轻工业相当发达的地区,20世纪五六十年代人们广为喜爱的手表、自行车、缝纫机被称为“三大件”,都是首先在上海诞生并享誉全国。1958年上海手表厂正式成立,手表由试制转入生产,取名“上海”牌,年产手表1.3万只,走时日差不超过90秒。上海牌国产手表问世后,周恩来十分欣慰,当即买了一块手表并一直随身携带,先后出访五大洲几十个国家,始终带着上海牌手表,充分体现了他高度的爱国主义精神。后来该厂从国外引进部分关键设备,但80%以上是国产的。全厂广大职工大搞技术革新,自制国产设备,质量提高到日差45秒以内,1960年年产量为45万只,到1965年日产86万只。该厂生产的上海牌、春雷牌手表的单机、单历、双历、自动日历和薄型男、女表等许多品种,质量达到国家先进水平。1980年,上海牌手表获轻工业部和上海市优秀产品称号。建厂25年共生产手表6000万只,全国平均每4个戴手表者就有1人戴该厂手表。①

上海自行车三厂是我国生产凤凰牌自行车的大型专业工厂,于1958年兴建,靠技术革新起家,生产三大系列、五大类型、70多个花色品种的自行车,出口量占全国自行车出口总量的60%,远销全球80多个国家和地区。产品质量优异,先后6次在全国夺魁。建厂20多年共生产自行车2355万辆,其中出口670万辆,现在平均每7秒钟就有1辆自行车出厂。②

上海缝纫机二厂是1955年公私合营时,由协昌缝纫机器制造厂等企业发展起来的,1980年蝴蝶牌缝纫机产量突破百万架大关,产品远销世界84个国家,在东南亚、中东、非洲、美洲等地被列为著名商标。

此外,上海照相机总厂、上海卷烟厂、上海牙膏厂、上海圆珠笔厂、上海合成洗涤剂厂等一批轻工业企业,都是号称全国第一或规模最大的企业,产品不仅满足了国内市场的需要,并远销国外许多国家和地区,是我国创汇较多的著名企业。

(2)化工部门建成了一批填补空白和国内最大或著名的化工生产企业。上海高桥化工厂是我国自力更生兴建起来的第一个石油化工企业。1958年由5家化工企业合并而成,利用上海炼油厂提供石油化工原料,采用自行设计工艺流程,生产诸多化工产品,后来组建成上海高桥石油化工总公司。上海吴泾化工厂是我国第一个自己设计、自制设备的大型氮肥厂,1979年底具有70年代先进水平的第一套年产30万吨合成氮大型化肥装置在该厂试车成功。以后不断进行工业革新和技术改造,使企业不断攀登新的高峰。

(3)机械和电子工业部门填补了一批空白,建成一批国内最大的或著名的机械和电子企业。上海柴油机厂1958年试制成功东风牌135柴油机,它具有一机多用的性能,能满足

①《现代中国的一百项建设》,红旗出版社,1985,第420~425页。

②《现代中国的一百项建设》,红旗出版社,1985,第323~324页。

各种动力机械的配套要求。经过反复实践和革新，该厂135柴油机的性能指标，达到了当时世界先进水平。该厂还试制成功了我国第一辆8吨“黄河”牌载重汽车。如今国内载重汽车制造厂、工程机械厂以及沿海地区江河中行驶的40~400马力船舶和农田灌溉的动力，多数使用该厂135系列柴油机做动力。①

同上海柴油机厂齐名的，是上海电机厂、上海机床厂、上海造纸机械厂、上海江南造船厂等一批国内最大的机械企业。它们各具特色，成为当时我国机械厂中的佼佼者，为国增光，为民造福。比如，1958年上海电机厂制造成功我国第一台定子和转子线圈水内冷（双水内冷）的1.2万千瓦汽轮发电机。这种发电机在当时世界上也是第一台，从而使我国在电机制造方面跃进了世界的前列②。再如，上海机床厂在1956年试制成功在当时具有世界先进水平的高精度万能圆磨机床。从1966年以后，该厂已能向国内外市场提供大型工程成套圆磨加工装备，出口产品远销50多个国家和地区。③江苏常州戚墅堰机车车辆修理厂自力更生，艰苦创业，于1965年5月底制成了我国第一批大型货车，为我国工交战线填补了空白。

电子工业是我国20世纪50年代兴起的新兴工业部门。1958年新建的上海元件五厂是我国第一家晶体管生产企业，也是我国最早从事半导体器件研制和生产的工厂之一。1959年该厂在有关单位配合下，制成我国第一台半导体收音机。1965年8月，我国第一台一级大型电子显微镜在上海试制成功，它为我国电子工业填补了空白。

（4）冶金工业填补了一批空白，并建成一批最大的或著名的工业企业。上海第五钢铁厂筹建于1958年，是当时国内最大的特殊钢厂。1962年以后，该厂试制成功并批量生产无缝不锈钢管、不锈宽带钢、高温合金钢等钢材。从20世纪60年代起，该厂专为我国宇航事业提供特殊钢材，它是我国生产特殊钢质量最好、产量和品种最多的钢铁企业。被誉为“江南一枝花”的安徽马鞍山钢铁公司，以经济效益好、经营管理优良而闻名全国，它是我国唯一生产火车车轮轮箍的钢铁企业。

（5）纺织工业部门填补了一批空白，并发展成为全国著名的纺织企业。上海第十七棉纺织厂是20世纪60年代全国最大的纺织企业，50年代生产“龙头”细布，60年代开始生产人造棉，70年代开始生产合成纤维，产品品种繁多、质量上乘，该厂80%以上的产品出口，远销50多个国家和地区，多次荣获国家授予的优秀企业称号。上海第十二化学纤维厂，是我国第一家自己设计、自制设备、自行安装的化纤企业，产品品种多、质量好，不少产品填补了我国化纤企业的空白，质量赶上世界先进水平。

（6）原有工业企业焕发了青春，为新中国的工业化再立新功。1956年9月至1966年4月，在全面开展社会主义建设期间，长江流域各地不仅新建了一大批工业企业，填补了许多工业部门的空白，原有工业企业也获得了新生，通过技术革新和产品升级换代等途径，继续为新中国的工业化做出了重要贡献。在老厂换新颜方面，上海江南造船厂是当时全国一个突出典范。在旧中国就已享誉全国的江南造船厂，在新中国成立后获得空前发展，特

---

①《现代中国的一百项建设》，红旗出版社，1985，第351、352页。

②③迟亦枫等：《中国经济之最》，中国旅游出版社，1987，第318、319页。

别是全面推进社会主义建设的10年间发展更为惊人。该厂从按外国图纸生产到自己设计船舶、从批量制造小型船舶到生产中型万吨级船舶，制造了许多军用新型舰艇和民用船舶，如长江客货轮、南京和芜湖等地火车渡轮、400匹马力渔船，1300吨油轮等。1965年该厂建成了我国第一艘自行设计、主要原材料和机电配套设备全部国产化的万吨级"东风号"远洋货轮。1962年我国第一台1.2万吨压力的水压机在该厂胜利建成，为中国重型机械工业填补了空白。这种大型水压机，当时在全球只有少数发达国家才能制造。[①]

大量事实表明，在开始全面建设社会主义的10年间，长江流域各地特别是中国最大的经济中心上海，新建和扩建了一大批工业企业，涌现出大批新产品、新工艺和新技术，为我国工业战线填补了许多空白，为了改革开放后的社会主义现代化建设奠定了物质技术基础。

（五）工业战线经济效益创历史最高水平

在开始全面建设社会主义的10年间，长江流域工业战线不仅产品产量大幅度上升，新产品层出不穷，而且经济效益也有显著提高，许多产品的主要经济技术指标创历史最高水平。在冶金工业部门，江苏省重点企业1965年每吨铁消耗焦炭（入炉焦比）为689公斤，安徽省马鞍山钢铁公司1966年为522公斤；安徽省重点企业1965年每吨电炉钢消耗钢铁料为1059公斤，每吨电炉钢耗电量843千瓦时。在电力工业部门，江苏省重点企业1966年线路损失率为10.92%。在煤炭工业部门，江苏省重点企业1958年商品煤灰分率为14.5%，商品煤含矸率1966年为0.42%。在化学工业部门，江苏省重点企业1965年每吨合成氨耗焦炭量下降到1250公斤，安徽省淮南化肥厂1966年下降到1249.4公斤；江苏省重点企业1965年每吨合成氨耗电下降到1512千瓦时，安徽省地方小型化肥企业1966年下降到1644千瓦时。在机械工业部门，江苏省重点企业1966年铸铁件合格率为93.33%。在轻工业部门，江苏省重点企业1966年灯泡综合合格率为95%，每吨机制级及纸板耗电1957年为614千瓦时；安徽省重点企业1966年每吨日用玻璃耗标准煤为1.45吨，耗碱量为94.8公斤。由此可见，当时长江流域许多地区工业企业的经济效益是比较好的，有些企业的经济技术指标在国内是比较先进的，并创造了历史最高水平。

（六）工业和交通运输比较协调发展

在开始全面建设社会主义的10年间，长江流域各地工业获得较大发展的同时，交通运输业也获得了较大发展，两者基本上实现了协调发展。安徽省的铁路通车里程，1956年为703公里，1966年增加到887公里；公路通车里程由1956年的7446公里，到1966年增加到16370公里[②]。江苏省的公路通车里程由1957年的6475公里，增加到1965年的11239公里[③]。各地客货运转量也有了相当大的增加。安徽省的旅客运输量由1956年的1884万人，增加到1966年的4825万人；货物运输量由1956年的3187万吨，增加到1966年的5981万吨。[④]江苏省的旅客运输量由1957年的3325万人，增加到1965年的6710万

---

①《现代中国的一百项建设》，红旗出版社，1985，第366～367页。

②安徽省统计局1979年11月编印的统计资料，第110～111页。

③江苏省统计局1982年5月编印的统计资料，第169页。

④安徽省统计局1979年11月编印的统计资料，第112～115页。

人;货物运输量由1957年的3053万吨,增加到1965年的5684万吨①。长江流域其他各省市的交通运输业也有了很大的发展,基本上同工业发展趋于协调。

五、农田水利建设和农业生产的发展

水利是农业的命脉。在开始全面建设社会主义的10年间,长江流域各地始终把农田水利建设,作为发展农业生产的一项根本措施。

(一)水利建设成效显著

新中国成立后,百废待兴,党和政府始终把水利建设放在重要地位,确保农业丰收和人民生命财产安全。当时,长江流域各地从财力不足的实际情况出发,坚持以修建中小型水利工程为主,同时修建必要的大型水利工程,逐步形成洪、涝、旱、渍综合治理,水利、水运、水产综合利用,大、中、小型相结合的水利网和新的水系,解决大面积农田的排水出路和灌溉水源。

长江流域易涝面积分布较广,其中93%以上分布在长江中下游地区,这里地势低洼,河湖密布,经常发生暴雨,有些地方大雨大灾,小雨小灾,无雨旱灾。因此,根治水患,是摆在长江中下游地区党和政府面前的紧迫任务。从新中国成立到20世纪60年代,长江中下游地区治理水患大致经历了以下三个阶段:第一阶段从1949年冬到1954年春,采取联圩并圩,整治圩区排水系统,并兴建排水间,初步建立自排系统。第二阶段从1954年到1964年,主要发展自排,综合治理,兴建排水涵闸,留湖调蓄,兴建少量机电排水站,基本完成了自流排水体系。第三阶段从1964年开始,进一步发展机电排涝工程,强化排涝和抗旱能力。

荆江分洪工程是新中国第一个大型水利工程,也是长江中游地区著名的水利工程。1952年经中央人民政府政务院批准兴建后,湖北、湖南两省人民为这个水利工程做出了杰出贡献,只用了短短75天时间。这种建设速度,在我国水利工程中是唯一的,国外也极少见到。为表彰广大人民为此做出的贡献,毛泽东题词曰:“为广大人民的利益,争取荆江分洪工程的胜利。”周恩来题词:“要使江湖都对人民有利。”这两个题词,被制成两面锦旗,由中央慰问团送给了荆江分洪工程的建设者。

当年长江中游地区除兴建荆江分洪工程外,1956年又在汉水下游兴建杜家台分洪工程。其规模仅次于荆江分洪工程。此外,还在洞庭湖、洪湖、武汉地区湖群、鄱阳湖、华阳河等地,兴建了一批蓄洪垦殖区。这些分洪工程和垦殖区的总面积,已超过1万平方公里,可蓄洪500亿立方米;同时增垦农田800万亩。这实属一举数得的治水良策。

当年在长江下游地区还兴建了一大批水利工程:一是苏皖两省共同兴建的治淮工程。这是苏、皖两省最为重要的水利工程,也是国家的重点工程项目。1951~1952年,江苏开挖了长达168公里的苏北灌溉总渠,分泄淮水入海,并发挥了输水灌溉的作用。1953年又建成了三河闸等大型水利工程。初步控制了淮河洪水成灾。1958~1960年,江苏开展了分淮入沂综合利用工程的建设。安徽省也兴建了一批活淮工程,使淮河为人民造福。二是治理沿江、沿海提防和太湖地区的骨干水利工程。三是治理京杭大运河。四是兴建南水北调工

①江苏省统计局1982年5月编印的统计资料,第172~175页。

程。这些水利工程,具有防涝、防旱、灌溉、航运、发电以及城市供水等多种功能。

长江中下游地区的水利建设,给人民群众带来了巨大的经济效益和社会效益。著名的安徽省淠(河)、史(河)、杭(杭埠河)水利工程,以及佛子岭、响洪甸、磨子潭、梅山、龙河口五大水库,是投资少、见效快、收益大的水利工程。工程建设进入高潮时,以农民为主体的建设大军多达 80 万人。总投资只有 7.03 亿元,其中国家投资 3.25 亿元。工程于 1958 年灌溉农田 97 万亩,现灌溉面积达 800 多万亩。1959～1983 年,累计灌溉面积 1.4 亿亩,相应增产粮食 2800 万吨,当地群众赞扬说:"建成淠史杭,农业多收粮,战胜干旱显威力,灌区变成鱼米乡。"①

(二)农业生产的发展

在全面建设社会主义的 10 年间,长江流域各地在大力开展水利建设的同时,广为开展农田基本建设,主要做法:一是实行科学种田,通过广种绿肥、养猪积肥、积造农家肥、适当使用化肥等途径,努力提高土壤肥力;二是改进农业生产工具,努力提高半机械化和机械化水平;三是因地制宜地改革耕作制度,如提高复种指数等,努力挖掘农业潜力,不断提高单位面积产量,有力地推动了农业生产的发展。

粮食产量和经济作物产量的提高,是农业生产发展的重要标志。江苏省 1956 年粮食总产量为 1081.85 万吨, 到 1966 年增加到 1488.25 万吨; 全省平均每亩粮食产量由 1956 年的 84.5 公斤,提高到 1966 年的 164.5 公斤。②安徽省 1956 年粮食总产量为 908.8 万吨,到 1966 年增加到 957.6 万吨。③

长江流域各地的经济作物也有了相当大的发展。江苏省 1956 年的棉花总产量为 100850 吨,到 1966 年增加到 384880 吨;全省平均每亩棉花产量由 1956 年的 10 公斤,到 1966 年提高到 44 公斤。④安徽省 1956 年棉花总产量为 25255 吨, 到 1966 年增加到 118655 吨⑤。安徽省 1956 年烤烟总产量为 27775 吨,到 1966 年增至 45260 吨⑥。江苏省烤烟总产量 1957 年为 655 吨,到 1965 年增至 5670 吨⑦。此外,安徽省的黄麻、红麻、水果和江苏省的薄荷等产品产量,都有不同程度的增长。养猪业也有很大的发展,如安徽省 1956 年底生猪存栏数为 332.78 万头,到 1965 年增加到 807.19 万头⑧。

六、商业的发展和人民生活水平的提高

随着工农业生产的发展,长江流域各地城乡商业也有了很大的发展,购销两旺,市场繁荣,安徽省商业部门 1956 年购进商品总金额为 87577 万元,其中工业品 23624 万元,农副产品 63414 万元, 当年销售总额 133364 万元;1966 年购进商品总金额 256233 万元,其

①《现代中国的一百项建设》,红旗出版社,1985,第 470～473 页。

②江苏省统计局 1982 年 5 月编印的统计资料,第 74～75 页。

③安徽省统计局 1979 年 11 月编印的统计资料,第 42～43 页。

④江苏省统计局 1982 年 5 月编印的统计资料,第 85～86 页。

⑤⑥安徽省统计局 1979 年 11 月编印的统计资料,第 50～51 页。

⑦江苏省统计局 1982 年 5 月编印的统计资料,第 111 页。

⑧安徽省统计局 1979 年 11 月编印的统计资料,第 52～53 页。

中工业品 113787 万元，农副产品 141269 万元，当年销售总额为 267715 万元。[①]江苏省 1956 年社会商品零售总额为 28.72 亿元，其中对居民和社会集团的消费品零售总额为 25.03 亿元；到 1966 年社会商品零售总额增加到 43.9 亿元，其中对居民和社会集团的消费品零售总额为 36.54 亿元[②]。

长江流域各地在全面建设社会主义的 10 年间，广大人民在改善物质生活的同时，文化生活和教育水平也有相当大的提高。

江苏省 1957 年高等学校在校学生数为 2.91 万人，到 1965 年增加到 3.9 万人；1957 年全省中等专业学校和普通中学在校学生数分别为 5.24 万人和 1.09 万人，1966 年分别增加到 6.12 万人和 67.98 万人[③]。

安徽省 1956 年高等学校在校学生为 7168 人，1966 年增加到 15047 人；1956 年中等技术学校和普通中学在校学生分别为 14800 人和 129868 人，到 1966 年分别增加到 19236 人和 315097 人[④]。此外，各地人民群众的医疗卫生和文化、娱乐生活，也都有了明显的改善。

第三节　“文化大革命”对长江流域经济建设的干扰破坏和国民经济在困境中恢复发展

“文化大革命”之前，长江流域的经济建设进入了蓬勃发展的大好时期，各个经济部门都取得了令人鼓舞的成就。但是，历时 10 年之久的“文化大革命”，破坏了当时大好的经济形势，打乱了国民经济正常发展的进程，各个经济部门在政治动乱中跌宕起伏，整个社会主义建设事业遭受了严重挫折和损失，国民经济走向崩溃的边缘。从 1966 年 5 月至 1976 年 10 月的“文化大革命”期间，长江流域同全国各地一样，经济指导思想的是非被混淆，“左”倾错误泛滥成灾，正常的经济、社会秩序被打乱，整个经济建设事业遭到了空前严重的破坏，给广大人民带来了严重的灾难。但在此期间，由于广大党员、干部、工农群众和知识分子的英勇奋斗和忘我劳动，长江流域各地的经济建设仍然取得了某些进展，有些经济部门在困境中仍得到一定程度的恢复和发展。

一、“文化大革命”对经济建设的严重干扰和破坏

“文化大革命”中，在长江流域特别是沪、宁、汉、渝四大经济中心和大中城市，遭受林彪、江青两个反革命集团的破坏更为严重。在长达 10 年之久的“文化大革命”期间，长江流域各地经济发展遭受干扰和破坏是多方面的，主要表现在以下几点：

---

①安徽省统计局 1979 年 11 月编印的统计资料，第 122～123 页。

②江苏省统计局 1982 年 5 月编印的统计资料，第 215～216 页。

③江苏省统计局 1982 年 5 月编印的统计资料，第 285~287 页。

④安徽省统计局 1979 年 11 月编印的统计资料，第 214～217 页。

（一）搞乱了经济工作的指导思想

在生产资料私有制的社会主义改造完成以后，党和人民的长期战略任务应当是发展和保护社会生产力，始终坚持以经济建设为中心，开展有利于生产力发展的各项工作。但是，在“左”倾错误的推动下，多年以“阶级斗争为纲”，把中心任务放在“反修防修”上，在“文化大革命”中甚至出现了“宁要社会主义的草，不要资本主义的苗”等种种谬论。于是，在各级经济部门和众多企业里，各种形式的所谓“大批判”组织和活动层出不穷，把经济改革的正确理论和措施，视为“修正主义”的言行；把采用符合我国国情的社会主义经济组织，视作“资本主义复辟”，全盘否认探索社会主义道路的正确理论和实践。反革命集团依仗他们窃取的权力，大肆鼓吹各种反动谬论：他们把积极发展社会生产力的理论和实践，说成是“唯生产力论”，是“光埋头拉车，不抬头看路”；把经济体制改革和扩大企业自主权，说成是“经济自由化”；把社会主义按劳分配原则，说成是“资产阶级法权”；把加强企业管理和健全合理的规章制度，说成是修正主义的“管、卡、压”；把农村允许农民有少量自留地、发展家庭副业、开放集市贸，说成是“括单风”“复辟农村资本主义”；把马克思主义的物质利益原则，说成是“奖金挂帅”“工分挂帅”；把提高经济效益和利润指标，说成是“资本主义的利润挂帅”；把搞单一的全民所有制，说成是“向共产主义目标前进”；如此等等，弄得是非颠倒，黑白不分，破坏了城乡干部和群众的正确思路，给社会主义经济建设带来了极大的危害。

（二）无政府主义泛滥成灾，破坏了正常的社会秩序、生产秩序和工作秩序

从 1966 年 6 月开始，“文化大革命”席卷了包括长江流域在内的全国各地，给社会的政治、经济、文化带来极大的冲击。

交通运输严重阻塞，运往江南地区和内地建设的物资大量积压，造成生产被迫停顿。如四川省攀枝花钢铁基地选矿厂工地，因物资运不进去，有 4500 名工人被迫停工待料。城乡汽车运输普遍紧张，水运压力增大，港口物资积压，著名的上海港物资积压十分严重。生产指挥系统也普遍中断，在“上无指挥，内有造反派、外有学生串联”的三重压力下，许多地区的工厂被迫停产。

长江流域在 1967 ~ 1968 年间，“打倒一切”“全面内战”的局面，严重地破坏了社会主义经济建设的正常进行，使得工农业生产出现了负增长，特别是工业生产大幅度下降。据安徽省统计，在最混乱的两年内工业全面下降，1967 年全省工业总产值比上一年下降 29.8%，其中轻工业总产值下降 20.6%，重工业总产值下降 42.4%；1968 年全省工业总产值比上一年下降 0.7%，其中轻工业总产值下降 4%。在这两年内，基本建设也已中断，几乎没有新增生产能力。

安徽省在这两年内，炼铁、炼钢、轧钢、炼焦、金属切削机床、硫酸、烧碱、机制纸等行业和企业，没有新增任何生产能力。这是“文化大革命”10 年间造成的经济发展的第一次巨大回落。

1974 年开始的“批林批孔”运动，又造成了 10 年“文化大革命”期间经济发展的第二次巨大回落。反革命集团在各地大搞帮派活动，鼓吹所谓“二次夺取”，使许多经济部门

和企业领导干部和广大知识分子被多次批斗。当时，他们提出的所谓“不为错误路线生产”等口号广为流传、流毒甚广，使长江流域同全国各地一样，重新出现了职工不上班、不劳动，到处搞串联、拉山头、打内战，从而使刚刚稳定并有所发展的国民经济又一次遭到巨大破坏。

1975年11月开始的所谓“批邓、反击右倾翻案风”运动，再一次造成了10年“文化大革命”期间经济发展的第三次巨大回落。“四人帮”炮制的“批邓、反击右倾翻案风”运动，把矛头直指后来成为我国改革开放总设计师的邓小平，全盘否定邓小平主持中央工作以来各项正确的政策和措施，统统称之为“右”倾翻案风，并把邓提出的各行各业整顿举措，说成是“资本主义全面复辟”。于是，长江流域同全国各地一样，各级经济部门和企业再次遭受冲击和改组，大批经济管理领导干部被批斗或打倒，许多重建的合理的规章制度再次被废除，正常的社会秩序、生产秩序、工作秩序又一次遭到破坏，整个经济工作再次陷入瘫痪和半瘫痪状态。

综上所述，长江流域在“文化大革命”的10年间，经济发展遭受到严重干扰和破坏，经历的三次大规模的经济巨大回落，给经济发展和人民生活带来了极大危害。

（三）企业的生产经营管理和经济发展规划遭受破坏

在“文化大革命”10年间，长江流域各地经济发展遭受破坏最为严重的，就是破坏或废除原有行之有效的、合理的各项经营管理制度和经济发展规划。这些制度和规划，是从本地或本单位实际情况出发，参照国内外的实践经验和国家有关部门颁布的法规规定，并经实践证明是保证正常生产秩序和提高经济效益的重要保障。

但是，在“文化大革命”期间，林彪、江青两个反革命集团及其追随者把这些合理的规章制度统统称之为“修正主义的管、卡、压”，一概加以彻底否定和强行废除。因此，在长江流域各地经济部门和众多的企业中出现了“生产无计划、企业无管理、产品无标准、质量无检验、消耗无定额、操作无规程、经济无核算、安全无保证”的“八无”混乱状态，从而使许多企业走入废品增加、质量下降、成本上升、亏损严重、经济效益很低的困境，给国家和人民带来了极大的损失。

至于经济发展规划、年度计划，也是经济建设必不可少的举措。“右”倾也一概加以否定。

1968年是“文化大革命”最混乱的一年，也是唯一没有国民经济计划的一年，这一年也是长江流域各地经济发展最差的一年。至于“文化大革命”期间的其他年份，虽有国民经济的年度计划，但因经常受到政治运动冲击，许多经济部门和企业的年度计划，也很难如期完成。

（四）各级经济管理干部和广大知识分子受到无辜批判，职工队伍的团结遭到破坏

在“文化大革命”的10年间，长江流域各地在“四人帮”的直接煽动和影响下，许多经济管理干部被污蔑为“反革命修正主义分子”和“死不悔改的走资派”；许多工程技术专家和知识分子被污蔑为“资产阶级反动学术权威”和“坚持走白专道路的臭老九”。

“四人帮”打击和迫害广大经济管理干部与知识分子的同时，又在广大工人群众

中煽动派性、制造分裂、挑起武斗，严重地破坏了职工队伍的团结，造成了极其恶劣的影响。

(五)在农村大搞“阶级斗争”和“割资本主义尾巴”，严重地破坏了农业和农村多种经济生产的发展

在“文化大革命”的10年间，无政府主义和极“左”思潮也波及长江流域的广大农村。但因农村是集体经济组织，不可能像城市工矿企业那样长期停产“闹革命”而照发工资。所以，农村“文化大革命”是同“农业学大寨”运动结合进行的。

在长江流域同全国其他地区一样，到处抓“阶级敌人”，人为地制造批斗的“活靶子”。在长江流域广大农村，为了“割资本主义尾巴”，绝大多数的农村，取消了社员的自留地，取消了农村集市贸易，限制农民的家庭副业，规定社员饲养家禽家畜不得超过规定的数量，有些地方甚至规定限于“一猪、一树、一鸡、一兔”。如超过规定限量，就要遭受批斗和处罚。许多地方还照搬大寨的“搬山造田”等具体做法，不管本地自然条件是否允许，硬是照搬大寨的若干做法。为了耕田，有些地方大搞围湖造田、填塘造田、毁林造田，有的茶产区甚至毁茶林造田。

例如，浙江省某些农村和上海市郊区，曾分别填塘造田5万亩和8万亩，严重地违反了自然规律和经济规律，破坏了自然环境和生态平衡。

二、工业经济在困境中恢复和发展

在“文化大革命”的10年间，长江流域的各级干部、广大知识分子和共产党员，从党和人民的根本利益出发，同林彪、江青两个反革命集团进行了坚持不懈的斗争，在极端困难的条件下努力工作，尽量减少“文化大革命”所造成的损失，力争国民经济的好转。特别是毛泽东在1974年11月发出的“要把国民经济搞上去”的号召，周恩来在“文化大革命”中提出的整顿和调整国民经济的一系列政策和措施，邓小平在1975年对各条战线进行整顿的决策和措施，对长江流域和全国各地的国民经济的恢复和发展起了决定性的推动作用。与此同时，长江流域各级党组织带领广大共产党员和人民群众，认真贯彻落实党中央和国务院关于恢复和发展国民经济的一系列指示，努力生产，积极工作，自觉抵制乱揪、乱斗、乱打、乱砸、乱抢、乱抄的行为，同各种破坏经济发展和危及人民财产的行为做斗争。特别是许多经济管理干部和知识分子，尽管普遍遭到冲击和揪斗，但仍以大局为重，忍辱负重，坚守工作岗位，努力工作，尽量挽救损失。因此，长江流域各地的经济建设能够在逆境中恢复，在困境中发展。

在“文化大革命”的10年间，由于广大干部、知识分子和职工群众的艰苦奋斗，长江流域各地的工业生产都有一定程度的恢复和发展，具体表现在以下几个方面：

第一，工业总产值、企业单位数和职工总数都有不同程度的增加。

工业总产值来看，江苏省1966年工业总产值为90.25亿元，其中轻工业62.78亿元，重工业27.47亿元；到1976年全省工业总产值增加到253.77亿元，其中轻工业131.31亿元，

重工业 122.46 亿元[①]。安徽省 1966 年工业总产值为 33.61 亿元,其中轻工业为 19.39 亿元,重工业为 14.22 亿元;到 1976 年全省工业总产值增至 88.13 亿元,其中轻工业为 46.26 亿元,重工业为 41.87 亿元。[②]

从企业单位数来看,安徽省 1966 年工业企业总数为 5937 个,其中全民所有制企业 1545 个,集体所有制企业为 4392 个;到 1976 年全省工业企业增加到 11201 个,其中全民所有制企业增加到 2990 个,集体所有制企业增加到 8211 个;全省大中型企业 1973 年为 127 个,1976 年增加到 136 个[③]。

再从职工队伍人数来看,江苏省 1966 年全民所有制工业企业共有职工 172.64 万人,其中固定工 151.73 万人,到 1976 年职工总数增加到 284.1 万人,其中固定工 264.27 万人[④]。安徽省 1966 年全民所有制工业企业共有职工 1093769 人,到 1976 年增加到 1817994 人[⑤]。

第二,主要工业产品产量都有了不同程度的增加。在"文化大革命"的 10 年间,长江流域各地绝大多数工业产品产量,都有了不同程度的增加,其中有些产品产量增加的幅度还比较大。

现以长江下游的江苏、安徽两省为例(详见表 1–2),说明主要工业产品产量增长的具体情况。从表 1–2 中,我们可以看到,在"文化大革命"期间,苏、皖两省的钢、钢材、发电量、原煤、机床,内燃机、水泥、棉纱、棉布等主要工业品产量都有较大的增长,其中发电量、原煤等产量增长的幅度比较大;有些产品如自行车、手表等工业品在江苏省是从无到有,填补了空白。

表 1–2 江苏省、安徽省 1965 年和 1976 年工业产品产量表

地区 / 年份 / 产品产量	江苏省[⑥]		安徽省[⑦]	
	1965 年	1976 年	1966 年	1976 年
钢(万吨)	6.53	40.58	40.04	67.80
生铁(万吨)	6.47	55.02	61.16	148.77
钢材(万吨)	18.48	43.71	22.41	48.41
电解铝(吨)	930	2295	—	2043
发电量(亿千瓦时)	25.78	92.79	20.14	60.65
原煤(万吨)	485.66	1310.85	1188.35	2082.02
硫酸(万吨)	53.52	63.54	8.02	13.54

①江苏省统计局 1982 年 5 月编印的统计资料,第 126~127 页。

②安徽省统计局 1979 年 11 月编印的统计资料,第 21 页。

③安徽省统计局 1979 年 11 月编印的统计资料,第 71 页。

④江苏省统计局 1982 年编印的统计资料,第 32~33 页。

⑤安徽省统计局 1979 年 11 月编印的统计资料,第 179 页。

⑥江苏省统计局 1982 年 5 月编印的统计资料,第 144~152 页。因 1966 年统计数字未搜集到,故用 1965 年的统计数字。其中收音机、电视机系 1975 年的统计数字。

⑦安徽省统计局 1979 年 11 月编印的统计资料。

续表：

产品产量 \ 年份 \ 地区	江苏省①		安徽省②	
	1965年	1976年	1966年	1976年
手扶拖拉机（万台）	0.06	3.95	—	2.04
机床（台）	2717	22562	591	3736
汽车（辆）	2350	13338	—	3087
内燃机（千瓦）	224548.15	2368530.6	403789.5	889440.15
水泥（万吨）	103	308.81	46.72	144.37
化学纤维（吨）	5399	11587	—	—
棉纱（万件）	69.32	135.85	23.29	41.43
棉布（亿米）	6.76	11.93	2.05	3.46
机制纸（万吨）	9.86	16.14	7.16	12.98
缝纫机（万架）	2.76	12.31	—	1.54
自行车（万辆）	—	17.3	—	—
手表（万只）	—	79.72	—	18.1
卷烟（万箱）	18.04	36.02	41.14	73.54
收音机（万部）	138.37	145.12	—	—
电视机（万部）	2.7	2.22	—	—

第三，新建一批大型骨干企业，增强了工业发展的后劲。在“文化大革命”期间，长江中上游地区新建的大型企业有：贵州六盘水、四川宝鼎山和芙蓉山等大型煤矿；湖北丹江口和葛洲坝及贵州乌江等大中型水电站；四川攀枝花钢铁厂、成都无缝钢管厂、贵州铝厂、四川德阳第二重型机器厂、湖北第二汽车制造厂、四川大足汽车厂，等等。从1973年开始，我国从国外引进了包括钢一米七轧机工程在内的一批先进的成套设备和单机。处于我国第二大钢都——武汉的武汉钢铁公司，从1965年至1971年，完成年产钢200万吨生产能力的配套建设，紧接着开始了年产钢铁各400万吨生产能力的扩建和技术改造。武钢一米七轧机具有大型化、高速化、连续化和自动化的特点，达到20世纪70年代先进技术水平。他们仅用4年时间，就完成了建设量超过了武钢过去20年建设的总和，实属我国冶金工业建设的一个壮举。

第四，建成了一批号称“中国第一”的优质工程。长江下游特别是我国近代工业的发祥地上海，物质技术基础雄厚，技术力量称雄全国，即使在“文化大革命”把知识分子视为“臭老九”“反动学术权威”的年代，广大知识分子依然忍辱负重，同广大职工团结一致，创造了许多号称“全国第一”的重大项目，主要有：①1966年10月6日，我国第一座自动化纯氧顶吹转炉在上海建成。②1966年10月16日，上海有关单位的科技工作者和职工，用合成的方法，获得重要化工原料——苯，并投入生产。③1967年1月20日，我国第一台载重150

吨重型平板挂车,在上海市汽车运输公司修理建成。④1968 年 12 月 25 日,我国自行设计、施工、安装的浙江富春江水电站建成发电。⑤1969 年 9 月 18 日,我国第一台矿用 32 吨自卸载重汽车在上海制造成功。⑥1970 年 12 月 28 日,上海试制成功 40 万倍一级大型电子显微镜。⑦1971 年 6 月 27 日,上海江南造船厂建造的我国第一艘两万吨货轮“长风号”下水,投入使用。⑧1972 年 11 月 13 日,上海试制成功第一台每秒能运算 11 万次的集成电路通用数字电子计算机。⑨1972 年 9 月,上海试制成功我国第一辆载重 300 吨的大平板车。⑩1974 年 3 月 20 日,我国第一艘 2.5 万吨级浮船坞“黄山号”在上海建成。⑪1976 年 6 月 15 日,我国当时最大容量火力发电机组——国产 30 万千瓦双水内冷汽轮发电机在上海建成,安装在江苏望亭发电厂,并开始发电。[①]

三、交通运输和邮电通信的发展

在“文化大革命”的 10 年间,长江流域各地相继建成一批交通运输线、输油管线和邮电通信设施,为促进经济发展和人民生活改善创造了有利条件。

(一)以南京长江大桥为代表的一批过江(河)通道相继建成

南京长江大桥是我国自行设计、自行施工的一座铁路公路两用桥,是当时我国桥梁中最大的、最为宏伟壮观的一座铁路公路两用桥。1959 年动工兴建,1968 年国庆节铁路桥首先建成并正式通车。铁路桥全长 6772 米,主桥为双线铁路桥。同年 12 月 29 日,公路桥也建成通车。公路桥长 4588 米,位于铁路桥之上,路面净宽 15 米,有 4 条行车道,两边另有人行道,各宽 2.5 米。桥梁两端的引桥长达 200 米,为正桥的 3 倍多。在大桥的南北两端各建一座高 97.6 米的桥头堡,顶端有大型雕塑,更增添了大桥的雄姿,与江边桥头公园及烟波滚滚的江面相辉映[②]。这座举世瞩目的雄伟大桥,是我国桥梁发展史上的创举,不仅在技术上达到世界先进水平,而且在建筑艺术上也很完美。大桥建成、通车,把我国津浦线、沪宁线两大铁路干线以及宁芜线连成一体,使长江南北交通畅通无阻,在我国社会主义建设中发挥着巨大的作用。

南京长江大桥的建成通车,对我国经济发达的长江下游地区经济发展具有十分重要的意义。它可以及时把山西、华北和安徽淮南、淮北等地的煤炭源源不断地运往上海和长江下游各地;同时把上海和长江下游各地的工业品和由上海港进口的海外商品,源源不断地运往全国各地。它还可为我国十大钢铁工业基地之一的马鞍山钢铁公司运进矿石等物资,并运出钢、生铁、钢材等冶金工业产品。它又是经济发达的江苏省当时唯一的过江通道,对于积极提高苏南、加快发展苏北,推进江苏区域经济协调发展,具有特殊重要的意义。

在“文化大革命”期间,长江下游地区还兴建了一批过江(河)通道,主要有:①1969 年 9 月 18 日,我国当时最长的双曲拱桥公路桥——江苏省沭阳新沂河大桥建成通车,该桥全

①均见《新华社新闻稿》。转引自张学恕:《中国长江下游经济发展史》,东南大学出版社,1990,第 665~666 页。

②《新华社新闻稿》,1968 年 10 月 5 日、12 月 30 日。

长 1267 米,由连续 39 孔具有民族特色的双曲拱桥组成。②1969 年 5 月 17 日,安徽省芜(湖)铜(陵)线的漳河铁路大桥建成通车,大桥全长 290 米。③浙江省钱塘江上游兰江公路大桥建成通车,大桥坐落在浙江兰溪县境内,全长 1041 米,宽 11 米。④1976 年 6 月 29 日,上海黄浦江大桥建成通车。这是黄浦江上第一座公路、铁路双层钢铁大桥。铁路桥全长 3048 米,公路桥全长 1860 米。

(二)一批铁路运输线相继建成通车

在“文化大革命”期间,长江流域铁路战线广大职工发扬自力更生、艰苦奋斗的精神,在极其艰苦和恶劣的自然环境条件下,兴建了一批铁路干线和重要铁路运输线。主要有:全长 1091 公里的成昆铁路,由四川成都至云南昆明;全长 820 公里的湘黔铁路,由湖南株洲田心至贵州贵定;全长 899 公里的襄渝铁路,由湖北襄樊至重庆;全长 753 公里的焦枝铁路,由河南焦作至湖北枝城。还有贵昆铁路,由贵州贵阳至云南昆明;汉丹铁路,湖北汉口至湖北丹江口;宁铜铁路,由江苏南京至安徽铜陵。特别是 1975 年 7 月 1 日,通过技术改造,建成我国第一条电气化铁路——宝成铁路,由陕西宝鸡至四川成都。

成昆铁路是我国 20 世纪 60 至 70 年代建成的一条重要铁路干线。成昆铁路与渝黔(重庆至贵阳)、贵昆(贵阳至昆明)、成渝(成都至重庆)三线构成我国西南地区的铁路网骨架,对开发西南资源、加速国民经济建设和巩固国防,都具有重大的战略意义。成昆铁路沿线地形复杂,山重水复,悬崖叠嶂,全线桥、隧总长共占铁路总长的 40%。该路的建成,提供了在地形地质复杂情况下建设铁路的新经验。广大专家技术人员和职工克服重重困难,广泛采用各种新技术、新设备、新材料、新结构、新工艺和新的施工方法,反映了我国铁路技术装备和施工技术达到了新的高度。成昆铁路的大规划建设,是从 1964 年秋开始,因“文化大革命”的干扰,延误了两年工期,直到 1970 年 7 月 1 日才正式通车交付运营。

襄渝铁路于 1970 年全面开展施工,1973 年 10 月接轨通车, 到 1978 年 6 月 1 日交付国家运营。因地形复杂,桥梁隧道共长 400 公里,约占铁路总长的 40%,是我国当时铁路中桥隧密度最高的一条铁路,工程之艰巨性在我国铁路建设史上是罕见的。但是,这条铁路的建成具有十分重要的经济价值和社会意义。襄渝铁路横贯鄂、陕、川 3 省,东接汉丹铁路、焦枝铁路,中联阳安铁路、宝成铁路,西通成渝铁路、川黔铁路,是联系我国中南、西南地区的铁路干线,是沟通我国内地至西南的交通大动脉。

此外,在长江下游地区还兴建了一些地方性的铁路,主要有:①1970 年 10 月 29 日,安徽省濉(溪)阜(阳)铁路建成通车,全线长 140 多公里。②1972 年 1 月 30 日,浙江省杭(州)湖(州)铁路建成通车,全线长 90 多公里。

(三)水陆运输有了不同程度的发展

在“文化大革命”期间,长江流域各地水陆运输有一定的恢复和发展,以江苏、安徽两省为例:江苏省 1965 年公路通车里程为 11239 公里,内河航道里程为 21155 公里,到 1976 年分别增加到 15943 公里和 23106 公里。该省 1965 年旅客运输量和货物运输量分别为

6710 万人和 5684 吨。[①]安徽省 1966 年铁路和公路通车里程分别为 887 公里和 16370 公里,到 1976 年分别增加到 938 公里和 22282 公里。[②]该省 1966 年铁路和公路旅客运输量分别为 989 万人和 3230 万人，到 1976 年分别增加到 1923 万人和 7132 万人。该省 1966 年货物运输量为 5981 万吨,到 1976 年增加到 10610 万吨。[③]

(四)邮电通信设施和输油管线的建设

长江流域特别是长江中游地区,是我国邮电通信事业较为发达的地区,这里的邮电通信起步早、分布广、设备较为先进。1976 年,我国建成一条纵贯 8 省市的全长 1700 多公里的 1800 路中同轴载波通信干线和连通全国 20 多个省市的微波通信干线，上海还建成一座卫星地面站,为长江流域有关省市的通信提供了有利条件。此外,从山东临邑到南京的输油管道,填补了长江下游地区输油管线的空白。

四、“三线”建设的全面展开

“三线”建设,是党中央和国务院在 20 世纪中期根据国内外局势的变化,在备战思想指导下,按照地理划分为一、二、三线,主要考虑国防建设的需要,同时也考虑经济建设的需要。当时把沿海和沿边疆地区划为一线,全国战略大后方划为三线,介于一、三线之间的地区为二线。同长江流域关系最密切的三线地区,主要包括云南、贵州、四川 3 省的全部或大部分及湘西、鄂西地区的西南三线,此处正是长江中上游地区。而大西北三线地区,因不属于本书特指的长江流域,故予以省略。

(一)“三线”建设的开始

地处长江中上游地区的大三线,具有丰富的矿产资源,已探明的重要矿产品种,如贵州六盘山地区的煤炭资源,四川西昌地区的钒钛磁铁矿,贵州的铝土矿,云南和湖南镍、铜、锡、锑、铅、锌等有色金属资源和稀有金属资源,云南、贵州、湖北、四川的磷矿资源,都有较高的开采价值,为发展国防工业和重工业以及其他工业提供了极为有利的条件。长江中上游地区耕地面积广阔,土地肥沃,雨量和气候条件较好,为发展农业提供了有利条件,从而为发展轻工业提供了大量原料。

长江中上游地区大三线布点和选址的原则是:靠山、分散、隐蔽;大分散、小集中。国防工业则按照“小而全”的目标安排生产。这是备战思想的集中表现。这些原则给“三线”建设带来了负面影响,不利于提高经济效益。

“三线”建设于 1965 年开始,1966 年大规模展开。“三线”建设工程大部分项目是在“文化大革命”期间完成的。“三线”建设的规模之大、时间之长、动员之广、行动之快,在中国建设史上都是空前的。“三线”建设同沿海老工业基地相比,起步晚,但设备新,加上国防工业属技术密集型,工程技术人员与工人的比例,相当于沿海地区的 3～4 倍。而投资于“三线”地区兴建的铁路干线,极大地改善了这些地方的交通运输。大量事实表明,“三线”建设对

①江苏省统计局 1982 年 5 月编印的统计资料,第 169、172～174 页。

②安徽省统计局 1979 年 11 月编印的统计资料,第 111 页。

③安徽省统计局 1979 年 11 月编印的统计资料,第 113 页。

于加强我国国防建设,尽快建立起我国战略大后方;对于改变我国工业原来主要集中于沿海地区的不合理布局;对于促进内地经济发展,推进全国经济协调发展,都具有十分重要的意义。

(二)"三线"建设的巨大成就

经过10多年来的建设,由于广大干部、知识分子和职工的艰苦奋战和辛勤劳动,"三线"建设取得了惊人的成就,主要表现在以下几个方面的"巨大成就":

第一,国防科技工业的巨大成就。国防科技工业是国家科技水平和经济实力的集中表现。经过多年建设,已形成了以重庆为中心的常规兵器工业基本体系,既能大批量生产轻武器,又能生产相当数量的技术先进的重武器;分布在四川、贵州等地的电子工业基地,已经形成了生产门类齐全、元器件与整机配套、军民品兼顾、生产与科研相结合的体系;四川等地的战略核武器科研生产基地,已经形成比较完整的核工业科研生产系统,具有相当的科研生产能力;已形成贵州、四川、鄂西北等地的航天和航空工业基地,研究手段齐全,技术力量雄厚,大大改善了我国国防工业布局。

第二,工业交通运输的巨大成就。国家优先发展交通运输业,包括资金优先、人才技术优先,先后建成川黔、贵昆、成昆、湖黔、襄渝等铁路干线,同时大力发展公路运输业,从根本上改变了西南交通闭塞的落后状况。同时,投资整治内河航道,提高内河水运能力。

第三,基础工业的巨大成就。建成了一批机械、能源原材料等基础工业重点基地,初步形成了重庆、成都、贵阳等新的机械工业基地。其中四川汽车制造厂、四川东方电机厂、四川仪表总厂、贵阳新天精密光学仪器总厂,都是著名的机械、电器、仪表、电机等行业的大型骨干企业。此外,先后建成葛洲坝等大型水电站,攀枝花等地的钢铁企业,都在国内享有较高的声誉。"三线"地区在加快重工业发展步伐的同时,还建成了一批轻工、纺织企业,初步改变了轻纺工业产品绝大部分靠沿海地区供应的状况。

第四,涌现了一批新兴工业城市。攀枝花、六盘水、十堰等地,过去是人烟稀少的荒山僻野,通过"三线"建设,已成为著名的以钢铁、煤炭、汽车和有色金属为主导产业的新兴工业城市,还涌现了一批新兴的中小城市,改善了城市布局,繁荣了地区经济,缩小了与沿海地区的差距。在发展生产的基础上,"三线"地区人民群众的生活水平也有了相当大的提高。

当然,我们在充分看到"三线"建设取得的巨大成就,成为中国建设史上空前壮举的同时,也要实事求是地看到在建设过程中忽视质量、经济效益差等问题,特别是当时过分强调战备需要,盲目追求自成体系,追求"大而全"和"小而全",造成资金与物资分散使用和重复建设,带来了一定程度上的人力、物力、财力的浪费。

五、农田水利建设和农业生产的发展

(一)农田水利建设

水利是农业的命脉,这是发展农业永恒的主题。即使在"文化大革命"10年动乱期间,长江流域各地仍然把农田水利建设放在重要位置。这是因为农田水利建设,是发展农业先决条件。在"文化大革命"期间,长江下游地区在充分利用原有水利设施的基础上,又兴建和续建了一批水利工程，主要有：①作为安徽省重点水利工程——淠史杭灌溉工程重要组成部分的舒(庐)庐(江)干渠，于1968年建成放水灌溉农田，干渠总长80多公里，可灌溉农田92万亩。②江苏省江都水利枢纽工程于1969年9月建成。这个工程由3座大型抽水机站、5座中型节制水闸、3座船闸和疏浚河道等20多项工程组成。它把长江、淮河、大运河和里下河联结了起来，利用这些河流不同的水位，通过机动引水和自流引水进行抗旱、排涝，并可灌溉250多万亩农田。③横贯豫、皖、苏3省的大型水利工程，即开挖新汴河、治理沱河工程，于1970年5月全部竣工。④苏、皖两省人民团结治水，基本根绝了淮河的水患，并扩大了灌溉面积。到1976年，淮河流域的农田灌溉面积达1亿亩，比1965年扩大一倍。[①]

(二)农业生产的发展及其原因

在"文化大革命"期间，长江流域农业生产发展的主要标志，是粮食产量和经济作物产量增加两个方面。以江苏、安徽、浙江3省为例：江苏省粮食总产量由1966年的1488.25万吨，增加到1976年的2123.65万吨；全省平均每亩粮食产量由1966年的164.5公斤，增加到1976年的219公斤。[②]安徽省的粮食总产量由1966年的957.6万吨，增加到1976年的1684.15万吨[③]。与此同时，经济作物也有一定的发展。江苏省的棉花总产量由1966年的384880吨，增加到1976年的410355吨；全省平均每亩棉花产量由1966年的44公斤，增加到1976年的46.5公斤[④]。安徽省的棉花总产量由1966年的118655吨，增加到1976年的14.3万吨。[⑤]浙江省截至1969年10月13日，全省粮食和棉花产量都超过了《全国农业发展纲要》规定的指标。浙江全省粮食作物平均亩产约425公斤，棉花产量连续4年平均亩产50公斤以上。[⑥]江苏省的油菜籽产量也由1966年的63325吨，增加到1976年的161520吨[⑦]。

由于粮、油、棉等主要农产品的产量都有不同程度的增加，表明各地农业生产都有一定的发展，因而各地人民的生活资料都有所增加。江苏省1965年按人口平均每人占有的粮食和棉花占有量分别为289.5公斤和5.65公斤，到1976年分别增加到372.5公斤和7.2公斤[⑧]。

长江流域各地在"文化大革命"期间农业生产获得恢复和发展的主要原因是：

第一，人们对农业是国民经济的基础这个至关重要的问题，有了比较清醒的认识，并付诸实际行动。通过新中国成立后17年来经济建设的实践，特别是20世纪60年代初期三年自然灾害的深刻教训，使人们认识到不以农业为基础，就无法支撑起一个稳固的国民经济框架，就无法解决人们最基本的生活需要，甚至会发生"三年困难"时期安徽等地饿死

①以上均见《新华社新闻稿》。转引自张学恕：《中国长江下游经济发展史》，东南大学出版社，1990，第662页。

②江苏省统计局1982年5月编印的统计资料，第75～76页。

③安徽省统计局1979年11月编印的统计资料，第42页。

④江苏省统计局1982年5月编印的统计资料，第86～87页。

⑤安徽省统计局1979年11月编印的统计资料，第43页。

⑥《新华社新闻稿》，1969年12月24日。

⑦江苏省统计局1982年5月编印的统计资料，第93～94页。

⑧江苏省统计局1982年5月编印的统计资料，第108页。

人的惨剧。因此，尽管在“文化大革命”期间农、轻、重的比例关系失调，对农业投资比例较少，但始终没有丢掉农业或放松农业发展。即使在武斗频繁、“全面夺权”的混乱年代，中共中央、国务院和老一辈无产阶级革命家、政治家多次发出指示，不准以“运动”冲击农业生产，并号召各行各业支援农业，夺取农业丰收。

第二，农业生产的主要力量是集体经济单位，他们自负盈亏，不但要生产自身需要的粮食、棉花、油料等农产品，而且要按期完成国家下达的农副产品收购任务。如果像城市那样停产“闹革命”，那么城乡人民就会失去作为衣食之源的农产品，就会无法正常生活和生存。当时，不少工厂停产“闹革命”，每月工资照发，而农民却无法享受这种待遇。因此，在10年动乱期间，各地农业发展虽然遭到严重干扰和破坏，但农业生产基本上还是正常进行的。

第三，国家采取了一系列保护农业稳定发展的优惠政策。比如，降低农业生产资料和农药等零售价格，同时提高农副产品和农业土特产品的收购价格；对受灾地区减免农业税，实行增产不增税的政策；稳定农业社队的合理负担，让农业社队能够把增产所得的部分资金用于扩大再生产。

第四，农田水利灌溉和农业生产条件有了改善。上面提到的农田水利建设，为农业生产的发展奠定了基础。由于广大农民的辛勤劳动，加之城镇职工和各界民众的大力支农，使农业生产条件有了较大的改善。主要表现在：购买农业机械普遍增多，农业科学技术普遍推广，化肥、农药等广泛使用，等等。1970年，浙江省带头推广“小苗带土移栽”技术，进一步提高了粮食单位面积产量。各地工业部门支援农业成效显著。江苏省1965年农用化肥和化学农药的产量分别为107.13万吨和1.29万吨，到1976年分别增加到229.33万吨和1.29万吨[①]。安徽省1966年农用化肥和化学农业的产量分别为59.21万吨和1479吨，到1976年分别增加到110.71万吨和11166吨[②]。

六、商业和对外贸易的恢复发展

随着工农业生产的恢复和发展，长江流域各地在“文化大革命”的10年间，商业和对外贸易也都有了不同程度的恢复和发展。江苏省1966年社会商品零售额为43.9亿元，到1976年增加到196.28亿元[③]。安徽省1966年社会商品零售总额为23.64亿元，其中消费品零售额为20.66亿元，农业生产资料零售额为2.98亿元；到1976年全省社会商品零售额为49.08亿元，其中消费品零售额为40.01亿元，农业生产资料零售额为9.07亿元。[④]

长江流域各地在“文化大革命”10年间，对外贸易也有一定程度的恢复和发展。如江苏省1975年粮油食品、纺织品、土畜产品、轻工工艺品、五金矿产品、化工医药和机械产品出口收购总额为人民币17.2亿元，上述产品自营出口总额为16946万美元。[⑤]又如安徽省

①江苏省统计局1982年5月编印的统计资料，第146～147、216～217页。

②安徽省统计局1979年11月编印的统计资料，第84～85页。

③江苏省统计局1982年5月编印的统计资料，第146～147、216～217页。

④安徽省统计局1979年11月编印的统计资料，第118～119页。

⑤江苏省统计局1982年5月编印的统计资料，第135页。

1966年对外贸易出口商品收购总额为20946万元，其中农副产品出口收购总额为18402万美元,工矿产品出口收购总额为2544万元;到1976年出口商品收购总额增加到42227万元,其中农副产品出口收购额为32186万元,工矿产品出口收购额为10041万元。①

综上所述,在“文化大革命”10年间,长江流域同全国各地一样,尽管遭受林彪、江青两个反革命集团的严重破坏和“左”倾错误的严重干扰,给经济发展带来了空前严重的损失。但是,由于广大工农群众、知识分子和各级干部对这场内乱的英勇抵制和顽抗斗争,使长江流域同全国各地一样,在工业、交通运输、三线建设和农业、商业、外贸等诸多经济领域,都有不同程度的恢复和发展,并取得了较大的成就。但是,我们实事求是地肯定这些成绩,丝毫不是说明“文化大革命”本身有什么可取之处,只是说明不应该把“文化大革命”同全党、全国人民的英勇奋斗以及人民群众的聪明才智等同起来。大量事实表明,如果没有“文化大革命”的内乱和破坏,长江流域的经济社会发展,必将取得更大更多的成就。

①安徽省统计局1979年11月编印的统计资料,第222页。

第二章　长江流域现代化经济建设的兴起和发展

1976 年 10 月,中国共产党和全国人民粉碎了“四人帮”反革命集团,从危难中挽救了国家,结束了长达 10 年之久的“文化大革命”,使我国进入了新的历史发展时期。当时,长江流域和全国各地一样,广大人民在党和人民政府的领导下,以极大的热情投入到各项经济建设工作中,并取得了显著成效。但因经济工作中长期存在的急于求成的错误思想未能得到克服,因此,国民经济发展并未摆脱比例关系严重失调的困难。

1978 年 12 月召开的中共十一届三中全会,确定了“解放思想、开动脑筋、实事求是、团结一致向前看”的指导方针,果断地停止使用“以阶级斗争为纲”的口号,做出了把党和国家的工作中心转移到经济建设上来和实行改革开放的历史性正确战略决策。这是新中国成立以来具有深远历史意义的伟大转折。从此,长江流域和全国各地一样,社会主义现代化建设进入了改革开放阶段,开创了中国特色社会主义道路新的历史时期。与此同时,党的十一届三中全会还在确立以经济建设为中心的前提下,制定了有利于经济发展的一系列方针和政策,明确提出了要注意解决好国民经济重大比例严重失调的要求,制定了关于加快农业发展的决定,随后提出了“调整、改革、整顿、提高”的方针,提出了对内搞活、对外开放的新经济政策,并要求从国情出发、量力而行和按经济规律办事。这些决策标志着国民经济发展道路的历史性转折的开始,使中国从此走上了社会主义现代化建设的道路。

党的十一届三中全会以后,长江流域各地在各级党组织和人民政府的领导下,紧紧抓住经济建设这个中心,认真贯彻落实党和国家的工作重点转移到社会主义现代化建设上来的战略决策和有关经济建设的方针政策,坚持走改革开放这个强国之路,自力更生,艰苦奋斗,努力推进国民经济持续、稳定、协调发展,沿着有中国特色的社会主义道路奋勇前进。

第一节　新时期长江流域国民经济的恢复和发展

1976 年 10 月“文化大革命”结束后,长江流域各地经济战线面临的首要任务,是集中力量恢复和发展在“文化大革命”中遭受严重破坏的国民经济,调整严重失调的国民经济的比例关系,转变经济发展战略,使国民经济持续、稳定、协调发展,使人民生活水平不断得到改善。为此,各地党和政府采取一系列政策和措施,拨乱反正,正本清源,突破长期流行的“左”倾错误的束缚,大力解放生产力,使国民经济得到迅速恢复和发展,迎来了经济蓬勃发展的大好形势。

一、国民经济恢复发展的政策和措施

长江流域各地恢复和发展经济的政策措施，主要有以下几点：

（一）在经济工作指导思想上拨乱反正

粉碎“四人帮”反革命集团以后，长江流域各地党和政府组织广大干部和人民群众认真学习马列主义、毛泽东思想，批判“四人帮”在经济工作中散布的种种谬论。当时，各地集中批判了“四人帮”散布的以下谬论：①批判了他们把搞社会主义经济建设说成是“唯生产力论”的谬论，认识到社会主义经济是社会主义制度赖以生存和发展的物质基础。②批判了他们鼓吹的“政治可以冲击一切”的谬论，正确处理好政治和经济的关系，坚持以生产为中心，围绕生产建设搞好各项工作。③批判他们攻击按劳分配是“产生资本主义和资产阶级的经济基础和条件”的谬论，认识到按劳分配是发展社会主义经济和改善人民群众生活的重要条件。④批判他们攻击商品生产和商品交换是“既保护老的资产阶级，又孕育着新的资产阶级”的谬论，认识到社会主义的商品生产和商品交换同私有制条件下的商品生产和商品交换有着本质的区别，是发展社会主义经济的根本途径。通过学习和批判，广大干部群众明辨了是非，提高了觉悟，从而更加自觉地为发展社会主义经济不懈地努力和奋斗。

（二）制定并落实党和政府的各项经济政策

粉碎“四人帮”以后，安徽、四川等省委从实际情况出发，突破“左”倾错误的禁锢，对农村政策进行大胆调整，极大地调动了广大农民的生产积极性，在全国起到了开路先锋和带头作用。1977年11月，中共安徽省委制定了《关于当前农村政策几个问题的规定》。主要内容是：允许生产队根据农活特点建立不同的生产责任制，尊重生产队的自主权；减轻社队和社员的负担；落实按劳分配政策；粮食分配要兼顾国家、集体和个人利益；允许和鼓励社员经营自留地、家庭副业；开放集市贸易等。文件公布后，立即在全省农村受到热烈拥护。其中最受欢迎的一条就是“尊重生产队自主权”。1978年2月5日，中共安徽省委第一书记万里向新华社记者谈道：尊重生产队的自主权，实质是尊重实际、尊重群众和发挥民主的大问题。“不尊重生产队自主权，这是我们过去农村工作中许多错误的根源。历史上的教训太深刻了！”“尊重生产队的自主权，是党在农村的一项重要政策。”①从此，安徽广大农村拨乱反正的步伐大大加快。

在长江下游安徽省做出放宽政策、搞活经济这个重大决策的同时，长江上游的四川省也做出同样的决策，两省遥相呼应，共同率先掀起我国农村改革的序幕。1978年2月，中共四川省委根据本省的实际情况，制定了《关于目前农村经济政策几个主要问题的规定》。主要内容是：将农民的自留地由占总耕地面积的7%扩大到15%；取消不准农民搞家庭副业和不准农民自销多余产品的禁令；恢复家庭副业，开放集市贸易；实行因地制宜种植农作物的方针；尊重生产队自主权；支持农民采取包产到组的形式经营土地；鼓励发展多种经

①万里：《尊重生产队的自主权》，载《万里文选》，人民出版社，第104、105页。

营，等等。这些措施有效地调动了广大农民的生产积极性，使四川省的农村形势迅速好转。农村形势的好转，又带动了全省城乡形势的好转。

特别应当指出的是，在中共十一届三中全会之前，长江流域的安徽省就提出了“以生产为中心”的方针。1977 年 11 月，安徽省委第一书记万里在全省农村工作会议上明确提出：“农村中心问题是把农业生产搞好，各级领导、各个部门，都要着眼于发展农业生产”“我们的方针——以生产为中心”[①]。“以生产为中心”的方针，从根本上否定了“文化大革命”期间及之前盛行的“以阶级斗争为纲”这个不适用于社会主义社会的口号，它同 1978 年 12 月中共十一届三中全会提出的“以经济建设为中心”的决策的基本精神是一致的，只是“以经济建设为中心”的决策更全面、更完整，适用的范围更广泛。

（三）全面贯彻执行《工业三十条》各项规定

粉碎“四人帮”以后，长江流域各地党和政府从整顿入手，消除“文化大革命”造成的工业企业的混乱局面，恢复企业正常的生产秩序和工作秩序。1978 年 7 月，中共中央颁布了《关于加快工业发展若干问题的决定》（简称《工业三十条》）。这个《决定》提出了发展社会主义工业的原则、途径、措施和方法，对企业整顿的任务、基本制度和工作方法，也都作了具体的规定。长江流域各地各级经济部门和厂矿企业，在全面贯彻落实《工业三十条》的过程中，集中力量，全面进行企业整顿，加强企业领导班子和职工队伍建设，以保证企业沿着社会主义道路健康地向前发展。通过整顿，取得了显著成效。在“文化大革命”前被誉为“江南一枝花”的安徽马鞍山钢铁公司，由于“文化大革命”中遭到“四人帮”的严重干扰和破坏，以致企业管理混乱，连续 3 年完不成国家计划。在粉碎“四人帮”以后，马钢公司按照《工业三十条》的规定，从实际情况出发，狠抓了企业整顿，加强了企业管理，建立了强有力的各级领导班子，建立健全以岗位责任制为核心的各项规章制度，广泛开展文明生产活动，企业面貌发生了深刻的变化，全公司生产建设出现了新的局面，使“江南一枝花”重放光彩。

（四）恢复和健全各级生产指挥系统

在“文化大革命”期间，极“左”思潮和无政府主义思想泛滥成灾，打乱了各级经济部门行之有效的生产指挥系统，破坏了社会主义的经济管理和企业管理。粉碎“四人帮”以后，长江流域各地在各级党委和政府的领导下，恢复和健全了各级经济管理职能部门，清除了“四人帮”在各级经济部门的帮派势力，恢复了大批经验丰富的经济管理干部和工程技术人员的职务，并建立健全了生产经营管理的各项规章制度，恢复了正常的生产秩序和工作秩序，充实和加强了各级生产经营的指挥系统，保证了各地生产建设有序、正常进行。

（五）从疏通铁路和公路入手，恢复和加强国民经济的流通环节与循环系统

在“文化大革命”中，交通运输部门受害相当严重，合理的规章制度被破坏，以致经常交通堵塞，事故频繁。因此，粉碎“四人帮”后的当务之急，就是恢复正常的交通秩序，提高运输效率。长江流域各地首先认真贯彻落实 1979 年召开的全国铁路工作会议精神，迅速扭转了铁路运输不正常的被动局面。与此同时，恢复和加强了长江流域各地的公路运输，

①万里：《最重要的生产力是人》，载《万里文选》，人民出版社，1995，第 101、102 页。

以及以长江航运为主的水上运输。结果,带来了交通运输畅通无阻和四通八达,促进了长江流域各地工农业生产的发展和各行各业的全面进步。

二、国民经济恢复发展的显著成绩

粉碎“四人帮”以后,长江流域各地党和政府采取一系列有效措施,使国民经济得到迅速发展,主要表现在以下几个方面:

(一)工业生产的恢复和发展取得显著成绩

安徽省是长江流域遭受“四人帮”破坏较为严重的地区之一,粉碎“四人帮”后,中共中央正确地解决了安徽省委领导班子的问题,先后派出资深革命家、政治家、经济专家万里、张劲夫等主要领导干部担任省委的主要领导人,加强党对全省工作的领导。因此,安徽省的经济恢复和发展更加卓有成效,在百年未遇的特大干旱的 1978 年,安徽省克服了缺水、缺电和缺少原材料等诸多困难,仍然取得了工业生产的较好成绩:

一是主要工业品产量增长幅度较大。在全省 50 种主要产品产量中,绝大多数产品产量都较上一年有所增长。其中增长 15%以上的产品有:生铁、钢材、铁矿石、电解铝、发电量、合成氮、农用化肥、化学农药、烧碱、塑料、化学药品、合成洗涤剂、肥皂、缝纫机、灯泡等 17 种。国家考核的 15 种主要化工产品中,有半数以上比上一年增长 20%至 1 倍以上。

二是大中型企业完成国家计划较好。合肥钢铁公司的钢、生铁、焦炭、耐火材料、铝锭等产品都提前超额完成了国家计划,并实现转亏为盈,一举摘掉了连续 10 多年亏损的帽子。淮南市的化肥厂、发电厂、矿机厂、造纸厂等一大批企业都超额完成了国家计划,创造了历史最好水平。

三是工业支农抗旱成绩突出。电力部门在水电缺水而全部停止发电的情况下,加强火力发电,使支农抗旱用电保持在 50 万千瓦以上,确保了抗旱用电的急需。机械部门广大职工为抗旱日夜赶制机泵 1500 台套和各种农用机械。交通部门努力做到农用物资优先发运,把大批抗旱物资及时运往抗旱第一线。

四是燃料、动力、原材料工业和基本建设也都取得巨大成绩。全省 1978 年煤炭产量超产 180 多万吨,地方煤炭产量比上一年增长 41.6%。安庆石化总厂的化肥厂、安徽维尼纶厂、淮北纺织印染厂第一分厂等重点工程,都是 1978 年建成投产的。

五是主要经济技术指标有显著进步。安徽工交战线把提高产品质量、降低消耗、扭亏增盈作为一场硬仗来打,并取得明显成果。据全省 113 种主要工业品统计,产品质量达到或超历史最好水平的有 93 种。全省工业企业收入提前超额完成了国家计划,比上一年增长 70%,一举改变了连续 3 年完不成企业收入任务的落后状况。安徽省冶金企业实现利润达到历史最好水平,超过计划指标 67.3%[①]。

作为长江流域工业较为发达的大省——江苏省的工业生产恢复发展，也取得了显著

①以上资料均见张学恕:《百年未遇的特大干旱的一九七八年——安徽工交生产仍然取得较好成绩》，载《安徽日报》1979 年 1 月11 日。

成绩。在粉碎“四人帮”后，江苏省的工业总产值逐年增长。1976年江苏省工业总产值为253.77亿元，其中轻工业和重工业产值分别为131.31亿元和122.46亿元；1977年全省工业总产值增加到299.32亿元，其中轻工业和重工业产值分别为150.31亿元和149.01亿元；1978年全省工业总产值为339.70亿元，其中轻工业和重工业产值分别为167.83亿元和171.87亿元。①

江苏省的主要工业产品产量增长的幅度也相当大。全省钢产量1976年为40.58万吨，1978年增至54.54万吨；生铁产量1976年为55.02万吨，1978年增至84.03万吨；钢材产量1976年为43.71万吨，1978年增至60.31万吨；发电量1976年为92.79亿度，1978年增至126.42亿度；原煤产量1976年为1301.85万吨，1978年增至1707.02万吨；农用化肥1976年为229.33万吨，1978年增至357.78万吨；拖拉机1976年为1510台，1978年增至3275台；汽车1976年为13338辆，1978年增至15079辆；棉纱1976年为135.85万件，1978年增至158.11万件；棉布1976年为11.93亿米，1978年增至14.06亿米；自行车1976年为17.03万辆，1978年增至30.66万辆；电视机1976年为2.22万部，1978年增至3.48万部。此外，原油加工、合成氮、硫酸、纯碱、化学农药、手扶拖拉机、机制纸、丝织品、内燃机、缝纫机、照相机、手套、收音机等许多产品的产量，也都有不同程度的增长②。

（二）农业生产的恢复发展取得较好成绩

粉碎“四人帮”以后，尽管连续几年遇到较为严重的自然灾害，长江流域各地农业战线广大干部和群众发挥艰苦奋斗的精神，千方百计地克服自然灾害带来的种种困难，仍然夺取了农业生产的较好收成。江苏省粮食产量由1976年的2123.65万吨，到1978年增加到2273.6万吨；按粮食播种面积计算，平均每亩粮食产量由1976年的219公斤，到1978年增加至240公斤。③

在粮食生产获得较大发展的同时，经济作物也有了较大幅度的增长。江苏省1976年棉花总产量为410355万吨，到1978年增加到474475万吨。按播种面积计算，全省平均每亩棉花产量1976年为46.5公斤，到1978年增加至53.5公斤。④江苏省1976年油料作物总产量为198150吨，其中花生和油菜籽产量分别为78420吨和116020吨，到1978年全省油料作物总产量增加到334265吨，其中花生和油菜籽产量分别增加到121390吨和205920吨。⑤

由于农业取得较好收成，按人口平均占有农产品量也有了增加。江苏省按人口平均每人占有粮食、棉花和油料产量，1976年分别为372.5公斤、7.2公斤和3.5公斤，到1978年分别增加到389.5公斤、8.15公斤和5.75公斤⑥。农村按人口平均从集体分得的收入，也都

①江苏省统计局1982年5月编印的统计资料，第127页。

②江苏省统计局1982年5月编印的统计资料，第144～153页。

③江苏省统计局1982年5月编印的统计资料，第76页。

④江苏省统计局1982年5月编印的统计资料，第87页。

⑤江苏省统计局1982年5月编印的统计资料，第108页。

⑥江苏省统计局1982年5月编印的统计资料，第217页。

有所增加。如安徽省 1976 年平均每人从集体分得的收入为 63.5 元,到 1978 年增加到 65.5 元,其中长江南岸较为富裕的芜湖和马鞍山两个市,1976 年平均每人从集体分得的收入分别为 116.7 元和 109.3 元,到 1978 年分别增加到 120 元和 115.4 元。[①]

长江流域其他地区,在粉碎“四人帮”后,农业生产都有了较大的恢复和发展。在发展生产的基础上,城乡人民的物质和文化生活,都有不同程度的改善。

(三)交通运输也都有了恢复和发展

在粉碎“四人帮”后,长江流域各地的交通运输获得了较好的恢复和发展。江苏省公路通车里程 1976 年为 15943 公里,到 1978 年增加到 17721 公里;全省交通部门拥有载客汽车和载货汽车 1976 年分别为 1790 辆和 4418 辆, 到 1978 年分别增加到 2235 辆和 5228 辆;全省旅客和货物运输量 1976 年分别为 17322 万人和 9079 万吨,到 1978 年分别增加至 22869 万人和 11045 万吨。[②]

安徽省 1976 年铁路通车里程为 938 公里,公路通车里程为 22282 公里,到 1978 年分别增加到 978 公里和 23680 公里; 全省旅客和货物运输量 1976 年分别为 10087 万人和 10610 万吨,到 1978 年分别增加到 13250 万人和 11776 万吨。[③]

(四)商业和对外贸易都有了恢复和发展

粉碎“四人帮”后,长江流域各地商业有了较大发展,社会商品零售总额不断上升。江苏省社会商品零售总额 1976 年为 86.28 亿元,1977 年增至 90.22 亿元,1978 年又增至 100.16 亿元[④]。安徽省社会商品零售总额 1976 年为 49.07 亿元,其中消费品零售额为 40.01 亿元;1977 年增加到 51.63 亿元, 其中消费品零售额为 42.34 亿元, 比上一年增长 5.2%;1978 年又增加到 54.98 亿元,其中消费品零售额为 44.67 亿元,又比上一年增长 6.5%[⑤]。

长江流域对外贸易,也有较大的恢复和发展。江苏省 1976 年外贸收购总值为人民币 16.12 亿元,到 1978 年增加到 19.86 亿元;全省 1976 年自营出口总值为 22765 万美元,到 1978 年增加到 41847 万美元[⑥]。安徽省 1976 年出口商品收购总额为 42227 万元,其中农副产品出口收购额为 32186 万元,工矿产品出口收购额为 10041 万元;到 1978 年出口商品收购总额为 52383 万元,其中农副产品出口收购额为 41787 万元,工矿产品出口收购额为 10596 万元[⑦]。

值得提及的是,上海船厂为中波轮船公司建造的绍兴号万吨级远洋货轮,于 1978 年 10 月 11 日交付给订货单位,这是我国第一次出口远洋货轮。

综上所述,从 1976 年 10 月粉碎“四人帮”后的两年多时间,长江流域国民经济各个行

---

①安徽省统计局 1979 年 11 月编印的统计资料,第 63 页。

②江苏省统计局 1982 年 5 月编印的统计资料,第 169~175 页。

③安徽省统计局 1979 年 11 月编印的统计资料,第 111~115 页。

④江苏省统计局 1982 年 5 月编印的统计资料,第 217 页。

⑤安徽省统计局 1979 年 11 月编印的统计资料,第 119 页。

⑥江苏省统计局 1982 年 5 月编印的统计资料,第 119 页。

⑦安徽省统计局 1979 年 11 月编印的统计资料,第 135 页。

业都获得了全面恢复和较大的发展。当时长江流域各地在思想政治上拨乱反正，组织人事上清理调整，社会秩序上趋于安定，管理制度上全面整顿。由于指导思想明确，措施有力，工作到位，因而国民经济恢复和发展的效果十分明显，为即将到来的全党和全国工作重心的转移创造了极为有利的条件。

第二节　经济发展的历史性伟大转折

1978 年 12 月召开的中国共产党十一届三中全会，是新中国成立以来党和国家历史上具有深远意义的伟大转折，也是我国经济发展道路的伟大转折。

一、党和国家的工作重心转移到社会主义现代化建设上来

中国改革开放的总设计师邓小平在十一届三中全会之前召开的中央工作会议上，做了题为《解放思想，实事求是，团结一致向前看》这篇纲领性讲话，实际上成为十一届三中全会的主题报告，被公认为是中国改革开放的宣言书，从此，中国进入了改革开放的新时代。邓小平在这篇重要讲话中指出：目前的经济管理机构臃肿，层次重叠，手续繁杂，效率极低，政治的空谈往往淹没一切。如果再不实行改革，我们的现代化事业和社会主义事业就会被葬送。当前最迫切的是扩大厂矿企业和生产队的自主权，使每一个工厂和生产队都能够千方百计地发挥主动创造精神。在经济政策上，要允许一部分地区、一部分企业、一部分工人农民，由于辛勤努力所获成绩大而收入先多一些，生活先好起来。这样"必然产生极大的示范力量，影响左邻右舍，带动其他地区"，"使整个国民经济不断地波浪式地向前发展，使全国各族人民都能够比较快地富裕起来。""这是一个大政策，一个能够影响和带动整个国民经济的政策。"①邓小平这个重要讲话，为全国经济建设和改革开放指明了方向。

在党和国家历史上有重大深远意义的中共十一届三中全会，恢复和重新确立了马克思主义的思想路线、政治路线和组织路线，从根本上否定了我们的党和国家长期存在的"左"倾思想和错误路线，果断地停止使用"以阶级斗争为纲"这个不适用于社会主义社会的错误口号，做出了从 1979 年开始把全党和全国人民的工作重点转移到社会主义现代化建设上来的重要战略决策。并且确定，今后除了发生大规模的外族入侵，决不能离开这个工作着重点。这表明长期以来存在的政治运动冲击经济建设的历史已经结束，标志着以经济建设为中心的社会主义现代化建设的全面开始，并将持之以恒地长久不懈地坚持下去。

"以阶级斗争为纲"转变为"以经济建设为中心"，是中共十一届三中全会最为重要的战略决策，是党和国家历史性的伟大战略转折，反映了历史发展的要求，实现了永载史册的伟大的历史转折。这是因为经济是基础，经济建设为整个现代化提供物质力量和经济支撑。只有以经济建设为中心，才能保证全党和全国的工作重心真正转移到社会主义现代化

①中共中央党史研究室：《中国共产党历史》第二卷（1949～1978）（下册），中共党史出版社，2011，第 1059～1060 页。

建设上来。十一届三中全会创造了伟大的历史功绩,使中国从此真正走上了社会主义现代化建设和改革开放的强国之路,开创了长期繁荣昌盛和文明进步的新时期,也有利于世界和平和进步事业的发展。

二、经济发展道路的历史性伟大转折

长期以来,由于“左”倾错误的束缚,在经济工作中不是以经济建设为中心,而是“以阶级斗争为纲”,往往是政治运动冲击经济建设,以阶级斗争统帅一切。在经济建设中,往往脱离国情,脱离实际,超越国力,急于求成,并在一定程度上违背了社会主义的生产目的,给经济建设带来了以下种种危害:

(1)破坏了国民经济的综合平衡,造成了国民经济比例失调。在过去很长时间内,把“以纲为纲”作为发展重工业的指导思想,以钢铁为中心,从重工业出发,以此来安排整个社会生产计划,挤掉了农业和轻工业,造成人民生活迫切需要的消费品严重不足甚至长期奇缺。

(2)重工业以自我服务为主,忽视了农业和轻工业的需要。在钢铁工业中,一方面是钢不成材,材不对路,产品大量积压在仓库里,成为“死物”“废物”;另一方面,社会迫切需要的那些品种和规格的钢材又十分缺少,不得不用外汇进口某些急需的钢材。

(3)盲目追求产值和产量,忽视质量和品种,造成产品质次价高,浪费了大量人力、物力、财力。

(4)片面强调高积累,忽视了人民生活水平的改善。由于积累和消费的比例失调,生产性建设和非生产性建设的比例失调,即人们通常比喻“骨头”与“肉”的比例失调,因而在人民生活方面“欠账”较多,造成经济建设同人民生活的改善严重脱节。

(5)基本建设战线过长,投资效益很差。由于基本建设项目超越客观条件许可,盲目上马,以致原材料跟不上,交通运输跟不上,造成许多“胡子工程”,长期不能形成生产能力,造成很大的浪费。①

在经济建设中由于“左”倾错误导致的上述种种弊端和危害,十一届三中全会以前在长江流域各地普遍存在,只是危害程度有轻重不同而已。

中共十一届三中全会总结了新中国成立以来经济建设的经验教训,指出了经济工作长期存在的“左”倾错误和急于求成的思想,分析了国民经济重大比例失调的状况,提出了按照客观经济规律办事、搞好经济建设综合平衡的要求,以保证国民经济持续、稳定、协调地发展。全会决定集中主要精力,优先发展农业,制定了《关于加快农业发展若干问题的决定(草案)》,开始纠正农村中长期存在的“左”倾错误。全会还提出,对于权力过分集中的经济管理体制要着手认真地改革,并在自力更生的基础上积极发展同世界各国平等互利的经济合作,努力采用世界先进技术和先进设备。这些思想和举措是确定改革开放总方针的重要开端。

长江流域各地人民在各级党委和政府的领导下,全面贯彻落实中共十一届三中全会

---

①以上均见张学恕:《经济效果与生产目的》,载《安徽日报》1981 年 4 月 16 日。

以来正确的路线和各项方针政策，团结一致，集中精力，全面开展以经济建设为中心的社会主义现代化建设，并以提高经济效益为中心，采取综合措施，提高生产、建设、流通等方面的经济效益，改变过去追求高速度、高指标，导致低效益错误方针，坚持走发展速度合适、经济效益好和人民得到更多实惠的新路子，全面开创社会主义现代化建设的新局面。

第三节　长江流域国民经济调整及其成就

中共中央于 1979 年 4 月召开中央工作会议，贯彻十一届三中全会关于对国民经济进行调整和改革的决策。会议决定用三五年时间把工业和农业、重工业和轻工业、积累和消费等严重失调的比例关系调整过来；同时着手对经济体制进行改革，充分发挥中央和地方、企业和职工的积极性；继续整顿企业，特别是一部分管理混乱的企业，建立健全良好的生产秩序和工作秩序；提高生产水平、管理水平和技术水平。会议正式确立了对国民经济实行“调整、改革、整顿、提高”的方针，简称为新的“八字”方针。这次调整不同于以往的调整，是与经济管理体制改革同时进行的，是以调整为中心，在调整中改革，在调整中整顿，在调整中提高，边调整边前进。通过调整，消除长期存在的“左”倾错误的影响，把整个国民经济纳入有计划、按比例健康发展的轨道。长江流域各地认真贯彻落实党和国家对国民经济进行调整的各项方针、政策和措施，并结合本地区、本部门的实际情况，把国民经济调整放在经济发展的重要地位抓紧抓好抓落实，以此推进国民经济持续、稳定、协调发展。

一、国民经济调整的内涵和措施

为了消除国民经济严重失调的困难，使国民经济走上有计划、按比例发展的轨道，长江流域各地遵照党和国家对国民经济调整的方针政策和部署要求，结合本地区、本部门的实际情况，采取一系列有效措施，在 1979 ~ 1981 年 3 年多时间内，全面完成了国民经济调整的任务，在各条经济战线都取得了令人惊喜的成绩，带来了国民经济持续、稳定、协调发展的大好局面。

长江流域各地对国民经济进行调整的主要内容和具体做法，大体上有以下四个方面：

（一）强化农业的基础性作用，加快农业的发展步伐

农业是国民经济的基础。农业上不去，不仅轻纺工业没有足够的原料，而且整个工业部门和城市居民就没有足够的商品粮食和其副食品。多年来的实践证明，凡是农业丰收之年，整个经济形势就好，反之，经济形势就紧张。因此，加快农业的发展，对于整个国民经济的发展具有决定性的意义。多年来的实践还证明，农业的发展，一靠政策，二靠科技，三靠投入，四靠农业机械化和现代化。这四个方面是加快农业发展的关键性举措。

1.农业政策是加快农业发展的决定性因素

发展农业的主体是广大农民群众，正确的农业政策，就能调动广大农民的生产积极性。反之，“左”倾思想支配下错误的农业政策，就极大地挫伤了广大农民的生产积极性。中

共十一届三中全会决定试行的《中共中央关于加快农业发展若干问题的决定(草案)》和十一届四中全会通过的《中共中央关于加快农民发展若干问题的决定》,提出了加快农村经济发展的25项政策和措施,它包括以下几个方面的内容:

一是恢复和重申一些行之有效的农业政策。主要是尊重人民公社、生产大队和生产队的所有权和经营自主权;不允许无偿调用生产队的劳力、资金和物资;贯彻按劳分配的原则,克服平均主义;允许经营自留地和家庭副业,开展集市贸易。

二是大幅度提高农副产品的收购价格。1979年提高了粮食、棉花、油料、猪、羊、牛、蛋、水产等农副产品的收购价格。1980年提高了羊皮、黄麻、红麻、木材、生漆、桐油等农副产品的收购价格。这两次收购价格提高的幅度分别为20.1%和7.1%,是新中国成立以来最大的提高幅度。同时,对粮食负担较重或困难地区适当减免农业税。

三是按照因地制宜、发挥优势的原则指导农业生产。在农业生产方面,开始纠正片面强调"以粮为纲"的错误,要求因地制宜发展经济作物,做到粮食作物与经济作物生产并举,农、林、牧、副、渔全面发展。

2.科学技术是加快农业发展的关键因素

长江流域特别是长江中下游地区农业科技的推广、使用具有优良的传统,历来被广为使用。1979年以后,各地党和政府把农业科技的研究、推广和使用摆上了重要议事日程,认真抓紧抓好。在具体做法上,一是加强农业科技研究,充实和加强专业科研机构,组织专业科研人员从实际情况出发,进行农业科技攻关。著名农民科学家、江苏省农科院研究员陈永康,1979年在1亩5分试验田上进行稻麦两熟高产试验,粮食平均每亩产量达到1160.35公斤,创造了这项试验的新水平。[①]二是提供群众性的农业科技推广。各地动员和组织农业科技人员下乡,深入生产第一线,重点推广花钱较少、增产显著、适用性强的良种技术、栽培技术、施肥技术和其他农业科学技术,加强对农民进行科技培训。如安徽省滁县地区的农业科技人员,积极带动农村的农业科技队伍,大力推广使用自己培育的杂交良种和两段育秧法等先进农业科技项目,取得显著成绩。浙江省嘉兴县在水稻生产中广泛使用农业科技,取得重大成果。农业部于1980年11月在嘉兴县召开我国南方水稻生产经验交流会,推广这个地区水稻生产的经验。与此同时,国家水产总局在江苏省武进县召开全国社队养鱼经验交流会,推广这个地区科学养鱼的经验。

3.加大农业投入是加快农业发展的重要条件

长江流域各地从1979年以后,动员各方面的人力、物力和财力,大力支援农业,加快农业发展的步伐。在具体做法上,一是各级政府和有关财经部门加大对农业投资的比重;二是引导广大农民增加对农业的投入和劳动积累;三是引导乡镇企业在税后留利中增加用于补农资金的比例;四是动员社会资金尽可能用于扩大农业生产。

4.推进农业机械化和现代化是加快农业发展的根本出路

农业的根本出路在于全面推进机械化和现代化,这是中外各国发展农业的基本经验

①《新华社新闻稿》1980年2月16日。

和必由之路。长江流域特别是长江三角洲是我国最早推广使用农业机械的地区，也是我国最早使用农业用电、化学肥料、化学农药等农业现代化的地区。从1979年全面开始社会主义现代化建设以后，长江流域各地农业机械拥有量大体上是逐年增加，在耕作、播种、收获和农产品加工等方面都开始使用农业机械；经济发达的长三角地区农业机械广为使用，不仅减轻了广大农民繁重的农业劳动，而且提高了工作效率，增加了农产品收获量。

江苏省是长江流域最早使用农业机械的地区，如今也是长江流域广为使用农业机械的地区，该省1979～1981年农业机械拥有量增长情况，见表2-1[①]。

表2-1　江苏省1979～1981年主要农业机械增长情况

年份 主要农业机械拥有量	1979年	1980年	1981年
农用机械总动力（千瓦）	9992650.1	11138117	12049696
其中：农用排灌动力机械（千瓦）	4090483.2	4427783.5	4357911
农用拖拉机（万台）	14147	16238	17214
手扶拖拉机（万台）	22.59	25.61	28.48
机动脱粒机（万台）	37.01	40.99	40.96
碾米机、磨面机（万部）	14.71	15.10	16.15
载重汽车（辆）	2258	3343	3947
饲料粉碎机（万部）	10.6	11.88	10.96

另据江苏省1981年统计，全省当年实际机耕面积已达到4427.74万亩，占耕地面积总数的63.66%；当年机械播种面积已达到552.86万亩，其中机械插秧面积22.7万亩；当年机械收获面积110.73万亩[②]。农业电气化也有较大的进展。如江苏省1981年农村用电量达38.87亿千瓦时，平均每百亩耕地用电量5588千瓦时；社队自办水电站59个，发电能力3732千瓦时[③]。农用化肥施用量也有进展。如江苏省1981年农用化肥施用实物量达604.27万吨，折纯量125.34万吨，平均每亩施用化肥折纯量18.02公斤[④]。

（二）调整工业内部的比例关系，大力发展轻纺工业

1979年以后，长江流域各地采取以下一些措施，调整工业内部比例失调的问题：

（1）大力发展轻纺工业，使轻纺工业增长速度快于重工业。1979年，对轻工业采取了增加贷款，保证原材料、燃料和动力的供应，广开轻工业生产和销售的门路等措施。1980年，对轻工业发展采取"六个优先"的原则，即能源原材料的供应优先，挖潜、革新、改造的措施优先，银行贷款优先，基本建设优先，利用外资和引进技术优先，交通运输优先。

（2）针对轻工业集体企业多和小商品多的特点，大力支持集体企业和小商品生产的发展。提倡全民带集体、大厂带小厂、厂社联合经营、来料加工等多种联合形式扩大小商品生产。小商品生产企业的组织形式有较大的灵活性，船小好掉头，便于及时改换花式品种，有利于开展同行业的竞争，生产更多更好的小商品，以满足人民群众生产和生活多方面的需要。

①③④江苏省统计局1982年5月编印的统计资料，第112页。

②江苏省统计局1982年5月编印的统计资料，第114~115页。

(3)重工业部门从实际情况出发,积极为轻纺工业提供大量原材料、能源和技术装备,大力支持轻纺工业的发展。如安徽省冶金系统1981年上半年为轻纺工业提供4.3万吨各种品种、规模的钢材,占全省地方钢材产量的64%以上。同时,安徽省重工业部门1981年上半年生产市场急需的电表47万只,比上年同期增长两倍多。还生产了大批电风扇、收音机、自行车、铁木家具、钢窗、钢门等适销对路的轻工业产品。安徽国防工办系统还生产洗衣机、锁边机、自行车、钢丝床、烙饼模等20多种市场急需的轻工业产品[1]。

(4)调整能源和冶金两个重工业部门的内部关系,使两个工业部内部协调发展。长期以来,由于“急于求成”的思想指导,煤炭和冶金两大工业部门都忽视工业矿山建设,大搞“无米之炊”,以致矿山“欠账”较多,甚至出现“等米下锅”乃至“断炊”的困境。通过经济调整,能源、冶金战线都以极大的努力,加强矿山建设,使矿山生产的采掘(剥离)趋于协调,冶金加工和矿山建设趋于协调。

(三)压缩基本建设过多的投资,逐步偿还人民生活方面的“欠账”

长期以来,经济工作中存在脱离国情、超越国力、急于求成的问题,以致基本建设战线投资过多,战线过长,效益低下。由于积累率过高,积累与消费的比例严重失调,以致在人民生活设施建设方面“欠账”过多。这是经济工作中长期存在的一个痼疾。为根治这个痼疾,在经济调整工作中,长江流域各地按照“社会主义生产目的”之根本要求,从满足人民群众生活需要出发,坚决把消费调上去,把高积累调下来;把非生产性建设[2]调上去,把生产性建设[3]调下来;把农业和轻纺工业调上去,把超越国情的重工业调下来;把市场急需的短线产品调上去,把不适销对路的长线产品调下来。而压积累下基建,则是这次调整的关键所在,也是全面提高经济效益和社会效益的重要途径。[4]

(四)正确处理好经济建设中的几个关系,是搞好国民经济调整和促进经济发展的关键

长期以来,在经济工作中的一个通病,就是投入多、产出少、效益低。在国民经济调整的过程中,长江流域各地始终把提高经济效益作为经济建设的根本出发点和立足点。在速度与效益的关系上,不再以速度高低,而是以经济效益的高低,作为衡量经济工作好坏的主要标准。在生产资料生产和消费资料生产的关系上,不再片面强调发展重工业,而是根据市场需要和消费品的需要来组织生产,以此来推动生产资料生产和消费资料生产协调发展。在产品产量和产品质量关系上,不再片面追求产品产量,忽视产品质量、品种、规格和销路,而是按照消费者、市场和建设等各方面的需要,生产优质、适销对路的产品。在外延扩大再生产和内涵扩大再生产关系上,不再主要靠扩大基本建设规模、新建企业来发展生产,而是靠提高现有企业的经济管理和技术水平,充分发挥现有企业的潜力和作用。在积累和消费关系上,不再追求高积累,而是统筹安排生产、建设和人民生活。在经济建设与教育、科学技术关系上,不再单纯强调经济,忽视教育和科技,而是把教育和科技放在优先

---

①张学恕:《安徽省重工业部门贯彻调整方针取得显著成果》,载《安徽日报》1981年7月22日。

②指有关人民群众衣食住行等方面的设施——编者注。

③指新建各种脱离国情的加工性工业企业——编者注。

④张学恕:《经济效果与生产目的》,载《安徽日报》1981年4月16日。

发展的战略地位，推动经济建设和教育、科技协调发展。在国内和国外关系上，既不闭关自守，也不单纯依赖外力，而是统筹、协调发展国内外市场，加强对外经济和技术交流，大力引进国外先进技术、设备和管理方法，加以消化、吸收和创新，以加快我国现代化建设的步伐。①

正确处理以上几个方面的关系，既是这次国民经济调整的总的指导思想和原则，又是包括长江流域在内的全国经济发展的新路子。由于这次国民经济调整同探索国民经济发展新道路同步进行，因此具有重大的现实意义和深远的历史意义。由于指导思想明确，各项措施符合实际情况，因而这次国民经济调整，经历了 3 年多的时间，就取得了显著成效。

二、国民经济调整的主要成就

长江流域各地党和人民政府认真贯彻党中央和国务院关于国民经济调整的一系列方针政策，取得了国民经济调整的巨大成就，主要表现在以下四个方面。

(一)农、轻、重比例关系严重失调有显著改善，国民经济出现了按比例协调发展的新局面

1979 年是国民经济全面调整的第一年，由于调整的指导思想明确，政策落实到位，措施坚定有力，当年就取得明显成效。现以经济较为发达的长江下游地区的四省一市为例，说明农、轻、重比例关系趋于协调发展的情况(见表 2-2②)。

表 2-2　长江下游四省一市 1979 年农、轻、重产值比重

单位：%

地区	农业总产值比重	工业总产值比重	其中	
			轻工业比重	重工业比重
上海市	3.8	96.2	48.0	48.2
江苏省	26.6	73.4	37.3	36.1
浙江省	35.4	64.6	38.1	26.5
安徽省	37.3	62.7	30.1	32.7
江西省	40.1	59.9	26.0	33.9

1981 年长江流域各地在工业内部的比例关系进一步趋向合理和协调，主要标志是轻工业在工业中所占的比重已经超过重工业。据 1981 年 1 月至 11 月统计，上海市轻工业总产值达到 327.35 亿元，居全国各省市之首位；江苏省轻工业总产值净增 33.7 亿元，增长绝对数居全国各省市之首位；浙江省轻工业总产值比上年同期增长 20.7%，增长速度居全国各省市之首位。同一时期，长江下游各省市轻工业在本省市工业总产值中所占的比重分别是浙江省占 68.7%，安徽省占 55.7%，上海市占 55.6%，江苏省占 55%，江西省占 51.7%。②由此可见，经过国民经济调整，直接关系到人民群众生产和生活的轻工业，在整个工业体系中已经占有相当大的优势。

①张学恕：《中国长江下游经济发展史》，东南大学出版社，1990，第 678 页。

②安徽省统计局 1980 年 5 月编印的统计资料，第 3 页。

（二）国民经济的发展出现持续、稳定、协调发展的态势，上海和江苏的工农业生产在全国处于领先地位

1.工农业总产值和主要工业品产量都有相当大的增长

1979 年长江流域经济最为发达的长江下游地区，工农业生产都有相当大的发展，取得了惊人的好成绩。具体情况见表 2–3①。

表 2–3　长江下游四省一市 1979 年工农业总产值增长速度

单位：%

地区	工农业总产值比上年增长数	农业总产值比上年增长数	工业总产值比上年增长数	其中	
				轻工业比上年增长数	重工业比上年增长数
上海市	8.4	10.2	8.4	9.6	7.2
江苏省	13.2	12.3	13.5	17.0	10.1
浙江省	16.3	13.4	17.9	17.1	19.1
安徽省	9.8	10.1	9.6	3.9	15.3
江西省	13.9	19.6	10.3	10.5	10.2

上海市经济发展在长江流域和全国都居于遥遥领先的地位。1979 年，上海市工农业总产值达到 613.68 亿元，按人口平均为 5421 元，其中工业总产值为 590.23 亿元，按人口平均为 5214 元，轻工业和重工业按人口平均分别为 2600 元和 2614 元，上述各项指标都是分别居全国之首位②。1979 年，上海占全国第一位的主要工业品的产量分别是：棉纱 35384 万吨，化学纤维 13.58 万吨，电视机 51.42 万部，缝纫机 213.5 万架，合成洗剂 6.35 万吨，烧碱 23.21 万吨③。

江苏、浙江等省的主要工业产品产量在长江流域和全国也都占有重要地位。1979 年，江苏省的棉布和收音机产量分别为 15.68 亿米和 328.48 万部，均居全国各省市之首位。浙江省的麻袋产量为 6201④个，亦居全国之首位。

经过三年调整，到 1981 年，长江下游各地工业生产持续稳定增长。据 1981 年 1 ~ 11 月统计，上海市工业总产值达到 588.72 亿元，居全国各省市之首；江苏省工业总产值净增 30.7 亿元，增长绝对数居全国第一位；浙江省工业总产值比上年同期增长 12.7%，增长速度居全国第一位。此外，安徽、江西两省工业总产值均比上年同期增长 4.4%⑤。

2.农业生产有了相当大的发展

农业是国民经济的基础。在国民经济调整期间，长江流域各地党和政府认真贯彻中共十一届三中全会关于加快发展农业的重要决定，要求各级党组织必须集中主要精力把农业尽快搞上去。因为只有大力恢复和加快发展农业生产，逐步实现农业现代化，才能保证整个国民经济的迅速发展，才能不断提高人民群众的生活水平。所以，在这次国民经济调

①安徽省统计局 1980 年 5 月编印的统计资料，第 4 页。

②安徽省统计局 1980 年 5 月编印的统计资料，第 2 ~ 5 页。

③④安徽省统计局 1980 年 5 月编印的统计资料，第 16 ~ 19 页。

⑤安徽省统计局 1982 年 1 月 5 日编印的统计资料，第 3 ~ 4 页。

整的过程中,农业的发展最为突出,成效也最为显著。

长江流域各地通过国民经济调整,农业生产获得空前发展,其主要标志有两个:一是粮食产量和主要经济作物产量有大幅度的增长，二是农业机械化和农业现代化有较大的进展。长江下游是整个长江流域的重要农产区,也是全国的重要农产区之一,现以长江下游四省一市为例,说明长江流域农业发展的"两个标志"发展的具体概况。详见表 2-4①。

表 2-4　长江下游四省一市 1979 年粮食和主要经济作物产量

农产品 / 地区	粮食作物总产量(万吨)	粮食耕地平均亩产量(公斤)	棉花产量(万吨)	油料作物产量(万吨)	烤烟产量(万吨)	茶叶产量(万吨)	蚕茧产量(万吨)
上海市	259	817	8.94	11.87	—	—	0.01
江苏省	2514	526	53.17	37.92	0.65	0.475	3.23
浙江省	1611.5	697	6.96	27.025	—	6.545	5.775
安徽省	1105	293	9.73	44.65	2.135	2.997	0.367
江西省	1296.5	416.5	4.355	19.92	0.175	0.92	0.015

江苏省的农业发展在长江流域和全国均处于领先地位。1979 年全省农业总产值达到 139.64 亿元,按人口平均农业总产值为 237 元,居全国各省市之首位。该省在国民经济调整中,农业战线出现了以农业为主体,农、林、牧、副、渔全面发展的良好局面。全省在 1979 年完成的农业总产值中，农业产值占 88.62 亿元，林业产值占 17.96 亿元，副业产值占 30.05 亿元,渔业产值占 1.98 亿元②。江苏省的粮食和棉花生产在全国都占有重要地位。据新华社 1979 年 12 月 19 日和 20 日报道，江苏省 1979 年棉花总产量首次突破 50 万吨大关,成为我国第一个棉花总产量达到 50 万吨的省份。江苏省兴化县 1979 年粮食产量达到 92.5 万吨,成为我国产粮最多的一个县③。

浙江省和上海市郊区的农业发展,在全国也居于重要的地位。1979 年,浙江省在全国占第一位的主要经济作物和产量分别是:红麻 155650 吨,水产品总产量 81.13 万吨。这一年,上海市郊区粮食按耕地平均亩产量为 817 公斤,亦居全国各省市之首位。④

通过国民经济调整,长江流域各地在粮食和主要经济作物产量稳定增长的同时,农业机械化和农业现代化也都有了很大的进展,两者都是农业获得蓬勃发展的重要标志。具体情况见表 2-5⑤。

①安徽省统计局 1980 年 5 月编印的统计资料,第 10～12 页。

②安徽省统计局 1980 年 5 月编印的统计资料,第 4～6 页。

③《新华社新闻稿》1979 年 12 月 19、20 日

④安徽省统计局 1980 年 5 月编印的统计资料,第 10～13 页。

⑤安徽省统计局 1980 年 5 月编印的统计资料,第 15 页。

表 2–5 长江下游四省一市农业机械化和农业现代化情况

地区	平均每亩地拥有机械动力（瓦）	机耕地面积占耕地总面积的百分比（%）	有效灌溉面积占耕地面积的百分比（%）	平均每亩耕地施用化肥（公斤）	平均每亩耕地用电量（千瓦时）
上海市	38172.45	86.9	98.2	190.55	202.4
江苏省	14268.7	60.5	72.4	69.8	39.9
浙江省	17063.6	50.7	83.0	88.05	54.6
安徽省	9267.3	29.4	56.5	28.75	14.8
江西省	8090.5	26.5	65.4	39.75	10.3

（三）企业扭亏增盈成效显著，经济效益普遍有了不同程度的提高

长江流域各地认真贯彻国民经济调整的新“八字方针”，在调整和整顿上狠下功夫，以加强企业管理入手，大力开展增产节约，努力扭亏增盈和增收节支，取得显著成效。安徽省的小钢铁、小化肥历来是重点亏损行业，1979 年其亏损 636 万元，占全省工交企亏损总额的 62%，在此次经济调整中，安徽各地党和政府从全局出发，对那些搞“无米之炊”的企业，以及产品质量差、消耗高、长期亏损的小钢铁厂和小化肥厂，坚决实行“关、停、并、转”。到 1980 年上半年，全省先后关掉了两个小化肥厂，停、并了 4 个小钢铁厂。结果，全省地方钢铁企业的生铁总产量不但没有减少，而且生铁产量净增 1000 吨；全省小钢铁的亏损额由 1980 年上半年的 1375 万元，下降到 211 万元，亏损额下降 83.94%；全省小化肥甩掉了近 10 年长期亏损的帽子，一举扭亏为盈①。

长江流域各地党和政府认真贯彻党中央和国务院关于国民经济调整的“八字方针”，经济效益普遍有了提高，这是国民经济调整取得显著成效的最重要的标志。长江下游经济发达，调整的成效也最为显著，主要表现在各项利润考核指标上升和全员劳动生产率的提高。详见表 2–6。

表 2–6 长江下游四省一市 1980 年经济效益情况

地区＼经济效益	每百元固定资产实现利润（元）	每百元固定资产实现利税（元）	每百元固定资产上缴利润（元）	每百元全部资产实现利润（元）	每百元全部资产实现利税（元）	每百元销售成本实现利税（元）	1979 年全员劳动生产率（元）
上海市	60.4	83.5	56.7	55.42	76.7	34.33	30013
江苏省	21.3	35.3	18.0	19.91	33.01	16.75	15121
浙江省	20.6	34.3	17.0	18.9	31.41	18.16	12061
安徽省	11.9	22.4	10.1	11.69	21.93	15.29	10278
江西省	6.7	12.9	5.5	6.64	12.84	10.54	6843

从表 2–6 可知，上海市工业的经济效益很好。1980 年，上海市每百元固定资产实现利润、每百元固定资产实现利税、每百元固定资产实现上缴利润、每百元全部资金实现利润、每百元全部资产实现利润、每百元全部资金实现利税和全员劳动生产率等 7 项经济技术指标，在全国各省市中都居于第一位。江苏省的上述各项经济技术指标，在全国各省市中

①张学恕：《安徽省国营企业扭亏增盈成效显著》，载《安徽日报》1980 年 7 月 12 日。

也多数名列前茅。就整个长江流域而言,各地工业企业的质量、消耗、成本、利润等各项经济技术指标,也都有不同程度的好转,有许多地区和大中型企业的主要经济技术指标有大幅度的好转,个别经营状况好的企业甚至达到或超越历史最好水平。

(四)逐步偿还人民生活多年来的"欠账",人民群众的物质和文化生活得到较大的改善

在1979年到1981年国民经济调整期间,长江流域各地党和人民政府采取一系列有效措施,逐步偿还多年来对人民生活的"欠账",使广大人民群众的物质和文化生活有了显著改善,主要表现在以下几个方面:

1.正确处理积累与消费的关系,统筹安排发展生产和改善人民的生活

长江流域各地在国民经济调整中,从发展社会主义经济的根本目的出发,把脱离国情、超越国力的过高的积累调下来,把人民生活消费品调上去。经济发达的江苏省在国民经济调整的前一年(即1978年),国民收入积累率高达34.6%,而消费率占国民收入省内使用额的65.4%,从1979年起国民经济调整后,过高的积累率逐年下降,合理的消费基金逐年增长。1979年江苏省积累率下降到32.4%,消费占国民收入省内使用额上升到67.6%;1980年和1981年,该省积累率又分别下降到31.6%和29.2%,消费占国民收入省内使用额又分别上升到68.4%和70.8%①。

2.采取有效措施,着力改善人民群众的物质文化生活

在国民经济调整的3年间,即1979~1981年,江苏省拿出95亿元资金用于改善城乡人民的物质和文化生活,其中包括:提高农副产品收购价格,减免农村部分税收,安排城镇就业人员,增加工资,提高工资类别,实行奖励制度,发放副食品及部分农用生产资料补贴,增加职工住宅基本建设和城市建设费用,等等。全省按人口平均,每人得益160元。国民经济调整3年期间,兴建职工住宅1550万平方米,相当于1979年前29年兴建职工住宅的总和,可解决30万户职工的住房,缓解了多年来存在的"住房难"问题。②

3.城乡人民按人口平均占有农副产品数量和城乡居民收入都有不同程度的增加

具体情况见表2-7③:

表2-7　长江下游四省一市按人口平均农产品产量和农民收入情况

农产品产量 / 地区	按人口平均粮食产量(公斤)	按人口平均棉花产量(公斤)	按人口平均油料产量(公斤)	按人口平均生猪存栏数(头)	按人口平均肉类产量(公斤)	按人口平均水产品产量(公斤)	农民平均每人从集体分得	
							收入(元)	粮食(公斤)
上海市	229	9.25	10.5	0.3	17.15	18.8	244.9	290.5
江苏省	426.5	9	6.45	0.4	16.05	6.6	99.2	244
浙江省	425	1.85	7.15	0.41	15	21.4	104.4	284.5
安徽省	335	2.05	9.3	0.24	10.6	1.15	70	230.5
江西省	401.5	1.35	6.15	0.31	9.39	2.1	89.2	276.5

①江苏省统计局1982年5月编印的统计资料,第28~29页。

②江苏省统计局1982年5月编印的统计资料,第314~315页。

③江苏省统计局1982年5月编印的统计资料,第14页。

在表 2-7 中，浙江省按人口平均水产品产量居全国各省市之首，上海市郊区农民平均从集体分得的现金和粮食均居全国各省市第一位。

以江苏省为例，在国民经济 3 年调整期间，城乡人民生活逐步改善的具体情况是：全省职工平均工资由 1980 年的 667 元，到 1982 年增加到 672 元；1000 户农民平均纯收入，由 1980 年的 217.9 元，到 1981 年增加到 258 元；城乡居民平均每人消费的贸易粮和化纤布、混纺布，1980 年分别为 240.85 公斤和 4 米，到 1981 年分别增长到 255.3 公斤和 4.17 米；城市平均每人住房面积，1980 年为 4.2 平方米，1981 年增加到 4.5 平方米；农村平均每人住房面积，1980 年为 11.7 平方米，1981 年增加到 12.6 平方米。①

4.城乡居民的购买力和储蓄存款均有所增加，表明城乡人民开始走向富裕之路

通过国民经济调整，长江流域各地迅速改变了以前贫穷落后的面貌，开始走向富裕之路。经济发达的江苏省居民获得实实在在的好处，主要表现在购买力的提高和储蓄存款的增多。该省 1981 年城乡居民购买的消费品总额达 122 亿元，比 1978 年增长 73.3%，扣除零售物价上涨因素，购买力实际增长 60%。其中农村购买力增长速度快于城镇。1981 年该省农村居民购买消费品达 72.85 亿元，比 1978 年增长了 70%②。

长江流域各地城乡居民购买力不断提高的同时，储蓄存款也有所增加。如江苏省 1981 年城乡居民储蓄存款达到 30.42 亿元，比 1978 年增长了 1.5 倍，其中农村居民存款增长 2.1 倍③。

5.城乡人民物质生活有很大改善的同时，文化生活也有较大的提高

地处长江下游的江苏省，是长江流域经济文化发达的省份。1979 年江苏省拥有高等学校 36 所，在校学生 7.39 万人，到 1981 年增加到 46 所，在校学生增加到 8.26 万人④；江苏省 1979 年拥有各类卫生技术人员 18.45 万人和病床 12.54 万张，到 1981 年全省各类卫生技术人员增加到 20.53 万人，病床增加到 13.28 万张。⑤

综上所述，经过 1979 ~ 1981 年 3 年多时间的国民经济调整，长江流域同全国其他地区一样，国民经济的发展已经摆脱了比例关系严重失调的困境，开始走上了发展速度合适、比例关系协调、经济效益较好、人民得到更多实惠、具有发展后劲的健康发展的道路。

---

①江苏省统计局 1982 年 5 月编印的统计资料，第 310 ~ 313 页。

②③江苏省统计局 1982 年 5 月编印的统计资料，第 314 ~ 315 页。

④⑤江苏省统计局 1982 年 5 月编印的统计资料，第 290 ~ 293页。

第三章　长江流域的改革开放

改革开放是 1978 年 12 月中共十一届三中全会确立的重大战略决策，是建设中国特色社会主义的根本途径，是为了解放和发展社会生产力，实现国家现代化，达到人民富裕、国家富强、民族振兴之目的。“中国的改革是从农村开始，农村改革是从安徽开始”。①地处长江下游的安徽农村改革的成功经验，为以城市为重点的经济体制改革提供了有益的启示和借鉴，使包括长江流域在内的全国经济体制改革有序、健康、平稳推进。随着城乡各项改革的全面推进，传统的计划经济体制已被打破，社会主义市场经济体制的改革目标逐步建立和基本实现。与此同时，长江流域的对外开放由点到面逐步推进，从生产领域进而到商贸、金融等流通领域，开放空间不断扩大，开放程度不断加深，开放型经济逐步形成。实践证明，改革开放是强国富民之路，是推动经济社会发展的强大动力。随着长江流域改革开放的深入发展，带来了长江流域各地经济快速稳步发展和空前繁荣的局面。

第一节　长江流域的农村改革和农村经济蓬勃发展

我国的经济体制改革，首先在农村兴起，然后扩展到城市。中共十一届三中全会以后，长江流域的农村成为改革的发源地，农业成为改革的突破口，农民成为改革的领头羊，是由这个地区经济社会发展诸多客观条件决定的。首先，农村是我国计划经济体制中最为薄弱的环节，历来是商品交换市场的薪火相传之地；二是农业在国民经济中具有特殊重要的地位，是人们的衣食之源，是人们赖以生存的最根本的条件；三是农民在计划经济时代所处地位最为不利，具有强烈的改革要求和愿望；四是 20 世纪 50 至 60 年代长江流域的皖、川、苏、浙等省许多农村曾经出现过“包产到户”的尝试，给农民带来了实实在在的利益。因此，广大农民冒着极大的风险，在农村率先掀起巨大的改革浪潮。

一、掀开中国农村改革序幕的小岗村

1978 年 12 月，安徽省凤阳县梨园公社小岗村生产队的 18 户贫苦农民，为了改变人民公社生产“大呼隆”、分配“大锅饭”的平均主义，冒着坐牢甚至杀头的风险摁下红手印，在

①《邓小平南巡讲话》，载《扬子晚报》2015 年 7 月 16 日，B6 版。

全县乃至全省和全国率先提出和实行“包产到户”这个适应当时农村生产力发展水平的家庭联产承包责任制，从而掀开了中国农村改革的序幕，小岗村后来也被人们誉为全国“包产到户”的发源地。

小岗村所在的凤阳县，是明朝开国皇帝朱元璋的故乡。但是，皇家的“瑞气”，并没有给凤阳带来“福气”。诚如凤阳花鼓歌词所说：“凤阳本是好地方，自从出了朱元璋，十年倒有九年荒。”新中国成立后，凤阳的经济虽有较大幅度的恢复和发展，但从 1957 年以后，政策越来越“左”，农民被限制得越来越死，凤阳县成了全国闻名的贫困县，许多农民“吃粮靠返销，花钱靠救济，生产靠贷款”。特别是经过“文化大革命”的文化大革命，凤阳县的经济到了崩溃的边缘。

小岗村更是凤阳县典型的贫困村，也是遭受“左”的错误危害最深的重灾区之一。从 1958 年进入人民公社到 1960 年的 3 年间，这个村由合作化前的 34 户、175 人锐减为 10 户、39 人，其中因贫病交加等原因死绝的有 6 户，纯属饿死的达 60 人之多。另据统计，从 1966 年至 1978 年的 156 个月中，有 87 个月全靠国家供应粮食，共吃掉 11.4 万公斤，占这 13 年全村粮食总产量的 65%，占同期集体分配粮面的 79%；全村共获得国家救济款 1.5 万元，占同期社员分配总额的 54%。真可谓“农民种田，国家出钱；缺吃少穿，政府支援。”①全村农民极度贫困、一贫如洗，有 7 户农民穷得连木门都没有，有几户农民穷得没有衣穿、没有床睡觉，过着半原始的生活，村里凡是能行走的，几乎都外出讨过饭。但外出乞讨往往被遣送回村批斗，说他们给社会主义“抹黑”。

在走投无路的情况下，小岗村农民为了生存自救，村生产队副队长严宏昌召集全村农户户主在社员严立华家秘密举行会议。全队 20 户农民除两户外出乞讨，家中无人外，其余 18 户全部到齐。由于当时把分田单干视为资本主义复辟，是挖社会主义墙脚的反革命行为，所以会议规定本队“分田到户”一律严守秘密，不得向任何人透露这个决定，并由全队唯一上过中学的严宏昌订立了“契约”，明文规定：“我们分田到户，每户户主签字盖章。如此后能干，每户保证完成全年上交任务和公粮，不在(再)向国家伸手要钱要粮；如不成，我们干部作(坐)牢杀头也干(甘)心，大家社员也保证把我们的小孩(按：指带头‘分田到户’的基层干部的子女)养活到 18 岁。”与会的 20 人中，有 17 人当场在“契约”所载自己的名下摁了红指印，有的人盖了私章印。②这份具有重要历史意义的“契约”，于 6 年后首先公开出现在一部纪录片里，1984 年又被中国革命博物馆收藏，成为小岗村首倡“包产到户”这个伟大创举的历史见证。

具有首创精神的小岗村人，几乎在一夜之间将全村 517 亩耕地按人口平均分配给 18 户农民，10 头耕牛统一作价后每两户包养一头。同时，国家的派购任务、贷款等债务，集体提留和按规定需要补助的有关人员的钱粮补贴，也一律分配给各农户承担，使“包产到户”的壮举尽可能完善。

由于家庭联产承包责任制打破了人民公社长期存在的平均主义等种种弊端，极大地

①王耕今等：《乡村三十年——凤阳农村社会经济发展实录(1949—1983)》，农村读物出版社，1989，第 400 页。

②董辅礽：《中华人民共和国经济史》，经济科学出版社，1999，第 49 页。

调动了广大农民的生产积极性,仅仅一年的实践,当年就获得了 1957 年以来第一次农业大丰收。1979 年全村粮食生产量达到 6.6 万公斤,等于以往 5 年粮食产量的总和;油料总产量 1.76 万公斤,是过去 20 年油料产量的总和;全村向国家交售粮食 1.25 万公斤和油料 1.25 万公斤,超过国家征购任务的 20 倍;并第一次还国家贷款后,社员人均分配现金 200 元,一跃成为全县干部和群众赞誉的富裕村庄。

小岗村"包产到户"联产承包责任制获得成功,并在全县、全省乃至全国推广的主要原因,首先是由于广大农民具有改变贫穷落后面貌的强烈愿望,迫切要求脱贫致富,早日过上富裕幸福的生活。早在 20 年前,安徽有些地方曾经出现过"包产到户",仅试行过一年,就被当作"单干风"而被强行制止,但"包产到户"的优越性却在广大农民中扎下了根。他们怀念说:"要把生产搞上去,1961 年'包产到户'的办法最灵、最好。"同时,代表广大人民根本利益的各级党政干部的正确领导和大力支持,则是获得成功和推广的关键。小岗村生产队副队长严宏昌等人,就是即使坐牢杀头也要带动农民发起"包产到户"的基层好干部。中共凤阳县委书记陈庭元,则是全县推广"包产到户"办法的领路人。他针对有人诬蔑"小岗村是地地道道的资本主义复辟"的谬说,用事实予以坚决回击,并制止了小岗村所在的公社准备派出干警和民兵捕人、查办的错误做法。有些极"左"思想严重的人竟然告到省委,时任中共安徽省委第一书记万里,于 1980 年 1 月 24 日亲临小岗村视察,充分肯定小岗村"包产到户"的正确做法,当场郑重宣布:"我批准你们干,谁要告,就说是我批准的"。万里还在全省推广包括小岗村在内的凤阳县和肥西县等地实行"包产到户"的经验,使家庭联产承包责任制在全省获得迅猛而健康的发展,并对当时全国农村改革起到了开创、带头、示范作用。

中国改革开放的总设计师邓小平,对于安徽省的"包产到户"给予极大的关注和高度的评价,并做出如下科学论断:"农村政策放宽以后,一些适宜搞'包产到户'的地方搞了'包产到户',效果很好,变化很快。安徽肥西县绝大多数生产队搞了'包产到户',增产幅度很大。'凤阳花鼓'中唱的那个凤阳县,绝大多数生产队搞了大包干,也是一年翻身,改变面貌。有的同志担心这样搞会影响集体经济,我看这种担心是不必要的。"[①]邓小平还说:"农村改革是从安徽开始的,万里是立了功的。"[②]胡耀邦也曾说:"包产到户,万里第一。"[③]

二、家庭联产承包责任制的全面推进

家庭联产承包责任制是统分结合的双层经营体制,通过土地所有权和使用权的分离,使农民成为分户经营、自负盈亏的生产经营者,能够极大地调动广大农民的生产积极性和创造性。它建立在土地公有制基础上,由集体统一管理和使用土地、大型农机具和水利设施,接受国家的计划指导。它不同于农业合作化以前的小私有的个体经济,而是社会主义农业经济的组成部分。它是适合于当今生产力发展水平并受到广大农民赞扬的土地生产

---

①《邓小平文选》第二卷,人民出版社,1994,第 275 页。

②③《邓小平南巡讲话》,载《扬子晚报》2015 年 7 月 16 日,B6 版。

经营制度,从根本上解决了农村人民公社长期存在的生产“大呼隆”、干活不出力等严重弊端。为适应我国广大农民的需要,1982 年 1 月中共中央发布的 1 号文件郑重宣布“两个长期不变”的方针:“我国的农业必须坚持社会主义集体化的道路,土地等基本生产资料公有制是长期不变的,集体经济要建立生产责任制也是长期不变的。”

1983 年 1 月,中共中央再次发出 1 号文件,称赞家庭联产承包责任制是“我国农民伟大的创造”,强调这一制度“具有广泛的适应性”,不仅农业要实行,林业、牧业、渔业、开发荒山荒水以及多种经营方面,也要抓紧建立起联产承包责任制。同年 1 月 20 日,《人民日报》发表题为《对大包干不要再堵》的评论文章,提出国营农场也可搞包干到户。于是,国营农场之下出现了大批家庭农场。

在党中央文件的指引下,在各级党委和政府的具体领导和推动下,家庭联产承包责任制和统分结合的双层经营体制,犹如雨后春笋般地在长江流域各地竞相建立和发展壮大,充分显示了它的强大生命力和促进农村经济全面发展的巨大作用。

首先,它促进了农业生产的快速、健康发展。长江流域的家庭联产承包责任制,在 1978 年 12 月安徽省小岗村首创“包产到户”,即在全国率先起步,首先举起农村改革的伟大旗帜。1981 年党中央决定在农村推行联产承包责任制改革,长江流域各地迈开了改革的步伐。到 1984 年农村改革全面推开并巩固发展,前后仅用了几年时间,就解决了广大农民长期没有解决好的温饱问题,出现了农村面貌焕然一新的局面。由于广大农民生产积极性和创造性空前高涨,带来了经济快速发展的繁荣景象。地处长江下游的江苏省,1984 年与 1978 年相比,全省农林牧副渔总产值和增加值分别增长 60.2%和 74.2%,农民人均纯收入实际增长 1.9 倍。①

其次,促进了农村产业结构的调整和优化。联产承包责任制不仅在农业生产领域广为推行,而且走出农田耕地,上山下水,走进小城镇,从种植业扩展到养殖业、牧业、渔业、工副业、商业和服务业等领域,为整个农村经济社会体制再造,打下了坚实的基础。特别是联产承包责任制的广为推进,解放和发展了社会生产力,使农村有了更多的资金和富余的劳动力,为农村大力发展乡镇企业和众多第三产业准备了前提条件,从而使长江流域广大农村比重日趋下降,二、三产业比重大大提高,为全面建设小康社会,推进农村城镇化和农民共同富裕创造了条件。

第三,促进了农业内部产业结构调整和优化。长期以来,在“以粮为纲”的口号引导下,长江流域广大农村只抓粮食生产,丢掉了林、牧、副、渔业和其他经济作物。单一的粮食生产,使农村经济日益贫困。实行联产承包责任制以后,广大农民有了生产经营自主权,根据市场组织生产和销售,从而带了农村农、林、牧、副、渔五业旺和工、商、建、运、服全面发展的繁荣景象。

第四,促进了城市经济的发展和城乡人民生活水平的改善。由于农业生产力的提高,广大农民向城市提供丰富的农副产品,满足城乡市场多方面的需要。农村改革仅用了几年

①桑学成等:《江苏发展史纲》,河海大学出版社,1999,第 153 页。

时间，就结束了长达30多年凭票证供应商品的时代。

当然，我们在充分肯定联产承包责任制的同时，也要清醒地认识到它的缺陷和不足，主要是生产方式落后，规模小，成本高，劳动生产效率低，抵御风险能力弱。为此，必须广为采用现代科学技术，提高农业机械化水平，为推广适度规模经营，向集体化、集约化要效益。正如邓小平所说："中国社会主义的改革与发展，从长远观点看，要有两个飞跃。第一个飞跃，是废除人民公社，实行家庭联产承包为主的责任制。这是一个很大的前进，要长期坚持不变。第二个飞跃，是适应科学种田和生产社会的需要，发展适度规模经营，发展集体经济。这是又一个很大的前进，当然这是很长的过程。"①由此可见，长江流域同全国各地一样，农村的根本出路，在于最终全面实现农业现代化。

家庭联产承包责任制在长江流域和全国各地全面推开和巩固发展，原来具有种种弊端并在农村长期存在的人民公社管理体制，就成为完全多余的空招牌。其实，早在中共十一届三中全会上，就有人提出要改变人民公社体制。1979年8月以后，长江流域的四川省广汉、邛崃、新都等县、浙江省黄岩县店头公社、安徽省凤阳县考城公社，先后进行了人民公社制度改革的试点。党和国家顺应民意，在1982年11月五届人大五次会议通过的宪法，明确规定设立乡镇一级人民政府作为我国农村的基层政府。到1984年底，根据各级党委和政府的统一部署，包括长江流域在内的中国存在26年之久的人民公社，就在改革的大潮中悄然退出历史舞台。

三、乡镇企业异军突起及其辉煌成就

中国改革开放的总设计师邓小平1983年到江苏视察，当他听到江苏从1977年到1982实现工农业总产值翻一番的重要原因，是在农村中发展了集体所有制的乡镇企业后，十分高兴地说："看来，实现四个现代化希望很大，到20世纪末翻两番，要有全盘的更具体的规划。"1987年6月，邓小平在会见南斯拉夫外宾时，再次提到发源于江苏的乡镇企业时说："农村改革中，我们完全没有预料到的最大收获，就是乡镇企业发展起来了，'异军突起'"②。邓小平从实现四个现代化和20世纪末工农业总产值翻两番的战略高度，盛赞乡镇企业异军突起及其重要地位和作用。中共十四大报告则用"中国人民的又一伟大创造"的赞语表彰乡镇企业的功勋，并要求大力发展乡镇企业，以推动中国的经济发展和振兴。

在党中央和国务院的正确领导下，在各级党委和人民政府的具体领导与推动下，从20世纪70年代末开始，乡镇企业③首先从经济文化较发达的长江三角洲地区兴起，掀开了乡镇企业异军突起的序幕，然后逐步扩展到整个长江流域和全国各地，成为建设社会主义现

①《邓小平文选》第三卷，人民出版社，2001，第355页。

②转引自钱志新：《百年苏商》，江苏人民出版社，2013，第60页。

③乡镇企业刚兴起时，通称为社队企业，是农村人民公社、生产大队、生产队三级所有的集体企业。1983年进行了人民公社管理体制改革，撤销了"三级所有、队为基础"的人民公社管理体制，并成立乡、镇基层政权机构。因此，从1984年3月中共中央、国务院发布关于乡镇企业的文件以后，社队企业一律改称为乡镇企业，本书除当时党和国家正式发布的文件内仍用"社队企业"这个名称外，一律使用"乡镇企业"这个名称。

代化新农村的一个重要标志，开创了振兴我国农村经济和农村工业化的康庄大道。

(一)长江流域乡镇企业的发展过程

长江流域乡镇企业的兴起、发展和取得辉煌成就，并成为国民经济的重要组成部分，大体上经历了以下几个发展阶段：

第一阶段：乡镇企业最早起源于长三角核心区苏锡常地区，起始时间可以追溯到20世纪五六十年代。由于“左”倾错误的严重干扰和阻挠，乡镇企业在艰难曲折中爬行。直到中共十一届三中全会的《决定》，明确提出社队企业要有一个大发展，乡镇企业才取得了合法的地位，并获得了迅猛发展。

地处长三角北冀的苏南地区和江苏省，是中国当代乡镇企业的发祥地，后来随着乡镇企业的迅猛发展和空前壮大，包括苏南在内的江苏省又成为全国乡镇企业的“领头羊”。在江苏省苏南地区，乡镇企业起步早、发展快、效益好的首推无锡县(现已划入无锡市)。据考证，苏南地区第一家乡镇企业，兴办于无锡县东亭镇春雷村。1956年，春雷生产大队创造了“两个第一”：一是成立了江苏第一家农业高级合作社，二是创办了苏南乃至全国乡镇企业第一厂。这个厂专门生产小木船，以适应当地众多小河水上运输之需要①。从这个很小的造船厂投产开始，标志着中国农民开始走上了具有中国特色的农村工业化道路。

当年乡镇企业首先在苏南无锡兴起的原由，一是无锡县人多地少，农村剩余劳动力要找就业出路。无锡县总面积相当于全国的万分之一，而人口却相当于全国的千分之一，因而人多地少的矛盾极为突出。二是无锡城乡的商品经济历来比较发达，交通方便，有较好的经济、技术基础。三是当时处于“文化大革命”期间，城市许多工厂停工，以致商品供应缺乏，为乡镇企业提供了广阔的市场。四是在退休回乡和下放的工人、干部中，拥有大量各种技术人才。五是无锡邻近上海，同上海历来有良好的经济和文化交流。特别是上海拥有大批无锡籍工程技术人员，可及时带来经济信息，帮助解决兴办企业的各种问题。尤其被人们称赞的“周末工程师”，利用节假日到无锡，就地发现和解决各种技术难题。因此，尽管当时有“左”倾错误的干扰，无锡乡镇企业仍在艰难曲折的道路上获得了一定的发展。据统计，1970年无锡县乡镇企业发展到1114个，职工3.47万人，约占农村总劳动力的8%；全县乡镇企业产值达到3900万元，约占全县工农业总产值的12%；乡镇企业利润达到840万元；乡镇企业向国家交纳税金280万元，约占全县财政收入的10%。②由此可见，乡镇企业在起步阶段，就对国家和社会做出了贡献，初步显示了它的优越性。

无锡县乡镇企业的兴起和发展，很快影响到苏、锡、常3市，推动了苏南地区乡镇企业的兴起和发展。苏南乡镇企业的发展，又带动了江苏省和长三角地区乡镇企业的兴起和发展，进而推动长江流域各地乃至全国乡镇企业的兴起和发展。

1978年12月，中共十一届三中全会作做的《中共中央关于加快农业发展若干问题的决定(草案)》，明确规定：“凡是符合经济合理的原则，宜于农村加工的农副产品要逐步由社队企业加工。城市工厂要把一部分宜于农村加工的产品或零部件，有计划地扩散给社队

①唐岳良等：《苏南的变革与发展》，中国经济出版社，2006，第42页。

②莫远人主编《江苏乡镇工业发展史》，南京工学院出版社，1987，第112页。

企业经营,支援设备,指导技术。对社队企业的产、供、销要采取各种形式,同各级国民经济计划衔接,以保障产供销畅通无阻。国家对社队企业,分别根据不同情况、进行低税或免税政策。"这是党和国家从政策、法规层面上大力推进乡镇企业发展的第一个纲领性文件,为全国乡镇企业的发展开辟了宽阔的道路。从此,长江流域和全国各地认真贯彻党中央的这个重要文件精神,采取有效措施,全面推进各地乡镇企业的发展,迎来了长江流域和全国各地乡镇企业蓬勃发展的第一个春天。

为推进全国乡镇企业的进一步发展,1979 年 7 月,国务院颁发了《关于社队企业若干问题的规定(试行草案)》,这是国家为发展乡镇企业专门颁发的第一个文件。文件强调指出,发展乡镇企业是逐步缩小工农差别和城乡差别的重要途径,"首先可以更好地为发展农业生产服务"。这个文件,对乡镇企业的发展方针、经营范围、资金来源、产供销计划、价格政策、劳动制度、经营管理制度等许多方面,第一次做了明确的规定。这个重要文件的颁发,获得了长江流域和全国各地的一致拥护和广为支持,成为推动我国农村乡镇企业进一步发展具有重要法规意义的纲领。

作为我国乡镇企业发祥地的江苏省首先行动起来,全面贯彻落实党中央和国务院的上述文件精神和各项规定。中共江苏省委和省人民政府决定建立乡镇企业发展资金,从 1978 年开始,由财政上先后在 3 年内拨出 1 亿元资金,供乡镇企业周转使用,并贯彻财政部关于乡镇企业减税或免税的规定,还动员各方面力量支持乡镇企业的发展,从而迎来了乡镇企业发展的良好局面。到 1980 年,江苏省乡镇企业产值已达到 110.25 亿元,为 1976 年产值的 3 倍多。同年,江苏省乡镇企业从业人员达到 312.5 万人,解决了农村大量剩余劳动力的就业问题;并为发展农村经济提供了大量资金,其中用于购置农业机械、农田基本建设、脱贫致富、兴办集体福利等 18.39 亿元①。

长江流域各地党和政府也以极大的努力,认真贯彻落实党和国家大力发展乡镇企业的战略决策和具体部署。为了加强对乡镇企业的领导,长江流域各地都先后成立了各级乡镇企业管理局,制订了发展乡镇企业的长远规划和近期计划,并采取有效措施,狠抓各项计划和规划的落实。与此同时,长江流域各地还以人力、物力、财力等诸多方面,支持乡镇企业的发展,迎来了乡镇企业的崛起和持续发展。

第二阶段:从 1981 年 5 月到 1984 年初,是长江流域乡镇企业调整、整顿和持续快速发展的时期。

1981 年 5 月,国务院发出了《关于社队企业贯彻国民经济调整方针的若干规定》,在充分肯定"社队企业已成为农村经济的重要组成部分,符合农村经济综合发展的方向"的同时,又针对乡镇当时存在的问题,提出了调整、整顿的任务。调整和整顿的目的,是进一步提高企业素质,以适应市场和社会的需要。结果,达到了预期的目的。主要表现在:压缩了一批不从实际情况出发而盲目进行的基本建设项目;关、停了一批耗能高、产品质量差、污染严重的乡镇企业,压缩了一批长线产品,批评和纠正了产供销中的不正之风。

---

①莫远人主编《江苏乡镇工业发展史》,南京工学院出版社,1987,第 14~15 页。

1983年初，中共中央发出《当前农村经济政策的若干问题》文件指出："社队企业也是合作经济，必须努力办好，继续充实发展。"文件要求：乡镇企业要"加强民主管理和群众监督，建立多种形式的生产责任制，有条件的社队企业，也可以试行经理（厂长）承包责任制"。长江流域各地根据党中央文件精神，重点推广了多种形式的经营承包责任制，以及企业领导推广集体承包的经营责任制，并相应地进行了乡镇企业管理体制的部分配套改革，有力地促进了乡镇企业生产的发展。1983年，江苏省乡镇企业工业总产值达到162.09亿元，比1978年增长1倍半；占全省工农业总产值的19.34%；占全国乡镇工业总产值的21.1%，居全国各省之首。这一年，江苏省乡镇企业从业人员达到369.6万人，约占全省多余劳动力总数的36%，占全省农村总劳动人数的15.5%。同年，江苏省乡镇企业上缴国家税金11.45亿元，占全省财政收入的15.37%，已成为国家财政收入的一个新的重要财源①。大量事实表明，乡镇企业这支异军突起，已成为长江流域国民经济的一支重要支柱力量。

第三阶段：从1984年3月到1989年10月，是长江流域乡镇企业全面发展的时期。

1984年3月，中共中央、国务院转发农牧渔业部和部党组《关于开创社队企业新局面的报告》。这个《报告》根据中共十二大提出的开创社会主义现代化建设新局面的要求，提出了进一步发展乡镇企业的规划和部署。在这个文件中，党中央和国务院第一次把社队企业改称乡镇企业，把社队工业改称乡村工业。乡镇企业是一个经济综合体的总称，其内涵包括乡镇企业、乡村企业、部分队员联营的合作企业、其他形式的合作企业和个体企业；乡村工业是由乡镇企业和乡村企业构成。这个文件强调指出，乡镇企业是广大农民群众走向共同富裕的重要途径，是国营经济的重要补充，是国家财政收入新的重要来源。1984年10月，中共十二届三中全会通过的《中共中央关于经济体制改革的决定》，开始了以城市为重点的全面经济体制改革，推动乡镇企业进一步加快改革的步伐，为乡镇企业的蓬勃发展开辟了道路。

在党中央和国务院关于乡镇企业的一系列方针政策指引下，长江流域各地乡镇企业出现了全面发展的新局面。主要表现在以下几个方面：

一是出现了"五个轮子一起转，十个行业一起上"的繁荣景象。在长江流域许多地区，特别是作为乡镇企业的发祥地和乡镇企业最发达的长江三角洲地区，从实际情况出发，根据市场需要，因地制宜地发展家庭企业、联户企业、组办企业、村办企业、乡办企业等五种形式的乡镇企业，形象地俗称"五个轮子一起转"，所谓"十个行业一起上"，就是农、林、牧、副、渔、工、商、运、建、服"等十个行业，几乎包括了江南农村的各行各业，都获得了全面发展。

二是乡镇企业充满了生机和活力。长江流域各地乡镇企业的生机和活力，来自改革的不断深入发展。长江流域乡镇企业改革最为成功的壮举，就是借鉴农村改革的经验，在乡镇企业中大胆推进承包制改革，主要是全面推广闻名全国的江苏无锡县堰桥乡的"一包三改"经验，就是所有者与经营者建立以效益为中心的发包与承包关系：改干部任免制为选举、聘用制，取消干部终身制；改固定工资制为浮动工资制，解决"吃大锅饭"问题；改职工录用制为合同制，解决"铁饭碗"问题。通过"一包三改"的改革，克服了长期存在的平均主

①张学恕：《中国长江下游经济发展史》，东南大学出版社，1990，第726页。

义，贯彻了按劳分配的原则，极大地调动了广大干部和职工的积极性和创造性，使乡镇企业出现了生机勃勃的繁荣景象。

三是提高了乡镇企业的整体素质，主要是领导班子素质、职工队伍素质和技术、管理素质。长江下游的苏南地区乡镇企业之所以充满了活力，经济效益之所以能不断提高，关键在于他们在智力开发上狠下功夫。这样高度重视智力投资，不是在某一地区，而是遍及苏南各地。张家港市依靠乡镇企业的力量，办起了职工学院，聘请沪、宁等地专家学者讲课，传授科技和管理知识。常熟市也办起了职工大学，太仓县办起了工业技术学校。苏南各地乡镇企业还同沪宁铁路沿线各城市大专院校、科研院所进行技术协作，攻克技术难关，不断开发新产品。他们还组织乡镇企业职工一面学习科学技术知识，一面进行技术革新，逐步淘汰落后技术和设备，从而使企业经济效益不断提高。

四是开展横向经济联合和经济协作。长江流域特别是经济发达的长江中下游各地乡镇企业，根据市场需要，做出正确的经营决策，以提高产品质量和经济效益为中心，加强企业管理，端正经营作风，在搞好企业产供销的同时，十分重视打破地区之间、城乡之间和部门之间的封锁和阻隔，根据自愿、平等、互利和所有制不变的原则，开展跨地区、跨行业、跨所有制之间的经济联合和经济协作。乡镇企业通过联合和协作，既可发挥“船小好掉头”的优点，又能克服“船小经不起风浪”的弱点，使自己在激烈的市场竞争中立于不败之地，并使自己成为整个国民经济的有机组成部分。

1984 年以来，长江流域各地在空前迅猛的发展过程中，也暴露了一些缺点和问题，主要表现在：一是有相当数量的乡镇企业的设备比较简陋，技术比较落后，信息也比较迟缓。特别是长江中上游有些原来商品经济不发达、交通不便利的边远地区和山区的乡镇企业，这些问题表现得较为突出。二是企业管理水平比较落后，产品质量较差，经济效益较低。三是由于乡镇企业的原材料、燃料、动力缺乏国家计划的保证供应，基本上靠自己“找米下锅”，产品销路也没有固定渠道，基本上靠自己找销路。因此，有些乡镇企业为了生存，有时同国营大中型企业争原料、争能源，有时为了搞到原料、能源和推销产品，不同程度地存在某些不正之风。这些都在一定程度上影响了乡镇企业的健康发展。

第四阶段：从 1989 年底以后，乡镇企业开始了治理整顿、深化改革和稳步发展。

1989 年 11 月，中共十三届五中全会通过了《中共中央关于进一步治理整顿和深化改革的决定》，号召全党和全国人民认真贯彻执行治理整顿和深化改革的方针。这个《决定》从我国乡镇企业的实际情况出发，提出了“调整、整顿、改造、提高”的方针，积极引导乡镇企业健康发展。通过这次新的调整和整顿，长江流域各地的乡镇企业进一步克服自身存在的弱点和缺点，改进产业结构和产品结构，改善经营管理和经营作风，提高技术和管理水平，提高质量和经济效益，开创持续、稳定、协调发展的新局面。

（二）长江流域乡镇企业的特点、地位和作用

1.从长江流域特别是经济发达的长江下游各地乡镇企业发展过程来看，这里的乡镇企业具有以下几个显著特点

第一，乡镇企业发展速度较快，长三角地区更是快速、健康、有效发展。

长三角地区是中国乡镇企业的发源地。地处长三角北翼的江苏无锡县更是全国乡镇企业最早起步的源头，对全国乡镇企业的发展一直起着带头和示范作用。该县首创堰桥乡“一包三改”的经验，打破了“铁饭碗”，端走了“大锅饭”，根治了平均主义分配弊端，在全国广为流传和仿效。无锡县通过改革，乡镇企业发展突飞猛进。到 1988 年，全县乡镇企业总数达 11999 家，较之 1978 年增长 1.5 倍；职工人数增长 3.14 倍；固定资产原值增加 15 倍，总产值增加 17.5 倍，开始形成了一批上规模、上水平的骨干企业。1990 年全县乡镇工业总量在全国最先突破 100 亿元；1993 年，全县创造了乡镇工业销售收入一天超一个亿元的奇迹，人均国民生产总值首次突破 1 万元；1995 年，全县 33 个乡镇中，产值超过 10 亿元的就有 31 个，产值超过亿元的村有 101 个。1995 年全县国内生产总值达 212 亿元，人均国内生产总值 21400 元，折合约 2600 美元，已接近中等发达国家的水平，超过了上海、广州、北京、天津等城市的人均国民生产总值，是全国平均数的 4.5 倍，提前 50 多年实现中国国民经济和社会发展第三步战略目标。1991 ~ 1995 年，在全国农村经济实力百强县的历次评比中，无锡县(后改无锡市)均居榜首，雄视天下，被誉为“华夏第一县”，迎来国内外数十万人士参观和学习。①

无锡县乡镇企业的快速发展，只是苏南地区乡镇企业快速发展的一个缩影和典型。苏锡常地区指苏州、无锡、常州 3 个地级市及其所属 12 个县(市)，其中每个县(市)乡镇企业的发展速度之快、成效之显著，都令人赞叹！许多经济专家和有识之士描绘乡镇企业在苏南地区工业生产中的比重发展过程，往往异口同声地赞誉说：“(20 世纪)70 年代乡镇企业是‘三分天下有其一’，80 年代是‘半壁江山’，90 年代则是‘三分天下有其二’。”到 1993 年，苏锡常 3 市 1300 多万人共创造国民生产总值 1130 多亿元，人均超过了 1000 美元，在全国率先实现了小康目标。在 90 年代初开始的全国综合实力百强县的历次评选中，苏锡常 3 市所辖的 12 个县(市)全部入选，其中号称“苏南五虎”的锡山、江阴、常熟、张家港、武进五市均在前 10 名之内。1994 年公布的全国乡镇企业百强镇，江苏省占了 45 个，个个都在苏南。“百强县”和“百强镇”密度之大，档次之高，在全国可谓首屈一指、独领风骚！②

长江下游其他省、市乡镇企业发展速度也很快，成效十分显著。上海市郊区各县在改革开放后的 10 年间，乡村工业产值每年平均以 27.7%的速度递增，到 1988 年，市郊共有乡镇企业 16361 家，职工 142 万人，实现产值 196 亿元，占全市工业总产值的 18.1%③。浙江省乡村工业产值从 1978 年的 26 亿元，到 1988 年猛增到 621 亿元，增加了 23.88 倍，占全省农村社会总产值的 2/3。④安徽省 1988 年乡镇企业总产值达到 215 亿元，比 1978 年增长 21 倍。⑤

①高燮初等：《吴地文化通史》(上)，中国文史出版社，2006，第 254 页。

②高燮初等：《吴地文化通史》(上)，中国文史出版社，2006，第 254 ~ 255 页。

③《解放日报》1989 年 9 月 15 日。

④《人民日报》1989 年 9 月 9 日。

⑤《人民日报》1989 年 8 月 25 日。

第二，乡镇企业门类比较齐全，长江下游地区尤为突出。

长江流域特别是长江下游地区乡镇企业包括工、商、建、运、服和农、林、牧、副、渔等各行业，几乎涉及国民经济的各个部门。上海市郊区的乡镇工业依托我国最大的经济中心上海市区的支援，逐步形成了行业众多、门类齐全、协作配套能力较强的乡村工业体系，拥有32个大类408个小行业。其中有80%以上的产值纳入了城市工业和外贸生产的渠道，形成了一批规模较大、技术层次较高的企业。①这些企业生产手段机械化、自动化程度较高，管理也比较先进。江苏省的乡镇企业拥有机械、纺织、建材、化工、冶金、食品、煤炭等10多个主要行业，其中以机械、纺织、建材、化工4个行业为全省乡镇企业四大支柱。1985年，江苏省乡镇机械工业居首位，产值达115亿元，约占全省乡村工业产值的1/3；其次为乡镇纺织工业，产值72亿元，约占1/5；再次为建材工业，产值50亿元，约占1/7；最后为化学工业，产值38亿元，约占1/10。这4个行业产值占全省乡镇工业生产值近3/4。此外，江苏还有生丝、砖瓦、皮鞋等一大批乡镇企业产品，分别占全省同类产品生产总量的一半以上。②

第三，乡镇企业中涌现出一批规模较大、效益较好、质量上乘、管理水平较高、符合国家标准的企业，被批准为国家二级企业。

从1987到1989年3年内，长江下游地区共有26家乡镇企业经国家有关部门批准，晋升为国家二级企业，占全国66家乡镇企业首批晋升为国家二级企业总数的40%。③这是长江下游乡镇企业进步和迈上新台阶的重要标志。

第四，乡镇企业的经济效益普遍好转，经济文化发达的长江下游乡镇企业效益更胜一筹。

长江流域特别是长江中下游地区乡镇企业，通过大力开展技术革新和技术改造，不断改善和加强经营管理，积极吸收现代化的科技成果，努力提高产品质量，降低能源等物资消耗，增加企业盈利，全面提高经济效益。首先是提高产品质量。江苏省乡镇企业在改革开放后共有735种产品荣获国优、部优和省优等优质产品称号，每年都有一批优质产品问世。④上海市乡镇企业在改革开放10年内共有145种产品荣获部优和市优称号。⑤浙江省乡镇企业有373种产品被评为部优和省优称号。⑥其次是增加企业盈利。上海市乡镇企业的规模、产值和利润在全国乡镇企业中名列前茅。其中年产值在500万元以上或年利润在100万元以上的骨干乡镇企业有800多家。1980～1988年上海累计向国家缴纳税金35亿元。⑦江苏、浙江、安徽、江西省乡镇企业都把企业盈利放在特别重要的位置，千方百计增加企业盈利，为国家增加税收，为人民创造财富。

2.长江流域乡镇企业在国民经济中的地位和作用

第一，乡镇企业的发展，为实现农业机械化和农业现代化创造了物质条件。

农业的根本出路，在于实现农业机械化和农业现代化。而实现农业机械化和农业现代

---

①⑥⑦《解放日报》1989年9月17日。

②江苏省统计局1986年5月27日编印的统计资料。

③《人民日报》1990年1月9日。

④《新华日报》1989年9月15日。

⑤《浙江日报》1989年9月16日。

化，就要有大量的农业投资。加强对农业投资，国家拿出大量资金，当然十分重要。但是，我们国家人口多，底子薄，建设资金严重不足，实现农业机械化和农业现代化，所需农业投资全部由国家包下来，既不现实，也不可能。而乡镇企业的兴起和蓬勃发展，不仅增加了财政收入，也为农村积累了大量财富，为提供农业机械化和农业现代化的建设资金，开创了一条行之有效的途径。长江流域各地，特别是乡镇企业发达的地区，在其发展过程中，始终坚持“以工养农、以工补农、以工建农”的路子，利用乡镇企业创造的大量利润，不断加强对农业的投资，购买大量农业机械，进行农田水利基本建设，从而大大推动了农业生产的发展和农业现代化的进程。在长江流域乡镇企业起步早、发展快、效益好的江苏省无锡县前洲乡，从 1970 年乡镇企业计划经济夹缝中迈开了第一步，到中共十一届三中全会后大步发展，再到 1984 年的 15 年内，共用乡镇企业积累的 900 多万元，购买大量农业机械，建设稳产高产农田，实现农田翻耕、排灌、植保、脱粒、粮食和饲料加工、水上运输等农业劳动环节全面机械化，粮食作物从过去长期在亩产三四百公斤之间徘徊，进而达到亩产 666 公斤，每个农业劳动力生产的粮食从 993 公斤提高到 6750 公斤，1984 年全乡农业产值达到 1199 万元。[①]再从乡镇企业发源地江苏省来看，全省 1979～1982 年乡镇企业所创造的总利润中拿出 20%的利润用于农业投资，总金额达到 145 亿元，相当于同期国家对全省农林和水利建设的总和。[②]由于乡镇企业对农业的投资力度大、数量多，大大加快了江苏省农业机械化和农业现代化的进程。

第二，乡镇企业的发展，为大量农村剩余劳动力的转移提供了广阔的场所。

人口多、耕地少、农业劳动力大量过剩，是长江流域的普遍现象，在经济发达的长江下游地区，人多地少的矛盾表现得尤为突出。1965 年，江苏省农村人口为 3969 万人，耕地面积为 7421 万亩；到 1983 年，农村人口上升到 5196 万人，由于工业、交通、水利、基本建设所占用的土地不断增加，江苏的耕地面积下降到 6945 万亩，人均耕地由 1.87 亩减少到 1.34 亩，有的工业发达地区人均耕地只有 5～6 分。[③]特别是从 1979 年改革开放以来，长江流域各地普遍推行农业联产承包责任制，极大地调动了广大农民的生产积极性，加之农业机械化的逐步推进，使农业劳动生产率有相当大的提高，从而使农村剩余劳动力大量增加。据估计，经济发达的长江下游地区的农村剩余劳动力约占农村全部劳动力总量的 30%，地少人多的地区高达 50%～70%。仅江苏省农村剩余劳动力即达 1051 万人。各地乡镇企业蓬勃发展，为农村剩余劳动力提供了巨大的就业机会。江苏省在 20 世纪 80 年代末期，乡镇企业已容 900 多万农村劳动力，全省农村每 3 个劳动力中就有 1 个在乡镇企业就业[④]。上海市郊区 10 个县（如今已全部成为市区）在乡镇企业务工的农民，由 1978 年的 26.1%上升到 1982 年的 32.4%[⑤]。安徽省 1988 年农村每 4 个劳动力中，就有 1 个在乡镇企

①莫远人：《江苏乡镇企业发展史》，南京工学院出版社，1987，第 312～315 页。

②李松林：《中国当代经济》，南京大学出版社，1986，第 312 页。

③莫远人：《江苏乡村工业成功之秘诀》，南京大学出版社，1986，第 71 页。

④《新华日报》1989 年 9 月 15 日。

⑤李松林：《中国当代经济》，南京大学出版社，1986，第 155 页。

业务工。[①]大量事实表明，乡镇企业的迅猛发展，为缩小工农之间和城乡之间的差别开辟了新的途径，为建设有中国特色的社会主义做出了重要贡献。

第三，乡镇企业的发展，促进农村产业结构的调整和优化。

长期以来，长江流域各地农村，基本上是单一经营农业和自给性的产业结构，商品经济很不发达，乡镇企业兴起后，打破了农业即种植业的狭隘观念，引起了农村产出结构的深刻变化，逐步由单一经营的农业向农、工、副综合经营发展。长江流域各地从实际情况出发，因地制宜地提高农副产品深度加工能力，大力发展农副产品加工和农副产品的储藏、包装、运输、供销等产前、产后服务业；一些有资源优势的地区，发展小型采矿业、小水电工业和建筑材料等工业；在经济发达的农村，根据需要和可能，发展为大工业配套和出口服务的加工工业。许多靠近大城市的农村和城市郊区，就近为城市加工配套产品，使城市集中力量发展知识技术、资金密集型新兴工业，从而有利于生产力合理布局，逐步形成城乡合理分工、各有特色的产业结构。

乡镇企业起步早、发展快、成绩大的江苏省，是长江流域乃至全国乡镇企业推动农村产业结构优化的杰出代表。该省农业种植业、副业、乡村工业在农村经济中的比重，1970 年分别为 74%、18%和 8%；到 1983 年农业种植业比重下降到 42%，副业下降到 13%，乡镇工业比重上升到 45%。[②]到 1988 年，江苏乡镇企业总产值占全省农村社会总产值的 70.87%[③]，一跃成为全省农村经济的主要支柱产业，在全省经济发展中占有相当大的优势。由于乡镇企业的蓬勃发展，不仅优化了农村产业结构，而且促进了农村社会分工，扩大了农村商品生产和商品交换的规模，进一步推动了农业商品化、专业化和社会化程度的提高。

第四，乡镇企业的发展，加快农村集镇建设的步伐。

农村城市化，是世界各国经济和社会发展的共同趋势。长江流域各地乡镇企业的兴起和发展，使长江流域城镇化建设步入快速发展的一个新的阶段，开始形成以工业为主体，工、商、运、建、服全面发展，同商品生产和商品交换相适应、各具特色的新型集镇。

乡镇企业的兴起和发展，是以农村集镇为起点发展起来的。这是因为乡镇企业集中于集镇，可以节省能源、交通、仓库、供水、排污等基本设施的投资，便于进行商品生产和商品交换。而乡镇企业的崛起，又为农村集镇的发展提供了直接的动力，加快了农村集镇建设的步伐，过去的农村集镇，基本上是农副产品的集散地和输送工业品下乡的转运站，几乎没有什么工业。乡镇企业兴起后，集镇成了农村的工业中心、商业中心、金融中心、交通中心、信息中心和文化教育中心。据 1982 年第三次人口普查材料统计，江苏省建制镇的人口从业人员中，从事工业生产的占 50.68%，居从业人口的第一位；从事农林牧副渔的人口占 9.33%；从事商业、饮食业、物资及仓储的人口占 13.39%；从事交通、通信和邮电事业的人口各占 8.69%。[④]

---

①《人民日报》1989 年 8 月 25 日。

②李松林：《中国当代经济》，南京大学出版社，1986，第 157 页。

③《新华日报》1989 年 9 月 15 日。

④莫远人：《江苏乡镇企业发展史》，南京工学院出版社，1987，第 470 页。

乡镇企业的兴起和蓬勃发展，为农村集镇建设提供了大量的建设资金，不仅扩大了原有集镇的规模，而且新建或扩建了相当数量的集镇，带来了农村集镇空前繁荣的景象。乡镇工业产值居全国第一位的江苏省，新中国成立前只有400个集镇，由于乡镇企业蓬勃发展，到1982年全省拥有58个县属镇1820个公社集镇，县属镇工业产值达到150亿元，占全省工业总产值的1/3，即通常人们所说的“三分天下有其一”。特别是苏、锡、常3市拥有23个县属镇和329个公社集镇，办了5000多家乡镇工业企业，工业产值1979年就超过50亿元；到1985年苏锡两市乡镇工业产值分别达到90亿元以上。①整个苏南地区出现了欣欣向荣的景象。

第五，乡镇企业发展，为农民致富提供了重要途径。

“无农无稳，无工不富，无商不活”，这是长江流域广大农村从十一届三中全会以后通过实践得出的正确结论。乡镇企业的兴起和发展，使广大农民走上了由穷到富的康庄大道，并且越走越富，越走道路越广阔。1988年，江苏省乡镇企业支付农村从事工业和其他经济事业人员的工资达104亿元，约占全省农村人均收入的1/3②。上海市郊区16个县农民来自乡镇工业的收入占总收入的比重，1976年为8.6%，1978年增至30.20%，1988年更加到41.10%。③广大农民通过乡镇企业增加了收入，使生活水平有了很大的改善。浙江省农民人均住房面积，1979年为14.2平方米，到1988年增加到29.71平方米④。

第六，乡镇企业发展，推动了社会主义现代化新农村建设。

从20世纪50年代末到70年代末20年时间内，在“左”倾错误的干扰和影响下，长江流域同全国各地一样，在农村大搞“穷过渡”，人民公社推行“一大二公三纯”，在农业产业结构上推行“以粮为纲”，忽视农业综合经营和全面发展，根本谈不上新农村建设，不少地方连温饱问题都未能解决。1978年中共十一届三中全会以后，长江流域各地在加快农业发展的同时，大力兴办乡镇企业，为农村经济发展和新农村建设提供雄厚的物质基础。1988年，江苏省1.2万个乡镇企业提供了200亿元产值、5.5亿利润、7.3亿元税金、9亿元外贸供货额，为全省社会主义现代化新农村建设提供了资金保障和物质力量。

位于长江元滨的江苏省江阴市东南的华西村，是长江流域乃至全国建设社会主义现代化新农村的光辉典范，是农村物质文明和精神文明建设久盛不衰的样板，早在20世纪末就被人们公认为“华夏第一村”。这个原来只有千余人口、600多亩耕地的普通村庄，在村党支部书记吴仁宝的带领下，为解决人多地少的矛盾，千方百计克服困难，创办乡镇企业，以解决剩余劳动力就业问题。早在20世纪80年代末，全村绝大多数农民都成为乡镇企业技术熟练的工人，工业年产值超亿元，是全村各业总产值的90%。同时，他们仍十分重视农业，在人均6分地上大做文章，实现田成方、渠成网、树成行，粮食亩产高达800公斤，总产量50万公斤。集体经济的迅速发展，使华西村走上一条共同富裕的道路。全村既没有靠非法经营的暴发户，也没有贫困户，家家户户“吃粮不用挑（拖拉机送上门）、吃水不用吊（自

①据江苏省统计局1986年8月27日编印的统计资料。

②《新华日报》1989年9月15日。

③《解放日报》1989年9月17日。

④《浙江日报》1989年9月15日。

来水)、洗澡不用烧(全村统一供应管道热水)、煮饭不用草(液化气)、粪便不用倒(抽水桶)、通信不用跑(电话)"。全村农民都住进了美观实用的住宅楼,农民住宅周围树绿花红。工业、商业、教育、文化各区整齐划一。村里有美丽的公园,专供村民休闲。人们形容华西村"远看像林园,近看像公园,细看是农民的乐园"。全村人的精神面貌变新,社会风气变好,人们不信迷信、不赌博、不超生(超计划生育),无失窃、犯罪现象,人们和睦相处,团结友爱,充分显示了华西村"两个文明"的高尚风貌。因此,华西村名扬海内外,吸引了五大洲170多个国家数以万计的人士前来参观和考察。人们盛赞华西村是"村庄里的都市,又是都市里的村庄"。在这里,城乡差别和工农差别已经大大缩小,充分体现了中国特色社会主义现代化新农村的光辉形象。

第二节 长江流域以城市为重点的全面改革逐步推进

1978年中共十一届三中全会以后,长江流域和全国各地一样,首先在广大农村兴起的经济体制改革,为城市经济体制改革提供了有益的启示和经验,增强了城市全面推进经济体制改革的决心和信心,推动长江流域各地城市迅速掀起以城市为重点的全面改革的热潮。1984年10月,中共十二届三中全会做出了《中共中央关于经济体制改革的决定》,为我国经济体制改革指明了方向和途径。于是,长江流域和全国各地一样,经济体制改革的重点由农村转入城市,改革涉及各个经济领域的诸多方面。《决定》指出我国社会主义经济是"公有制基础上的有计划的商品经济",提出改革的目的是建立起具有中国特色的、充满生机和活力的社会主义经济体制,确认增强企业活力是经济体制改革的中心环节。由此可见,长江流域各地国有经济的改革和发展,大体上包括微观领域的国有企业改革和宏观领域的国有经济布局的战略调整两种途径和举措。

一、国有企业的改革和发展

从1978年底开始的长江流域国有企业改革,大体上经历了以下两个发展阶段:

第一阶段从1978年到1992年,主要是放权让利改革,推进企业所有权和经营权的"两权分离"。党和国家明确提出国有企业改革的目标是:要使企业真正成为相对独立的经济实体,成为自主经营、自负盈亏的社会主义商品生产者和经营者,具有自我改造和自我发展能力,成为具有一定权利和义务的法人。早在1978年10月,四川省宁江机床厂等6家企业就进行了扩大企业自主权的试点,确定在企业增收的基础上,可以提取一些利润留成,职工可以得到一定的奖金,结果,大大地调动了广大职工的生产积极性和创造性。

长江流域国有企业改革的内容十分丰富,归纳起来,大体上有以下两个方面:一是通过承包、租赁等形式,把经营权真正交给企业。与此同时,配套进行以厂长负责制、工效挂钩、劳动合同制为主要内容的企业领导、分配、用工等管理制度的改革。并通过企业间的承包、租赁、兼并及横向经济联合,发展规模大、效益好的企业集团,促进企业结构的合理调整和优化。二是通过"改、转、租、仓、卖"等形式,改善国营流通企业的经营机制,发展非国营企业,建立多种经济成分、多种流通方式、多种流通渠道并存的高效畅通的流通网络和管理体制。

第二阶段从 1992 年至今,以建立现代企业制度为方向,不断深化改革和完善新体制,1992 年中共十四大确立社会主义市场经济体制为中国经济体制改革的目标模式。1993 年 11 月,中共十四届三中全会做出了《关于建立社会主义市场经济体制若干问题的决定》,第一次明确提出了国有企业改革的方向是建立现代企业制度,并指出现代企业制度的特征是:产权清晰、权责明确、政企分开、管理科学。从此,包括长江流域在内的中国企业改革进入制度创新阶段。由于承包制不能促进国有企业适应市场经济的发展,还带来了国有资产的流失,使许多国有大中型企业陷于困境。因此,长江流域各地国有企业改革的重点,由过去的"放权让利"转向着力进行企业制度的创新,力争到 20 世纪末使大多数国有大中型骨干企业初步建立起现代企业制度。

根据中共十四届三中全会提出的"建立现代企业制度,是发展社会化大生产和市场经济的必然要求,是我国国有企业改革的方向"的精神,长江流域各地普遍进行了建立现代企业制度的试点工作,一批国有大中型企业被改造成国有独资公司、有限责任公司或股份有限公司。对于条件较好、经济实力雄厚的国有大中型骨干企业,则组建成为一批以公有制为主体、以产权联结为主要纽带的跨地区、跨行业的大型企业集团;对众多的小型国有企业,通过改组、联合、兼并、租赁、承包经营和股份合作制、出售等形式普遍进行了改革。作为国有企业改革的重要内容,就是从实际情况出发,积极鼓励兼并、规范破产、下岗分流、减员增效和再就业等工作。推动企业形成优胜劣汰的竞争机制。长江流域各地在着力进行现代企业制度创新的同时,通过资产重组和企业并购等途径,从战略上调整国有经济的布局,使国有资本逐步集中到关系到国民经济命脉的重要行业和关键领域。到 20 世纪末,长江流域各地大多数国有大中型企业初步建立起现代企业制度。

二、以城市为重点的经济体制改革全面推进

1984 年 10 月,中共十二届三中全会通过的《中共中央关于经济体制改革的决定》发布后,长江流域各地以城市为重点的经济体制改革全面开展,以搞活企业为中心环节,重点推"三改一联",即改革企业经营机制、改革企业领导体制、改革企业内部分配制度,发展横向经济联合。从此,改革从生产领域扩展到流通和分配领域,从微观搞活企业到宏观改善管理,从经营方式、所有制结构的改变到政府职能机构的转变,都取得了显著成效。根据党中央和国务院的统一部署,在价格体系、工资制度、劳动制度等方面的改革也迈开了相当大的步伐。

(一)改革的深入开展

1992 年是中国改革史上一个关键年度,也是长江流域改革力度最大、成效最突出、涉及领域最广泛的年度。同年年初,中国改革开放总设计师邓小平发表了推进改革开放的重要讲话;同年 10 月,中共十四大提出改革的目标是建立社会主义市场经济体制;次年 8 月

召开的中共十四届三中全会通过了《中共中央关于建立社会主义市场经济体制若干问题的决定》,全面而系统地提出了社会主义市场经济体制的基本框架。在党中央和国务院的领导和推动下,长江流域各地进一步全面加快改革的步伐,决心在20世纪末基本达到社会主义市场经济体制的目标,把改革进一步向广度和深度拓展。

从1992年起,长江流域各地的改革进入了一个新的发展阶段。各地改革深入发展有两个显著标志:一是改革由过去侧重于突破旧体制转向侧重于建立新体制;由政策调整转向制度创新;由单项突破转向整体推进,并与单项突破相结合。二是改革进入了以建立现代企业制度为核心的制度创新阶段,以市场供求为基础的价格形成机制基本确立,政府职能逐步转向宏观计划、协调和指导,"政府调控市场,市场引导企业"的经济运行机制基本形成。

地处长江下游的江苏省,在以建立和健全现代企业制度为主要内容的改革攻坚阶段,取得了令人瞩目的成就。到2001年,江苏省799家国有大中型企业累计改制达689家,改制面达86.2%；在98家国有大中型企业中，有94家建立了现代企业制度，建制企业达96%。作为现代企业制度的典型形式,股份公司制企业也在江苏省各地广为建立和发展起来。到2001年底,全省股份制企业已达2.78万家,从业人员达181.6万人。全省另有64家上市公司,累计筹资超过400亿元,其中绝大多数是由国有企业改制而成的股份公司。[①]

(二)改革的全面推进

长江流域各地从1992年以后，在建立以社会主义市场经济体制为目标的改革过程中,大踏步地进行了财政、税收、金融、外汇、计划、价格、投融资等诸多经济领域的改革。按照党中央和国务院的统一部署,长江流域各地从1994年开始,全面进行了宏观管理体制的改革。在财政体制上,实现了由各种各样的财政包干制向在划分事权的基础上、按税种划分中央与地方财政收入的分税制转变;在税收体制方面,重点改变了按产品分设税目,分税目制定差别税率的传统做法,确立了在生产和流通环节普遍征收增值税的制度;金融体制改革,主要把人民银行办成真正的中央银行,建设有效的中央银行宏观调控体系,并把国家专业银行变成真正的国有商业银行;在外汇管理体制方面,实现了以市场供求为基础,单一的、有管理的浮动汇率制度,人民币在经常项目下实现了自由兑换;在计划体制方面，国家计划管理职能进一步转变，总体上指令性计划管理被总体上的指导性计划所代替;在价格体制方面,进一步放开了竞争性商品和服务的价格,取消了生产资料双轨制价格,生产要素市场化进程进一步加快;在投融资体制方面,重点推行项目法人制、资本金制度和招标制度,加强投资风险约束。这些改革的顺利进行和完善,初步建立了新的宏观调控体系,并为其他方面的改革创造了有利条件。[②]

(三)城市综合改革成效显著

1982年4月，国务院确定江苏常州市为全国中等城市综合改革首批试点城市之一；1983年3月,国务院决定对江苏省全面实行市领导县的体制;1984年7月,国务院批准南京市为全国省会大城市综合改革试点。与此同时,地处经济发达的长江下游的浙江杭州、

①以上资料均引自桑学成等:《江苏发展史纲》,河海大学出版社,1999,第157页。

②刘仲藜:《新中国经济60年》上册,中国财政经济出版社,2009,第176～177页。

湖州、宁波、温州，以及安徽合肥、蚌埠和江西景德镇等城市，经国务院批准，也先进行了城市经济体制综合改革的试点。这些城市进行综合改革的内容包括：①在国家与企业的关系方面，通过简政放权、完善经济责任制、企业内部配套改革等措施，进一步搞活企业；②在企业组织结构方面，通过企业改组联合，发展横向经济联系；③在流通方面，敞开城门，放开市场，进一步搞活流通；④实行对内、对外"两个开放""外引内联"，加快引进国外先进技术、设备和人才，全面推进引进、消化、吸收和创新。

实践证明，城市经济体制的综合改革，有利于消除旧体制中长期存在的条块分割、城乡分割、重复生产、重复建设等种种弊端，有利于协调发展国民经济和提高经济效益、社会效益，有利于发挥城市在国民经济中的中心地位和作用，有利于促进商品生产和商品流通。据统计，1982～1989 年，长江下游苏、浙、皖、赣 4 省的 9 个大中城市，分别进行了经济体制综合改革，取得了显著成效，经济效益和人民生活水平都有了相当大的提高，使广大人民深深感到改革给他们带来的实实在在的好处。其具体情况见表 3-1①。

表 3-1　长江下游综合改革试点城市主要指标对比表

	全员劳动生产率（元 / 人）			每百元资金实现的利税（元）			人均住房面积（平方米）			每万人拥有零售商业网点（个）		
年份	1982	1983	1984	1982	1983	1984	1982	1983	1984	1982	1983	1984
全国城市平均数	13866	14649	15990	27.6	26.2	27.4	4.4	4.6	4.9	29.9	50.2	64.9
南京	15812	16738	18837	28.2	29.2	33.6	5.4	5.7	5.8	31.1	39.2	54.1
常州	23594	24488	25859	35.7	34.7	34.5	4.7	5.1	5.4	19.8	27.1	38.3
杭州	16552	17859	20315	47.5	48.5	49.6	4.8	5.3	5.7	23.0	35.5	48.3
湖州	15902	16637	17675	38.0	36.4	34.5	6.0	6.2	6.8	24.7	31.9	66.2
宁波	17358	19464	27907	53.0	51.7	57.1	6.4	6.3	6.5	29.5	42.9	58.5
温州	8843	9698	10969	13.8	17.0	16.3	4.7	4.9	4.9	50.2	111.8	126.3
合肥	12342	13154	14684	26.6	26.0	29.3	6.2	7.5	7.7	27.4	28.3	57.3
蚌埠	19922	19827	20793	45.6	44.0	48.2	3.7	4.1	4.8	40.0	48.3	59.7
景德镇	6183	6534	7743	14.1	14.5	15.8	4.0	5.1	5.0	15.4	36.8	63.4

注：(1)本表所用统计数据，均为各市的市区数据，不包括各市所辖县的数据。

(2)本表所用全员劳动生产率、每百元资金实现的利税，均为全民所有制独立核算的工业企业的统计数字。

第三节　长江流域逐步形成全方位、多层次、宽领域的对外开放格局

1978 年中共十一届三中全会做出了改革开放的战略决策，全面推进国内改革和对外开放相互促进，加速社会主义现代化建设的步伐。通过对外开放，充分借鉴国外发展市场经济的有益经验，积极利用国内外两个市场和两种资源。实践证明，对外开放是推动经济

①《经济日报》1985 年 12 月 18 日。

发展和社会进步的强大动力,是中国崛起和中华民族振兴的必由之路,是建设中国特色社会主义长期的基本国策。

一、对外开放地区的兴起和扩大

长江流域的对外开放和全国一样,经历了由点到面、由浅入深、由东部沿海到长江流域的发展过程,每一过程都是在党中央和国务院的直接领导下逐步推进的。

长江流域对外开放的地区大体上有以下三种类型:

(一)开放沿海港口城市和建立沿海经济技术开发区

1984 年 4 月,党中央、国务院决定开放包括长江流域的上海、连云港、南通、宁波、温州 5 个城市在内的我国沿海 14 个港口城市,国家扩大这些港口城市的经济技术对外自主权,并给前来投资的外商仅次于经济特区的优惠待遇。1985 年 2 月, 中共中央和国务院批转《长江、珠江三角洲和闽南厦漳泉三角地区座谈会纪要》,决定对外开放长江三角洲、珠江三角洲和闽南三角地区。

1986 年 8 月,国务院批准设立上海闵行经济技术开发区和虹桥经济技术开发区。1988 年 6 月,国务院批准上海市举办以发展高新技术产业为主的漕河泾经济技术开发区。1992 年,国务院先后批准温州、昆山等开发区。这些经济技术开发区,先后走上了以发展现代工业为主、吸引利用外资为主、拓展外贸出口为主(简称"三个为主")的发展轨道,出现了生机勃勃的景象。1993 年,国务院先后批准长江流域的武汉、杭州、芜湖、重庆、萧山等城市成立开发区,迎来了长江流域开发区欣欣向荣的局面。

(二)上海浦东的开发开放和浦东新区的崛起

1990 年 4 月,国务院总理李鹏第一次对外界宣布,中央政府同意上海市开发和开放浦东,并许诺浦东新区将采取比经济特区更为优惠的政策措施来发展经济。这是 20 世纪 90 年代我国对外开放的第一项重大举措,也是我国对外开放进程中的一个重要里程碑。它不仅带动了长江三角洲和整个长江流域的开发开放, 而且将推动全国对外开放和现代化建设蓬勃发展。

1990 年 5 月,上海市公布了浦东开发开放的十大优惠政策。同年 6 月 2 日,中共中央、国务院正式批准上海开发和开放浦东新区, 随后确定浦东开发开放由国务院特区办公室负责管理。也就是说,浦东虽然不叫经济特区,实际上是比特区还"特",实行一系列特殊的政策。

浦东新区地处黄金水道长江和黄金海岸交汇处,面向太平洋和亚洲许多国家和地区,依托中国最大的经济中心上海,是当今世界不多见的优良投资场所。浦东外高桥保税区是中国政府批准的国内第一个保税区。浦东金桥是中国大陆第一个出口加工区,现已形成以高层次的跨国公司和大企业集团为主力、以高新技术产业为主体、以多元化功能开发为基础的新局面。如今浦东已成为当今中国的"聚宝盆",成为万商云集的热土,投资效益居中外开发区的前列。金桥现代工业园区每平方米土地吸纳中外投资 910 美元,为全国所有开发区投资数的 10 倍,也远远超过中国台湾高雄开发区的 220 美元、韩国马山的 200 美元、马来西亚槟榔的60美元、泰国拉邦的40美元、菲律宾巴丹的30美元。[1]由浦东开发开放的经济效益在当今世界居于遥遥领先的地位。

(三)长江沿岸城市开发开放

1992年6月,党中央、国务院决定开放长江沿岸的芜湖、九江、岳阳、武汉和重庆五大城市。不久,党中央、国务院又批准长江流域的合肥、南昌、长沙、成都、贵阳、昆明和我国其他内陆省会城市对外开放。从此,整个长江流域的大中城市基本上都已实行对外开放。

二、对外开放的内容和形式

长江流域具有对外开放的优良传统和区位、资源、人才等诸多优势。鸦片战争以后,以上海、南京、武汉、重庆为代表的长江沿岸许多城市相继对外开放,同海外各国有着广泛的经济文化交流和贸易往来,开放意识和开放度比内地许多地区更胜一筹。特别是上海曾经是远东最大的国际大都会和金融中心,吸引了国外众多的投资者和客商,同国际社会有着相互依存的经济联系,为当代开放提供了较为丰富的经验和有利条件。加之长江流域具有"黄金水道"和"黄金海岸"交汇的叠加优势,交通四通八达,经济技术基础较好,工业门类齐全,农业较为发达,经济实力雄厚;特别是人力资源丰富,科技文教繁荣,拥有各类专门人才,为长江流域对外开放提供了极为有利的客观条件。这也是长江流域对外开放取得惊人成就的根本原因。

以上海为中心的长江三角洲地区,是长江流域对外开放起步最早、成效最显著的地区。这里率先迈开了外贸、外资、外经"三外一齐上"的步伐,对长江流域对外开放起了示范、带动和促进作用。

(一)发展和扩大对外贸易

对外贸易历来是长江流域各地实施对外开放战略的最直接、最有效的手段和途径。上海是长江流域和全国最大的经济中心、最大的工业基地和最大的对内对外贸易港口,也是长江流域和全国最大的国际贸易与国内贸易中心、金融中心、科技中心、信息中心,它在长江流域和全国对外开放和发展开放型经济的过程中具有举足轻重的地位并起到极其重要的作用。1978年5月,我国第一笔补偿贸易项目,即上海丝绸进出口公司与日本伊藤万商社签订了补偿贸易合同,由日方向上海东方服装厂提供制衣流水线,投产一年后,由中方分4次用出口产品偿还结清。1981年,上海承接了对伊拉克提供技术劳务服务人员1800名的任务。这是新中国成立后上海第一个劳务输出项目。从此,上海就迈出了对外补偿贸易和劳务输出的雄健步伐。

为了进一步发展对外贸易,上海市人民政府于1985年做出了鼓励出口创汇的决定,调动了工贸双方发展对外贸易的积极性。在国际市场活跃、汇率不断变化的条件下,上海加强工贸联合,抓住有利时机,组织1000多种出口短线产品的增产,提高了出口创汇能力。1978年上海出口创汇金额为28.92亿元,出口商品2000多种;其中工业制成品占

---

①上海炎黄文化研究会:《长江流域经济文化初探》,上海人民出版社,1999,第237页。

60%,出口国家和地区达 140 多个。到 1988 年,上海出口创汇金额增加到 46.02 亿元,出口商品增加到 3000 多种,其中工业制成品增加到 83.6%,出口国家和地区增加到 170 多个。特别应当提到的是：上海食品进出口公司于 1986 年 5 月 9 日与台湾渔民委托的港商接触,签订了冰鲜鲳鱼出口合同,贸易额达 28130 美元,这是新中国成立以来上海首次对台贸易,开创了台湾海峡两岸人民的经贸往来和合作的成功范例。①

地处长江三角洲北翼、经济发达的江苏省,对外贸易也取得显著成绩。该省根据国际市场需要,积极办好出口商品生产基地和专业厂、专业车间,努力生产一批质量好、售价高、竞争力强的出口拳头产品,并从以出口初级产品为主,逐步转变为以出口中高档产品为主,大力提高出口产品的经济效益。江苏省有近 4000 家企业专门生产出口产品,每年提供 90 多亿元的出口资源,并出现了近 300 家创汇 100 万美元以上的出口大户。1988 年,苏州的丝绸产量和出口量,都比 10 年前增长了 1 倍,跃居全国之首,产品风靡 100 多个国家和地区。1985 ~ 1989 年,江苏省外贸收购总额达 344.86 亿元,比 5 年前增长 96%,创汇 92.34 亿元,比 5 年前增长 80%。1990 年 1 ~ 10 月,全省出口创汇 24.4 亿美元,比上海同期增长 21.5%。江苏已同世界 130 多个国家和地区建立了贸易往来的关系,并在国际市场上享有盛誉。②

地处长江三角洲南翼的浙江省和长江下游的安徽省,对外贸易成就也颇为惊人。浙江省 1989 年外贸出口达 18.5 亿美元,比上年增长 14.2%,超额 30%完成了国家下达的出口任务。③安徽省 1988 年外贸出口总额达 55.4 亿美元。④另据统计,1993 年长江沿江地区进出口总值达 377.19 亿美元,比 1985 年增长 2.53 倍,占全国进出口总值的比重从 15.4%,提高到 19.3%。⑤到 1994 年,长江流域进出口总额为 496.76 亿美元,占全国进出口总值的 21%⑥。由此可见,长江流域的对外贸易在全国占有十分重要的地位,并享誉国际市场。

(二)积极吸引国外投资和开拓海外市场

《中共中央关于制定国民经济和社会发展第七个五年计划的建议》中强调指出:“应当通过多种形式,尽可能利用一些外国资金,加快我国的经济建设。”利用外国资金发展本国经济,几乎是当代各国通用的行之有效的方法。我们国家人口多,底子薄,建设资金十分有限。特别是长江中上游地区,由于众所周知的历史原因,普遍感到建设资金困难。因此,通过各种途径,大量引进国外资金,加速本地经济建设的步伐,成为长江流域各地的共同愿望和迫切要求。随着各地经济建设的深入发展,经济发达的长江下游特别是长三角地区,有条件也有可能走出国门,开拓海外市场,以加快本地区经济发展的步伐。这就是我们通常所说的通过“请进来”与“走出去”相结合的途径,加速对外开放步伐,充分利用国内外“两种资源”和“两个市场”,实现经济腾飞和民族振兴。

---

①张学恕:《中国长江下游经济发展史》,东南大学出版社,1990,第 695 页。

②④《安徽日报》1989 年 9 月 6 日。

③《浙江日报》1990 年 1 月 1 日。

⑤⑥上海炎黄文化研究会:《长江流域经济文化初探》,上海人民出版社,1999,第 41、174 页。

1.大力引进外资和发展“三资”企业

长江流域具有许多吸收外资的优越条件，一是具有得天独厚的地理位置，地处黄金水道和东部海岸线“T”字形交汇点，又位于国内腹地和海洋腹地两个扇面的交汇点，是国内经济参与国际经济大循环大进大出的最佳结合点；二是具有丰富的自然、矿产、生物、经济和文化资源，为发展经济提供了强大的物质保障；三是具有四通八达的陆、海、空立体交通网络和适应信息瞬息万变的通信网络，为发展经济提供了极大的便利；四是具有丰富的人力资源和科研开发能力，特别是经济文化历来发达的三角地区更是人才辈出，群星灿烂。因此，在20世纪70年代末党中央和国务院做出改革开放的战略决策后，世界各地有识之士和主要财团客商纷纷前来投资，举办中外合资、合作企业和外商独资企业，即人们通称的“三资”企业。

以上海为中心的长江下游地区，是长江流域和全国“三资”企业起步较早、成效最显著的地区。从1980年7月，长江下游第一家中外合资企业——中国迅达电梯有限公司上海电梯厂成立起，到1985年底，长江下游四省一市先后开办了45家“三资”企业，其中上海20家、江苏15家、浙江6家、安徽和江西各两家。它们是长江下游地区最早兴办的第一批“三资”企业。

在第七个“五年计划”期间，长江下游各地“三资”企业如雨后春笋般地发展起来。上海始终是长江流域“三资”企业的领头羊。到1989年8月，上海已建立“三资”企业657家，协议吸收外资23.5亿美元，其中已开业的工业企业达200多家。上海举办“三资”企业的成功率达96%，居全国各省市之首。特别是上海从自身发展需要出发，选择了对调整本地产业结构有重大影响的10多个骨干项目搞中外合资企业，其中主要有：迅达电梯、联合毛纺织、大众汽车（桑塔纳轿车）、易初摩托车、上海福斯波罗、耀华皮尔金顿浮法玻璃、施贵宝制药、环球玩具等。这些拥有当代先进技术的企业，在上海占有举足轻重的地位。上海大众汽车有限公司已形成日产56辆桑塔纳轿车的生产能力；耀华皮尔金顿有限公司生产的浮法玻璃，出口量占销售总额的52%以上。1984年上海“三资”企业出口额只有487万美元，到1988年底出口额增加到1.42亿美元。还应当指出，上海有35家合资企业是利用外资改建的，在合资以前，这些企业厂房破旧，设备老化，产品与国际先进水平相比，差距很大，如由我国自行投资改造，需要30亿元人民币。在转为合资后，这些企业以原有场地、厂房、设备和技术折合资金参股，由外商提供2.74亿美元引进关键设备进行更新改造，既节约了国家大量投资，又使老企业获得新生，步入世界先进技术的行列。如中泰合资易初摩托车有限公司合资4年后，在不要国家任何投资的情况下，使企业产值、产量和利税翻了近三番，并带动了上海95家为其配套的企业产品升级换代。1989年上半年，上海已开业的合资企业共盈利3亿元人民币①。事实表明，上海“三资”企业已步入佳境。

地处长江下游的江苏省，在招商引资方面也进展很快，成效显著。江苏利用外资始于1978年，当年与外商签订了两个补偿贸易外资项目，协议利用外资245万美元。此后，全省

①《解放日报》1989年9月9日。

利用外资步入快车道。到 2001 年，江苏历年累计批准利用外资协议(包括对外借款、外商直接投资和外商其他投资)项目 46510 个，协议利用外资总额 1055.3 亿美元，实际利用外资 515 亿美元。特别是 2001 年利用外资成绩十分惊人：当年签订利用外资协议项目 3583 个，协议利用外资总额 151.1 亿美元，实际利用外资 71.2 亿美元。当年协议利用外资规模居全国第一位，实际利用外资规模居全国第二位。另据统计，到 2001 年底，全省登记外商投资企业总计 19602 家，投资总额 920 亿美元，外商投资企业以生产型企业为主，后来向农业、基础产业和第三产业拓展。在 2000～2001 年度中，以销售收入排序，中国最大的 500 家外商投资企业中，江苏省占有 57 家，其中南京爱立信通信有限公司是全省最大的外商投资企业，年销售收入达 98.73 亿元。①

2.大踏步走出国门，广为开拓海外市场

长江流域各地在通过“请进来”的方式，大力引进国外接资来华举办“三资”企业的同时，又积极创造条件“走出去”，大踏步走出国门，在海外许多国家开办工商企业，通过“请进来”和“走出去”相结合的方式，促进长江流域开放性经济的发展，逐步推进经济国际化。

作为以上海为中心的长三角城市群，现已被公认为世界第六大城市群，也是中国唯一的世界级城市群。这个城市群在推进长江流域发展外向型经济的过程中，起着重要的率先、示范和带头作用。上海、江苏等地在广为引进国外来华投资、兴办“三资”企业的同时，通过“走出去”的途径，在海外兴办华资企业。到 1989 年 8 月，上海在世界 15 个国家和地区建立了海外华资企业 22 家，正在海外筹建的华资企业 37 家，各种外资和外贸驻外机构 50 多处。②

经济发达的江苏省，是长江流域发展外向型经济的中坚力量。该省较早地提出了“全方位、多功能、集团化、国际化”的发展思路，鼓励国有大中型企业(集团)和乡镇企业“走出去”，直接参与国际竞争。到 2001 年底，江苏省在境外加工贸易企业已有 56 家，协议总投资 8228.45 万美元，其中中方投资 4730.45 万美元，占总投资的 57.49%。在境外投资的项目主要是摩托车、电动自行车、洗衣机、农用机构、药品，以及纺织、服装等产品的加工，分布在全球 26 个国家。③

(三)对外经济技术合作的蓬勃发展

长江流域的对外经济技术合作起步于中共十一届三中全会以后，合作的内容大体分为经济和科技两个方面。就经济合作而言，举办“三资”企业和在海外举办华资企业的过程，就是中外双方共同合作的过程，对此前面已有叙述，不再重述。这里主要讲中外科技和劳务方面的合作。

1.加强对外科技合作

由于种种历史原因，长江流域的科技发展水平，同世界各国先进水平相比，有相当大的差距。为了迎头赶上正在兴起的世界新技术革命的需要，长江流域各地必须急起直追，

①桑学成等：《江苏发展史纲》，河海大学出版社，1999，第 163～164 页。

②《人民日报》1989 年 8 月 23 日。

③桑学成等：《江苏发展史纲》，河海大学出版社，1999，第 165 页。

努力学习和引进国外先进的科学技术和先进的管理经验,并尽快应用到生产建设中去,促进我国现代化建设事业的发展。如今长江流域许多对外开放的城市和经济开发区,实际就是全面对外开放的窗口,要把这些窗口办成“技术的窗口、管理的窗口、知识的窗口、对外政策的窗口”,并以这些窗口为“扇面”,全面实现对内对外开放的辐射,带动长江流域各地的开发开放。在引进国外先进经验时,各地要从实际情况出发,坚持走引进→消化→吸收→改造→创新→推广的路子,努力扩散国外先进技术和优秀成果,推广国外先进的管理方法,推动各地现代化建设蓬勃发展。

2.推进对外劳务和技术合作

江苏是长江流域对外劳务和技术合起步早、发展快、效益好的省份。20 世纪 80 年代江苏在劳务和技术“授外”的同时,对外承包劳务和技术合作。到 90 年代,合作内容和方式从以劳务合作为主,转向以承包劳务工程和劳务技术合作相结合,进而向以输出、技术类劳务和总工程承包为主转变。到 2001 年,江苏签订对外承包工程、劳务合作和设计咨询合同额达 12.6 亿美元,实际完成营业额 11.3 亿美元,期末在海外人数首次位居全国第一。到 20 世纪末,江苏有对外承包劳务经营权的国际公司 163 家,居全国首位,初步形成了以窗口型国际公司为龙头、大型设计院和集团公司为主力、一大批外经企业相结合的对外承包劳务技术经营主体,开创了江苏经济国际化的新局面。

三、对外开放的特点和经验

当今的世界是开放的世界,和平、发展和合作是当今世界的主题。中国的发展离不开世界,世界也离不开拥有 13 亿人口的中国。中国要进步、发展和自强,要自立于世界强国之林,就必须坚定不移地长期实行对外开放这个基本国策,吸收和借鉴世界各国的一切先进技术、先进文化和先进的管理经验,充分利用人类社会创造的一切文明成果,以增强我国经济社会发展的自力更生能力和在国际社会的竞争能力,把我国建成富强民主文明和谐的社会主义现代化强国。

(一)对外开放的特点

从中共十一届三中全会以后,长江流域坚持由点到线、由线到面、稳步推进对外开放的基本国策,实现了从封闭半封闭经济向开放型经济转变的历史性伟大转折,同全国各地共同开创了在全球范围内走开放式发展道路的成功范例,形成了以全方位、多层次、宽领域为主要特点的对外开放格局。

经过 30 多年对外开放的实践,长江流域的对外开放呈现了以下三个显著特点:

1.对外开放的全面性

全方位对外开放,是长江流域各地对外开放的首要特点。就对外开放的地域而言,不仅有经济发达的国家,而且有发展中国家;不仅有几个大国,还有众多的中小国家;不仅有周边国家和亚洲各国,还有全球五大洲许多国家。特别是中国加入世贸组织后,长江流域各地积极参与经济全球化,尊重各国法律、法规和国际惯例,着力提高对外开放的水平,基本上形成了全方位对外开放的格局。

2.对外开放的多层次性

长江流域地跨我国东、中、西三大地带，各个地带和各地区的地理条件、自然环境和经济、文化发展水平的差异较大，发展很不平衡，加之各地的对外开放时间不同，因而对外开放必然出现多层性。就整个长江流域而言，经济发达、开放较早的长三角地区的对外开放层次最高，对外开放的水平也最高，在整个长江流域乃至全国都居于遥遥领先的地位。长江下游西部和长江中游地区，则是长江流域对外开放的第二个层次；长江上游的成渝地区也属于长江流域对外开放的第二个层次。长江上游的其他地区，则是长江流域对外开放的第三个层次。应当看到，在长江上、中游的不同地域和各个省市的不同地区，对外开放水平还可以细分为若干不同的层次。因此，必须加大对外开放层次较低的地区的支持力度，合理规划多层次参与国际竞争的地区，使之在“互利共赢、多元平衡、安全高效”的开放型经济体系中同样发挥重要作用。

3.对外开放的宽领域性

长江流域在对外开放的范围、空间和形式上，拥有宽阔的活动领域。就开放的范围而言，不仅包括经济领域的工业、农业、商贸、交通等诸多领域，还包括科技、教育、文化、体育、卫生等领域的对外开放；就开放空间而言，已由生产领域扩展到基础设施、基本建设、金融、旅游、信息等诸多领域；再就开放形式而言，中国加入世贸组织后，可以全面利用国际通行的各种服务贸易、货物贸易和技术贸易形式，以及各种直接投资、间接投资和新型的国际投资等多种形式。

（二）对外开放的经验

经过 30 多年对外开放的实践，长江流域在对外开放的过程中，积累了以下对外开放的宝贵经验：

1.坚持独立自主和互利共赢的方针

新中国实行对外开放与旧中国被迫对外开放在性质上是根本不同的。新中国的对外开放，是以不损害社会主义中国的主权和安全为前提的，是以维护国家独立和主权完整的最高原则。在对外开放的过程中，中国“始终不渝奉行互利共赢的开放战略”“坚持权利和义务相平衡，积极参与全球经济治理，推动贸易和投资自由化、便利化，反对各种形式的保护主义。”①

2.坚持改革与开放紧密联系和相互促进

中共中央一开始就把改革开放两者同时作为党和国家长期坚持的基本国策。对内改革是为了更好的对外开放，而对外开放有助于对内改革的深入发展。改革开放成为中国特色社会主义建设事业最鲜明的时代特点，成为推动经济社会发展的一个决定性因素。开放本身就是一项重大改革的壮举，通过改革破除封闭和半封闭的经济体制，建立开放型的充满生机和活力的经济体制。在改革开放的伟大历程中，实现了以开放促改革、促发展的重要历史使命。

---

①胡锦涛：《在中国共产党第十八次代表大会上的报告》，第 48 页。

3.坚持外贸、外资、外经“三外”一齐上

大力发展对外贸易，积极有效地利用外资，加强对外经济技术合作，是长江流域对外开放实践的持之以恒的主体内容和重要任务。在外贸、外资、外经三者全面推进的过程中，长江流域各地始终坚持加快转变对外经济发展方式，推动开放朝着优化结构、拓展深度、提高效益的方向转变，逐步完善互利共赢、多元平衡、安全高效的开放型经济体系。

4.坚持“引资、引技、引智”有机结合

长江流域在对外开放初期，由于资金匮乏，设备老化、陈旧，往往从实际需要出发，通过多种途径，大量引进国外资金和先进设备，解了燃眉之急。随着各地对外开放力度的加强，许多经济发达的地区，适时从单纯地“引资”转向“引资、引技、引智”三者有机结合，在从国外大量引进资金的同时，努力引进国外先进技术、各类专业技术人才和管理人才，给企业带来了极大的经济效益，收到了“事半功倍”的效果。有些经济发达的地区和经济效益好的企业，甚至将重点转向“引智”。用重金在全球范围内引进各类有真才实学、富有经验的人才。他们从实践中认识到人才是第一资源，是地区和企业在激烈的国内外竞争中，永远立于不败之地的“法宝”。

5.坚持“引进来”和“走出去”相结合

长江流域各地对外开放是从“引进来”起步的，通过不断扩大对外开放，引进了国外先进技术、设备和大量的资金、人才，使我国的综合国力和科技水平都有了相当大的进步，并在技术、生产、管理、人才等诸多方面形成了一定的比较优势。使我国由经济、科技较为落后的国家跃居世界第二经济大国。随着经济全球化进程的加快，随着我国国力的强盛，长江流域许多地区出现由原来贫穷落后变为繁荣、富强，有些经济发达地区甚至出现资金过剩和产能过剩的现象。因此，党和国家适时提出了“引进来”和“走出去”相结合的发展方向，推动发达地区尽可能走出国门，到国外创办企业和承包工程，在国外就地生产和就地销售，全面推进外向型经济发展，加速长江流域的国际化进程。

第四章　长江流域的基本经济制度和市场经济体制的建立和发展

建设中国特色社会主义经济，就是要坚持和完善社会主义公有制为主体、多种所有制共同发展的基本经济制度；坚持和完善社会主义市场经济体制，使市场在国家宏观调控下对资源配置起决定性作用；坚持和完善按劳分配为主体的多种分配方式，允许一部分地区一部人先富起来，带动和帮助后富，逐步走向共同富裕。这是由我国的社会主义性质和初级阶段的基本国情所决定的，也是符合包括长江流域在内的全国人民根本利益的唯一正确的决策。

第一节　长江流域坚持和完善基本经济制度与分配制度

中共十一届三中全会以后，我们党认真总结了长期以来在所有制问题上的经验教训，破除了“一大二公三纯”单一的所有制结构的羁绊，最终确立了以公有制为主体、多种所有制共同发展作为社会主义初级阶段的一项基本经济制度。1997 年 9 月中共十五大第一次把调整和完善所有制结构、进一步解放和发展生产力，作为经济体制改革的重大任务。十五大明确提出“一切符合‘三个有利于’[①]的所有制都可以而且应该用来为社会主义服务”。[②]对于坚持和完善基本经济制度，1913 年 11 月，中共十八届三中全会通过的《中共中央关于全面深化改革若干重大问题的决定》强调指出：“公有制经济和非公有制经济都是社会主义市场经济的重要组成部分，都是我国经济社会发展的重要基础。”并重申两个“毫不动摇”，即“必须毫不动摇巩固和发展公有制经济”“必须毫不动摇鼓励、支持、引导非公有经济发展”。

一、毫不动摇巩固与发展公有制经济和坚持公有制主体地位

首先，坚持公有制的主体地位。公有制经济不仅包括国有经济和集体经济，还包括混合所有制经济中的国有成分和集体成分。公有制是社会主义经济制度的基础。因为我国是社会主义国家，必须坚持公有制作为经济制度的基础，并始终使公有制占主体地位。公有

---

①“三个有利于”，即邓小平在南方谈话中提出的“有利于发展社会主义的生产力，有利于增强社会主义国家的综合国力，有利于提高人民的生活水平。”

②《中国共产党第十五次全国代表大会文件汇编》，人民出版社，1997，第 21 页。

制经济是我国社会主义现代化建设的支柱,是国家进行宏观调控的物质基础,是社会主义经济性质的根本体现。坚持公有制的主体地位,对于发挥社会主义制度的优越性,具有十分重要的关键作用。为了达到共同富裕的宏伟目标,为了建设强大的社会主义国家,必须坚持公有制的主体地位。我们进行所有制结构的改革,是以坚持公有制的主体地位为前提;我们发展多种所有制经济,也是以确保公有制的主体地位为条件。在当代中国,公有制的主体地位主要表现在:一是公有资产在社会总资产中占优势,这种既有量的优势,更注重质的优势;二是国有经济控制国民经济的命脉,对经济发展起主导作用。

第二,坚持国有经济发挥主导作用。国有经济的主导作用,是国民经济稳定发展和国家经济安全的重要保证,关系到社会主义市场经济体制建设的成败。国有经济控制国民经济命脉,在经济发展中起主导作用,是就全国而言的;在有的地区和有的企业,可以有所差别。发挥国有经济的主导作用,主要体现在国有经济的活力、控制力和影响力上。国有经济有了活力,才能发挥控制力和影响力。国有经济的控制力和影响力,主要指关系国民经济命脉的行业和关键领域,包括涉及国家安全的行业、自然垄断的行业、提供公共产品和公共服务的行业,以及高新技术产业、支柱产业中的重要骨干企业,在这些行业和企业中国有经济必须占有支配地位。在其他领域和行业,国有经济可以"有进有退""有所为有所不为",即使比重减少一些,也不会影响我国社会主义的性质。

第三,坚持公有制的实现形式可以而且应当多样化。只要有利于生产力的发展,一切反映社会化生产规律的经营方式和组织方式都可以而且应该加以利用。同一种所有制可以有多种实现形式,不同的所有制也可以有同样的实现形式。股份制是现代企业的一种资本组织形式,有利于所有权和经营权的分离,有利于提高企业和资本的运作效率。股份制不具有制度属性、由国家和集体控股,有明显的公有性,有利于扩大公有资本的支配范围、增强公有制的主体作用。1985 年 11 月,上海第一家股份制企业上海飞乐音像公司成立,并向社会公开发行了每股面值 50 元人民币的股票一万股。这是新中国成立以来第一家比较规范地向社会公开发行股票的股份有限公司。到 1988 年底,上海市共有 1200 多家股份制企业,发行股票 10 亿元。同年,武汉市有 130 多家股份制企业,股票金额为 1.5 亿元。①

随着长江流域各地产业结构的调整、资产重组步伐的加快,许多地方出现了跨地区、跨行业、跨部门、跨所有制的联合,涌现了一批大型企业集团。1997 年 7 月,四川长虹电子集团以 7250 万元整体收购了国营四川五洲电源厂,组建了四川长虹电源有限责任公司。新公司成立了 3 个月便生产出"长虹红太阳"牌蓄电池,到年底完成销售收入 1600 多万元,实现当年盈利。这是四川省第一家破产的大型军工企业资产重组的成功范例,盘活了 1.4 亿元存量的国有资产,对国有企业资产重组进行了有益的探索。②

在长江流域各地股份制建立和发展的过程中,出现了大型企业集团之间强强联合的可喜现象。1997 年 11 月,地处江苏省分别隶属于两部一省的金陵石化公司、扬子石化公司、仪化集团公司、南化集团有限公司 4 家大型企业与江苏省石油公司联合组建了中国东

---

①②董辅礽:《中华人民共和国经济史》下卷,经济科学出版社,1999,第 391、401 页。

联集团公司、成为总资产超过5000亿元的特大型石化联合企业，这是我国新中国成立以来规模最大的强强联合获得成功的空前壮举。[①]此外，华东电力公司通过资产重组，总资产达821亿元；宝钢集团总资产达782亿元，分别雄居全国资产规模第二、三位。[②]

二、毫不动摇鼓励、支持、引导非公有制经济发展

非公有制经济通常包括个体私营经济和外商投资经济两部分，但在改革开放前30年，外商投资是一片空白，所以这期间的非公有制经济专指个体私营经济。在改革开放以前，长江流域的个体私营经济同全国各地一样，走过了一条曲折艰辛的道路，由新中国成立初期的允许存在，到社会主义改造时期成为改造的对象，到社会主义建设时期又成为限制、取缔的对象。改革开放以后，个体私营经济获得新生，成为公有制经济的必要补充。1992年中共十四大明确提出："在所有制结构上，以公有制包括全民所有制和集体所有制经济为主，个体经济、私营经济、外资经济为补充，多种经济成分长期共同发展，不同经济成分还可以自愿实行多种形式的联合经营。"[③]2002年中共十六大进一步提出："必须毫不动摇地鼓励、支持和引导非公有制经济发展。"2013年中共十八届三中全会通过的《中共中央关于全面深化改革若干重大问题的决定》再次重申："必须毫不动摇鼓励、支持、引导非公有制经济发展，激发非公有制经济活力和创造力。"[④]

第一，从长江流域非公有制经济由小到大，由弱到强的发展过程来看，各地非公有制经济发展显示了以下几个特点和贡献：

一是促进了国民经济快速发展，并成为吸纳劳动力就业的主要渠道。众所周知，发展经济离不开大量资金和丰富的人力资源。人口多、底子薄，是我国的基本国情，在长江流域各地同样如此。人口多，就形成就业压力大；底子薄，就带来建设资金匮乏的困难。而非公有制经济正是解决这些困难的重要力量。非公有制经济完全是自主投资，不存在"投资饥渴症"，投资目的是追求利润最大化，讲求投资效益。非公有制经济不靠或不要国家投资，依靠自身力量筹集巨大资本，因地制宜地兴办各类企业，不仅增加了社会财富，促进经济迅猛发展，而且吸纳了城乡大量剩余劳动力就业，成为各地劳动力就业的主渠道。

地少人多的江苏省，在改革开放以来，大力发展非公有制经济，一跃成为长江流域经济乃至全国经济发达的省份。据统计，到2001年底，全省共有个体工商户160.5万户，从业人员300.9万人，注册资金240.2亿元。全省私营企业总数达22.5万家，跃居全国第一位，从业人员291.3万人，注册资金1410.6亿元，其中注册资本500万元以上的私营企业有3621家，私营企业集团达到78家。全省私营企业年产值和销售收入分别达到1511.5亿元和1459.6亿元。[⑤]到2014年，江苏省国内生产总值雄居全国第二位，仅次于经济最发达的广东省。究其原因，非公有制经济始终保持良好的发展势头，是江苏省经济发展久盛不衰

①②董辅礽：《中华人民共和国经济史》下卷，经济科学出版社，1999，第400、401页。

③陈东琪等：《共和国经济60年》，人民出版社，2009，第363～365页。

④《中共中央关于全面深化改革若干重大问题的决定》，人民出版社，2013，第8页。

⑤桑学成等：《江苏发展史纲》，河海大学出版社，1999，第156页。

的一个重要因素。

二是增加了国家财税收入，积累了社会财富。财税收入，历来是非公有制经济对国家最直接最巨大的贡献。就全国而言，2001 年是分水岭，当年全国非公有制经济税收占全国税收比重首次超过国有经济，这一差距在之后越来越大。2000 ~ 2006 年，国有企业税收增长率为 6.8%，民营企业增长率为 26.3%，特别是私营企业税收增长率更高达 45.3%。[①]在长江流域，非公有制经济往往成为各地的纳税大户，成为各地财政收入的重要来源。到 2001 年，江苏省私营个体经济实现增加值已占全省 GDP 的 24.2%，完成税收占全省财政收入的 13.8%[②]。可见非公有制经济在推进"共同富裕"的伟大实践中立下了功勋。

三是促进了社会主义市场经济的建立和完善。我国经济体制改革的目标，是建立和完善社会主义市场经济体制。非公有制经济在推进社会主义市场经济的过程中，在建立合格的市场主体、完善的市场体系、健全的调控手段三方面，都发挥了重要的促进作用。从市场体制看，非公有制经济是天然合格的市场主体。非公有制经济的投资主体是合格的法人，产权清晰，是独立承担民事法律责任的市场主体，具有独立的决策权、利益分配权、财产处置权，在企业内部也有严格的利益和关系。它的兴起是合法的，即使倒闭、破产，也不会引起社会不稳定。它没有国企那样繁重的改革任务。从市场体系看，非公有制经济是市场的积极建设者。最初的小商品市场，就是由非公有制建立起来的。如安徽省蚌埠市从 1979 年 11 月在市中心二马路开辟了小商品市场，不到一年就取得了显著成效。该商品市场的日平均摊点 129 个，除 35 个国有摊点外，其余绝大多数都是非国有经济单位和个人的摊点。其中个体摊点 69 个，所占比例为 53.49%。由个体摊点在本地或外地根据市场需要进货。由于这个小商品市场经营的小商品适销对路，多为时令紧俏商品，深受广大消费者欢迎，吸引了各地客商前来参观和竞争。不到一年时间，就有长江流域的上海、江苏、浙江、江西、湖北等共 15 个省市、近百家企业参加到蚌埠小商品市场的竞争，使这条 100 多米长的街道成了小商品的天下，市场交易一天比一天红火，有力地推动了各地的商品生产和商品交换。[③]再从国家调控手段来看，非公有制经济有利于国家调控目标的实现。非公有制经济兴起和发展壮大后，国家调控手段由直接调控逐步改为间接调控，由以行政手段为主变为以经济手段为主，有利于经济平稳快速发展。

第二，长江流域各地在发展非公有制经济的过程中，积累了许多宝贵的经验：一是解放思想，实事求是。这是最根本的经验。在 1978 年中共十一届三中全会以前的 30 年间，由于"左"的错误思想的长期严重干扰，在生产关系上盲目搞"穷过渡"，追求"一大二公三纯"，鼓吹"宁要社会主义的'草'，不要资本主义的'苗'"，大肆排斥非公有制经济，非公有制经济遭到围追堵截、穷追猛打，造成经济发展停滞甚至到达崩溃的边缘，人民生活穷困不堪。中共十一届三中全会端正了解放思想、实事求是的思想路线，推动非公有制经济迈开了前进的步伐。但由于"左"的错误思想影响，有的人对非公有制经济姓"资"、姓"社"问

---

①黄孟复：《中国民营经济发展报告》，社会科学文献出版社，2011，第 4 页。

②桑学成等：《江苏发展史纲》，河海大学出版社，1999，第 156 页。

③董辅礽：《中华人民共和国经济史》下卷，经济科学出版社，1999，第 413 页。

题仍有疑虑，以至非公有制经济发展步伐不快。直到邓小平南巡讲话发表后，才解决了人们的种种思想疑虑。特别是中共十四大以后，人们真正认识到非公有制经济是社会主义市场经济的重要组成部分。从此，包括长江流域在内的全国各地非公有制经济进入加速发展的快车道。

二是长期坚持，毫不动摇。由于我国正处于并将长期处于社会主义的初级阶段，同社会主义初级阶段生产力水平相适应的非公有制经济必将长期存在，并将长期成为我国社会主义市场经济的重要组成部分。作为我国经济社会发展重要基础的非公有制经济，有利于解放和发展社会生产力，有利于增强国家的综合国力，有利于提高人民群众的生活水平，必须长期坚持、持之以恒、毫不动摇，以达到民富国强这个根本目标。

三是"激发非公有制经济活力和创造力"。这是2013年11月中共十八届三中全会通过的《中共中央关于全面深化改革若干重大问题的决定》中，对非公有制经济提出的发展目标和方向。由于非公有制经济适应当代中国的生产力发展水平，能从根本上解放和发展生产力，能推进人民群众共同富裕和国力强盛，因此它具有极大的发展活力。由于非公有制经济同先进生产力紧密联系，同先进的科学技术紧密联系，紧紧依靠科技创新、体制机制创新、人才创新发展经济，所以，它始终具有巨大的创造力。

非公有制经济的活力和创造力，在江苏省的经济社会发展中表现得尤为突出和明显。到2001年底，在全省认定的1000多家高新技术企业中，民营企业占1/3。全省60%的国家级重点新产品、70%的高新技术产品诞生在民营企业中。全省私营出口创汇企业达655家，出口创汇折合人民币32.87亿元①。这些企业，绝大多数拥有先进的设备和技术，拥有懂技术、会管理的各类专业技术人才，依靠科技进步和重用人才取胜，并依靠高新技术享誉国际市场。

三、坚持和完善按劳分配为主体、多种分配方式并存的分配制度

在社会主义初级阶段，实行公有制为主体、多种所有制经济共同发展的基本经济制度，决定了在分配上必须坚持按劳分配为主体、多种分配方式并存的制度。长江流域各地实行公有制为主体、多种所有制经济共同发展的基本经济制度，在分配上必然采取与所有制相适应的、以按劳分配为主体、多种分配方式并存的收入分配制度。

坚持按劳分配为主体，就是在全社会范围内，使按劳分配在所有分配方式中所占比重居于主体地位，并在公有制经济内部的分配方式中占主体。这是因为生产资料社会主义公有制是实行按劳分配的所有制基础。只有坚持按劳分配的主体地位，才能体现公有制的主体地位，才能体现基本经济制度的社会性质，才能保证走向共同富裕这个宏伟目标。

坚持按劳分配为主体，并不限制和否定其他多种分配方式的作用。多种分配方式并存，是社会主义初级阶段一大显著特点，是适应当今中国生产发展水平和人民群众客观需要的。在社会主义市场经济条件下，要发挥市场对资源配置的决定性作用，就必须发展劳

①桑学成等：《江苏经济史纲》，河海大学出版社，1999，第156页。

动、资本、技术、信息、管理等生产要素市场。在商品生产和商品交换过程中,劳动创造价值,这就要求实行按劳分配为主体;资本、技术、信息等生产要素是商品生产不可缺少的重要条件,这就要求允许各种生产要素参与收益分配。实行生产要素参与分配,就必须建立健全劳动、资本、技术、管理等生产要素按贡献参与分配的制度,使各种分配方式的实现具有制度保障。

在社会主义初级阶段, 把按劳分配和按生产要素分配结合起来, 有利于优化资源配置,有利于广泛地调动一切积极因素,让劳动、知识、技术、管理和资本的活力竞相迸发,让一切创造财富的源泉健康涌流,进一步发展社会生产力,为人民和社会造福。

实行按劳分配为主体、多种分配方式并存的制度,要继续深化分配制度改革,健全社会保障体系,根据经济发展水平,合理确定社会保障方式和标准,量力而行,循序渐进,逐步建立起多层次的社会保障体系。要在经济发展的基础上,更加注重社会公正,统筹公平和效率,统筹市场效率和政府作用。要以共同富裕为目标,逐步扩大中等收入者比重,着力提高低收入者收入水平,有效调节过高收入,坚决取缔非法收入,使全体人民都能共享改革开放和社会主义现代化建设的成果。

第二节　长江流域社会主义市场经济体制的建立和完善

市场经济是一种由市场自动配置资源的经济制度,其优点是在完全竞争的前提下,实现在社会范围内资源配置的合理化,给予每个经济主体以经济选择的自由。

1992 年中共十四大明确提出了建立社会主义市场经济体制的改革目标;1993 年中共十四届三中全会指出,社会主义市场经济体制是同社会主义基本经济制度结合在一起的,全会首次提出建立“统一开放、竞争有序”的市场体系的任务,要使市场在国家宏观调控下对资源配置起基础性作用。在党中央的政策指引下,长江流域各地市场建设工作取得显著成效,现代市场体系日趋健全,市场制度不断完善,市场关系和市场秩序逐渐合理,市场机制在资源配置中的基础性作用明显增强。

一、社会主义市场经济体制的确立

建立和发展统一、开放、竞争、有序的市场体系,是建立和完善社会主义市场经济的重要内容,也是建设中国特色社会主义经济的一项重要任务。

从长江流域各地市场建设发展的过程来看,大体上经历了以下四个发展阶段:

第一阶段从 1978 年至 1984 年,是市场经济体系建设的起步阶段。中共十一届三中全会以后,国家逐步放开了城乡集市贸易和个体经营,放松了对小商品的约束,特别是乡镇企业的发展壮大促进了商品的市场化, 许多地方商品市场和批发市场如雨后春笋般地发展起来。如长江下游的浙江义乌县(后改为县级市)、温州市的小商品市场,长江中游的武汉市汉正街小商品市场,都是当时享誉全国的商品市场,甚至在海外也有一定的声誉。

第二阶段从1985年至1991年,是市场经济体系建设全面发展阶段。1984年《中共中央关于经济体制的改革决定》正式颁布,我国经济体制改革的重心由农村转到城市,价格体系改革深入发展，出现了政府定价、政府指导价和市场价格等多种价格并存的局面。1987年9月,中共十三大明确提出“加快建立和培育社会主义市场体系”的任务,同时提出“国家调节市场、市场引导企业”的改革路径。

第三阶段从1992年至2000年,是市场经济体系快速发展阶段。这个阶段人们思想大解放,计划经济体制的羁绊消除,市场建设步伐加快,商品价格体系和价格形成机制初步确立,市场体系建设进一步建立和日趋完善。

第四阶段从2001年至今,在继续发展各类商品市场的同时,重点培育和发展要素市场。2001年,我国加入了WTO,中国市场体系已经成为国际市场体系的重要组成部分,促使我国市场体系在市场规则、运行机制、法律制度等方面,加快了与国际市场接轨的步伐。这个阶段,长江流域各地商品市场和要素市场加速全面发展,市场中介组织快速发展,市场体系不断完善,市场化程序进一步提高。

2013年11月,中共十八届三中全会通过的《中共中央关于全面深化改革若干重大问题的决定》中,专设《加快完善现代市场体系》一节,强调指出:“建设统一开放、竞争有序的市场体系,是使市场在资源配置中起决定性作用的基础。必须加快形成企业自主经营、公平竞争,消费者自由选择、自主消费,商品和要素自由流动、平等交换的现代市场体系,着力消除市场壁垒,提高资源配置效率和公平性”。①《决定》在充分肯定市场经济体制的重要地位和作用的同时,进一步指明了市场体系建设的发展方向,并提出了若干重要的举措,推动市场体系建设进一步深入发展和更加完善。

二、现代市场体系的培育和完善

现代市场经济只有依靠完整的市场体系,才能有效地、合理地配置资源。长江流域的现代市场体系,不仅包括各类商品市场,而且包括各类生产要素市场。各地市场体系建设,大体上经历了从商品市场建设为主,到推进生产要素市场建设为主两大历史进程。现分别予以阐述。

(一)现代商品市场建设

改革开放30多年来,随着市场价格机制的形成,市场规模和商品化的提高,长江流域各地逐步形成了多元化的市场竞争格局，出现了多元化的现代流通方式，包括消费品市场、生产资料市场和服务市场为主体的商品市场体系,在各地相继涌现。如今长江流域各地已经形成了批发市场与零售市场、现货市场与期货市场、城市市场与农村市场共同发展的商品市场体系,出现了多种经济成分、多种市场流通渠道、多种经营方式并存的商品市场格局。在经济发达的地区,国内市场与国际市场不断融合,国内外贸易一体化的格局已经形成。

---

①《中共中央关于全面深化改革若干重大问题的决定》,人民出版社,2013,第11~12页。

（二）现代要素市场的建设

第一，金融市场的培育与发展金融是现代市场经济的核心。金融市场是现代市场体系的重要组成部分，经过改革开放30多年的建设，长江流域同全国各地一样，已逐步形成了一个由货币市场、债券市场、股票市场、外汇市场、黄金市场和期货市场构成的，具有交易场所多层次、交易品种多样化和交易机制多元化等特征的金融市场体系。

资本市场处于金融市场体系的核心和主导地位。中共十五大报告第一次正式确立了股票市场的地位，使股票市场迎来了快速发展的新局面。2006年，资本市场的融资和资源配置功能得到恢复，长江流域各地一大批公司成功上市，使股票市场得到了飞速发展。

为推进金融市场的健康发展，必须建立各类金融市场之间的联动发展机制，鼓励和支持跨市场的投融资和交易工具的创新和完善。同时，加强金融监管，防范金融风险，并发展多元化的中小金融机构，促进金融同业竞争，提高金融效率。

第二，劳动力市场的培育与发展。劳动力市场是生产要素市场的重要内容，是交换劳动力的场所，是通过市场配置劳动力的经济关系的总和。劳动力市场具有这样几个显著特点：一是以区域性市场为主。劳动力市场同其他商品市场一样，也应该是全国统一的市场，但因各地生产发展水平不平衡，劳动力素质相差悬殊，大多数劳动力只能在区域内流动。二是进入劳动力市场的劳动力具有广泛性。一切具有劳动能力并愿意就业的人群，都可以进入劳动力市场。三是劳动的合理配置主要通过市场流动和交换实现。

长江流域的劳动力市场，同全国各地一样，大体上经历了以下四个发展阶段：第一阶段从1978年至1983年，为劳动力市场起步阶段，劳动力统包统配制度仍占主导地位，但自愿组织就业和自谋职业已开始出现。第二阶段从1983年至1992年，制度性壁垒逐步取消，劳动市场开始形成二元结构，乡镇企业成为劳动力转移的主渠道。第三阶段从1993年至1997年，为现代劳动力市场逐步形成。1993年，《中共中央关于建立社会市场经济体制若干问题的决定》中，第一次明确提出要培育和发展劳动力市场，为劳动力市场指明了发展方向。第四阶段从1998年至今，培育和发展劳动力市场成为各级党委和政府的一项重要任务。经过多年改革，就业双向选择机制、劳动力流动与竞争机制、失业机制，社会保障机制等劳动市场机制，以及政府对劳动的宏观调控机制，都开始逐步完善。

积极正确引导劳动力资源正常、有序、合理流动，仍然是长江流域各地劳动力市场建设的重要任务，为此，必须认真抓好这样几项工作：①打破地区分割和部门分割，放松户籍制度，是完善劳动力市场体系的关键举措。②建立统一的劳动力市场管理和服务体系。③加强劳动力市场法制建设，保护劳动者的合法权益。

第三，科技市场的培育和发展。科技市场是重要的生产要素市场，在社会主义市场体系中占有极其重要的地位。长江流域特别是长江中下游地区，科技和文化历来较为发达，科技市场的兴起和发展较早。1981年，武汉市举办了技术交易会，科研机构与企业双方交流沟通，取得了很好的效果。1985年，《中共中央关于科学技术体制改革的决定》发布，开放技术市场，推广技术成果，成为长江流域和全国各地科技体制改革的突破口。从1992年以后，各地科技市场迅速发展起来，对促进科技成果的转化，完善科技市场体系发挥了极为重要的推动作用。

改革开放30多年来，长江流域各地科技市场的培育和发展呈现了以下几个特点：一是科技交易范围不断扩大，科技贸易活动在各地广为展开，尤其是经济、科技都发达的长三角地区，科技商品交易非常活跃，科技进出口贸易有了很大的发展。二是科技交易的主体结构多元化，既有国家和集体单位，又有民营和个体，以及各种形式的联合体。三是科技交易形式多种多样，不仅有成果转让、技术服务、咨询、技术培训、技术承包等形式，还出现了技术入股、合资经营、中试基地等形式。四是科技交易的方式灵活。有不定期的科技交易、常设的科技市场、科技洽谈会、招待会、拍卖会、经纪人等多种多样的形式。五是科技市场的组织和管理工作逐步加强和完善。

以上海为龙头，包括南京、武汉、重庆几个经济中心在内的长江流域科技市场，历来十分活跃，成效尤为显著。沪、宁、汉、渝和成都等地，技术市场日益扩大，常设科技交易场所建设很快。这些场所有的借鉴国外经验，实现会员制的科技交易所，有的办成科技商城，或将会员制与科技商城相结合，面向科研院所、高校、厂矿企业，以及城乡各地。如上海技术交易所开业一年就吸收了全国各类科研机构和科技企业会员共114家。这些会员单位又在当地发展二级会员，组成技术信息网络。①各科技交易所，都运用了先进的计算机管理手段，信息传递迅速、准确，推进科技市场不断深入发展。

三、市场经济推动区域经济腾飞的典型模式

1978年改革开放以后，随着农村和城市各项经济体制改革的逐步推进，在乡镇企业异军突起的大潮中，伴随着市场经济的兴起和蓬勃发展，在长江下游地区的江苏省南部和浙江省南部，出现了市场经济推动区域经济腾飞和富强的两大先进典型，即享誉海内外的苏南模式和温州模式。后来，在长江上游地区的云南省西北部，又出现了以旅游市场而闻名的丽江模式。于是，长江流域各地以市场经济为导向，依托所有制改革为核心的各项改革为动力，全面推进以民为本、富民优先的战略，实施大众创业、万众创新，使苏南模式、温州模式和丽江模式，在长江流域和全国历经30多年久盛不衰，始终焕发巨大的活力和综合竞争力，成为我国现代化建设中大放光彩的亮点。

（一）苏南模式

苏南地区，在传统意义上指江苏省南部的苏州、无锡、常州3个省辖市，随着市场经济的兴起，南京、镇江两个省辖市也成为苏南地区的重要组成部分，如今的苏南地区通常指上述5个省辖市及其所辖各县市。这里历来是我国经济和文化最发达的地区之一，不仅是近代中国以机器大工业为重要标志的近代工业发祥地之一，也是当代中国乡镇企业的发祥地之一。从20世纪80年代初期开始，乡镇企业在苏南各地农村迅速崛起并发展壮大，成为苏南地区经济快速发展的支柱力量，带动苏南成为长江流域乃至全国经济文化和财富聚集的地区之一。由此引起了国内学术界的广泛关注。

---

①董辅礽：《中华人民共和国经济史》，经济科学出版社，1999，第487～488页。

1.苏南模式的内涵

苏南模式是国内外学术界对苏南地区经济社会发展道路的一种概括。1983 年,中国当代著名社会学家费孝通通过对苏南地区的实地调查,最早提出了“苏南模式”的称谓。多数人认为,早期苏南模式的主要内容,可概括为“三为主一共同”,即以集体所有制为主、以乡镇企业为主、以市场调节为主,最终实现共同富裕。

随着经济体制改革的深入发展,特别是所有制的改革全面推进和市场经济体系的培育,苏南模式也相应地有所变化和发展。2002 年 6 月,我国著名经济学家吴敬琏率先提出了“新苏南模式”的概念。后来,有人提出,新苏南模式就是体制机制创新,即政府主导、市场运作、城乡统筹、资源节约、多种所有制融洽发展的模式。同时,还有人提出,新苏南模式就是“一个目标、两手并举、三创精神、四大创新”,即坚持一个目标:追求共同富裕;协调好两只手:发挥市场和政府的合力;弘扬三创精神:艰苦创业、勇于创新、争先创优;实现四大创新:产权结构、产业发展、社会结构、发展格局创新。①

2.苏南模式的形成和发展过程

纵观苏南模式和后来的新苏南模式的发展历程,大体上呈现以下四个发展阶段:

第一阶段从 20 世纪 70 年代末到 80 年代中期,主要特点是乡镇企业获得大发展,初步实现了农村工业化。当时苏南人利用“双轨制”中的市场调节机制,由地方政府出面组织土地、资本、劳动力等生产要素,兴办乡镇企业,由政府指定能人担任企业负责人;同时通过多种渠道广为吸引包括上海等地在内的各类人才到乡镇企业指导生产经营管理,使苏南乡镇企业迅速发展起来,创造了领先全国并久盛不衰的苏南速度。1978 年,苏、锡、常 3 市的乡镇企业工业产值 26.08 亿元,到 1980 年仅 3 年时间,乡镇工业总产值猛增至 51.88 亿,年均增幅为 41%②。

第二阶段从 20 世纪 80 年代后期到 90 年代中期,主要特点是以发展外向型经济为主,企业规模日益扩大,工业化水平不断提高。这个时期,苏南人紧紧抓住我国沿海、沿江逐步对外开放的有利机遇,大力发展外向型经济,全面实现乡镇企业第二次异军突起,加快产业结构转型和升级。特别是 1990 年 4 月以后,以上海浦东开发开放为契机,苏南人积极主动与浦东接轨,先后在苏、锡、常 3 市兴建 3 家国家级高新技术产业园区,同时推进“一包三改”措施,推进乡镇企业产权制度改革,建立劳动联合、资本联合为主体的新的集体所有制企业,使各类开发园区迅速成为外资高地和产业高地,并使乡镇企业实现规模经济大跨越,使工业化水平进一步提高。到 1994 年,苏、锡、常 3 市乡以上工业企业总数达 12489 家,其中大型企业 130 家,中型企业 754 家,产值超过 5000 万元的乡镇企业近 600 家。③

第三阶段从 20 世纪 90 年代末到 21 世纪头 10 年末,主要特点是主动承接国际产业转移,推动产业升级,特别是所有制改革迈开了更大的步伐,非公有制经济获得空前发展,形成了外资、民资和股份制经济三足鼎立、竞相发展的格局。苏南乡镇企业经过第一次改

---

①陈东琪等:《共和国经济 60 年》,人民出版社,2009,第 460 页。

②唐岳良等:《苏南的变革与发展》,中国经济出版社,2006,第 24 页。

③唐岳良等:《苏南的变革与发展》,中国经济出版社,2006,第 26~27 页。

制以后，从 1997 年起进行第二次改制，按照“能私不股、能股不租、能聚不散”的原则，使苏南的集体性企业组织逐步转变为包括个体、私营企业在内的各类企业组织，建立了适合苏南生产力发展水平的新型资产管理体系。特别是加入世贸组织以后，面对国际产业大转移的机遇，以构建新型工业为目标，以“亲商、安商、富商”为理念，以高新技术为主导，以工业园区为载体，形成了外资、民资和股份制经济三足鼎立、共同发展的局面，实现了苏南地区的第三次飞跃，整个苏南地区呈现出现代化经济空前繁荣的景象。

到了 2003 年，苏南以占全国 0.3%的土地、1.7%的人口，创造了全国 6.7%GDP、7.1%的固定资产投资、1.2%的进出口总额，实际利用外资占全国的 1/4。如果将苏南放在江苏以外的全国 29 个省、市、自治区中间进行排序，那么，2003 年苏南的 GDP 位居全国第四，仅次于广东、山东、浙江；进出口总额位居第三，仅次于广东、上海；出口总额和实际利用外资皆居第二位，仅次于广东。2007 年苏南将总体上建成小康社会。①

第四阶段从 2015 年至今，苏南在总体上已建成小康社会的基础上，在全国率先迈开了苏南现代化建设示范区的步伐，在新的征途上阔步前进。如今苏南各地正在全面贯彻落实我国第一个以区域现代化建设为主题的国家战略规划，着力推进经济现代化、城乡现代化、社会现代化和生态文明、政治文明建设，促进人的全面发展，努力建成自主创新先导区、现代产业集聚区、城乡发展一体化先行区、开放合作引领区、富裕文明宜居区，推动苏南现代化建设走在全国前列。②

3.苏南模式的基本经验

苏南模式的成功，不仅为苏南地区经济社会发展创造了辉煌的业绩，也为长江流域和全国各地的经济社会发展提供了值得借鉴的有益经验。

首先，抢抓机遇，不断创新。从苏南地区经济社会发展过程来，每次发展机遇到来时，地区党和政府都能够抢抓机遇，因地制宜地推动本地区率先发展，走在全省乃至全国的前列。在改革开放之初，苏南人抢住了乡镇企业发展的机遇，率先发展乡镇企业，使苏南成为全省乃至全国乡镇企业的发祥地；上海浦东开发开放后，苏南发挥毗邻上海的区位优势，主动与上海浦东接轨，推动乡镇企业进行以产权制度为核心的各项改革，以适应对内对外开放和市场经济建立与发展的需要；入世以后，苏南地区进一步扩大对外开放，通过“走出去”和“引进来”相结合的途径，大力发展外向型经济，走经济国际化的发展道路，走出了一条以开放促改革、促发展的广阔道路。

第二，市场和政府，双手驱动发展。苏南地区经济快速发展的实践证明，在建设社会主义市场经济的过程中，市场和政府两只手都要强而有力，又要协调一致，决不能顾此失彼。还在计划经济为主的时期，苏南地区就由政府组织和利用各种生产要素发展乡镇企业。随着我国市场经济的建立和发展，从 20 世纪 90 年代开始，政府积极转变职能，充分发挥市场对资源配置的决定性作用，同时加强政府的宏观调控能力和社会保障作用，使市场体系日益完善。

①唐岳良等：《苏南的变革与发展》，中国经济出版社，2006，第 22 页。

②《扬子晚报》2013 年 5 月 5 日，A2 版。

第三，大众创业，富民优先。苏南地区地少人多，劳动过剩问题严重，就业矛盾十分突出。我们的党是代表人民群众根本利益的执政党，还在计划经济时期，苏南的各级党和政府曾经千方百计地探索民众的就业问题，但因体制机制的种种弊端，无法从根本上解决城乡就业难的问题。中共十一届三中全会以后，城乡进行了经济体制改革，为长期难以解决的就业难问题找到了门路，全面推进大众创业、富民优先的战略，千方百计地使人民通过就业致富，努力缩小贫富差距。各地先后实施创业富民、产业富民等措施，建立创业基地和创业指导中心，加强就业培训，推动全民创业。结果，不仅解决了本地富余劳动力的就业问题，而且因经济迅猛发展，需要增加大量就业人员，从而吸引长江流域和全国许多民工前来就业，比如苏州就因吸引外来人口就业而成为全国著名的移民城市。各地政府为推进大众就业和富民优先的举措，逐步实现了社会保障全覆盖。实践证明，只有坚持全民创业、富民优先的政策，兼顾公平与效率，才能推动经济社会全面发展，带来现代化建设空前繁荣的局面。

（二）温州模式

温州位于浙江省东南部，包括两区九县，境内80%以上是山地。1985年温州市人口为620万，其中农村人口550万，占城乡总人口88%以上，耕地面积291万亩，人均只有0.46亩。由于历史和交通不便等原因，温州成为浙江省较贫困的地区，1978年农民人均年收入只有55元。人民公社的"三级所有"成了事实上的"三级没有"，农民往往靠家庭副业维持生存，因此温州被称为"资本主义复辟"的典型。改革开放之后，温州破除了"左"倾错误的束缚，在党和政府及广大人民的共同努力下，温州经济迅猛发展，出现了令人震惊的奇迹，走出了一条靠民营经济通过各类专业市场推动经济社会发展的新路，人们通常称之为温州模式。

1.温州模式的内涵

温州家庭工业蓬勃兴起并初步改变贫穷落后的面貌后，引起国内广泛关注。1985年5月12日，《解放日报》记者桑晋泉在《解放日报》刊登《乡镇企业看苏南，家庭工业看浙南——温州三十三万人从事家庭工业》的报道，第一次提出"温州模式"的称谓。他认为温州模式主要是指温州地区以家庭私有企业为主体，以市场开拓为导向的区域经济发展模式。1982年，上海社科院经济学家袁恩桢主编的《温州模式与富裕之路》一书出版，这是国内第一本系统研究温州模式的著作。该书认为温州模式是一条通过发展商品经济而实现农村致富的发展道路。此后，关于温州模式的研究成果颇多，多数人认为温州模式是一种以市场为导向，以改革为动力，以民营经济发展为主体的发展模式，因此，它被称为是我国民营经济发展的样板。

为纪念温州模式开展30周年，全国百名晚报总编齐聚温州集会，温州市市委书记陈一新在会上就温州模式的内涵做了精辟论述。他说，要正确评价温州模式，首先要科学界定它的核心内涵。温州模式的核心内涵可以用四句话来表述：首先，本质是民本经济。因为温州是民营经济的发祥地，因此，立足民力、依靠民资、发展民营、注重民享、实现民富，就是温州模式的本质特征。其次，精髓是市场经济。温州发展市场经济曾经全国领先，创造了多个“全国第一”，正是市场化改革，造就了温州的活力。再次，基石是实体经济。温州一开始就注重发展实体经济，从家庭工业起步，从小商品入手，从小经营发家，走出一条实业致富的路子。最后，政府治理是有限有为有效，善于把握“有所为有所不为”。[①]

2.温州模式的形成和发展过程

温州模式是一种以市场为导向的，以发展民营经济为主的发展模式，其发展过程大体上可分为以下四个阶段：

第一阶段从20世纪70年代末到80年代中期，特点是家庭工业创业和发展壮大。它是一种以家庭为单位，以家庭人员为主要劳动力，或者有少量雇工，以家庭住宅为生产场所，从小商品生产起步，并在专业化协作的基础上，形成了若干规模经营的专业市场。早期闻名遐迩的专业市场有：桥头镇纽扣市场，一度号称“东方第一大纽扣市场”；还有苍南县金乡镇的徽章标牌市场、苍南县宜山镇的再生腈纶的纺织品市场、乐清县柳市镇的五金电器市场、平阳县江口乡的塑编市场等。到1985年，温州家庭工业企业达13.3万户，从业人员33万人，产值11.3亿元，占全市乡镇工业产值的68%。当时专门为家庭企业采购原料和推销商品的人员有10多万人。[②]家庭企业和专业市场的发展，促进了温州农村小城镇的快速崛起。1978年温州只有18个建制镇，到1985年发展到了83个。[③]

第二阶段从20世纪80年代中期到90年代初，特点是股份合作制企业兴起和发展壮大。随着家庭工业企业的发展，暴露出单个家庭企业势单力薄，不利于扩大生产规模，于是开始出现家庭之间的合作经营，相继出现联合企业、联营企业、合伙企业、合资企业等多种合作模式。

为推进股份合作制企业的发展，1987年温州市政府发布了《关于农村合作企业若干问题的暂行规定》。此后从1988年起到1997年，温州市相继发出7个全市性文件，有力地推动了温州民营企业的发展，温州成为全国最早成立股份合作制企业的地区，实现了温州家庭企业向规模经营的一次质的飞跃。到1986年，温州股份合作制企业发展到10413家，工业总产值为13.61亿元，占全市工业总产值的27.8%。1993年是温州股份合作制企业发展的鼎盛时期，企业数达到36887家，其中工业企业27771家，工业总产值192.84亿元，占当年全市工业总产值的56.2%。[④]

第三阶段从20世纪90年代到21世纪头10年，特点是公司制企业发展时期。1992年邓小平南方谈话，破除了人们对姓“资”、姓“社”问题的思想禁锢，温州的民营经济获得了很大进步，实现了由股份合作制企业向股份有限公司或有限责任公司甚至企业集团的转变。这期间，温州公司制企业从无到有，呈现方兴未艾的发展势头。到2000年，温州有限责任公司达到20812家，基本上均为民营企业。此时企业的核心竞争力普遍有了提高，全市已有4个中国驰名商标为民营企业所获得，33个省级著名商标绝大多数为民营企业所拥有，其中包括正泰、德力西、天正、华仪等公司的工业电器等名牌产品。在2000年全市申报

①《扬子晚报》2015年7月8日，A2版。

②董辅礽：《中华人民共和国经济史》下卷，经济科学出版社，1999，第215页。

③④陈东琪等：《共和国经济60年》，人民出版社，2009，第457页。

国家级新产品的36家企业中，有35家为民营企业，其中32家民营企业的新产品拥有自主知识产权。①由此可见，温州民营企业在全市高新技术产业领域占有绝对优势。

第四阶段从21世纪头10年末以后，温州民营企业进一步向高新技术产业和各类高端行业发展，具体规划和措施是：第一，通过产业转型升级的途径，打造适应市场需要的时尚产业。在家庭工业起步阶段曾经唱主角的服装、鞋业、打火机等传统轻工业，通过自主创新，转为高端时尚产业。如今温州已有许多传统产业与世界一流品牌合作，像“夏梦”与意大利“杰尼亚”合作，“乔治白”与英国“切斯特巴雷”合作，生产国际高端时尚服装。第二，引导小微企业走集聚集约发展之路。计划投资450亿元创建104个小微企业产业园，全面提供一条龙服务。同时，把发展网络经济作为“一号新产业”抓紧抓好，以电子商务为重点，每年培训一二十万网络大军，全面落实国家批准的全国电子商务示范城市、智慧示范城市、信息惠民示范城市。第三，启动“温商回归工程”，动员温商回乡发展，目标是“三年回归资金超三千亿”。同时出台在浙江省含金量最高的招才引智“十条新政”，使温州变成人才乐园、创业乐园。第四，三年围垦，再造一个海上新温州。通过海陆并进的方式，在“十二五”正在围垦和将要围垦20万亩，相当于再造一个温州，使温州成为浙江省发展空间潜力最大的城市。②

3.温州模式的基本经验

温州模式的成功，为温州经济社会发展创造了空前辉煌的业绩，也为长江流域乃至全国各地提供了值得学习借鉴的有益经验。

温州市委书记陈一新在温州模式开启30周年纪念集会上，在论述温州模式的核心内涵后指出：总结温州模式的经验，有5个字的启示，分别是“闯”“民”“创”“商”和“改”。温州模式并未过时且合力十足。③如果把这5个字分解细说，可以归纳为以下3条基本经验。

第一，敢闯实干，全民创业。解放思想，敢于冒险，敢闯实干，“白天当老板，晚上睡地板”，不仅是温州人固有的本色，也是温州民营经济由小到大、由弱变强、不断取胜，并永远立于不败之地的根本原因。还在计划经济一统天下的时期，人多地少的温州人，为了维持生计和生存，就在计划经济的夹缝中办起了家庭副业和家庭手工业，力争摆脱贫困的窘境。改革开放以后，温州人抓紧利用难得的发展机遇，千方百计地克服资金技术、原材料等诸多困难，首创家庭工业企业。代表人民根本利益的温州各级党和政府，破除“左”倾错误思想的束缚，尊重民众的首创精神，放手发展民营经济，激活了人民群众的积极性和创造性，推动温州地区形成全民创业的热潮，并成为长江流域乃至全国民营经济的发祥地。

第二，不断创新，效益至上。创新是民族进步的灵魂，也是企业生存和发展的根本条件。企业创新，首先是制度创新和科技创新，目的在于提高经济效益和社会效益。企业的各项工作都要立足于以提高经济效益为中心。温州市各级党和政府在推进民营经济发展过程中，始终坚持不断创新，推动民营经济以市场为导向，逐步实行各项改革，并以提高经济

①陈东琪等：《共和国经济60年》，人民出版社，2009，第458页。

②《扬子晚报》2015年7月8日，A2版。

③《扬子晚报》2015年7月8日，A22版。

效益为中心，使民营经济步入健康发展的快车道。比如，在20世纪90年代初，针对温州产品质量差、假冒伪劣产品多的现象，温州市政府于1994年10月发布《温州质量立市的实施办法》，发动了一场质量革命，创造了一批全国知名品牌，出现了质量和效益双双提高的景象，重塑了温州产品在国内外的良好形象。

第三，亲商、安商、富商，推进富民优先战略。温州民营经济是一种民办、民有、民享的经济。要全面推动民营经济的发展，就必须全面实施亲商、安商、富商的各种举措，实现富民优先的战略，通过创业富民、产业富民的途径，逐步实现共同富裕。作为我国民营经济发祥地的温州市党和政府，在推进民营经济的兴起和发展方面，做了大量卓有成效的工作，其中最为突出并深得商界赞誉的有两件大事：一是优化发展环境。兴建了铁路、机场、高速公路和跨江桥，结束了温州无铁路、无机场、无高速公路的历史，极大地改善了温州城市的基本面貌，为温州招商引资和发展民营经济创造了极为有利的条件。另一是建立健全了各种社会保障体制和机制，解除了发展经济的种种后顾之忧，促进了社会稳定与社会和谐、协调发展。

（三）丽江模式

丽江市位于云南省西北部、金沙江中游，山区占云南总面积的92.3%；总人口为113.76万人，有22个少数民族，少数民族人口占总人口的58.1%。改革开放30多年来，丽江大力实施旅游强市战略，从一个名不见经传的我国西南边陲小镇，变成享誉中外的世界级旅游文化名城，丽江古城被列入《世界遗产名录》，走出了一条以旅游业为支柱产业的独特的发展之路，人们通常称之为丽江模式。

1.丽江模式的内涵

丽江从拥有独特的旅游资源优势这个最大的市情出发，以发展旅游经济为核心，全面推进旅游强市战略。通过正确处理历史文化资源保护与旅游经济开发相结合，充分发挥旅游资源丰富的优势，在保护历史文化遗产的前提下，开发旅游经济，提高经济效益和社会效益。丽江对旅游资源的开发，采取“政府主导、企业参与、多方联动、市场化运作”的方式。在处理文化资源保护与旅游开发的关系上，通过政府统一规划和统一领导，加强对历史文化的保护、维护和发展，并通过市财政加强对文化遗产的维护和投资，使丽江旅游业在保护文化遗产的同时得到了发展，又使文化遗产在发展旅游业的同时得到保护，走出了一条正确处理历史文化遗产和旅游资源开发互动互促的新路子，成为世界文化遗产管理与旅游业开发的典范。

2.丽江模式的形成和发展过程

改革开放30多年来，丽江的发展曾经走过一条曲折的道路。在改革开放初期，丽江曾经照搬外地开发地方工业的经验，一度盲目地发展地方工业，而没有看到本地旅游的优势，结果，带来了经济效益越来越差，进一步拉大了与周边地区的差距。1992年邓小平南方谈话发表后，通过新一轮思想解放大讨论，丽江人重新认识本地的市情，找到适合本地实际情况的发展方向和突破口，走上了以发展旅游业为重点的良性发展轨道。1985年，丽江成为对外开放城市，中外游客纷纷前来参观游览，使丽江步入旅游经济快速发展的轨道。

1994年11月,云南省政府召开滇西北旅游规划现场办公会,开发丽江被列入议事日程。会后,丽江适时提出了"旅游先导"的发展思路。1996年,丽江发生了"二三"七级大地震,给丽江古城带来创伤。丽江以此为契机,全面实施《丽江古城保护行动计划》,加快丽江古城的修复和"申遗"工作,终于在1999年丽江古城被列入《世界文化遗产名录》。丽江古城"申遗"成功,带来了丽江旅游业空前大发展的局面。1995年丽江游客总数为84.5万人次,到2005年猛增到404.23万人次,增长3.8倍。①在"十五"期间,丽江旅游业步入"抓质量、促效益"的大发展时期。从此,丽江旅游业成为推进全市经济社会发展的重要支柱产业,带来了丽江经济发达、文化繁荣的景象。

3.丽江模式的主要经验

第一,坚持政府主导,加大政策支持,是丽江开发历史文化资源和发展旅游经济的关键。丽江市各级党和政府对开发本地历史文化资源和发展旅游产业的主导作用是多方面的,集中体现在:一是加强领导,统一规划,全面部署。中共丽江市委、丽江市人民政府联合发布《关于进一步加快旅游业发展的决定》《丽江市"十一五"旅游发展规划和2020年远景目标》,把旅游业作为全市重要支柱产业,组织和动员全市各方面力量,加快旅游业的发展步伐。二是加大政策支持力度,特别加强人力、物力、财力的支持。市政府提出了发展旅游业的优惠政策,规定把宾馆、饭店、旅行社的营业税和所得税,按国家有关规定返还给旅游管理部门,作为旅游产业发展基金。市政府还出台了金融资金贷款支持政策,2001~2006年累计发放贷款60.6亿元,年增长65%。

第二,依靠市场完善基础设施和旅游配套设施建设,是丽江开发历史文化资源和发展旅游经济的决定性因素。市场在资源配置中起决定性作用,基础设施和旅游配套设施是发展旅游业的先决条件。丽江依靠市场化运作,通过招商引资,加速了基础设施和旅游配套设施建设的步伐,取得了显著成效。"十五"期间,丽江共引进国内外资金71亿元,解决了基础设施建设的急需。2008年,丽江已建成大丽铁路,实现了丽江通火车的愿望;又投资10亿元扩建了丽江机场,使其成为云南省第二大机场。基础设施的逐步完善,带来了旅游经济蓬勃发展的大好局面。

第三,创造旅游品牌、扩大知名度,是丽江开发历史文化资源和发展旅游经济的重要保证。丰富多元的历史文化遗产,是丽江发展旅游经济不竭的动力。但是,历史文化资源是不可再生的资源,如果不加限制的过度开发,必将使宝贵的历史文化资源消耗殆尽。因此,保护历史文化资源,是我们义不容辞的责任。于是,丽江党和政府在开发利用资源的同时,加大了对资源的保护力度,成立了世界遗产丽江古城保护管理委员会和管理公司,出台了《云南省丽江古城保护管理条例》,建立了古城房屋维护审批制度等保护法规。2003年,丽江投资5000万元,完成了丽江古城的给排水和污水管网工作,关停了纸厂等一批有污染的企业,先后投资3亿多元拆除了同古城不协调的建筑物。同时,建立26户纳西文化传播点,请纳西族知名文人开馆授艺,恢复古城文化风貌。

①熊正益:《"丽江模式"调查与解读》,云南日报网2007年6月25日。

扩大丽江的知名度,是发展丽江旅游经济的先决条件。丽江人坚持“文化就是财富”的理念,精心打造纳西古乐、东巴文化、摩梭风情、丽水金沙等知名文化品牌,并举办各种文化艺术节等集会活动,为丽江旅游大造声势。2004 年,联合国教科文组织亚太地区文化遗产管理第五届年会在丽江召开,22 个国家代表出席,使丽江进一步走向了世界。

第五章 长江经济带的崛起和协调发展

长江经济带拥有我国最广阔的腹地和发展空间，地跨中国东、中、西三大地带，具有国内其他经济带无可比拟的诸多综合优势，是我国横贯东西、连接南北最大的综合经济带。1990年6月，国家做出了开发开放上海浦东新区的战略决策。1992年4月，全国人大批准通过兴建三峡枢纽工程。同年6月，国务院召开了“长江三角洲及沿江地区经济发展规划座谈会”，提出了加快长江三角洲及沿江地区开发开放和经济发展的战略轮廓。1992年10月，中共十四大明确提出：“以上海浦东开发开放为龙头，进一步开放长江沿岸城市，尽快把上海建成国际经济、金融、贸易中心之一，带动长江三角洲和整个长江流域地区经济实现新飞跃。”[①]这是党和国家从我国的国情和战略高度出发，第一次全面、完整地提出的长江发展战略。从此，长江经济带的开发开放全面发展，并由过去的专项开发为主转向全面综合开发为主。长江战略的实施，浦东开发开放和三峡工程这两项跨世纪工程的建设，揭开了长江经济带建设的新篇章。于是，长江沿岸各省市都将自身的战略重点转向长江沿岸地带，逐步实现东西结合、优势互补，使长江上、中、下游地区在新的基础上构成优势互补、合作共赢的整体，共同为长江经济带的建设做出更大贡献。

1996年颁布的国家“九五”计划和2010年远景目标纲要将长江三角州和沿江地区列为我国将要形成的七大经济区之首。2013年，中共十八大提出：“坚持走中国特色新型工业化、信息化、城镇化、农业现代化道路，推动信息化和工业化深度融合、工业化和城镇化良性互动、城镇化和农业现代化相互协调，促进工业化、信息化、城镇化、农业现代化同步发展。”[②]中共十八大提出的“新四化”道路，为长江经济带的发展指明了方向。长江经济带广大人民遵循党和国家指明的道路，顽强、艰苦、不懈奋斗，加快长江经济带建设的步伐，为实现中华民族伟大复兴的中国梦做出更大的贡献。

第一节 长江经济带的综合优势和战略地位

长江经济带覆盖上海、江苏、浙江、安徽、江西、湖北、湖南、重庆、四川、云南、贵州等11个省市，面积205万平方公里，人口和生产总值均超过全国的40%。从唐宋以后，中国经济

①上海炎黄文化研究会：《长江流域经济文化初探》，上海人民出版社，1999，第44页。

②胡锦涛：《坚定不移沿着中国特色社会主义道路前进，为全面建成小康社会而奋斗》，第20页。

重心逐步南移,江南地区成为全国的经济重心和最富庶的地区,并历经千余年久盛不衰,至今仍是推动中国经济发展的引擎,是当代中国经济文化最发达的重要地区。究其原因,主要是以江南为中心的长江经济带具有十分突出的经济发展综合优势。

一、得天独厚的综合优势

长江经济带具有诸多得天独厚的综合优势，为当今中国开发开放和现代化建设奠定了雄厚的物质技术基础。

(一)资源优势

集中表现在:

(1)得“水”独富。水是人类赖以生存和发展的生命性和战略性资源,而长江流域则是中国最大的富水区。长江的水资源占全国的34%,水域面积占全国的40%,地表水总径流量占全国的57%,水能蕴藏量达2.68亿千瓦,目前开发程度只有10%,可开发利用水量占全国的53.4%,居全国七大水系之首,总水量相当于黄河的20倍。长江不仅支持了流域内占全国40%人口的生产和生活用水,而且通过“南水北调”工程,向北方缺水地区提供了大量的水资源。[①]长江具有发电、航运、灌溉、水产、旅游等许多功能,并为发展长江流域庞大的工业走廊和农业走廊提供了丰富的水资源保障。

(2)得“土”独肥。长江流域土地肥沃、土质优良、耕地集中,耕地面积占全国的27%。加之气候温和、雨量适中、灌溉用水充足、光照时间长,有利于农作物的稳产高产。特别是鄱、洞、太、洪、巢五大淡水湖流域和长江沿岸地区,历来是我国著名的粮仓,主要原因是这里土地肥沃、土质优良,加之水源充足,五大湖流域人均淡水拥有量和亩均淡水占有量分别为北方的3.37倍和7倍,为全面提高农业生产水平提供了根本保障。

(3)得“矿”独宝。在全国已列入矿产资源储量表的136种矿产资源中,长江流域有110种,占80%以上,尤其以有色金属矿藏最为著名。其中钒钛矿储量占全国的90%,位居世界前列,天然气占60%。铜、钨、锑、钴等占50%以上。在38种主要矿产中,储量占全国60%以上的有13种。其中不少矿种属于稀有的战略性矿产资源,地位极其重要。

(4)得“物”独优。生物品种优良,资源丰富。我国三大林区,长江流域占其二,面积达30万平方公里,木材积蓄量26亿立方米,占全国1/3,并盛产诸多经济林,拥有多种珍贵动植物品种,大熊猫、中华鲟等多种动物驰名中外,多种著名植物成为名贵中药材和观赏植物,为造福人民健康和美化环境做出了杰出贡献。

(5)得“景”独秀。长江流域山川壮丽,人文历史悠久,风景独好。拥有33座中国历史文化名城,名胜古迹颇多,省级以上名胜景区40多处,国家重点文物保护点数万处,国家自然保护区占全国1/3以上。2015年国庆长假全国十大旅游热门城市中,有7个城市在长江流域,其中长江下游地区有上海、南京、杭州、苏州、无锡5个城市,长江上游地区有重庆、成都两个城市。在长江经济带已形成三大旅游热线:上有巴山蜀水旅游线;中有三国、三

①上海炎黄文化研究会:《长江流域经济文化初探》,上海人民出版社,1999,第37页。

峡、武陵源旅游线；下有钟山、黄山、庐山旅游线。如今旅游业已成为长江流域许多城市乃至农村的支柱产业，旅游经济正在长江经济带兴起，旅游内容和形式丰富多彩，并成为发展地方经济的一个重要财源。

（二）产业优势

长江经济带历来是中国经济最发达、最富庶的地区，拥有强大的经济实力，是我国国民经济发展的核心主干区。据统计，1992 年长江经济带流域面积约占全国陆地面积的 1/5，人口约占 42%左右，国民生产总值和国民收入占 40%以上。其中长江干流七省一市土地面积和人口分别占全国的 15.5%和 38.5%，国民生产总值却占全国的 37.63%，工农业总产值和固定资产投资分别占全国的 41.7%和 34.8%。①长江经济带的产业优势，集中表现在：

（1）强大的农业优势。长江经济带具有良好的发展农业的自然条件，土地质量优良，四季分明，光、热、水等资源丰富，兼有南北农业之利，适宜于粮、棉、油等多种农作物的生长，历来是我国主要农产区和优势农业区。长江经济带上有“天府粮仓”的成都平原，中有“两湖熟、天下足”的江汉平原、洞庭湖平原和鄱阳湖平原，下有“鱼米之乡”的太湖平原和长江三角洲水网地带，是我国重要的商品农业基地。长江经济带以占全国 1/4 的耕地面积，提供了全国 1/2 的农业产值，生产了占全国 50%的粮食和淡水鱼，40%的棉、油和 70%的水稻。这里发达的农业基础和丰富的农产品，不仅强有力地支撑了长江经济带的经济高速发展，而且支持了全国经济发展和社会稳定。

（2）雄厚的工业优势。长江经济带历来是我国工业发达、工业技术先进的地区，曾经是我国近代机器大工业的发祥地和当代乡镇企业的发源地，始终是国家工业化和现代化的重点建设地区，如今已成为我国现代化工业最密集的地区之一。这里钢铁工业基础雄厚，上、中、下游都已形成相对集中的钢铁工业基地，净产值占全国 43%，钢和钢材产量占全国 44%。这里的石油化工业在全国占有重要地位，产值占全国 40%，工业布局相对集中，临江临海特征明显，基本化工原料产量占全国 43%，石化产品占全国 41%。这里的汽车工业已初具规模，产值和销售收入都占全国 50%，并向基地化、集团化方向发展，电子工业是本地区发展最快的工业部门，消费类电子产品和元器件类产品在国内市场占有显著优势，总产值占全国 43%，现已成为全国重要的生产基地。②特别是沪、宁、汉、渝四大经济中心及众多工业城市，已成为我国高新技术产业聚集的中心，成为我国参与高新技术产业国际竞争和国际分工的基地之一。

（3）以“两通”（交通和流通）为重点的第三产业的突出优势。长江经济带的交通和商贸流通历来发达，在全国具有举足轻重的地位。全流域拥有河道通航里程 7 万多公里，占全国内河通航里程的 70%，年货运量和周转量分别占全国的 60%和 90%，是我国最发达最主要的内河运输系统。铁路和公路运输历来发达，近几年修建大量高速铁路和高速公路，逐步实现了交通运输现代化。如今已形成以高速铁路、高速公路为重点，包括铁路、公路、航空、水运、管道等多种运输方式在内的、四通八达的现代化综合运输体系。商贸也相当发

①上海炎黄文化研究会：《长江流域经济文化初探》，上海人民出版社，1999，第 35 页。

②上海炎黄文化研究会：《长江流域经济文化初探》，上海人民出版社，1999，第 35～36 页。

达,销售方式多样,销售网点遍布城乡各地。金融是现代经济的核心,上海正在建设成为国际金融中心,宁、汉、渝正在建设成地区性金融中心。此外,生产性服务业和生活性服务业,正在逐步健全和完善,并在全国处于较为发达的地位。

(三)科教与人才的优势

长江经济带具有尊师重教的优良传统,历来科教发达、人才荟萃。以长三角地区的苏、浙两省为例,自先秦至近现代,两省分别拥有各类专家学者484名和443名,雄居全国第一、二位。长江经济带智力资源丰富,科技人员占全国40%,两院院士占全国半数以上,重点高新技术区占全国六成以上。另据英国有关部门公布,2013年世界著名大学排行榜,长江中下游地区的复旦大学、南京大学、中国科技大学列入前300名,跻身世界著名大学的行列。特别是高新技术更为引人注目,长江经济带的航天、电子、信息、自动化、新材料、生物工程等高新技术成果在全国占有重要地位,许多高新技术研究成果跻身国际先进行列。

(四)城镇高度密集的优势

长江经济带拥有上海、重庆两座超大城市,有武汉、成都、南京、杭州、苏州5座特大城市,并有大中小城市200余座,现已形成以超大和特大城市为主导、大中城市为支撑、小城市和众多城镇为基础的,布局合理、功能齐全的城镇体系,并形成了中国唯一的世界级城市群,即以上海为中心、南京和杭州为副中心的长三角城市群,通称为世界第六大城市群。

(五)对外开放的优势

长江经济带具有对外开放的优良传统和对外开放广阔的渠道。早在20世纪二三十年代,以上海为代表的沿江一批对外开放的城市,率先实现从封闭型农业社会向开放型工业社会的转变。历来作为中国对外开放领头羊的上海,在旧中国时期,外资企业和对外贸易就占有相当大的比重,外资银行总部落户上海,使上海成为远东最大的国际大都会和国际金融中心。在民国时期,作为国民政府的首都南京、"九省通衢"的武汉以及抗日战争时期的陪都重庆,也都同当时的国际社会有着广泛的经济文化交流和合作。改革开放30多年来,长江经济带各地借鉴历史上对外开放的经验和渠道,加快对外开放的步伐,大力引进国外先进设备、技术、资金、人才和管理经验,充分利用国际国内两种资源和两个市场,并采取"引进来"和"走出去"相结合的途径,大力发展开放型经济,形成了全方位、宽领域、多渠道、多形式的对外开放格局。

二、在中国现代化建设中的战略地位和作用

长江经济带在中国社会主义现代化建设中,具有十分重要的战略地位和举足轻重的作用。

(一)中华文明的重要发源地之一

新中国成立后,大量考古发现证明,长江流域同黄河流域一样,同为中华文明的重要发源地。自唐宋以后,中国经济重心南移,江南成为中国的经济重心和最富庶的地区,并延续千余年久盛不衰,基本上未出现过经济发展的"断层",成为中外历史上一大奇迹。近代以来,这里成为以机器大工业为重要标志的物质文明的发祥地。新中国成立后,这里成为

乡镇企业的发祥地和社会主义现代化建设的重要基地，成为国家重要财源所在和对外开放的重要区域。实践证明，源远流长的长江文化，具有极大的亲和力、融合力、创新力，已成为长江经济带持续、稳定、协调发展的强大动力和重要的精神支柱。

（二）具有国内其他经济带无法比拟的区位优势

长江经济带占有横贯东西、连接南北、通江达海、广聚海内外经济“势能”的区位优势。长江是我国第一大河，也是世界第三大河，干流横贯东西，支流沟通南北，整个长江干流及其3600多条支流所覆盖的地域，囊括了中国东、中、西三大地带18个省、市、自治区和742个县、市，拥有中国最广阔的内陆腹地和发展空间。长江经济带具有我国东、中、西三大地带的发展优势，又兼有华东、华中、西南三大经济区的发展机遇。特别是“黄金水道”长江和东部沿海“黄金海岸”交汇的叠加优势，使长江经济带成为中国内陆腹地与外洋交流、国内外双向开拓、内陆经济和海洋经济优势互补和共同繁荣的“宝地”。

（三）强大的经济实力奠定了开发开放的物质技术基础

长江经济带历来是我国经济文化最发达的地区，具有强大的经济实力和富庶的财源。长江流域占据了中国1/5以上的国土和1/4的耕地，占据了2/5以上的人口，拥有2/5以上的国民生产总值和国民收入，还有占全国1/2的财政税收。如此雄厚的经济实力，不仅为长江经济带的开发开放奠定了物质基础，也为国家强大、国防安全、社会稳定提供了物质保障。

（四）实现资源共享、优势互补、协调发展

长江经济带资源富集，具有自然资源和人力资源双重组合的整体优势，经济开发潜力巨大。为推进长江经济的开发开放，必须加强深度联合，实现资源共享、优势互补、协调发展。

鉴于中心城市是每个区域的经济发展极，能动性强，资本与技术高度集中，具有规模经济效益，因此，在长江经济带的发展过程中，要充分发挥沪、宁、汉、渝四大经济中心的引领、带动和示范作用。要逐步形成以沪、宁、汉、渝四大中心为主体、各具特色的四个城市群：以上海为龙头的长三角城市群，以南京为中心的长江下游西部城市群，以武汉为中心的长江中游城市群，以重庆为中心的长江上游城市群。其中上海既是长三角的龙头，更是整个长江经济带的龙头，对整个长江经济带发挥示范、带头和促进作用。

第二节　长江经济带全面推进新型工业化

2012年11月，中共十八大明确提出“坚持走中国特色新型工业化、信息化、城镇化、农业现代化道路”，并把新型工业化列为“新四化”的首要任务和首位目标。党和国家从我国基本国情和工业发展的现状出发，明确提出“走出一条科技含量高、经济效益好、资源消耗低、环境污染少的新型工业化发展道路。这是我们推进社会主义工业化必须始终坚持的唯一正确的道路。只有遵循这条道路，发展工业才能带来良好的经济效益和社会效益，才能符合人民群众的根本利益和长远利益。

一、推进新型工业化的目标和方向

2010年9月8日，国务院召开常务会议并原则通过《国务院关于加快培育和发展战略性新兴产业的决定》，确定七大战略性新兴产业包括节能环保、新一代信息技术（即新兴信息产业）、生物（产业）、高端装备制造、新能源、新材料和新源汽车等。这是长江经济带和全国各地推进新型工业化必须优先发展的重要工业部门。

鉴于当今长江经济带的产业结构总体上处于"二三一"的发展阶段，表现出以重化工业和制造业为主的工业化中后期特征，因此，全面推进新型工业化，发展结构优化、技术先进、清洁安全、附加值高、吸纳就业能力强的现代产业体系，是长江经济带今后较长时期内的首要任务。具体目标是：以沿江地区为轴线，以特大和大城市为中心，战略性新兴产业为主导，加快调整和优化产业结构，加强能源、冶金、化工、建材等重化工业，发展和提升直接关系民生的轻纺、食品等加工工业，积极培育和加快发展高新技术产业群，强化沪、宁、汉渝四大经济中心及其他地区性工业中心，使长江经济带成为基础工业更发达、加工工业技术更先进、结构层次更高、轻重工业协调发展、布局合理均衡的现代化工业密集带。

鉴于推进新型工业化需要发达的第三产业支撑，因此，加快发展以生产性服务业为主导，包括生活性服务业在内的现代服务业，是长江经济带产业发展的一项重要任务。金融业是现代市场经济的核心，加快建设上海国际金融中心和宁、汉、渝区域性金融中心，推动特大和大城市逐步形成以服务经济为主的产业结构，是长江经济带的当务之急。此外，还要发展交通、信息、商贸、旅游、科技、教育、文化、医疗等第三产业，以适应新型工业化和满足人们生产与生活的需要。

二、加快建设四大工业走廊

长江经济带工业基础雄厚，在全国占有举足轻重的地位，现已形成以高新技术产业为主导，包括冶金、石化、建材、电力、机械、电子、汽车、轻纺等为主体，门类齐全、结构合理、技术先进的工业体系。据统计，全国500家最大规模企业中，长江经济就占40%以上。

在全面推进新型工业化的过程中，长江经济带正在形成经济实力雄厚、在全国有重大影响力的四大产业（工业）走廊。

（一）高新技术产业走廊

长江经济带的高新技术产业起步早、规模大、效益好，充分体现了新型工业化和现代产业体系的本质要求。具体说来，长江经济带的高新技术产业有以下几个特点：

（1）分布地域广。长江经济带的高新技术产业，主要分布在上海、南京、苏州、合肥、九江、南昌、武汉、黄石、长沙、重庆等17个国家高新技术开发区和一批省市级开发区，地域跨度长约2400公里，通常称之为长江高新技术产业走廊。这里高新技术产业增长速度快于全国平均水平，产值占全国开发区的70%。

（2）企业规模大。武汉"中国光谷"，是我国最大、国际一流的光电子信息产业基地，到2005年，光电子规模达到1000亿元。上海浦东生物医药基地，有众多国家级研究机构和世界著名医药企业进驻，将成为我国最大的高科技“药谷”。上海作为“中国硅谷”，到 2005 年电子信息产业产值可达到 4000 亿元。这些大企业和重要产业基地的建设，对我国参与高新技术产业国际分工合作，推动全国经济持续快速发展，发挥着重要作用。①

（3）企业经济效益好。上海市随着每年上千项高新技术成果向传统工业渗透，帮助传统工业进行技术改造，使大量高消耗、污染重的工业被淘汰，使上海市区工业污染比几年前减少了 1/3。上海现有大规模集成电路等 40 个高新技术产品市场占有率为全国之冠。上海信息科技、现代生物医药等科技产业，以及“嫁接”了高科技技术的六大支柱工业的总产值，已占全市工业总产值的 70%以上。2004 年，上海高科技产品出口创汇达 38.9 亿美元，同比增长 48.7%。江苏省电脑鼠标产量已占世界总产量的 65%，小屏液晶显示器占世界总产量的70%。2004 年，江苏省高新技术产品出口额高达 282 亿元，占全省对外贸易出口总额的 20%。②

（4）高科技企业充满活力。长江经济带的科技人员占全国 40%以上，两院院士占半数以上，获国家科研奖项占 45%，专利拥有量占全国 1/3 以上。长江经济带在大力推进高新技术产业群建设的过程中，大力进行体制机制创新，实行高科技企业股权多元化、知识资本化，科技人员知识要素参与分配，极大地调动了广大科技人员的积极性，带来了高科技产业群蓬勃发展的新局面。

（二）重化工业走廊

充分利用长江经济带水资源优势和产业基础，重点发展大运量、大耗水、大耗能的原材料工业、钢铁冶炼工业、石油化工业、新型建材业，形成实力雄厚、影响全国的重化工业走廊。

（1）钢铁冶炼工业。长江经济带现已形成了上海宝钢、马钢、武钢、攀钢等国内外闻名的特大型钢铁企业，成为支撑国民经济发展和国防需要的钢铁脊梁。要重点调整工业结构，提高产品质量和市场占有率，逐步替代进口，努力扩大出口，要大力发展国民经济急需的铁路、汽车、造船、电力等专用钢和优质钢、成品钢、不锈钢产品。要优化产业布局，长江下游和中游地区应加强优质轴承钢、齿轮钢、新型合金钢、薄钢板、卷材及线材的生产。长江上游要重视对复合共生矿产资源的综合利用，以及对现有特色冶金产品的深度开发。要积极组建以资产为纽带的大型现代钢铁企业集团，坚决关闭沿江地区的高能耗、高污染、低效率的小钢厂，实现资源优化配置。长江经济带还要发挥有色工业的优势，重点发展以重庆的西南铝加工厂为主的铝材加工基地，以及铜陵有色金属（集团）公司为主的钢工业基地。

（2）石化工业。长江沿江地区已形成了金山石化、扬子石化、镇海石化、金陵石化和岳阳石化等 11 家大型石化企业，总产值占全国 40%。今后要进一步发挥石化工业基础好、产业关联度大、技术含量高、规模效益明显、市场前景广阔的优势，充分利用长江黄金水道，把石化工业作为重点产业加快发展，形成石油产品“西运”、天然气及加工产品“东输”的中国石化工业走廊。今后要以上海和南京石化为中心，充分利用国外资金和石油资源，大力发展高分子合成材料、日用化、医药化工，不断提高精细化工的比重，建成以石油化工为主

①②上海财经大学区域经济研究中心：《2006 中国区域经济发展报告》，上海财经大学出版社，2006，第 284～285 页。

的全国最重要的综合石化工业基地。同时,发展化肥、天然气等工业,把长江上游建成全国最大的天然气综合化工基地。

(3)建材工业。建材工业是长江中下游的重要产业,上海、重庆、南京、武汉、芜湖、常州、杭州等城市,是我国新型建材及制品的试点城市,重点研发轻质、高强、抗震、保温、防水等特点的新型建材产品。要以高标号、多品种为目标、重点发展专用水泥和建筑预制件,以适应房地产等市场的需要。

(三)汽车和装备工业走廊

汽车是近 20 多年来长江经济带的新兴产业。上海大众与别克,南京依维柯,武汉神龙,重庆长安、庆铃、嘉陵四大汽车制造企业和各汽车零配件生产企业,构成了长江汽车工业走廊,这里汽车产量和产值均占全国总量的 50%以上。根据有关部门部署,在"十一五"期间,长江沿岸地区要形成四大汽车基地,即以上海大众为主的上海汽车基地,以依维柯为主的南京汽车基地,以东风、神龙为主的武汉汽车基地,以长安、庆铃、嘉陵为主的重庆汽车、摩托车基地。其中上海汽车基地主要发展中高档轿车,尽早建成年产百万辆的生产基地,保持全国主要的轿车基地的地位;南京汽车基地主要发展轻型客车及商用车;武汉汽车基地重点抓好"十堰—襄樊—武汉"汽车工业走廊的建设,以经济型轿车、客车和系列货车为中心,建成年产汽车百万辆的生产基地,并保持中重型货车在全国的领先地位;重庆汽车基地应充分发挥军工企业的优势,以微型轿车、重型货车和摩托车为主,近期重点扩大生产规模、提高产品质量、开发新产品,力争在全国有较大的市场份额。

在大力发展汽车工业的同时,长江经济要大力发展装备工业,重点开发和生产大型火电、水电和核电设备,大型船舶、民用飞机、卫星和航天运载装备、精密机床和数控机床等。还要重点发展高技术水平的高电压、大容量、组合式电力设备;要围绕成套设备配套需要,完全由模拟控制向数字控制转化。通过发展使长江经济带成为中国重要的装备工业基地。

(四)发展高附加值的劳动密集型工业走廊

长江经济带资源丰富,人口众多,就业任务繁重,加之这里具有发展纺织服装、食品、轻工等悠久历史,有许多产品享誉国内外市场。因此,大力发展劳动密集型工业,不仅解决了众多劳动力就业的难题,还可以大量生产价廉物美的轻纺工业产品,满足国外市场的需要,还可为国家创取更多的外汇,有利于加快我国现代化建设的步伐。

三、依托特大中心城市建设四大经济圈

长江沿岸沪、宁、汉、渝四大中心城市,是长江经济带各具特色的经济和文化中心,承担着经济集聚和扩散的功能,成为整个经济带的四大人流、物流、资金流、信息流的中心,兼有知识技术创新中心、现代服务中心、文化教育中心等诸多功能。建设以四大中心城市为中心的经济圈,是推动长江经济带经济持续、快速发展的关键举措。

(一)以上海为中心的长三角经济圈

我国最大的经济中心上海,不仅是长三角的中心,而且是整个长江经济带的中心。但因长三角同上海毗邻,就近直接受到上海的经济辐射、带动和示范,因此在时间上快于其

他任何地区。这也是改革开放以来,长三角经济发展快于其他地区的原因之一。在上海的直接带动下,长三角要大力采用先进技术、先进装备改造传统产业和产品,以出口和替代进口为重点,加强以机械一体化为代表的基础装备工业的发展和以计算机软件为主体的信息产业等新兴产业的发展,逐步形成以高新技术产业为主导,以机械、钢铁、石化等重化工业为主体,包括金融、保险、贸易、房地产、信息等第三产业发达的产业结构。

(二)以南京为中心的长江下游西部经济圈

南京曾经是民国时期的首都,经济和文化较为发达,新中国建立后,南京的电子、石化、汽车制造等工业起步较早,相当发达。我国自力更生兴建的南京长江大桥,宏伟壮观,曾经是新中国工交战线伟大成就的范例。改革开放以来,南京成为长江下游西部的区域性经济中心,重点发展电子信息产业、家电、汽车、建材、化工、铁铁、电子、造船业;大力发展南京、泰州各具特色的生物工程和医药产业;南京、镇江、扬州、芜湖、巢湖发展高档家电;南京、镇江、扬州发展综合性汽车零部件;南京、安庆发展石化工业;马鞍山、南京发展钢铁工业;扬州、芜湖发展造船业。

(三)以武汉为中心的长江中游经济圈

武汉地处长江与京广铁路的十字交汇中心,历来有“九省通衢”之称,是华中地区最大的都市,是我国重要的综合性工业基地,已形成了冶金、机械、汽车、纺织为支柱,食品、化工、电子、轻工、医药、建材等综合性大型工业基地。武汉的发展目标是建设“四城”(商贸金融城、科技城、汽车城、钢铁城)和“三区”(东湖经济技术开发区、武汉经济技术开发区、阳逻经济技术开发区)。武汉经济圈要依托武汉、九江、岳阳、宜昌等城市,重点发展钢铁、汽车、冶金、化工、机械装备和光电子等产业。

(四)以重庆为中心的长江上游经济圈

重庆是长江上游最大的经济中心、西南地区工商业重镇、水陆交通枢纽,也是我国最年轻、面积最大、人口最多的直辖市,现已形成了以机械、化工、冶金、建材、电子、仪表、医药等为主导的工业体系,并成为长江上游和西南地区重要的交通和通信枢纽。以重庆为中心的经济圈重点发展以汽车、摩托车、电力设备为主的机械制造业、以天然气化工为主的化工业、以新型铝材和合金钢为主的冶金业,加强培育具有现实优势的电子信息、建材、食品和日化等产业。

第三节　长江经济带全面推进城镇化和城市群的崛起与繁荣

“城镇化”一词是中国学者的创造,它比“城市化”的内涵更广泛,中共十五届四中全会通过的《国民经济和社会发展第十个五年计划的建议》正式采用“城镇化”一词。1913 年 11 月 12 日,中共十八届三中全会通过的《中共中央关于深化改革若干重大问题的决定》指出:“坚持中国特色新型城镇化道路,推进以人为核心的城镇化,推动大中小城市和小城镇协调发展、产业和城镇整合发展,促进城镇化和新农村建设协调推进。优化城市空间结构和管理格局，增强城市综合承载能力。”这个重要《决定》，为长江流域全国各地全面推进城镇化和城市群崛起与发展指明了方向和途径，推动城镇化和城市群健康、快速、全面发展。

一、城镇化的全面推进与发展

长江经济带是我国横贯东西、连接南北的一条巨大资源带、产业带、科技开发带、市场带、智力带、对外开放带、交通运输和信息通信网络带，具有得天独厚的自然条件、实力雄厚的产业基础、较为优越的科教资源、腹地广阔的市场空间、四通八达的交通信息网络、较大规模的开放型经济，为全面推进城镇化奠定了雄厚的物质技术基础。

（一）城镇化的发展进程

长江流域城镇发展的历史源远流长，不仅是中国也是世界上产生城镇最早、最多的地区之一。长江流域被列入中国历史文化名城的城市共有42座，这些城市是：除上海和重庆两个直辖市外，有江苏省的南京、徐州、苏州、扬州、镇江、常熟、淮安7市，浙江省的杭州、绍兴、宁波、衢州、临海5市，安徽省的歙县、寿县、亳州3市，江西省的南昌、景德镇2市，湖北省的武汉、江陵、襄樊、随州、钟祥5市，湖南省的长沙、岳阳、凤凰3市，四川省的成都、闵中、宜宾、自贡、乐山、都江堰、泸州7市，贵州省的遵义、镇远2市，云南省的昆明、大理、丽江、建水、巍山5市。①

此外，长江流域还有一批中国历史文化名镇，这就是：江苏省有3个，即昆山市周庄镇、吴江市同里镇、苏州市吴中区角直镇；浙江省两个，即嘉善县西塘镇和桐乡市乌镇；重庆市3个，即合川县涞滩镇、石柱县西沱镇、潼南县双江镇。②

新中国成立后，长江流域各地在保护中国历史文化名城和名镇的同时，围绕着工业建设的重点，有步骤地扩建或局部扩建一批城市，扩建的城市有武汉、成都、重庆、上海等城市，局部扩建的城市有南京、杭州、昆明、长沙、南昌、贵阳等城市。过去许多工业基础较为薄弱的城市，通过扩建或部分扩建，已逐步成为新兴的工业城市，如武汉、湘潭、重庆、成都等城市的工业化水平，都有了相当大的提高。

改革开放30多年来，随着我国现代化建设的蓬勃发展，长江流域同全国各地一样，城镇化建设进程显著加快，城市建设与发展取得了巨大成就，出现了以大中城市为主体、协调发展小城市和小城镇的繁荣景象。突出表现在以下几点：

1.中心城市稳步发展，辐射力迅速扩大

中心城市指具有区域性的经济、政治、文化中心地位的特大和大城市。它集中了区域内的高质量的生产要素与经营设施，是长江流域乃至全国经济发达、最具实力、经济结构先进和合理的地区，代表着区域经济的最高水平，国内生产占有相当大的比重，是国民经济发展的重要支柱和推进城镇化的骨干力量。中心城市积聚了大量丰富的经济资源，基础设施齐全，交通和通信设施先进，人才高度集中，市场容量大，投资效益高，成为工业、商贸、服务业的主要集聚地，并成为国内外大企业的总部和行政首脑机关所在地。改革开放

---

①《中共中央关于全面深化改革若干重大问题的决定》，人民出版社，2013，第24页。

②《中国知识地图册》，中国地图出版社，2012，第222页。

以来，长江经济带充分发挥特大和大城市作为中心城市的作用，建立和完善了市场体系和经济管理体制，形成了以中心城市为核心、由众多中小城市组成的区域经济体系，并对周围的中小城市发挥强大的辐射、带动、示范作用，迎来了整个长江经济带空前繁荣的景象。

2.中小城市迅速发展，城市分布密度提高

中小城市是中心城市联结广大农村的桥梁，是中心城市辐射力和集聚力的载体。广大农村地区同城市经济的联系主要是通过中小城市实现的。因此，发展中小城市是推进城镇化和提高城市化水平的重要环节。改革开放以来，长江经济带中小城市蓬勃发展，特别是经济发达地区中小城市的增长速度明显快于其他地区，优化了城市结构，为城市体系的形成奠定了基础，与中心城市形成了“众星拱月”之势。

3.小城镇大量涌现，加快了城乡一体化的步伐

20世纪80年代，伴随着乡镇企业的兴起和繁荣，长江流域各地小城镇蓬勃兴起和发展。特别是长江中下游广大农村，一座座面貌焕然一新的小城镇，势如雨后春笋般涌现出来，星罗棋布，空前繁荣。小城镇是农村之首、城市之尾，它接受大中小城市的辐射，又将这种辐射传递到广大农村，是加强城乡经济文化联系的纽带，又是促进农村产业结构调整的动力和吸引农村剩余劳动力就业的重要渠道。实践证明，小城镇的兴起和发展，是缩小城乡差别和工农差别，实现共同富裕的有效途径。

（二）坚持走中国特色城镇化道路

中共十七大报告提出：“走中国特色城镇化道路，按照统筹城乡、布局合理、节约土地、功能完善、以大带小的原则，促进大中小城市和小城镇协调发展”，并强调“以增强综合承载能力为重点，以特大城市为依托，形成辐射作用大的城市群，培育新的经济增长极。”

中国特色城镇化道路的特征和内涵十分丰富，大体上可以概括为以下几点：

（1）在市场化原则指导下，通过“以工带农”“以城带乡”，加强工业化对城市化的推动作用和城市化对工业化的带动作用，促进城乡协调、工农协调、工业化与城市化协调发展。

（2）从人口、资源、环境等具体国情出发，坚持走集约型、可持续发展道路。实现经济效益、社会效益和生态效益的最大化。坚持大中小城市和小城镇协调发展，把城市群作为推进城镇化的主体形态，促进城镇化健康发展。

（3）立足资源、环境承载能力和主体功能区的要求，按照“循序渐进、城乡协调、因地制宜、以大带小、多元推动”的原则，坚持以人为本，以提高城市质量为核心，注重城市功能的提升、历史文化的传承、个性品位的塑造、人文关怀的服务，引导城镇化保持合理的增长速度和适度的发展规模，形成资源节约、环境友好、经济高效、社会和谐的城镇化健康发展的新格局。①

二、城市群的崛起和繁荣

城镇化是现代化的必由之路，城市群是城镇化的重要载体，中国未来的全面现代化将

---

①陈东琪等：《共和国经济60年》，人民出版社，2009，第418～419、425页。

首先在城市群中实现。改革开放30多年来,长江经济带的城市群迅速崛起和发展壮大,不仅在经济最发达的长江下游地区出现了中国唯一的世界级城市群,即人们公认的以上海为中心的长三角城市群,被列为世界第六大城市群,而且在整个长江经济带形成了一批日趋繁荣的发展型城市群,以及正在起步中的形成型城市群,带来了城市群发展的一幅幅壮丽景象。

(一)世界级中国长三角城市群遥遥领先

2010年6月,国务院批准的《长江三角洲地区区域规划》中,明确提出长三角地区今后发展的战略定位是:亚太地区重要的国际门户,全球重要的现代服务业和先进制造业中心,具有较强国际竞争力的世界级城市群。这是以中国最大的经济中心上海为中心、南京和杭州两大区域性中心城市为副中心、并以苏浙两省诸多城市为两翼的长三角城市群在"十二五"期间的重要战略任务,也是今后10年乃至更长时间经济社会发展的总体战略目标。

1.世界第六大城市群的崛起

新中国建立后,特别是改革开放和上海浦东开发开放以来,以上海为龙头的长三角地区的工业化、信息化、城市化、市场化、国际化迅速发展,有力地推动了这个地区的经济快速稳定发展和综合经济实力的增强。2009年长三角地区GDP首次超过1万亿美元,占中国GDP总量的21.4%,排在全球第11位,位于俄罗斯之后、韩国之前。在2009~2010年中国各省市综合竞争力排名中,上海雄居榜首,江苏名列第三。据全球著名的麦肯锡研究所预测,到2005年全世界经济发展最快的10个城市中,上海名列第一,美国纽约位居第三,南京和杭州分别居第八、九位。如今长三角地区不仅是中国经济发展水平最高、综合经济实力最强、人口密度和城镇密度最大、城市化水平最高和开放型经济发展的地区,而且是亚太地区乃至全球最具经济发展活力和发展速度最快的地区。

随着经济全球化和区域经济一体化进程的加快,以上海为中心的中国长三角地区已成为当今世界第六大世界级城市群,其他五大世界级城市群分别是:"以伦敦为中心的英国城市群,以巴黎为中心的西欧城市群,以纽约为中心的美国东海岸城市群,以芝加哥为中心的北美五大湖城市群,以东京为中心的日本太平洋沿岸城市群。正在崛起的长三角城市群虽然起步较晚,但在发展速度和内在动力等方面,却呈现出后来居上的发展趋势,并具有以下独特的发展优势和显著特点:

(1)优越的自然条件和丰富的物产资源。长三角地处万里长江入海口,是中国内陆经济与世界经济接轨的重要通道。这里总面积21.3万平方公里,人口13800万人,分别占全国的2.1%和10.6%,是世界上各大河口三角洲中人口最多和密度最高以及城镇数量最多的地区,平均每1万平方公里分布着68座城市,市镇密度是中国平均水平的10多倍。长三角城市群的经济总量大约是珠三角和京津冀两大城市群的总和。这里自然条件优越,有辽阔的平原,江河水网密布,土地肥沃,气候温和,雨量适中,四季分明,日照充足,历来是海内外闻名的"鱼米之乡"。这里的矿产、生物、水产、旅游等资源相当丰富,有利于经济发展和市场需要。

(2)历史文化名城和现代化城市交相辉映。长三角是中国古代文明的发祥地之一,是中国近代工业文明的发源地和当代现代化文明的重要地区。唐宋以来,这里一直是中国的经济中心,历经千年不衰。这里拥有13座中国历史文化名城,其中上海是近代工业文明和当代文明的杰出代表,长三角北翼的历史文化名城有南京、苏州、扬州、镇江、常熟、淮安和徐州,南翼有杭州、绍兴、宁波、衢州和临海。有"十朝都会"之称的南京和南宋首都杭州,在历史上都曾是世界第一大城,并同时被列为中国六大古都。有2500年历史的江南第一大城苏州,明清时为中国丝织业中心,苏州古典园林被列入世界遗产。"上有天堂,下有苏杭"的赞誉流传至今不衰,充分体现了以苏杭为代表的长三角历代文明的繁荣景象。

与长三角古代文明交相辉映的,则是长三角近代和当代文明的崛起。上海既是中国历史文化名城,又是中国近代和当代文明的典范。这里原来是东海岸边的普通县城,对外开放后近代工商业和近代化的城市迅速崛起,到20世纪30年代,上海一跃成为远东繁华的国际大都市和远东金融、贸易中心。新中国建立后,上海进一步发展成为中国最大的经济中心和最重要的工业基地。浦东开放以来,开放型经济迅猛发展,城市现代化建设突飞猛进,使上海成为中国高新技术产业和现代服务业的重要基地。如今浦江两岸到处高楼林立,高层建筑超过4000多幢,世界第一高楼耸入云霄,现代化气息扑面而来。上海这颗璀璨的东方明珠光彩熠熠,闪耀在太平洋西岸,可同纽约、伦敦、巴黎、东京等世界名城媲美。

(3)城市规模等级体系完整和功能齐全。长三角城市群呈现典型的"金字塔"形规模等级结构,城市体系完整,层次合理,各有特色,优势互补,为世界级城市群的崛起奠定了基础。就长三角核心地区的16个中心城市而言,"金字塔"形可分为4个层次:第一层次是非农人口超过千万的重量级城市上海,第二层次是南京和杭州两个城市,第三层次是苏州、宁波、无锡、常州、南通、镇江、扬州7个城市,第四层次是湖州、绍兴、嘉兴、泰州、台州、舟山6个城市。还有33个小城市和星罗棋布的城镇,同上述16个中心城市形成"众星拱月"之势,共同组成以国际大都会上海为龙头和以大城市为主体,并同中小城市协调发展的长三角城市网络体系。

再就长三角城市群功能而言,首先是经济功能。浦东开发开放以来,上海加快建设国际经济、金融、贸易、航运中心的步伐,对长三角、长江经济带乃至全国经济起着辐射、带动和示范作用。参加长三角经济协调会的15个中心城市,对长三角和中国中西部经济发展起着重要的辐射和带动作用。长三角众多中小城市的经济功能也相当突出,成效显著。浙江义乌市原来是较为闭塞的小县城,如今已发展为全球最大的小商品之都,每天有30万中外客商在这里开展多种形式的商贸活动,有10万吨商品从这里流向215个国家和地区,成为名副其实的"世界超市"。其次是政治功能。上海是长三角唯一的直辖市,为省级行政中心。南京和杭州是两个省会城市,同宁波一起,成为长三角的3个副省级城市。苏浙两省还有27个地级市和49个县级市,分别是省、地、县3级行政中心。再次是交通功能。上海是我国重要的陆海空交通枢纽,南京是我国重要的区域性交通枢纽,宁波、南通、连云港是我国著名的港口城市,分别是通往国内外各地的交通要道。最后是旅游功能。素有中国旅游"金三角"之称的长三角城市群,旅游资源极为丰富,绝大多数中等以上城市都具有旅游功能,成为发展旅游经济的重要载体。

(4)城市群空间布局合理。长三角城市群的形成和发展,基本上都是沿着水陆交通沿线逐步扩展的,并在交通枢纽形成了核心城市群。具体地说,以超大和特大城市为依托,以增强城市综合承载能力为重点,沿铁路和高速公路为轴线,在长三角核心地区形成了三大城市发展空间布局:一是沿沪宁铁路和沪宁高速公路形成的沪宁线城市轴,集聚了上海、苏州、无锡、常州、镇江、南京等中心城市,其中可细分为大上海都市圈、苏锡常城市群、宁镇扬城市群。近几年还形成了涉及"泛长三角"部分地区的南京都市圈,包括南京周边的江苏的4个市和安徽沿江的4个市。这是长三角最大的、城镇密度最高的城市发展轴,沿线平均每36公里就有1个城市和4个市镇,许多城市之间已形成了城市连绵区。二是沿沪杭铁路和沪杭高速公路形成的沪杭城市发展轴,集聚了上海、嘉兴、杭州等中心城市。三是沿杭甬铁路和杭甬高速公路形成的杭甬城市群,集聚了杭州、绍兴、宁波等中心城市。这三大城市发展轴构成了"Z"字形城市空间布局,成为长三角经济最繁荣、科教最发达、人才优势最突出、城镇密度最高的核心城市群。

2.建设亚太地区重要的国际门户

重要的国际门户,是建设世界级城市群的重要条件。经过上海浦东开发开放20多年来的迅猛发展,具有诸多优势的长三角已成为中外客商和各界人士参与国际经济文化交流,以及国际经济大循环的重要门户和国际通道。

(1)得天独厚的区位优势。长三角地处太平洋西岸,中国大陆东部沿海南、北洋航线的中心,位于"黄金水道"长江和"黄金海岸"东部沿海岸线"T"字形交汇点,具有内陆腹地和海洋腹地两个扇面交汇的叠加优势,是中国经济参与国际大循环"大进大出"的最佳结合点。如今长三角已成为中国内陆与外洋交流的双向开拓和陆海经济相融合的重要通道。这里拥有中国众多的海港和长江内河港,是中国港口密度最大、港口设施最好的地区。通过沿海各港口,可直达韩国釜山、日本神户、中国香港和高雄、新加坡等亚太地区著名港口。正在建设中的上海国际航运中心,以全球最大的综合港上海为中心,全球第三大综合港宁波港为南翼,中国著名的"江海门户"南通港为北翼,依托宁波、舟山两大深水港资源,以及中国最大的内河港南京港以下的长江下游港口群资源,共同组成通往世界各国著名港口的国际航运中心,为长三角成为亚太地区重要的国际门户提供了无比优越的客观条件。

(2)发达的现代化交通和信息网络。长三角地区现代化交通十分发达,现已形成包括高速铁路和高速公路在内的铁路、公路、水运、航空、管道5种运输方式齐全的综合交通运输体系,为长三角成为亚太地区重要的国际门户奠定了基础。

中国兴建较早的沪宁、沪杭等铁路,早已修成复线并提速运行。新中国成立以来投资最大、标准最高的京沪高速铁路,经长三角北翼到达上海,"亚洲第一"高铁南京南站有5条高等级铁路在此通过,使南京成为华东铁路新枢纽,并使沪、宁、杭、合"1小时都市圈"更为完善。沪宁、沪杭、杭甬和苏锡常城市群之间的城际铁路,几乎每隔半小时就有一趟列车快速运行。长三角铁路密度为全国之冠,比全国平均水平高出一倍多。

长三角公路建设起步早,江苏省公路密度居全国之首。浦东开发开放以来,长三角掀起了兴建高速公路的热潮,如今已形成了四通八达的高速公路网。举世闻名的杭州湾大桥和苏通长江大桥建成通车后，使长三角由原来“Z”字形的3条交通大动脉，变为由甬通、宁通、宁杭、杭甬4个大通道组成的“四边形”交通新格局。

长三角航海和航空都很发达，已成为亚太地区国际门户和对外交往的重要通道。长三角港口群是中国最大的港口群，每年港口货物吞吐量占全国总量的“半壁江山”。上海是中国重要的航空枢纽，有浦东、虹桥两大国际机场，可达国内60多个城市和国际上10多个国家与地区。苏浙两省有16个民航机场，分别开辟160多条和180多条国内外航线。

大力推进信息化是长三角建设国际门户的重大举措。改革开放以来，长三角地区信息基础设施建设突飞猛进，构建了以上海为中心和以南京、无锡、杭州、宁波为分中心的信息网络体系，建立健全了符合国际规范的信息社会服务体系，形成了宽带、高速、安全、便捷的信息网络。

(3)全方位、宽领域、多层次的对外开放格局。长三角具有对外开放的悠久历史和优良传统。明初，中国杰出航海家郑和率领当时世界上最大的船队，从长三角出发，“七下西洋”，到达亚非30多个国家和地区。近代第一个不平等条约——《南京条约》签订后，上海、宁波、镇江、苏州、杭州、南京等地相继对外开放，传来了西方先进的科学技术和生产方式，推动了长三角近代化城市的崛起。到20世纪30年代，上海成了远东第一国际大都市，并成为亚太地区的国际门户。到1935年上海人口达300多万人，其中外国侨民达4万多人，每到夜晚，到处灯火辉煌，成为远东不夜城。

浦东开发开放以来，长三角对外开放力度和程度一直居于全国前列，现已形成全方位、宽领域、多层次的对外开放格局。通过“引进来”“走出去”的途径，充分利用国际资源和国际市场，大力发展和壮大开放型经济，使长三角对外开放出现了以下新的特点：一是从商品输出逐步向生产和资本输出转变。在继续扩大对外商品贸易的同时，推动有条件的企业走出国门，在国外投资办企业，利用国外资源能源和劳动力，就地生产就地销售。自从全球金融危机以来，长三角对外投资呈现日益扩大的趋势。二是从寻求商品市场逐步向发展服务贸易转变。在扩大商品市场的同时，着力发展服务贸易，推行服务外包特别是离岸服务外包，使长三角从生产性的“世界工厂”逐步向服务性的“世界公司”转变。三是从吸引外国资金逐步向引进国外先进技术和优秀人才转变。在有选择地扩大招商引资的同时，通过多渠道、多形式，千方百计地引进国外先进技术和优秀人才。这是建设世界级城市群的关键举措。

(4)跨国公司总部经济的崛起。作为亚太地区国际门户的一个重要标志，就是发展和壮大跨国公司总部经济。上海作为国际经济、金融、贸易、航运中心，首当其冲地成为跨国公司进入中国的桥头堡和重要集聚中心。到2006年6月，入驻上海的跨国公司总部达143家，外商投资公司142家，外资研究中心185家，使上海成为跨国公司的地区总部、生产基地、研发中心、运营中心和采购中心。南京和杭州主要吸纳跨国公司的分支机构和有国际竞争力的中国大企业总部，苏州主要入驻台资企业总部。长三角现已成为跨国公司在中国设立总部及其分支机构较为集中的地区。在世界500强企业中，已有400多家在长三角落户。从跨国公司对华投资地区分布看，长三角占47%，比经济发达的京津冀和珠三角的总和还要多，可见长三角已成为跨国公司在华投资的首选之地和最集聚的高地。由此表明，长三角已成为亚太地区重要的国际门户。

3.加快建设全球“两个经济中心”

现代化经济是有较强国际竞争力的世界级城市群的物质基础。坚持走新型工业化道路,构建结构优化、技术先进、清洁安全、附加值高、吸纳就业能力强的现代产业体系,优先发展现代服务业和先进制造业,加快建设全球重要的现代服务业和先进制造业中心(简称“两个中心”),是长三角城市群当今和今后较长时间内刻不容缓的重要战略任务。

(1)建设全球重要的现代服务业中心。现代服务业是社会分工不断细化和专业化的产物,具有高智力、高技术、高附加值和投入少、消耗低、无污染等特征。长三角资源能源历来十分紧缺,水域和大气都有不同程度的污染,而科技教育历来发达,人才资源较为雄厚,雄居全国前列,因此,优先发展现代服务业,既有迫切需要,又有客观可能。为此,长三角城市群要把加快发展现代服务业,作为产业结构优化升级的重点,以市场化、产业化、社会化、国际化为导向,推动生产服务集聚化、生活服务便利化、基础服务网络化、公共服务均等化,促进服务业比重提高、结构优化、竞争力提升,尽快形成以服务经济为主的产业结构。

现代服务业内容丰富、涉及面广,就服务对象而言,可分为生产性服务业和生活性服务业两大类。长三角是我国制造业最发达的地区,首先要加快发展生产性服务业,使之与制造业互动发展。在生产性服务业中,重点发展金融、现代物流、科技服务、商务服务、软件和信息服务、房地产、服务外包、会展等诸多行业。金融是现代经济的核心,金融集聚是现代化城市的重要标志。因此,优先发展金融服务业,创新金融产品和服务品牌,全面提升金融经营和管理水平,是长三角城市群发展生产性服务业的重中之重。上海曾经是远东金融中心,要发挥上海金融机构健全、金融市场完善、金融环境良好,金融辐射和集聚能力强等优势,着力构建上海国际金融中心,使之与纽约、伦敦等国际金融中心比翼齐飞。南京和杭州是区域性金融中心,也是构建上海国际金融中心的两个重要的支撑点。为适应市场化和国际化的需要,长三角金融业要加快传统信贷功能向资金融通、资源整合、价值增值、社会管理等功能拓展,并推动债券、产权交易、股权投资、期货等市场的繁荣。大力吸引国外优质金融机构到长三角落户,加速长三角金融国际化进程。

与此同时,要大力发展面向城乡居民生活和国内外市场的生活性服务业。重点发展旅游、商贸、教育、文化、医疗、家政、社区服务等服务行业。长三角旅游资源丰富,旅游设施和经济效益享誉海内外,现已成为重要的支柱产业。要发挥资源优势和比较优势,打造以观光旅游为基础、休闲度假旅游为主导、专项旅游为特色的新型产业体系,着力提高旅游服务完善化、集约化和国际化水平。

(2)建设全球重要的先进制造中心。先进制造业是增强城市群国际竞争力的首要物质条件。加快发展先进制造业,建设全球重要的先进制造业中心,是长三角城市群坚持走科技含量高、经济效益好、资源消耗低、环境污染少、人力资源得到充分发挥的新型工业化道路的必然选择。

长三角城市群今后要坚持将发展高新技术产业和发展战略性新兴产业相结合，充分发挥各类开发区作为科技创新先导区、新兴产业集聚区和集约发展示范区的作用,集中力量打造有较强国际竞争力的先进制造业基地。首先是大力发展新兴战略性产业。根据国内外市场需要和科技进步的新趋势，重点发展新能源、新材料、生物技术和新医药、节能环保、物联网和新一代信息、技术、高端装备制造、光电产业、智能电网等新兴产业。其次是全面提升主导产业。包括以机械、汽车、船舶为重点的装备制造业，集成电路、计算机网络设备、通信设备为重点的电子信息业，精细化工产品等为重点的石油化工业。再次是加快提升和改造传统产业。重点推进纺织、冶金、轻工、建材等传统优势产业的转型升级，着力提高产业技术含量和装备技术水平，增强产业的国际竞争力。

4.创新是建设世界级城市群的根本动力

创新是城市发展的灵魂，是建设有国际竞争力的世界级城市群的第一驱动力。上海浦东开发开放20多年来，长三角一直是我国最具发展活力和经济最发达的重要地区。该地区创造的国内生产总值占全国总量的1/5左右，人均国内生产总值达到全国平均水平的3倍。这个地区之所以能取得举世瞩目的成就，并长期快速稳定发展，其根本原因是始终坚持创新这个核心战略，把创新作为推动经济社会发展的第一驱动力。他们依靠创新破解资源、能源、环境的约束，依靠创新破除体制和制度的障碍，依靠创新不断解决资金、技术、人才等困难，使经济社会发展始终保持又好又快发展的势头。

（1）第一生产力科技的创新。科技是第一生产力。科技创新是创新的核心。长三角科技历来发达，创新起步早，成效大。上海早在2005年科技进步水平和区域创新指标就均居全国首位，体现了上海建设创新型城市在全国处于领先地位。上海已成为中国重要的知识生产中心、知识服务中心和高新技术产业基地。再过10年，上海的知识竞争力将名列亚洲前茅并进入世界先进行列，成为亚太地区重要的开发中心，若干科技领域达到世界先进水平。长三角南北两翼的苏浙两省，科技实力雄厚，综合科技进步水平远远高于全国平均水平。南京最近明确提出，充分利用世界上一切创新资源，大力发展创新型经济，把南京建成长三角科技创新中心。浙江也提出建设创新型省和科技进步强省的目标，区域创新能力和公众科学素质居于全国前列。

（2）第一基础教育的创新。教育发展水平是国家和社会文明的标志，是推动国家和社会进步的第一基础。长三角具有尊师重教的优良传统，教育历来在全国居于领先地位。优先发展教育事业，是把长三角建成有较强国际竞争力的世界级城市群的基础战略。为此，要充分发挥教育资源雄厚的优势，以服务社会为导向，以提高质量为核心，加快教育现代化的步伐，着力办好各级各类教育事业：一是高水平普及基础教育。促进义务教育优质均衡发展，普通高中优质特色发展，强化基础教育公平，完善办学体系。二是提升高等教育水平。着力创新人才培养模式，优化学科专业结构，扩大各类高层次人才培养规模，努力创办世界一流大学。三是创新发展职业教育。以服务为宗旨、就业为导向，统筹发展各级各类职业教育。四是加快教育管理创新。推进政教分开、管办分离，建立健全依法办学、自主管理、民主监督、社会参与的现代学校制度。五是落实教育优先投入机制。确保财政教育支出增长高于财政经常性收入增长、全社会教育投入增长高于地区生产总值增长，全面提升长三角教育现代化水平。

(3)第一资源人才的创新。人才是第一资源,是建成世界级城市群的根本保证。长三角历来经济发达,文化繁荣,人才辈出。新中国成立前,中国科学研究院首届院士中,苏浙两省籍的院士占总数的42%。在1955~2000年当选的"两院"院士中,苏浙沪3省市籍的院士共780人,占总数的41.19%,其中江苏籍323人、上海籍234人、浙江籍223人,囊括全国各省市籍院士数前三名。近10年来获得国家最高科学奖的18位著名科学家中,苏浙沪3省市籍的共有7位。长三角还有众多"群星璀璨"的专家学者,屡摘科学桂冠和各类创造发明奖。他们同为数更多的各级各类专门人才一起,成为推动长三角经济社会发展不竭的力量源泉。

为加速建设世界级城市群,长三角必须充分发挥人才众多这个最大的优势,着力构建创业创新创优人才高地。首先大力培养和引进各类人才。推进学校教育与实践锻炼相结合、国内培养与国际合作交流相结合,统筹各类人才队伍的建设。其次是创新人才发展机制。完善人才调配、使用、激励、保障机制,有利于各类人才脱颖而出。再次是优化人才发展环境。加快建设人才公共服务体系,完善人才市场建设,促进人才公平竞争和合理流动。引进国外各类优秀人才,推进人才国际化进程。

(4)制度和政策的创新。制度和政策的不断创新,是增强城市的发展活力和提升国际竞争力的关键。具有多元、包容、开拓、开放诸多特征的江南文化、江浙文化和海派文化,为长三角制度和政策的不断创新,提供了强大的人文精神支撑和促进作用,使这个地区在发展模式和制度、政策的创新方面走在全国的前列,并对全国经济社会发展起了一定的先导、推动和示范作用。

早在公有制计划经济"一统天下"的时代,具有重商传统和开拓精神的长三角两翼的苏南人和温州人,不顾原有旧体制、旧制度的种种束缚,分别创造了享誉大江南北乃至海内外的"苏南模式"和"温州模式"。苏南人在计划经济夹缝中创造性地大办乡镇企业,走出了一条具有中国特色的农村工业化道路。随着全国改革开放的深入发展,苏南人继续开拓前进,进一步创造了符合时代特征和自身特点的"新苏南模式",集中体现为经济国际化、增长集约化、区域城市化、社会和谐化、生活富裕化的发展道路,使苏南的苏锡常城市群的3个市全部进入中国最富裕30座城市的前十名。以民营经济为特征的"温州模式",民营资本高达7000亿元,成为中国民营经济起步最早和实力最为雄厚的地区,"有钱的老板多"几乎成了温州人的同义词。

上海浦东的开发开放,虽然比深圳、珠海等地晚,但却呈现出后来居上的趋势。上海的制度和政策创新不断深化并引领全国,逐步实现发展模式转型和城市转型,其标志就是产业高级化、经济服务化、市场国际化、文化现代化、制度规范化,成为中国创新型城市的示范区,并带动长三角各城市共同建设创新型城市群。

5.城乡一体化是建成世界级城市群的重要途径

长三角是中国经济、科技、文化最发达的地区,但因种种历史原因,使这个地区城乡之间经济社会发展不平衡,特别是长三角边缘地区城乡差别更为明显。为把长三角建成有国际竞争力的世界级城市群,当务之急是加快城乡一体化发展的步伐,坚持新型工业化和农业现代化相结合、城市化与新农村建设相结合，建立健全以工促农、以城带乡的长效机制，着力破除城乡二元结构，形成城乡经济社会一体化发展的新格局。

（1）坚持城乡一体化发展战略。城乡一体化的实质是城乡之间的生产要素的自由流动，并在优势互补的基础上实现资源共享和合理配置。重要的途径是不断提高农业劳动生产率，促进农业剩余劳动力向非农产业转移，进而实现城乡协调发展和城乡一体化。为此，按照市场化的要求，充分发挥工业对农业的支持和反哺作用、城市对农村的辐射和带动作用，以统筹城乡协调发展为主线，建立和完善以城带乡、以工促农、城乡互相促进的新体制，进一步发挥城乡之间各自的比较优势，共同推进世界级城市群的建设。

（2）推进城乡规划等“五个一体化”。遵循以人为本、统筹城乡发展的方针，推进城乡规划、产业布局、基础设施、公共服务、劳动就业等“五个一体化”，促进城乡生产要素有序流动，公共资源均衡配置，城乡空间集约利用，城乡资源共享共用。关键是鼓励和组织广大农民采用多种形式，广开就业门路，通过就业、创业致富，走共同富裕的道路。加强农村的基础设施建设，推进城乡交通、信息、供水等诸多一体化。闻名海内外的“天下第一村”苏南华西村，是长三角乃至全国实现城乡一体化的典范。这个原来较为贫穷落后的江南小村庄，在村党委书记吴仁宝的带领下，经过几十年艰苦创业，如今已成为“家家住别墅、户户有汽车、人均存款超百万”的人间天堂。

（3）走可持续发展的道路。长三角资源能源紧缺且消耗量大，人均耕地 0.75 亩，为全国平均水平的一半。因此，必须加快建设资源节约型、环境友好型社会的步伐，坚持走可持续发展的道路，实现经济效益、社会效益和生态效益最优化。遵循城乡统筹、布局合理、节约土地、功能完善、以大带小的原则，促进大中小城市协调发展和城乡协调发展，推进工业向园区集中、人口向城镇集中、居民向社区集中、土地向适度规模经营集中，使长三角成为中国率先实现现代化和城乡一体化的示范区，成为亚太经济高度发达的地区和有较强国竞争力的世界级城市群。

（二）发展型城市群迅速崛起和日趋繁荣

作为世界第六大城市群——长三角城市群，不但是我国唯一的世界级城市群，而且是我国最大的发育成熟和完善的城市群，对长江经济带和我国各地众多的发展型城市群与形成型城市群发挥引领、示范、带动、促进作用。

长江经济带的发展型城市群，已形成一定的规模，具有一定数量的特大和大城市集聚水平，城市间具有较好的交通基础设施联系，但同我国东部沿海的长三角、珠三角、京津冀三大成熟型城市群相比却有很大的差距，其发展总体水平又好于形成型城市群。可见发展型城市群具有相当大的发展空间和发展潜力，并有迎头赶上成熟型城市群的诸多有利条件。

1.长江下游地区两个发展型城市群的概况和发展方向

（1）东陇海城市群。长江下游是我国经济最发达的地区，拥有我国最大的成熟型城市群，即中国唯一的世界级城市群——以上海为中心的长江三角洲城市群，还有两个发展型城市群，即东陇海城市群和江淮城市群。

东陇海城市群同长江三角洲城市群毗邻，属于长江下游经济区，以国家重要交通枢纽江苏省徐州为中心，包括新亚欧大陆桥东桥堡、江苏省连云港和山东省日照市共3个城市。城市群面积2.41万平方公里，占全国0.25%。2010年人口1758.8万人，占全国总人口的1.31%。2010年地区生产总值达到5160.53亿元，占当年全国生产总值的1.29%。这里具有得天独厚的地理位置和发展优势。2006年发布的《江苏省十一五规划》明确提出建设东陇海城市群，利用东陇海铁路地处新亚欧大陆桥东段的区位优势，加强徐州、连云港、宿迁之间以及周边地区的联系，带动沿线中小城市发展。

东陇海城市群规模较小，但城市之间联系紧密，是我国东部地区重要的经济增长极。徐州作为国家重要的交通枢纽，享有"中国工程机械之都"的美誉，2010年经济密度达2613.15万元/平方公里。连云港和日照都是港口城市，为华东地区对外经济、文化联系的重要窗口。徐州常住人口858.2万人，是东陇海城市群的核心城市。①

2010年，国务院颁布的《全国主体功能区规划》指出：东陇海城市群位于全国"两横三纵"城市化战略格局中陆桥通道横轴的东端，是出桥通道的交汇处，要构建以连云港、日照两个港口城市为重点，以沿海产业带和沿陇海线产业带为轴线的空间开发格局。同时，增强徐州这个中心城市集聚人口和经济的能力，加快资源型城市转型，打造重要的能源基地、先进制造业基地、物流基地和商品集散地。②

（2）江淮城市群。江淮城市群位于全国"两纵三横"城市化战略格局中沿长江横道轴，包括安徽省会合肥及沿江部分地区，包括10个省辖市。构建以安庆、池州、铜陵、巢湖、芜湖、马鞍山等沿江6市为发展轴，合肥和芜湖为双核，滁州和宣城为两翼，即"一轴双核两翼"的空间开发格局。江淮城市群土地面积7.21万平方公里，占全国总面积的0.75%，2010年人口2713.2万人，占全国总人口的2.02%。2010年地区生产总值达到8228.88亿元，占当年全国生产总值的2.05%。

江淮城市群处于我国东、中部过渡地带，是长三角地区经济向西辐射的"腹地城市群"。2010年国家发改委发布的《皖江城市带承接产业转移示范区规划》，将其定位为国家中部地区承接东部地区产业转移的门户城市群。这个城市群工业较为发达，芜湖、马鞍山、铜陵、淮南4市的工业总产值比重都达到65%以上。马鞍山的马钢、芜湖的奇瑞汽车、合肥江淮汽车、马鞍山星马汽车、铜陵有色金属、安庆石化、芜湖海螺水泥，都是国内知名企业和品牌。未来将进一步提升汽车、钢铁、有色金属、机械设备、化工、建材、农产品加工在全国的地位，促进高新技术产业快速发展。③

2010年12月公布的《全国主体功能区规划》对江淮城市群的定位是：承接东部产业转移的示范区，全国重要的科研教育基地，能源原材料、先进制造业和科技创新基地，区域性的高新技术产业基地。进一步提升合肥中心城市的地位，完善综合服务功能，建设全国重要的科教和科技创新基地、先进制造业基地和综合交通枢纽。培育形成沿江发展带，壮大主要节点城市规模，推进芜湖、马鞍山一体化。④加强农业基础设施建设。构建大别山、巢湖及沿江丘陵为主的生态格局。

①②张学良主编《2013中国区域经济发展报告》，人民出版社，2013，第301～304页。
③④张学良主编《2013中国区域经济发展报告》，人民出版社，2013，第290～295页。

2.长江中游地区两个发展型城市群的概况和发展方向

（1）武汉城市群。武汉城市群位于全国“两横三纵”城市化战略沿长江通道横轴和京哈京广通道纵轴的交汇处，以武汉为核心，包括黄石、鄂州、孝感、咸宁、黄冈5个地级市和天门、仙桃、潜江3个副地级市。土地面积5.8万平方公里，占全国总面积的0.6%，2010年人口3189.5万人，占全国总人口的2.38%。2010年地区生产总值达到9585.2亿元，占当年国内生产总值的2.39%。武汉是我国著名的老工业基地，如今以武汉为中心已形成了光电信息产业和生物医药产业为主体的高新技术产业群。沿长江的“宜昌—武汉—黄石”高新技术产业带和“十堰—襄阳—武汉”汽车工业走廊，工业基础雄厚。武汉市在整个城市群中居于核心地位，聚集效应较强。2010年武汉市地区生产总值在全国城市中名列第13位，是我国中部地区生产总值最高的城市。但城市群其他城市经济发展水平都比较低，形成“一强众弱”的特点。武汉城市群拥有南通北达、东贯西连的交通通信优势；科教发达、智力密集，具有技术溢出的创新高地优势。①

在《全国主体功能区规划》中，武汉城市群的功能定位是：全国重要的高新技术产业、先进制造业和现代服务业基地，全国重要的综合交通枢纽，区域性科技创新基地，长江中游地区人口和经济密集区。武汉城市圈是全国资源节约型和环境友好型社会建设的示范区，全国重要的交通枢纽、科技教育以及汽车、钢铁基地，区域性的信息产业、新材料、科技创新基地和物流中心。武汉城市群地处我国中部之中，是我国中部崛起的重要战略支撑点。

（2）环长株潭城市群。环长株潭城市群以长沙、株洲、湘潭3市为中心，包括衡阳、岳阳、益阳、常德、娄底5市。土地面积9.7万平方公里，占全国1.01%。2010年人口为4221.4万人，占全国3.15%。2010年地区生产总值为12558.81亿元，占当年全国国内生产总值的3.13%。环长株潭城市群以长沙、株洲、湘潭3市为核心，包括湖南东中部部分地区。长沙是湖南省省会，全省政治、经济、文化中心；株洲是亚洲最大的有色金属冶炼基地、硬质合金研制基地、电动汽车研制基地；湘潭是重要的工业城市，具有良好的发展基础。②

在《全国主体功能区规划》中，环长株潭城市群的功能定位是：全国资源节约型和环境友好型社会建设的示范区，全国重要的综合交通枢纽以及交通运输设备、工程机械、节能环保设备制造、文化旅游和商贸物流基地，区域性的有色金属和生物医药、新材料、新能源、电子信息等战略性新兴产业基地。规划将建设长株潭为核心，以衡阳、岳阳、益阳、常德、娄底几个重要节点城市为支撑，集约化、开放式、错位发展的空间开发格局。③

环长株潭城市群作为全国资源节约型和环境友好型配套改革实验区，肩负着省城经济发展的重任；又作为国家中部崛起的重要组成部分，更肩负着促进中部地区乃至全国经济发展的重任。

3.长江上游地区发展型城市群的概况和发展方向

成渝城市群是长江上游地区唯一的发展型城市群，以四川省会成都和直辖市重庆为核心，包括四川省的德阳、绵阳、眉山、资阳、遂宁、乐山、雅安、自贡、泸州、内江、南充、宜

①张学良主编《2013中国区域经济发展报告》，人民出版社，2013，第253～258页。

②③张学良主编《2013中国区域经济发展报告》，人民出版社，2013，第259页。

宾、达州、广安等14个市，连同成、渝两个核心城，共有16个城市组成。成渝城市群有3个显著特点：

一是面积大。城市群土地面积23.99万平方公里，占全国国土面积的2.5%。城市群中大部分城市的面积都在10000平方公里以上。作为城市群核心之一的重庆市2010年土地面积达到了82403平方公里，远超北京的15411平方公里和上海的6341平方公里，成为中国土地面积最大的城市，成渝城市群也被称为中国面积最大的城市群。由此表明成渝城市群具有丰富的土地资源。

二是人口多。2010年成渝城市群拥有10819.7万人，占全国总人口的8.07%。成都和重庆的常住人口都超过1000万。2010年重庆市常住人口在全国的城市中排名第一位，超过北京和上海的常住人口。成都在全国排名第四位，但人口密度最高，为947.14平方公里。由此表明，作为人口大市重庆和人口大省四川，都有丰富的人力资源。①

三是经济较强。2010年成渝城市群地区生产总值达到23202.13亿元，占当年我国国内生产总值的5.78%。其中重庆市2010年以7925.58亿元的地区生产总值排在全国城市的第七位，而成都以5551.33亿元的地区生产总值排在全国城市的第12位。整个成渝城市群地区生产总值都表现为较高的增长率，增长幅度远远高于全国平均水平。②2010年，重庆市吸引外商直接投资达634397万美元，排在全国第六位。作为西部最大、发展最快、经济实力较强的成渝城市群，普遍被中外经济界看好，有人称赞说：成渝地区不愧为天府之国，实在是西部地区的东部。

2011年5月发布的《成渝经济区区域规划》中，成渝城市群的定位是：西部地区重要的经济中心，全国重要的现代产业基地，辐射西部的现代服务业高地，深化内陆开放的试验区，统筹城乡发展的示范区，长江上游生态安全的保障区。总体布局规划为以成都、重庆双核为中心，发展服务业和先进制造业，带动沿长江发展带、成绵乐发展带、成内渝发展带、成南（遂）渝发展带、渝广达发展带。③

（三）形成型城市群加快发展步伐

长江经济带的形成型城市群分布在长江中上游地区，其中长江中游形成型城市群是江西省鄱阳湖城市群，长江上游形成型城市群分别是云南省滇中城市群和贵州省黔中城市群。形成型城市群同发展型城市群相比，总体发展水平有相当大的差距，大体上处于起步或加快发展的阶段。

（1）鄱阳湖城市群。鄱阳湖城市群位于全国“两横三纵”城市化战略格局中，沿长江通道横轴和京哈京广通道纵轴交汇处，包括江西省环鄱阳湖的大部分地区，以南昌为中心，包括江西省的九江、新余、吉安、宜春、景德镇、鹰潭、上饶、抚州共9个城市，面积12.37万平方公里。

南昌是江西省省会，经济、文化相当发达，是全省重要的交通枢纽，也是鄱阳湖城市群的核心，在城市群中具有较高的经济地位，辐射集聚效应较强。

①②张学良主编《2013中国区域经济发展报告》，人民出版社，2013，第264～270页。

③张学良主编《2013中国区域经济发展报告》，人民出版社，2013，第265页。

鄱阳湖城市群，作为长江中游地区的组成部分，其定位是：全国重要的高新技术产业、先进制造业和现代服务业基地，全国重要的综合交通枢纽，区域性科技创新基地，长江中游地区人口和经济密集区。

鄱阳湖城市群，作为鄱阳湖地区的组成部分，按照2009年批复的《鄱阳湖生态经济区规划》要求，该区域的定位是：全国大湖流域综合开发示范区，长江中下游水生态安全保障区，加快中部崛起重要带动区，国际生态经济合作重要平台。①

鄱阳湖城市群具有良好的自然条件、优越的区位和丰富的物产资源，具有巨大的发展活力和潜力，只要从实际情况出发，统一规划，狠抓落实，加快建设步伐，必然会尽快进入发展型城市群的行列。

（2）滇中城市群。滇中城市群以昆明为核心，包括昆明、曲靖、玉溪和楚雄州行政辖区范围，共7个城市（包括地级市、县级市）和210个建制镇，总面积9.6万平方公里。2007年滇中城市群人口为1601.39万元，占全国总人口的1.21%。地区生产总值达到2805亿元，占全国GDP的1.12%。

滇中城市群资源富集、产业基础扎实，是云南最主要的产业集聚区，2010年前后由工业化初级阶段跨入工业化中期发展阶段，城市群初步形成。滇中各州市之间城镇化水平差异显著。昆明的城镇化水平已经达到60.01%，而曲靖、玉溪、楚雄的城镇化水平分别为32.6%、35.49%、28.49%，均低于全国水平。

近几年滇中城市群发展步伐加快，是云南省发展水平最为杰出的地区。2008年，城市群的GDP占全省总量的58.2%，是云南省名副其实的核心区，现已形成以烟草、有色金属冶炼、装备制造业为主的产业发展框架，并大力发展高新技术产业，推进产业结构转型升级。但从总体上而言，滇中城市群如今仍是以资源型产业为主，这是因为云南是资源大省的现状而形成的产业结构。

在《全国主体功能区规划》中，滇中城市群的功能定位是：我国连接东南亚、南亚国家的交通枢纽，面向东南亚、南亚对外开放的重要门户，全国重要的烟草、旅游、文化、能源和商贸物流基地，以化工、冶金、生物为重点的区域性资源精深加工基地。在2011年公布实施的《滇中城镇群规划》中提出，滇中城市群将形成“一核三极两环两轴”的空间结构。“一核”是以昆明及其周边地区作为滇中城市群的核心；“三极”是以曲靖、玉溪、楚雄及其周边地区作为滇中次级中心重点发展；“两环”是依托滇中内外环交通体系，构建联系昆明半小时通勤圈和一小时通勤圈的两个环状区域；“两轴”是“曲靖—昆明—玉溪”发展轴和“楚雄—昆明—文山”发展轴。②

（3）黔中城市群。黔中城市群以贵州省会贵阳市为中心，包括遵义、毕节、安顺共44市和黔东南、黔南两个自治州的有关县、市、区。土地面积13万平方公里，占贵州全省的74%；人口为2602.8万人，占全省的30%。2010年，黔中城市的GDP为3533.58亿元，以能源资源加工、装备制造、食品等轻工业为主的特色优势产业初具规模，交通、水利、电力等

①张学良主编《2013中国区域经济发展报告》，人民出版社，2013，第316～320页。

②张学良主编《2013中国区域经济发展报告》，人民出版社，2013，第336～345页。

基础设施也有一定发展。

在《全国主体功能区规划》中，黔中城市群的功能定位是：全国重要的能源原料基地，以航天航空为重点的装备制造基地，烟草工业基地，绿色食品基地，旅游目的地，区域性商贸物流中心。

在《黔中经济区发展规划（2012）》中，提出了黔中城市群的五个战略定位："国家重要能源资源深加工、特色轻工业基地和西部地区装备制造业、战略性新兴产业基地；国家文化旅游发展创新区；全国山地新型城镇化试验区；东西互动合作示范区；区域性商贸物流中心。"①

三、长江经济带城市群的显著特点

长江经济带城市群在崛起和蓬勃发展的过程中，显现了若干特点，特别是发展成熟、实力雄厚、优势突出的长三角城市群和众多发展型城市群，这些特点表现得十分突出和显著。集中表现在：

1.区位和自然禀赋优越

长江经济带各地城市群都是分布在自然条件优越和物产及人文资源丰富的地区，沿着江河湖海而兴建，依托原有工业城市和交通枢纽而发展。各地城市群空间布局较为合理，体现了尊重自然、顺应自然、天人合一的理念，保持城市原有山水城林的独特风貌，延续城市历史文化脉络，融入现代化元素，使城市群的"生产空间节约高效、生活空间宜居适度、生态空间山清水秀"。各地城市群具有较为完善的规模等级结构，以特大或大城市为核心和增长极，以众多中小城市为基础和支撑，各类城市优势互补和协调发展，全面提高城市群的综合实力和国际竞争力。

2.交通通信便捷并形成网络

这是城市群兴起和发展的先决条件。长江经济带现已形成的以高速铁路和高速公路为主导，包括铁路、公路、水运、航空、管道等多种运输方式齐全的综合交通运输体系，以及快捷、通畅、安全的通信网络。许多城市群还形成了城际铁路或高速公路"1～2小时交通圈"，逐步实现城际铁路公交化。

3.人口和产业高度密集

这是城市群充满活力和兴旺发达的重要标志。人才和人力资源是城市群发展的第一资源，是起决定性作用的根本动力。而产业则是城市群发展的基础，产业兴旺才能带来城市群的兴旺。长江经济带人口众多、产业发达，带动众多城市群兴旺发达。2012年上海常住人口高达2380万人，连地级市苏州常住人口也达到1046万人，名列全国城市人口第9位。2012年长三角城市群人口密度为977人/平方公里。长江经济带在城市群形成和发展过程中，始终坚持以经济建设为中心，带来了产业高度集聚和空前繁荣的景象。2011年长三角经济密度为6415万元/平方公里。

①张学良主编《2013中国区域经济发展报告》，人民出版社，2013，第345～349页。

4.以人为本的城镇化全面推进

位于长三角北翼的江苏，城镇化一直位居全国前列。2013 年，江苏省城镇人口突破 5090 万人，城镇化率达到 64.1%，高出全国 10 个百分点。南京城镇化率高达 80.5%，居全省各市之首。按照城镇化标准，江苏在整体上已步入成熟的城镇化社会。在全面推进城镇化的过程中，江苏始终坚持以人为本的城镇化为核心，以城乡一体化为导向，以提高城镇质量为关键，以机制创新为保障，促进城乡经济转型升级，在城镇化布局上，积极培育沿长江城市群和沿海、沿东陇海、沿运河三大城镇轴，大力推进南京、苏锡常、徐州大都市圈建设。在实践路径上，坚持“新四化”同步、协调发展，走生产发展、生活富裕、生态良好的文明发展道路。

第四节　长江经济带全面推进农业现代化

我们的党和国家历来十分重视农业现代化。早在 1957 年 10 月 25 日，中共中央正式发布著名的农业“四十条”后，《人民日报》于同年 10 月 27 日发表的题为《建设社会主义农村的伟大纲领》社论中，明确提出“我们的目标是建设一个既有现代工业又有现代农业的社会主义强国。”1975 年 1 月，周恩来在四届全国人大一次会议上所做的《政府工作报告》中，向中外庄严宣告：“在本世纪内，全面实现农业、工业、国防和科学技术的现代化，使我国国民经济走在世界的前列。”[①]难能可贵的是，即使在“文化大革命”文化大革命期间，周恩来仍念念不忘包括农业现代化在内的“四化”宏伟目标，号召中国人民为实现“四化”而艰苦奋斗。在改革开放新的历史时期内，根据新时期的国情和国内外经济发展的需要，2013 年 11 月中共十八大报告再次发出庄严号召：“坚持走中国特色新型工业化、信息化、城镇化、农业现代化道路。”这就是包括农业现代化在内的“新四化”。由此表明，全面实现农业现代化，是当代中国的一项长期的、十分艰巨的战略任务，也是长江经济带的一项持之以恒的战略目标。

一、农业现代化的内涵、目标和方向

2007 年，中共中央发出一号文件，即《中共中央国务院关于积极发展现代农业、扎实推进社会主义新农村建设若干意见》，明确提出了实现农业现代化的总体要求和目标。为解决当代中国农业、农民、农村“三农”问题指明了方向。如何坚持走中国特色农业现代化道路，归纳起来，就是要用现代物质条件装备农业，用现代科学技术改造农业，用现代产业体系提升农业，用现代经营方式推动农业，用现代发展理念引领农业，用培养新型农民发展农业，提高农业水利化、机械化和信息化水平，提高土地产出率、资源利用率，提高农业素质、效益和竞争力。[②]

①中共中央党史研究室：《中国共产党历史》第二卷（下册），中共党史出版社，2011，第 912 页。

②陈玉琪等：《共和国经济 60 年》，人民出版社，2009，第 397 页。

长江经济带农业发展和实现农业现代化的目标和方向是：坚持农业在国民经济中的基础地位，加快发展高产、优质、高效、环保、安全农业，增强农业综合生产能力，全面实现农业现代化。要以市场为导向、资源为基础，依托便利的交通运输和雄厚的技术力量，发展以大中型农副生产基地为支撑点和辐射源的长江农业走廊。

根据长江上、下游不同的自然条件和资源状况，农业发展和农业现代化着重点应当有所不同。具体说来，长江上游地区着重依托其丰富的农业综合资源，努力发挥综合优势，加强林果特生产，注重水土保持，向生态农业要效益。中游地区主要依赖丰富的土地资源和淡水资源，依托强大的科技实力，努力提高农业发展水平，担负起我国粮、棉、油国家农业生产基地的重任，并在淡水生产和科研上起到指导全国的作用，向规模农业要效益。长江下游和长三角地区，则应充分发挥对外开放的门户作用和强大的经济实力，在创汇农业和城郊农业上下功夫，并同农村工业化紧密结合，担负起为长江农业走廊乃至全国农业树立样板、输送农业信息、技术、人才的重任，以粮食自给为立足点，向设施农业、高科技农业要效益。①

二、推进农业现代化的途径和举措

推进长江经济带的农业现代化，是一项十分繁重而复杂的系统工程，必须通过有效途径，采取一系列重大措施，才能取得又好又快的效果。

（一）全面实现传统农业向现代农业的转变

传统农业是在自然条件下，以铁木制农具为生产工具，以人力和畜力作为动力，实行手工操作，采用历史上沿袭下来的耕作方法和农业技术。长江流域是我国传统农业起步最早的地区之一。唐宋以后，北方连年战乱，人口大量南迁，带来了北方先进的农业生产技术，使江南农业获得了空前发展。随着全国经济重心南移，江南农业获得了进一步发展。明清时期，江南农村出现了资本主义萌芽。广大农村凭借小农家庭经营制度与精耕细作为核心的农业技术相结合，使江南农业获得高度成功，并领先于世界。

但是，由于传统农业生产力水平低下，生产技术长期保持不变或变化甚微，只能维持自给自足或半自给自足的发展水平。如遇天灾人祸，人们便难以维持最低水平的生存需要，更谈不上商品生产和商品交换的需求了。

为了适应工业化和社会进步的需要，为满足人们物质文化生活的需要，为了国家富强和民族振兴，必须全面推进农业现代化，必须实现由传统农业向现代农业的根本转变。建设现代农业的过程，就是改造传统农业、不断发展农村生产的过程，就是转变农业增长方式，促进农业又好又快发展的过程。

推进农业现代化，不仅是我国农业发展的必由之路，也是世界上发达国家发展农业走过的道路。现代农业是以现代工业、现代科技和管理方法武装起来的农业，是伴随着工业化的出现而开始的，随着现代工业和科学技术的导入而发展的，是世界经济发展的历史趋势。

---

①虞孝感：《长江产业带的建设与发展研究》，科学出版社，1997，第98～99页。

农业现代化的提出,曾有许多学者做过专门研究,取得了丰硕成果。有的学者提出,现代农业具有以下特征:

(1)现代农业是优质高效农业。农业生产不再单纯追求数量,而是把质量、效益放在首位,坚持高产优质并重,使农产品结构优良化、食物品种高档化、产品优质化。

(2)现代农业是以市场为导向的农业。农业生产要遵循价值规律,以市场为导向,以效益为核心,适度集中,规模经营,根据市场需要,组织和安排农业生产。

(3)现代农业是科学发达的农业。现代农业是应用现代科学技术的最新成果武装起来的新型农业,在农业生产过程中表现出较高的科技含量。

(4)现代农业是实现可持续发展的农业。通过合理开发和利用各种自然资源,不断提高生态和自然界进行物质循环和能量转化的效率,进而获得最好的生态效果,实现农业的可持续发展。

(5)现代农业是注重外向开拓的农业。现代农业既瞄准国内市场,满足国内日益增长的农产品需要,又研究国外市场需求,注重外贸出口,将更多的名特优新农副产品打入国际市场。①

长江经济带根据现代农业特征,推进传统农业向现代农业的转型,不仅是一个现代生产引入技术进步的过程,同时是一个要素优化配置或制度创新的过程,从而取得了现代农业逐步取代传统农业的巨大进步。

(二)科学规划现代农业产业布局

长江经济带现代农业产业布局,大体上分为长江上游、中游和以长三角为中心的长江下游三大地域。在长江上游地区,农业开发方向是点线式开发,发挥农业综合资源优势;农业布局是把攀西地区、川南地区、三峡库区作为重点地区,进行综合农业发展布局;以攀枝花外向型热带亚热带农产品基地作为上游的重要基地。在长江中游地区,开发方向是带式开发,把本区建成国家粮棉油及水产基地;农业布局是以江汉平原、洞庭湖平原、鄱阳湖平原为主体,进行粮棉油基地及水产品生产中心布局,并进行成片开发;重大基地有4个,即江汉平原粮棉油基地、汉鄂黄优质水产品基地、鄱阳湖商品粮油基地、湖区淡水渔业基地。在长三角地区,以设施农业为重要方向,建成外向型农业基地及产业带农业对外开放的窗口;农业布局是充分依靠沿海优势进行布局,沿海、沿城、沿江布局是基本原则;共有3个重要农业基地,即太湖粮油基地和太湖水产品基地、长三角创汇农业基地、舟山等海洋渔业基地。②

(三)全面推进和深化各项改革和对外开放

推进以国营农场为主体的粮棉油基地建设。在坚持国家主渠道前提下,鼓励建设集体、私营农场、股份制农场,并对外开放。农业的进一步发展,要求推进合作经济和区域联合,由过去分散化经营向规模化、集约化、企业化经营方向发展,合作经济和股份制经济是最好的形式。目前,"公司+农户"是一种较好的农业组织形式,在互惠互利的基础上,由公

①陈东琪:《共和国经济60年》,人民出版社,2009,第92~93页。

②虞孝感:《长江产业带的建设与发展研究》,科学出版社,1997,第99页。

司与农户挂钩，签订购销合同，并适当提供资金、技术等支持，既可使公司扩大规模经营，又可使农户减少市场风险，走上在公司引导下的共同富裕之路。上海农业股份公司总股本已达数亿元。耕地转包，现已成为长三角地区实现土地规模经营的重要方式，应当推行。鉴于长江经济带农业分工布局的差异，并综合其区位形势，应分别在宜昌、武汉、南京建立起长江水果、水产及粮棉油交易中心，彼此相互联系、整体运作，使长江真正成为中国农业的中心轴线。同时，在芜湖、舟山或宁波建设区域性淡水及海水产品市场，在无锡建设区域性粮食交易市场，与前述三大交易中心优势互补，形成服务长江、辐射全国的农业市场体系。[①]

（四）农业机械化全面推进

农业的根本出路在于机械化，这是新中国成立后广大农村常用的语言，也是解决农业问题的途径。其实，在新中国成立前，经济发达的江南农村已开始部分使用农业机械，并用电力灌溉。如今提出的农业机械化，是全面推进农业机械化，即包括农业生产的各个环节，如耕种、除草、施肥、灌溉、收割、农产品加工、农业运输等，全面实现机械化，用机械运作取代所有繁重的手工劳动。这是广大农民日夜企盼的美梦，在经济发达地区正在逐步实现。如今长江经济带各地的农业生产条件普遍有了相当大的进步，集中表现在：

(1)农业机械广为使用。各地农业机械已形成较为完整的生产和服务体系，普遍能生产比较齐全的各类拖拉机、内燃机及其配套农业机具、排灌、植保，粮棉油加工机械设备等农机产品，品种齐全、质地优良，能适应农业生产多方面需要。同时，形成了农械供应、管理、维修、培训、安全监理、技术推广服务网络。农药、化肥、农膜、饮料等支农工业也有了相当大的发展。

(2)农业技术装备有了较大提高。农业技术改造是传统农业向现代农业转变的中心环节。长江经济带农业技术改造成就最为突出，大中小型拖拉机、联合收割机、农用载重汽车等在农村到处可见，耕地机耕化程度、机播化程度、机收化程度和农产品机械化加工程度，都有了相当大的提高。

(3)农业基础设施建设成效显著。首先是农田水利基础设施建设成就巨大。各类水库和水井在防洪、排涝、灌溉等方面起了很大的作用，许多地方出现了旱涝保收的景象。

(4)农业综合生产能力显著提高。生产效率提高是传统农业改造的一个主要成果，其中土地生产效率提高尤为突出。农业历来发达的江苏省 1978 年粮食总产值为 2400.65 万吨，居全国各省市第二位；到 1990 年增至 3246.15 万吨，居全国第四位。[②]

(5)农产品有效供给和产品结构大为改善。长江经济带各地各类农副产品，产量大幅度提高，可供居民选择的产品日趋增多，市场供应农副产品数量充足、花色品种繁多，已初步形成了无公害农产品、绿色食品和有机食品“三位一体、整体推进”的发展格局。

---

①虞孝感：《长江产业带的建设与发展研究》，科学出版社，1997，第 106～108 页。

②桑学成等：《江苏发展史纲》，河海大学出版社，1999，第 201 页。

第六章　长江经济带建设的基本经验和发展战略

本章主要论述1978年中共十一届三中全会以后，在改革开放新时期，整个长江流域社会主义现代化建设的基本经验和今后的发展战略。当然，也包括20世纪90年代初期崛起的长江经济带现代化建设的基本经验和今后的发展战略，并以长江经济带作为论述的主体。因为长江经济带同长江流域是同一地域，并是长江流域经济文化最发达、最有发展活力和潜力的地区。也就是说，长江流域包括长江经济带的全部地域，而长江经济带则覆盖了经济文化最发达的长江沿江地区以及经济文化关联密切的地区。本书遵循通常惯例，在20世纪90年代初长江经济带形成前，这个广大地域通称长江流域；长江经济带兴起和发展后，则称为长江经济带。但因经济发展不可能"一刀切"分开，为叙述方便，有时交叉使用这两个名称。

第一节　长江经济带现代化建设的基本经验

改革开放30多年来，以长江经济带为主体的长江流域各地，在各级党和政府领导下，聚精会神搞建设，一心一意谋发展，使社会主义现代化建设快速健康发展，取得了举世公认的辉煌成就，积累了丰富的经验。这些有效的经验归纳起来，主要表现在以下几点：

一、始终坚持以经济建设为中心不动摇

以经济建设为中心，是社会主义的本质要求，是我们党执政兴国的第一要务，是民族振兴、国家富强和长治久安的根本保证。是否始终以经济建设为中心不动摇，是关系到我们党和国家事业成败的关键。这是因为经济建设具有十分重要的战略地位和作用，在党和国家的各项工作中始终居于中心地位，各项工作必须服从和服务于经济建设这个大局。

（一）以经济建设为中心是社会主义的本质要求

邓小平曾经指出："社会主义的本质，是解放生产力，发展生产力，消灭阶级，消除两极分化，最终达到共同富裕。"①邓小平的这个论断告诉我们，解放生产力、发展生产力是前提条件，只有发展经济、建设强大的物质基础，才能达到消灭剥削，消除两极分化，最终达到

①《邓小平文选》第三卷，人民出版社，1993，第373页。

共同富裕这个根本目的。没有强大的物质基础,就不可能达到共同富裕这个根本目的。在这方面,我们国家有过深刻的教训。新中国建立后,我们曾经十分强调生产关系的变革,强调"一大二公三纯",大搞"穷过渡",而忽视发展生产力,忽视经济建设为中心这个大局,以致人民生活程度改善缓慢,有许多地方温饱问题都没有解决,在国际上远远落后于发达国家。直到改革开放,才坚持以经济建设为中心,充分显示社会主义的巨大优越性,显现了我们国家的大国地位。

(二)以经济建设为中心是我国民富国强的根本战略

发展经济,在发展、改革、稳定三者的关系中,具有特别重要的作用。发展是硬道理,是构建社会主义和谐社会的关键。这是因为从根本上摆脱落后要靠发展;提高人民生活水平要靠发展;缩小各地区的经济差距要靠发展;实现共同富裕要靠发展;实现社会稳定要靠发展;增强综合国力要靠发展。一句话,发展经济是解决所有重要问题的先决条件,也是我们党和国家的根本发展战略。

(三)以经济建设为中心是我们党执政兴国的第一要务

我们党是代表人民群众根本利益、以全心全意为人民服务为宗旨的执政党。而当今中国最主要的矛盾就是人民群众对物质文化的要求同社会生产力之间的矛盾。作为有 13 亿人口的中国执政党,首要任务就是发动和组织广大人民群众大力发展生产力,始终坚持以经济建设为中心,根据国内外市场的需求,生产丰富的、价廉物美的物质产品和精神产品,以满足人民群众日益增长的物质文化生活需要。这是摆在我们面前的第一要务,只有最大限度地完成这项要务,才能体现我们党的性质和根本宗旨。

二、坚持走改革开放这条富民强国之路

改革开放是党和国家在新的历史条件下带领人民群众进行新的伟大改革，目的就是要解放和发展社会生产力,实现国家现代化,实现人民富裕、国家强盛、民族振兴。改革开放是当代中国的主旋律,是建设中国特色社会主义和中华民族伟大复兴的必由之路,是发展的强大动力,是一条全面推进民富国强的强国之路。

(一)改革是社会主义制度自我改善和发展的根本途径

生产力决定生产关系,生产关系要适应生产力的发展,才能促进社会进步,否则将阻碍社会的进步。为促进生产力的发展,必须对生产关系中不合理的因素适时进行变革,这是各个社会形态必须坚持的客观规律,社会主义社会同样不能例外。社会主义社会必须通过不断改革,使生产关系适应生产力的发展。因此,改革是发展社会主义国家生产力的需要,也是巩固和坚持社会主义的需要。唯有改革,才能使社会主义经济制度和政治制度日臻完善,也唯有改革,才能使社会主义制度永葆生机和活力。

改革开放 30 多年来,长江经济带同全国各地一样,经济体制改革始终坚持社会主义方向和改革的市场化取向相结合,不断推动体制创新。从改革的过程看,经历了由试点到推广、由点到面、由表及里、由浅入深的渐进式的历史进程。从时空特点看,经历了从农村局部到农村全部、从农村到城市、从沿海到沿江再到内地的发展过程。从改革内容看,经历

了经济体制改革的单项改革到涉及社会管理体制、行政管理体制、政治体制及统筹经济社会多方面的综合配套改革。特别是经济体制改革的成功，有力地促进了社会生产力的提高，增强了综合国力和国际竞争力，改善和提高了人民群众的生活水平。

长江经济带在经济体制改革的过程中，积累和创造了值得借鉴的丰富经验，集中表现为以下 5 个“结合”：

（1）坚持经济体制改革与经济发展方式转变相结合。始终坚持把改革作为发展的动力，用改革破解发展难题、增强发展的活力，把体制机制创新和制度建设作为促进发展、转变发展方式的制度保障，不断创造发展的新优势，开创发展的新局面。

（2）坚持市场机制的决定性作用和宏观调控相结合。既充分发挥市场机制在资源配置中的决定性作用，又不断完善宏观调控体系，用宏观调控妥善解决市场机制的某些不足之处，使两者相互促进，共同推进长江经济带的协调、快速、健康发展。

（3）坚持经济发展与改善民生相结合。我们是社会主义国家，人民群众是国家的主人，也是改革的主力军。改革的根本目的，就是满足人民群众不断增长的物质和文化生活需要。因此，在改革的过程中，必须坚持依靠群众，尊重人民群众的首创精神，又始终注重维护和增进人民群众的物质利益，使人民群众共享改革和发展的成果，使改革真正造福于人民。

（4）坚持经济体制改革与全方位改革相结合。为全面推进经济社会协调发展，必须坚持改革的总体指导、统筹协调和综合配套。改革开放以来，长江经济带十分注重微观经济改革和宏观经济改革相协调，经济领域改革和社会领域改革相协调，农村改革和城市改革相协调，经济体制改革和政治、文化、社会体制改革相协调，从整体上部署各项改革举措有机衔接和综合配套，推动各项改革相互促进、共同发展。

（5）坚持经济改革和对外开放相结合。对内改革和对外开放，是一个不可分割的整体，两者相互促进，协同推进。通过对内经济体制改革，改善对外开放的条件和环境，提升对外开放的广度和深度；通过对外开放，充分吸取国外发展市场经济的成功经验，积极利用国内外两种资源和两个市场，破除不适应市场经济发展的障碍，破除不适应国际市场流通的弊端，是发展开放性的紧迫任务。其实，对外开放，本身也是一项重大改革。通过对外开放，加速了改革的步伐；而改革的深入发展，又迎来了进一步对外开放的大好局面。

（二）对外开放是中国崛起的强大动力

当今的世界是开放的世界。对外开放是中国特色社会主义建设事业最鲜明的时代特点。中国的发展离不开世界。中国要发展、要进步、要自强，就必须实行对外开放，吸收和借鉴世界各国一切先进技术、设备和管理经验，充分利用人类社会创造的一切文明成果，以增强我国的综合国力和国际竞争力。实践证明，对外开放是中国崛起的根本和强大动力。

改革开放 30 多年来，长江经济带同全国各地一样，对外开放经历了由点到面、从沿海到沿江、从长三角地区到长江中上游地区，逐步扩展和稳步推进的开放战略，如今已形成了“完善内外联动、互利共赢、安全高效”的开放体系，形成了在经济全球化条件下参与国际合作和竞争的新局面。对外开放的过程始终坚持以下 4 个基本原则：

（1）坚持维护国家独立和主权完整这个最高原则。这里同旧中国被迫对外开放在本质上有根本的不同。近代中国根据一系列不平等条约规定，被迫开放一批港口和城市，使国家丧失主权、使民族蒙受欺凌和灾难，这是旧中国落后的根源。如今实行对外开放，始终坚持以维护国家独立和主权完整为最高原则，以不损害国家主权和安全为前提。

(2)坚持在社会主义制度的基础上对外开放。如今对外开放，是利用人类社会创造的一切文明成果来建设社会主义，实现社会主义现代化，而不是搞资本主义或“全盘西化”。

(3)坚持独立自主、自力更生的原则。对外开放是立足于社会主义初级阶段的基本国情，充分利用国外的资金、技术和人才，加速我国社会主义现代化建设步伐，而不是照搬照抄别国的发展模式和经验。

(4)坚持“引进来”和“走出去”相结合。改革开放初期，我国资源短缺、资金匮乏、技术落后、人才严重不足，当时的对外开放是从“引进来”起步的。通过不断扩大对外开放，引进了国外大量资金、技术和人才，使我国的经济快速发展，一跃成为当今世界第二大经济大国。长江经济带更是得益于国外资源资金、技术和人才，加快了现代化建设步伐，成为当今中国经济文化、人才高度密集的地区，特别是长三角地区成为中国现代化建设的领头羊。正因为如此，长三角地区又成为中国大踏步“走出去”的先导区和示范区。长三角地区经济实力雄厚的大企业和企业集团纷纷走出国门，在国外投资兴办华资企业，在国外就地生产和就地销售，全面推进经济国际化进程。

(三)改革开放是当今中国的基本国策

我国改革的开创者和总设计师邓小平曾经强调指出：“社会主义的任务很多，但根本一条是发展生产力。”①发展生产力是社会主义的根本任务，也是改革开放的根本目的。只有通过改革开放，才能解放和发展生产力。1978 年中共十一届三中全会确立了改革开放的基本国策，从此，我国进入改革开放新的历史时期。长江流域各地在新的历史时期始终贯彻落实改革开放这个基本国策，带来了社会主义的现代化建设事业蓬勃发展和空前繁荣的新局面。实际上长江经济带的崛起，本身就是改革开放的产物，是改革开放的基本国策推动了长江经济带的兴起和发展。

从 20 世纪 90 年代开始，中国经济发展和改革开放的重心逐步转移到长江流域，长江经济带应运而生。1990 年 4 月，国务院宣布上海浦东开发开放，是我国改革开放进程中的一个重要里程碑，也吹起了长三角经济带兴起的号角。同年 6 月 2 日，中共中央国务院正式批准上海市开发开放浦东新区，并许诺浦东新区将采取比经济特区更为优惠的政策来发展经济。随后，国务院召开的长江三角洲和沿江地区规划座谈会，全面做出了长江经济带开发开放的规划和部署。1992 年 10 月，中共十四大正式形成了长江经济带的发展战略，明确提出了将中国最大的经济中心上海作为长江经济带开发开放的龙头。由此可见，长江经济带既是改革开放基本国策的产物，又为贯彻落实改革开放基本国策提供了丰富的经验并做出了杰出贡献。

---

①邓小平：《建设有中国特色的社会主义》(增订本)，人民出版社，1984，第 116 页。

三、坚持基本经济制度和市场经济体制不动摇

2012 年 11 月，中共十八大报告明确指出："要加快完善社会主义市场经济体制，完善公有制为主体、多种所有制共同发展的基本经济制度，完善按劳分配为主体、多种分配方式并存的分配制度，更大程度更广范围地发挥市场在资源配置中的基础性作用，完善宏观调控体系，完善开放型经济体系，推动经济更有效率、更加公平、更可持续发展。"[①]这是我国今后全面深化经济体制改革的奋斗目标，也是建设中国特色社会主义经济的基本内容。长江经济带在今后进行现代化建设的改革开放的进程中，应当全面贯彻落实，并做出更大的贡献。

长江经济带和全国各地的现代化建设和改革开放的实践经验表明，基本经济制度及与之相适应的分配制度，连同市场经济体制，三者都是中国特色社会主义经济的核心内容，是党和国家始终沿着中国特色社会主义道路前进的根本保证。这三者对于巩固和发展社会主义制度，解放和发展生产力，实现民富国强和中华民族伟大复兴，都具有决定性的意义。

（一）坚持社会主义市场经济体制

社会主义市场经济体制，是我国经济体制改革的目标模式，在资源配置中起基础性作用。中国成功地把市场经济与社会主义相结合，解决了人类历史上的一大难题，这也是人类历史上一个伟大创造，是对马克思主义的空前创新和发展。经过党和人民群众的共同努力，我国已初步建立起了社会主义市场经济体制。其主要标志是以公有制为主体，多种所有制经济共同发展的基本经济体制已经确立；按劳分配为主体，多种分配方式并存，按劳分配与按生产要素分配相结合的分配制度已经建立；以间接手段为主的宏观调控体系已经建立；全方位、多层次、多领域的开放格局基本形成。[②]

1993 年 11 月，中共十四届三中全会通过的《中共中央关于建立社会主义市场经济体制若干问题的决定》，全方位、多领域提出了社会主义市场经济的基本框架。从总体上说，现代市场经济的一般框架主要有四个基本要素：规范的市场主体，现代化的市场体系，灵活的宏观调控体系，完善的社会保障制度。[③]这个基本框架，成为长江经济带和全国各地建立和完善社会主义市场经济的行动纲领。

（二）坚持基本经济制度和与之相适应的分配制度

坚持公有制为主体、多种所有制经济共同发展的基本经济制度，坚持按劳分配为主体、多种分配方式并存的分配制度，是长江经济带和全国各地发展社会主义现代化经济必须始终坚持的最根本的经济制度，也是改革开放 30 多年来经济建设最为重要的基本经验。这个经验是长江经济带经济建设的传家宝，必须毫不动摇地始终坚持，不可有任何松懈。这是坚持社会主义道路和发展社会主义经济的根本制度。

中共十四大报告指出："社会主义市场经济体制是同社会主义基本制度结合在一起

①胡锦涛：《坚定不移沿着中国特色的社会主义道路前进，为全面建成小康社会而奋斗》，第 18 页。

②陈东琪等：《共和国经济 60 年》，人民出版社，2009，第 66～67 页。

③陈东琪等：《共和国经济 60 年》，人民出版社，2009，第 63 页。

的。在所有制结构上,以公有制包括全民所有制集体所有制为主体,个体经济、私营经济、外资经济为补充,多种经济成分长期共同发展,不同经济成分还可以自愿实行多种形式的联合经营。"实践表明,公有制经济是社会主义经济制度的基础,是社会主义制度的根本特征。公有制经济是我国现代化建设的主要支柱,是国家引导和推动经济社会发展的基本力量,是国家宏观调控的重要物质基础,也是实行按劳分配和共同富裕的物质保证。

中共十五大报告突破了传统认识,对公有制的主体地位做出了科学论断,明确指出:"公有制的主体地位主要体现在公有资产在社会总资产中占优势,国有经济控制国民经济命脉,对经济发展起主导作用。公有资产占优势,要有量的优势,更要注重质的提高。国有经济起主导作用,主要体现在控制力上。只要坚持公有制为主体,国家控制经济命脉,国有经济的控制和竞争力就会得到增强,在这个前提下,国有经济比重减少一些,不会影响我国的社会主义性质。"这是衡量公有制主体地位的新观点,改变了人们过去往往以国有企业数量为公有制标准,而忽视了看公有制资产在社会总资产中占优势这个本质问题,也忽视了看国有经济的主导作用主要体现在控制力这个关键问题。这个"新视角"不仅充分肯定了公有制的主体地位和国有经济主导作用的科学内涵,也为进一步发展非公有制经济"松绑",解除了人们对非公有经济的种种疑虑,迎来了长江经济带非公有经济蓬勃发展的良好局面。

(三)鼓励发展以民营经济为主体的非公有制经济

民营经济是民间投资,民间资本、民间经营的经济,亦即民办、民有、民享的经济,从所有制角度讲是个体和私营经济。5 年前,我国著名经济学家厉以宁在北京大学"民营经济发展论坛"上的演讲中,提出了一个著名的观点,即"无民不稳,无民不活,无民不富。"这里所说的"民",就是民营经济。这个提法,是从改革开放初期流行的"无农不稳、无商不活、无工不富"之说引申和演变而来的。厉以宁教授认为,在当今中国的国情条件下,一个地区没有民营经济社会就不会稳,没有民营经济流通就不活跃,没有民营经济老百姓就富不起来。当今的民营经济就是个体经济和私营经济,是属于非公有制经济范畴的一种经济成分,是当今长江经济带和全国各地区正在兴起和蓬勃发展的经济。

1.民营经济的重要地位和作用

长江经济带的民营经济在本地区国民经济发展中占有重要的地位,集中表现在:

(1)民营经济是推进经济增长的加速器和新的经济增长点。据有关经济专家计算,民营经济工业总产值比重每上升 1 个百分点,地区人均 GDP 就能增加 202 元,城镇就业中民营经济就业比重每上升 1 个百分点,地区人均 GDP 可增加 518 元。①

(2)民营经济成为区域经济的重要支柱。江苏作为我国民营经济发展的大省,民间资本投资总量和占有比重已跃居全国前列,成为全省经济发展的突出亮点,成为推动全省经济持续稳定发展的重要力量。截至 2009 年底,全省私营企业达 91.16 万户(含分支机构),占全国总数的 12.3%,连续 9 年保持全国第一。全省个体工商户达 261.44 万户,占全国总

①黄孟复:《中国民营经济发展报告》,社会科学文献出版社,2011。

数的 8.2%,连续 5 年位居全国第二。全省私营企业注册资本已达 2.01 万亿元,户均注册资本 239.23 万元,注册资本超亿元的私营企业有 1727 户。全省个体工商户注册资金 1581.71 亿元,户均注册资本 6.05 万元。2009 年,全省新开业的私营企业有 16.82 万户,个体工商户 69.73 万户,均为近 5 年之最。特别应当提到的是:全省国有集体经济、私营个体经济、外商及港澳台商投资经济在 GDP 中所占的比重,分别是 35.9%、39.4%和 24.7%,其中国有集体经济占比比上年下降 0.9 个百分点,外商投资经济占比下降 1.4 个百分点,而私营个体经济占比则上升 2.3 个百分点,进一步超过国有集体经济而继续位居 GDP 第一位。[①]由此表明全省私营个体经济充满活力和创造力。

(3)民营经济成为就业与再就业的重要渠道。上海市个体私营企业仅 1997 年就吸纳下岗职工 4.8 万人;在全市个体私营企业 100 多万从业人员中,下岗待业人员已占 20%以上。[②]

(4)民营经济是国家的重要财源。在 20 世纪 90 年代,湖南省岳阳市南区、株洲市南区、衡阳市江东区等地,个体、私营经济的税收已占当地财政收入的 70%~80%。[③]

此外,民营经济还促进了长江经济带的产业结构调整,推动了国有企业改革,培育了一批生产经营管理人员,推进了广大民众的自主创新精神,展示了民众追求自尊、自主、自立、自强的现代生活理念,给长江经济带各地经济、政治和社会生活带来了广泛、积极而深刻的影响。

四、创新是推动经济社会发展的根本动力

创业创新的主体是人民群众。他们凭借智慧的头脑和勤劳的双手,艰苦创业,不断创新,创造了一个又一个人间奇迹,从贫穷落后走向全面小康,从传统农业走向现代化农业,从落后的农业社会走向先进的工业社会,从封闭经济走向开放型经济,从计划经济体制走向市场经济体制,从资源驱动走向创新驱动,带来了经济繁荣、科教发达、社会和谐的壮丽景象。究其原因,从根本上说,是中国共产党和人民政府领导广大人民长期艰苦奋斗和不断创业创新的结果。长江经济带的经济发展之所以长期在全国居于领先地位,主要是因为这个地区始终把"大众创业、万众创新"作为推动经济社会发展的第一驱动战略。这是长江经济带改革开放 30 多年来经济社会发展的一条最为重要的基本经验,也是十分重要的发展战略。

(一)创业创新带来了经济蓬勃发展和繁荣

创业创新的含义很深,体制和机制创新则是推动经济发展的关键。浙江省义乌市小商品市场的形成和发展,为我们提供了依靠创业创新推动经济发展的成功典范。距上海 300 公里的义乌,原来是名不见经传的浙江极为普通的小县城,这里既不靠江海,又无资源优势,更无国家特殊的政策支持,却在改革开放 30 多年内发展成为全球最大的小商品批发市场,早在计划经济和公有制"一统天下"的时代,具有重商优良传统和开拓进取意识的义

---

①肖泉等:《体制中的探索》,江苏人民出版社,2011,第 44 页。

②③董辅礽:《中华人民共和国经济史》下卷,经济科学出版社,1999,第 421 页。

乌人，为了求生存和摆脱贫穷落后的困境，冒着“搞资本主义复辟”的风险，挣脱旧体制和旧制度的束缚，在计划经济夹缝中办起了民营企业。中共十届三中全会以后，随着“左”倾错误的清除和政策的放宽，义乌城乡的民营经济像滚雪似的越变越大，被誉为“中国鞋都”“中国锁都”“中国眼镜之都”的大批民营企业遍布城乡各地。这里生产占全国总产量10%的服装、20%的鞋、60%的剃须刀、65%的锁具、80%的眼镜、90%的金属外壳打火机和90%的水彩笔。每天有30万中外客商在义乌洽谈生意，有100万吨小商品从这里流向210多个国家和地区，成为名副其实的“世界超市”。

（二）创业创新带来了区域经济快速健康发展的新局面

长江三角地区是当今中国经济文化最发达的地区，也是最具发展活力和潜力的地区，对全国经济发展起了重要的先导、推动和示范作用。究其原因，主要有两条经验值得借鉴：一是继承和发扬吴越文化、江南文化、江浙文化和海派文化的优良传统和支撑作用，这些多元文化体现了包容性、开拓性、开放性、创新性为特征的人文精神；二是全方位、宽领域、多层次、多形式的创业创新热潮成为推动经济发展的强大动力，并提供了不竭的力量源泉。

坚持并善于创业创新的苏南人，借鉴新中国成立前商品经济较为发达的传统经验，创造性地大办乡镇企业，使苏南成为中国乡镇企业的发祥地，并不断对乡镇企业进行体制机制创新和技术、管理等诸多创新，走出了一条符合国情的中国农村工业化道路，被海外誉为推动经济快速发展的“苏南模式”。随着改革开放和现代化建设的深入发展，苏南人与时俱进，不断创业和创新，进一步创造了符合时代特征和苏南特点的“新苏南模式”。这种新模式亦可称之为新的“苏南之路”，它集中表现在：经济国际化，增长集约化，区域城市化，社会和谐化，生活富裕化。作为苏南地区核心的苏锡常城市群的3个地级市，全部被列为中国最富裕的30座城市的前十名，并使苏南地区成为当今中国经济最发达和最具活力与潜力的重要地区。

（三）创业创新形成了城乡一体化发展的新格局

长江经济带在现代化建设和经济发展的过程中，坚持新型工业化和农业现代化相结合，城市化和新农村建设相结合，建立并逐步完善以城带乡、以工促农、城乡协调发展的长效机制，破除城乡二元结构，缩小城乡差距，逐步形成城乡一体化发展的新格局。城乡一体化实质上是城乡之间的生产要素自由流动，在优势互补的基础上实现城乡资源共享和合理配置。重点是鼓励广大农民广开就业门路，通过创业创新致富，走共同富裕的道路。要以人为本，统筹城乡一体化发展，推进城乡规划、产业布局、基础设施、公共服务、劳动就业等一体化发展。长三角地区城乡一体化走在长江经济带的最前列，为长江经济带乃至全国城乡一体化提供了许多值得借鉴的经验。特别是闻名海内外的江阴市华西村，则是全国城乡一体化的样板。华西村原来是苏南地区“吃不饱、穿不暖”的普通贫穷落后的村庄，经过几十年来的艰苦创业和不断创新，如今已成为“家家住别墅、户户有汽车、人均存款超百万（元）”的华夏第一村，创造了中国农村多项第一。带领全村人多年来坚持奋斗的老书记吴仁宝也成为中国农民第一人。

第二节 长江经济带的发展战略

长江经济带覆盖沪、苏、浙、皖、赣、鄂、湘、渝、川、云、贵等九省二市，带动全国超过1/5的国土面积、约6亿人口的经济发展，国内生产总值超过全国的40%。长江经济带横跨我国东、中、西三大区域，具有独特的优势和巨大的发展潜力，现已成为全国综合实力最强、战略支撑作用最大的区域。

国家对长江经济带的战略定位是：①具有全球影响力的内河经济带。②东中西互动合作的协调发展带。③沿海沿江沿边全面推进的对内对外开放带。④生态文明建设的先行示范带。[①]

笔者于1997年12月在上海召开的“长江流域经济文化发展研讨会”上所作的题为《迈向21世纪的长江经济带》论文中，提出21世纪长江经济带的战略构想和目标是：①以上海为龙头的长江三角洲将成为21世纪中国率先实现现代化的示范区。②长江经济带将成为21世纪中国经济发展的脊梁和经济快速增长、潜力最大的地区。③将成为中国最发达的产业密集带和三次产业协调发展的最大的综合经济带。④将成为中国所有制结构与经济完善的国内外双向开拓的经济区。⑤将成为中国城市化水平最高的地区，长江三角洲将成为第六个世界级城市群。⑥将成为中国经济与社会协调发展的“两个文明”高度发达的重要地区。[②]

为实现上述战略构想和目标，应当坚持和实施一系列发展战略和举措，主要有以下四大战略：科教兴国和人才强国战略；可持续发展战略；以人为本，富民优先和环保优先战略；统筹和协调发展战略。

一、坚持科教兴国和人才强国战略

科学技术是第一生产力，是先进生产力的重要标志和集中体现，是推进经济发展、社会进步和人民生活水平改善的决定性因素，是实现现代化、维护国家安全、巩固社会主义制度和提升国际竞争力的核心因素。教育是民族振兴和社会进步的基石，是传播科学知识和提高全民族素质的主要手段，在经济社会发展中具有基础性、先导性、全面性的地位和作用。人才是第一资源，国以才强，业以才旺，民以才富，高度重视和重用各类人才，是民富国强的根本保证。在当今激烈竞争的时代，经济竞争、综合国力和地区实力的竞争，归根到底是科教与人才的竞争。国家之间和地区之间经济文化发展的不平衡，从根本上说，是由于人才的多寡和国民整体素质的高低所决定。因此，坚持和全面实施科教兴国与人才强国战略，是提高我国综合国力和实现社会主义现代化的关键性大事，也是富民强国的根本途径和重要保证。

①《扬子晚报》2015年3月5日。

②上海炎黄文化研究会：《长江流域经济文化初探》，上海人民出版社，1999，第234～260页。

（一）实施科教兴国战略的途径

科教兴国是一项庞大的系统工程，必须全面规划、逐步实施、狠抓落实，就长江经济带的实际情况而言，应当重点做好以下几点：一是依靠党和国家的政策和法规，确保科技教育优先发展的地位，首先要多渠道、多层次地增加对科技教育的投入，从资金和物质上保证科教优先发展。二是加强科技同经济紧密结合，加大自主创新投入，着力突破制约经济社会发展的关键技术；建立以企业为主体、市场为导向、产学研相结合的技术创新体系；以培育自主知识产权、自主品牌为重点，加快推进科技成果向现代生产力转化。三是坚持教育优先发展、优先投入的方针，加速实现教育现代化。按照优先发展、育人为本、改革创新、促进公平、提高质量的要求，高水平普及基础教育，创新发展职业教育，提升高等教育办学水平，努力办好各级各类学校，加快建设全民学习、终身学习的学习型社会。四是进行素质教育，坚持德育为先、能力为重，让德智体美全面发展成为教育引擎。坚持“教育大计，教师为本”，造就一支德育高尚、业务精湛、结构合理、充满活力的高素质、专业化的教师队伍。切实维护教师权益、改善教师待遇、关心教师身心健康，鼓励优秀人才终身从教。

（二）实施人才强国战略的举措

全面落实人才强国战略，是强国富民之基、竞争之本、经济转型升级之要。就长江经济带而言，落实人才强国战略，当今应当重点抓好以下几点：一是坚持服务发展、人才优先、以用为本、创新机制、高端引领、整体开发的方针，加强各类人才队伍的建设。在重点培养和引进创新型科技人才和科技企业家的同时，统筹党政和社会管理、企业经营管理、各类专业技术人才的培养。二是创新人才发展和管理机制。优化人才结构，突出重点，多元开发，整体推进，完善人才培养、调配、使用、激励、保障机制，使各类人才创业有机会、创新有条件、发展有空间。三是优化人才发展环境。大力营造充满活力、富有效率、更加开放的人才环境，加快建设人才公共服务体系，进一步完善人才市场，促进人才公平竞争和合理流动，鼓励和支持各类人才向长江中上游经济欠发达而又急需人才的地区流动。四是鼓励出国留学人员来长江经济带工作，为国家和民族服务，并进一步做好吸引和聘用国外高级专门人才为长江经济带发展献计献策。五是在全社会弘扬尊重知识、尊重人才、尊重创造的良好风气，让全社会各阶层人民为共同落实人才强国战略贡献力量。

二、坚持可持续发展战略

1992 年 6 月，联合国研发大会第一次提出可持续发展战略及行动纲领《21 世纪议程》。同年 7 月，中国政府开始编制《中国 21 世纪议程》，于 1994 年 3 月经国务院批准实施。这是全球第一部国家级的 21 世纪议程，提出中国是在人口基数大、人均资源少、经济和科技水平都比较落后的条件下实现经济快速发展的，只有遵循可持续发展战略，才能实现国家长期稳定发展。2005 年发布的《中共中央关于制定“十五”规划的建议》，是我国实施可持续发展战略的新的里程碑，《建议》强调指出：“坚持以人为本，转变发展观念，创新发展模式，落实‘五个统筹’，把经济社会发展切实转入全面协调可持续发展的轨道。”

20 世纪中期以来，长江流域各地在落实可持续发展战略方面做了大量工作，取得了丰富的成效：一是实行计划生育和环境保护两项基本国策取得良好成绩；二是贯彻落实科学发展观，建立资源节约型国民经济体系；三是通过政府、市场、社会的共同努力，从根本上改变了过去长期存在的高投入、低产出、高消耗、低效益的局面，资源节约型、质量效益型、科技先导型的地区和经济单位在长江经济带广为出现，初步实现了经济建设、资源利用、生态保护和污染治理的有机结合和协调发展。①

为进一步全面实施可持续发展战略，还有大量的工作要做，就长江经济带的现状而言，当今要认真抓好以下几点举措：一是全面构建可持续发展的制度框架。制度是实施可持续发展的前提和保证，有了完善的制度，可持续发展的战略才能落到实处，并卓有成效。要从实际情况出发，制订可持续发展的法规和政策，并充分利用法制手段和经济手段，保障可持续发展战略畅通无阻地全面实施。二是因地制宜地推进可持续发展。长江经济带面积广阔，人口众多，各地发展水平差异较大，必须针对各地不同的情况，提出适合本地情况的规划，以及与之相适应的措施，方可不断取得新的进展和成就。三是加强科技创新。科技是实施可持续发展的重要途径，要充分利用科研成果，全面推进经济转型升级，推动区域经济又好又快发展，实现经济效益、社会效益、生态效益全面提升。

三、坚持以人为本、富民优先、环保优先战略

坚持以人为本，是科学发展观的核心。中共十七大明确提出："发展为了人民，发展依靠人民，发展成果由人民共享。"这就是说，发展的根本目的是为了满足人民群众日益增长的物质和文化生活需要，发展的主体和主力军是人民群众，要全心全意地依靠人民群众推进经济社会发展，发展的成果应当而且必须由人民群众共享。因为社会财富是人民群众共同创造的，理所当然地应由人民群众共享自己创造的社会财富。

长期以来，许多地区尽管在口头承认发展的目的是为了人民，但在行动上却忽视了人民群众在发展中的主体地位，忽视了发展的根本目的是为了人民群众，盲目追求 GDP 的高速增长，以 GDP 位数的攀升论政绩、称英雄。其实质是一种"以物为本"思想的集中表现，它同"以人为本"是根本对立的。为了维护人民群众的根本利益，必须尽快转变经济发展方式，由"以物为本"向"以人为本"这个发展核心转变，真正做到以人的福利增长为发展目标，以人力资本的积累为发展路径，以人的发展为动力。

长江经济带各地在转变经济发展方式的过程中，提出了"富民优先""环保优先"的发展战略，正是以人为本这个科学发展观核心内涵的集中表现，它把富民和环保这两个直接关系人民群众根本利益的大事，提高到优先发展的战略地位，并以此带动区域经济的可持续发展。

（一）富民优先体现发展的根本目的

我们党和国家坚持以经济建设为中心，实行改革开放基本国策，建设中国特色社会主义，其根本目的就是为了使中国人民富裕起来，实现富民强国的宏伟目标。

①转引自刘仲藜：《新中国经济 60 年》上册，中国财政经济出版社，2009，第 212～213 页。

共同富裕是邓小平理论的重要内容，其基本思想一是允许先富，鼓励先富，逐步实现共同富裕；另一是先进帮落后，先富带后富，照顾左邻右舍。在这两点上，允许先富是基础和条件，照顾左邻右舍是保证和原则。改革开放30多年来，长江经济带各地一大批富有创新精神的能人，凭借自身的勤劳、智慧、技术，通过合法经营和诚实劳动先富了起来，并带动本地区或本系统的人，逐步走上了共同富裕的道路。

中外经济发展史表明，一切生产的目的，一切财富的创造，都是为了让人民过上更美好幸福的生活。改革开放30多年来，长江经济带城乡人民经历了从脱离贫困，解决温饱，到总体小康进而向全面小康的富裕道路迈进，其中还有相当多的能人步入全国乃至世界富人的行列。

长江经济带城乡人民富裕起来以后，追求更高水平的生活质量，具体表现在衣、食、住、行诸多方面：居民衣着由穿暖到穿好，由单调、低档到多样、中高档；饮食由吃饱到吃好，由追求数量品种到讲究营养、保健；住房由追求砖墙瓦房到高楼大厦并以提高住宅质量为重点；行以高速公路和高速铁路为重点，逐步取代原有较为落后的交通工具，追求便捷、舒适、安全的交通工具。日用消费品由20世纪中期百元级的“老四件”——自行车、手表、缝纫机、收音机；80年代千元级的“新元件”——电视机、洗衣机、录音机、电冰箱、电风扇、照相机；到90年代后期万级、十万元级、百万元级的电脑、汽车、商品房。这些充分说明长江经济带同全国各地一样，城乡居民生活水平有了极大改善，居民更加富裕、安逸和幸福。这是富民优先战略给人民群众带来的实实在在的好处。只要始终坚持和实施富民优先这个体现人民群众根本利益的战略，必将使广大人民的生活更加美好和幸福。

（二）环保优先是建设生态文明的根本途径

长江经济带自然条件优越，山河壮丽，物产富饶。但是由于人所共知的历史和现实原因，在生产建设中长期存在“产品质量差、物质消耗高、经济效益低”的痼病，至今这个问题仍没有解决。首先是水环境污染较为严重，1995年长江流域水质以有机物污染为主，符合一、二类标准的为45%，属于三类标准的为31%，属于四、五类标准已污染的为24%，其总趋势是下游重于中游，中游重于上游，湖泊重于江河水域，支流重于干流。长江干流城市的岸边污染总长为560公里。①其次是大气污染严重，江苏沿江8市单位国土面积主要大气污染物负荷居全国之首。酸雨污染也较为严重，主要分布在长江以南和四川盆地。再次是生态退化严重，毁林垦荒、水土流失、植被退化，导致土地沙漠化。有些湖泊萎缩，滩涂消失，天然湿地干涸，水源涵养和调节能力下降，使生物多样性日趋减少和恶化。

面对生态环境的严峻形势，长江经济带要始终坚持环保优先战略，把生态文明建设放在突出地位，“着力推进绿色发展、循环发展、低碳发展”，促进生产空间集约高效、生活空间宜居适度、生态空间山清水秀，给自然留下更多的修复空间，给农业留下更多衣田，给子孙后代留下天蓝、地绿、水净的美好家园。为此，必须采取以下几点措施：

一是加快转变经济发展方式和生活方式。要全面贯彻落实节约资源和保护环境的基

---

①上海炎黄文化研究会：《长江流域经济文化初探》，上海人民出版社，1999，第9页。

本国策，坚持节约优先、保护优先、自然恢复为主的方针，严格控制开发强度，优化经济结构，大力推进节能减耗，全力打造绿色生产体系。同时，要合理引导消费行为，发展节能环保型消费品，倡导与我国国情相适应的文明、节约、绿色消费模式。

二是把循环经济作为发展生态经济的核心。循环经济呈现“资源—产品—再生资源”的发展模式，大体上分为三个层次：①企业全面推进生产清洁化、资源使用减量化、能源利用高效化、生活消费节约化。②在工业园区发展生态工业，使上游企业的废物成为下游企业的原料，实现企业群的资源最有效利用，使废物最小化和无害化，甚至“零排放”。③以生态链为纽带，统筹规划工业与农业、生产与消费、城市与农村协调发展，逐步建成循环型社会。

三是加强生态文明的各项建设。以解决危害群众健康和影响可持续发展的突出环境问题为重点，强化水、大气、土壤等污染的防治。全面实施“清水工程”“蓝天工程”等专项工程的生态文明建设，保护城乡饮用水源，确保居民饮水安全。加强城乡“三废”治理力度，加快建设清洁美丽家园。实施重大生态修复工程，扩大森林、湖泊、湿地面积，保护海洋重点环境，构建科学合理的城市化格局、农业发展格局和生态安全格局。

四是全面推进生态文明的制度和法规建设。这是建设生态文明的根本保障。当务之急是建立健全体现生态文明的目标体系、考核办法和奖惩制度，并要加强环境监管。要从各地实际情况出发，建立健全生态环境责任追究制度和环境损害赔偿制度。同时，还要建立和完善生态资源有偿使用制度，改变过去低廉甚至无偿使用生态资源的状况。只有健全各项制度，加强监督管理，才能使生态文明建设顺利进行和卓有成效。

四、坚持统筹协调发展战略

2003 年 10 月颁发的《中共中央关于完善社会主义市场经济体制若干问题的决定》中，明确提出了“五个统筹发展”：“按照统筹城乡发展，统筹区域发展，统筹经济社会发展，统筹人与自然和谐发展，统筹对内发展和对外开放的要求，推进经济社会全面发展。”[①]

2006 年中央经济工作会议提出：“坚持以科学发展观统领经济社会发展全局，努力实现速度、质量、效益相协调，消费、投资、出口相协调，人口、资源、环境相协调，真正做到又好又快发展。”[②]

从上述中央文件和中央工作会议可以看出，“五个统筹”和“三个协调”是科学发展观统领经济社会发展的基本方法，抓住了“统筹”和“协调”，就抓住了推动经济社会发展的要点。“五个统筹”和“三个协调”都很重要，应当全面掌握和落实这些要点。但就长江经济带的现实状况而言，统筹城乡协调发展、统筹长江经济带城市群的协调发展，则是当务之急，也是事关长江经济带全局的大事。

（一）统筹长江经济带城乡协调发展

长江经济带城乡面积超过我国国土面积的 1/5，涉及约 6 亿人口的发展，上中下游的

①转引自刘仲藜：《新中国经济 60 年》下册，中国财政经济出版社，2009，第 720 页。

②陈东琪等：《共和国经济 60 年》，人民出版社，2009，第 278 页。

资源和发展水平差异较大,就资源而言,从上游到下游是由高而低;就经济发展水平和经济实力而言,从上游到下游是由低而高。如何充分发挥各自优势,做到优势互补、共同发展,则是当时亟待解决的重大问题。

统筹城乡经济社会协调发展,建设现代化农业,推进新农村建设,增加农民收入,是长江经济带面临的重大任务。为实现这个任务,一是要加强农业基础地位。大力发展现代农业,繁荣农村经济,走中国特色农业现代化道路。二是城乡一体化发展。建立以工促农、以城带乡长效机制,形成城乡经济社会发展一体化新格局。三是加快农业现代化发展步伐。通过增加农业投入,深化农村综合改革,促进农业科技发展,增强农业综合生产能力,确保国家粮食安全,壮大县域经济,推进新农村建设,推进农业适度规模经营,进一步解放和发展农业生产力。四是大力提高农民整体素质。培育有文化、懂技术、会经营的新型农民,发挥亿万农民建设新农村的主体作用。

(二)统筹长江经济带城市群的协调发展

《国务院关于依托黄金水道推动长江经济带发展的指导意见》提出:"长江经济带将全面推进新型城市化发展,提升长江三角洲城市群国际竞争力,培育发展长江中游城市群,促进渝蓉城市群一体化发展,推动黔中和滇中区域性城市群发展,优化沿江城镇化格局,科学引导沿江城市发展,强化城市群交通网络建设,创新城镇化发展体制机制。"①

长江经济带城市群协调发展,包括城市群内各城市之间的协调发展,以及长江经济带上、中、下游城市群之间的协调发展两层含义。两个协调发展互为条件、互相促进,但以城市群内部协调发展为前提和基础。有了城市群内各城市之间的协调发展,才能为长江经济带上、中、下游协调发展提供强大的动力、辐射力和集聚力,并提供值得借鉴的经验。

1.长三角城市群的协调发展

以中国最大的经济中心上海为龙头的长三角城市群,以占全国1.14%的面积和6.8%的人口,2010年创造了占全国37.42%的GDP,经济发展一直在全国居于领先地位。长三角城市群现已成为世界第六大城市群,未来极有可能成为全球重要的资源配置中心。在城市群内部,长三角城市群已建立了区域协调机制,协调产业布局和产业结构,协调基础设施建设,协调科教、文化、旅游等重大问题。通过常年设立的长三角经济协调会,并定期召开会议,由各城市行政主管首长出席会议,统筹协调解决城市群发展的重大问题。如今已形成了以上海为中心,相关城市为区域核心发展的节点整体格局。

长三角城市群以上海为龙头,各城市进行合理的定位和分工,并形成差异化的发展战略,主动全面对接大上海。作为省会和副省级城市的南京,明确提出"以江为轴,跨江发展,呼应上海,辐射周边"的发展战略。2015年国家批准的南京江北新区,提出主动对接上海自由贸易区,全面推进新一轮开发开放。作为浙江省会的杭州,已明确为副省级城市,实施"接轨上海,错位发展",推进泸杭旅游一体化、信息一体化、医疗一体化、社保一体化。此外,将南通着力打造成为上海的"后花园",绍兴确立了"战略北上,接轨上海"的发展战略,

①《扬子晚报》2015年3月5日,A4~A5版。

与上海形成错位发展格局；舟山确立了“打破封闭，全面接轨上海”的总体发展定位；常州设想成上海工业后方基地；嘉兴提出同大上海逐步实现“无缝链接”，融入大上海，并为上海承担一定的城市功能。

从城市间的集聚和扩散效应看，以上海为增长极的长三角城市群空间结构形成了三个基本传导方向和路径：一是上海、苏州、无锡、常州、镇江、南京；二是上海、嘉兴、湖州、杭州、宁波；三是上海、绍兴、宁波、舟山。到2020年，长三角地区将建成5条城际轨道，实现轨道交通公交化，形成以沪、宁、杭为中心的“1～2小时快速交通圈”。随着高铁和城际快铁、高速公路网的快速发展，城市间的距离不断缩短，城市间的空间经济联系呈现出网络化的发展趋势。

2.长江经济带上、中、下游城市群的协调发展

长江经济带地域广阔、人口众多，由于自然条件和历史发展等诸多因素，造成上、中、下游城市群经济发展水平和经济实力差距较大。具体差距见表6-1。[①]

表6-1 2010年长江经济带上、中、下游城市群比较

城市群	面积（万平方公里）	人口（百万人）	GDP（百亿元）
长三角城市群	11.2	107.68	706.75
长江中游城市群	27.83	104.71	299.42
成渝城市群	23.99	95.76	232.02

长江经济带上、中、下游城市群协调发展，是一个任务繁重的系统工程，必须从多方面努力，才能取得成效。

首先，通过市场经济体制全面推动。市场在资源配置中起决定性作用。推动长江经济带上、中、下游城市群协调发展，必然涉及资源的合理、有效配置，这就需要通过市场机制合理、有效配置各种资源。其实，早在市场经济和城市群形成之前，中外客商就通过“黄金水道”长江，以上海为大本营，加强长江上、中、下游的经济文化联系，为近代化城市的兴起做出了重要贡献。如今正在发展中的长江上、中、下游城市群，应当更加积极自觉地运用市场经济体制，促进上、中、下游城市群协调发展。

其次，发挥长三角城市群协调发展的先进典型的示范和带动作用。长三角城市群是当代中国最大的成熟型城市群，在推进城市群协调发展方面做了大量的工作，取得了显著成效，也积累了许多值得借鉴的成功的经验。长江经济带上、中、下游应当从实际情况出发，认真学习和推广长三角城市群诸多有益的经验，并用于自身的实践。正在建设中的国际经济、金融、商贸、航运“四大中心”上海，不仅是推动长三角经济社会发展的龙头，也是带动长江上、中、下游城市群经济社会发展的龙头，肩负着上、中、下游城市群协调发展的重任。作为长三角上、中游城市群，应当积极主动地学习上海协调发展的经验，加速自身协调发展的步伐，全面推动长江经济带经济社会协调发展。

再次，充分发挥科教、文化对城市群协调发展的引领和支撑作用。先进的科技、教育和

①张学良主编《2013年中国区域经济发展报告》，人民出版社，2013，第9页。

文化，是推进城市群协调发展的强大的精神力量，应当让一切劳动、知识、技术、管理、资本的活力竞相迸发，为城市群协调发展献计献策，推进城市群又快又好的协调发展。

第三节　苏南现代化建设示范区的领先地位和示范作用

1912 年 11 月中共十八大报告强调指出："鼓励有条件的地方在现代化建设中继续走在前列，为全国改革发展做出更大贡献。"[①]地处经济发达的长三角地区北翼的江苏省，根据中共十八大精神，在努力全面建成小康社会的同时，迈开了社会主义现代化建设新的步伐，开始全面推进苏南现代化建设示范区的各项工作，连续走在全国的前列，为全国改革发展做出新的贡献。

2013 年经国家批准的《苏南现代化建设示范区规划》（以下简称"示范区"），是中国第一个以区域现代化建设为主题的战略规划，具有时代性、前瞻性、创新性和示范性。全面贯彻落实这个宏伟规划，高标准、高起点、高水平地推进示范区建设，是摆在我们面前的一项重要战略任务，对开创长三角地区乃至全国现代化建设新局面具有十分重要的战略意义。

一、苏南的重要地位和有利条件

苏南[②]地处我国东部沿海、美丽富饶的长三角核心区，是当今中国经济最发达、最具发展活力和综合竞争力的地区之一。苏南现代化建设范围，包括省会南京和苏州、无锡、常州、镇江 5 个省辖市及其辖区，是江苏省经济文化最发达的精华之地，人口和土地面积分别占全省的 31.82%和 24.88%。建设苏南示范区，是苏南历史和现实发展的必然抉择，具有诸多有利条件。

首先，苏南在中国经济发展中历来居于领先地位。它有通江达海的区位优势，优越的自然条件，丰富的物产资源，素质较高的人力和智力资源，历史上曾出现过"三个发祥地"的辉煌业绩：一是中国古代农业文明的发祥地之一。水稻、蚕桑、棉花等农作物生产在全国一直处于领先地位，并延续千余年久盛不衰。从唐宋以来全国经济重心南移之后，以苏南为主体的江南成为全国最富庶的地区。"上有天堂，下有苏杭"留传至今不衰。二是中国近代工业文明的发祥地。鸦片战争后，曾隶属于江苏省的上海及其毗邻的苏南，率先引进西方发达国家先进技术、设备和管理方法，首创一批近代机器工业，率先出现体现先进生产力的工人阶级以及代表工人阶级根本利益的中国共产党。从此，苏南率先走上了近代化的道路。到抗日战争前夕，无锡的近代工业产值和工人总数已名列全国第三和第二位，面粉、蚕丝出口总额居全国首位。三是中国当代乡镇企业发祥地。苏南在计划经"一统天下"的夹缝中，首创一批乡镇企业，改革开放后，乡镇企业"异军突起"，并大量吸收外资和民资，基

---

①胡锦涛：《坚定不移沿着中国特色社会主义道路前进，为全面建成小康社会而奋斗》，第 19 页。

②苏南一词的来历，最初是新中国成立初期的苏南行署，即苏、锡、常三市。2000 年江苏省把南京、镇江也划入苏南，成为苏、锡、常、镇、宁共 5 个省辖市。

本实现了乡镇企业外向化、民营化、集约化，成为推进苏南新型工业化的生力军，并带动苏南走上了农村工业化的道路。

其次，苏南开放型经济雄居全国前列。20 世纪 90 年代以后，在上海浦东开发开放的带动下，苏南开发开放和现代化建设进入快车道，开放型经济迅猛发展，雄居全国各省市前列。2003 年，苏南以占全国 0.3%的土地、1.7%的人口，创造了全国 6.7%的 GDP、7.1%的固定资产投资、12.1%的进出口总额，实际利用外资占全国的 1/4。①这些成就为苏南现代化示范区建设奠定了雄厚的物质技术基础。

再次，苏南的“两个率先”为示范区建设提供了丰富的经验和有益的借鉴。进入 21 世纪以来，苏南先后实现了全面建设小康社会的“第一个率先”，并不失时机地迈开了现代化建设的步伐，为实现现代化的“第二个率先”创造了前提和条件，取得了举世瞩目的成就。2012 年，苏南的 GDP 达到 33381 亿元，人均 GDP 突破 1.6 万美元，是全国平均水平的 2.6 倍，远高于全省 GDP1 万美元的水平；进出口总额和实际利用外资分别占全国的 1/8 和 1/5；苏南所有县（市）全部进入全国综合实力百强县（市），其中 7 个县（市）进入全国前十名。由此表明，苏南有充分的物质条件和经济实力，在全省和全国现代化建设中发挥率先、领先和示范作用。

当然，还应当看到，示范区建设也面临一些不利条件和制约因素，主要是人多资源少、环境容量小、生态比较脆弱等。因此，必须加快转型升级，坚持走绿色、循环、低碳发展的道路，加速建设资源节源型、环境友好型社会的进程。

二、示范区建设的目标和内涵

中共十八大提出的坚持走中国特色新型工业化、信息化、城镇化、农业现代化道路，为苏南现代化示范区建设指明了方向。根据国家批准的《示范区规划》要求，江苏省委和省政府明确提出了示范区建设的具体目标和内涵是：着力推进经济现代化、社会现代化和生态文明、政治文明建设，促进人的全面发展，努力建成自主创新先导区、现代产业集聚区、城乡发展一体化先行区、开放合作引领区、富裕文明宜居区，推进苏南现代化建设走在全国前列。到 2020 年，基本实现区域现代化，成为全国现代化建设示范区。到 2030 年，全面实现区域现代化，经济发展和社会事业达到世界主要发达国家水平，成为经济发达、社会进步、生活富裕、生态良好、政治民主的现代化地区。②

三、示范区建设的途径和措施

苏南现代化建设示范区是一项宏伟而艰巨的系统工程，必须坚持先行先试、高端引领、示范带动、统筹兼顾，抓紧抓好“四个落实”。

（一）落实“新四化”同步发展

首先是推进工业化和信息化深度融合，以工业化推进信息化发展，以信息化带动工业

①唐岳良等：《苏南的变革与发展》，中国经济出版社，2006，第 22 页。

②《江苏党校报》1913 年 6 月 30 日，第二版。

化，用信息技术提高工业化水平。按照“高、轻、优、强”的目标，加快调整产业结构，促进产业转型升级，是当今苏南全面推进新型工业化的重中之重。调高，就是主攻高新技术，发展高新技术产业和高端产品；调轻，就是优先发展现代服务业，促进服务业结构优化、质量升级；调优，就是优化和提升传统产业，使之走向高端化；调强，就是提高产业整体素质，增强综合竞争力。通过产业调整，尽快形成以高新技术为主导，服务经济为主体，先进制造业为支撑，结构优化、技术先进、清洁安全、附加值高、就业吸收能力强的现代产业体系。

其次是工业化和城镇化良性互动。工业化是城镇化的基础，城镇化是工业化的载体，实现两者良性互动，才能加速苏南现代化建设的进程。城镇化包括人口城镇化和地域城镇化，其核心是人的城镇化，关键是提高城镇化质量，达到城乡人民共同富裕的目的。如今，苏南城镇化率已超过 70%，苏州、无锡、常州、镇江 4 市名列全国十大宜居城市，南京名列全国知识城市竞争能力第五位，整个苏南地区已经形成以特大和大城市为依托、中小城市为重点、小城市和城镇为节点，布局合理、功能完善、协调发展的城镇化新格局，并形成了南京和苏锡常两大都市圈，对苏南经济社会发展起着重要的引领和推动作用。作为“十朝都城”和以南京为中心的南京都市圈，是我国唯一的跨省都市圈，今后将进一步发挥都市圈的功能，成为辐射带动泛长三角的门户枢纽，成为长江下游西部产业转移升级的示范区和有较强竞争力的国家级都市圈。苏锡常都市圈将全面提升同国际大都市上海的对接和互动水平，成为发展我国开放型经济的重要支撑。

再次是城镇化和农业现代化的相互协调。农业现代化是全面实现现代化的重要内容。推进农业现代化和城乡发展一体化，形成以工促农、以城带乡，工农互惠，城乡一体的新型工农关系和城乡关系，是苏南现代化示范区建设的关键。要采取有效措施，推进城乡基础设施共建共享、社会事业均衡发展，保障体系逐步接轨，使城乡人民共享现代化建设的丰硕成果。

（二）落实“基本实现现代化指标体系”

1992 年初，江苏省委和省政府会同国家发改委等国家有关部门，正式发布了全国第一个省级层面的基本实现现代化的指标体系，包括经济发展、人民生活、社会发展、生态环境四大类、30 个大指标和 44 个小指标。经过实践，积累了丰富的经验。江苏省委和省政府根据新情况和新经验，又提出了“升级版”指标体系，对现代化目标提出更高、更完善的要求。这是苏南和全省推进现代化建设的地方性法规，是率先实现现代化的法制性保障，必须全面贯彻落实，加快苏南和全省现代化建设的步伐，夺取现代化建设的新胜利。

（三）落实创新驱动和科教与人才强省战略

创新是第一驱动力，是国家和民族进步的灵魂；科技是第一生产力，是经济社会发展的决定性因素；教育是第一基础，是民族振兴和社会进步的基石；人才是第一资源，是民富国强的根本保证。优先发展科技、教育和人才事业，必须依靠创新驱动这个第一驱动力，坚持用创新指导实践，在实践中不断创新。要坚持走中国特色自主创新道路，不断提高原始创新、集成创新、引进消化吸收再创新能力，特别要加强协同创新，着力构建以企业为主体、市场为导向、产学研相结合的创新体系。进一步加快新技术、新产品、新工艺的研发应用，加强技术集成和商业模式创新。要大力推进创新资源高效配置，把社会智慧和力量聚集到创新发展上来，推动科技资源向企业集聚，使更多产品由“苏南制造”提升为“苏南创造”。加快苏南各市建设创新型城市步伐，使苏南成为区域创新的增长极。

（四）落实民生优先和共同富裕决策

建设苏南现代化示范区的根本目的，是满足人民群众日益增长的物质和文化生活需要，是使全体人民共同富裕和幸福安康。为此，必须始终把人民利益放在一切工作的首位，多谋民生之利，处处为民造福，像苏南地区的昆山市那样，在全国率先实施城乡各项社会保障并轨的政策，高标准实现“学有优教、老有颐养、病有良医、住有宜居、劳有厚得”的目标，使苏南率先走上共同富裕和文明发展的道路。

第四节 长江经济带和“一带一路”两大战略互动协调发展

当今中国，正在全面推进两大国家层面的发展战略，从时间顺序讲，一个是从 20 世纪 90 年代初开始实施的长江经济带发展战略，另一个是 21 世纪头 10 年中期开始实行的丝绸之路经济带和 21 世纪海上丝绸之路即“一带一路”发展战略。实施上述两大国家发展战略的目的，从根本上说，都是为了发展和繁荣中国特色社会主义经济，是为了中华民族振兴和国家富强，进而带动世界经济的发展和繁荣。但在两大战略实施过程中，由于地理环境、自然条件、发展水平等诸多不同，存在相当大的差异，因此，必须从各自的实际情况出发，发挥各自的优势，尽可能做到优势互补，实现两大战略互动互促、协调发展。

一、长江经济带以丰富的资源和智力优势支持“一带一路”建设

长江经济带物产资源丰富，人力资源雄厚，应当充分发挥这些优势，推动“一带一路”的建设。长江经济带是中国资源富集、经济集聚、城市密集的巨型经济带。这里矿产资源、生物资源、旅游资源富集，列入全国矿产储量表的 136 处矿产中，长江流域拥有 110 种，占全国总量的 80%以上，钒钛矿储量位居世界前列；生物资源品种多，数量大；历史文化名城与秀丽的自然风光交相辉映，诸多壮丽山川和人文景观享誉中外。这里是我国现代产业最密集的地区，钢铁工业已形成雄厚基础，石化工在全国占有重要地位，机械工业向尖端发展，新兴产业呈燎原之势，参与高新产业高层次国际分工与合作，新型工业化成就辉煌，现代农业蓬勃发展。凡此种种，可为“一带一路”建设提供强大的物质支撑力量。

长江经济带历来科教发达，人才高度集聚。这里不仅是中国古代农业文明的发祥地之一，更是中国近代工业文明的发祥地，而且是中国当现代文明集聚的高地，科技人员占全国的 40%，两院院士占半数以上，国家各类奖项占 45%，专利受理与批准量占 1/3 以上，重点高新技术开发区占 6 成以上。凡此种种，可为“一带一路”建设提供巨大的智力支持和科教保证。

二、“一带一路”为长江经济带提供广阔的国际市场和“走出去”的渠道

“一带一路”战略是当今中国对外开放和对外经济合作共赢的总纲领。“一带一路”沿线国家和地区多达65个，总人口约44亿人，经济总量约21万亿美元，分别占全世界的63%和29%，其货物和服务出口占全世界的23.9%。显然，“一带一路”为长江经济带带来了地域广阔、人口众多的广大的国际市场，为长江经济带开放型经济发展和繁荣带来了十分有利的条件。同时，长江经济带又是中国智力和财力雄厚的地区，许多企业拥有大量的资金和技术，完全有条件大踏步走出国门，在国外兴办企业，就地生产就地销售，以取得最大的经济效益和社会效益，进一步增强我国的国际竞争力和提高我国的国际地位。“走出去”将是我国新一轮对外开放的重大决策，而“一带一路”正是适时地为我国“走出去”提供有利的途径。

三、优势互补、合作共赢是实施两大战略互动和协调发展的原则

在实施“一带一路”和长江经济带两大发展战略过程中，各方必须遵循优势互补、合作共赢这个根本原则，坚持共商、共建、共享，相互尊重，平等相待，并同各国现有发展战略相对接，优势互补、合作共赢给参与各国带来实实在在的利益，推动有关各国的经济发展和繁荣。

四、统筹协调发展两大战略

以上海为中心的长三角地区，是实施“一带一路”和长江经济带两大战略的交汇点，具有两大战略的叠加优势。长三角地区沪、苏、浙、皖三省一市主要领导于2014年12月在上海召开座谈会，强调要积极参与“一带一路”和长江经济带国家战略，提升开放型经济水平。会议强调建设丝绸之路经济带和21世纪海上丝绸之路，是新时期国家对外全面开放的重要抓手，推动长江经济带发展是我国由东向西梯度开放战略的重要载体。加强统筹协调，将三省一市的援疆、援藏、援滇、西部大开发等重要任务与丝绸之路经济带建设紧密结合，加快建设连云港国家东中西区域合作示范区，提升连云港陆桥通道桥头堡功能，打通向西开放国际大通道，进一步开拓中亚、中东、南亚市场。把联动实施江苏沿海开发、浙江海洋经济和舟山群岛新区、安徽皖江示范区、上海“四个中心”建设等国家战略与21世纪海上丝绸之路建设结合起来，加强区域间经贸合作机制和平台建设，鼓励各类企业积极参与，进一步开拓与相关国家或地区的经贸与投资合作。要积极推动长江经济带建设，增强长三角地区辐射带动长江上游和广大中西部地区发展的能力，联手打造长江经济带绿色生态走廊。①

①《扬子晚报》2014年12月3日，A2版。

结束语：把长江经济带建成黄金经济带

长江是中华民族的母亲河和生命河，历来是中华民族发展和当今现代化建设的重要支撑。党中央和国务院历来高度重视长江经济带的建设，多次研究和部署推动长江经济带的发展。2016 年 1 月，习近平总书记在重庆召开推动长江经济带发展座谈会，听取有关省市和国务院有关部门对推动长江经济带发展的意见和建议。他在会上强调指出，推动长江经济带发展必须从中华民族长远利益考虑，走生态优先、绿色发展之路。同年 3 月，他又主持召开中共中央政治局会议，审议通过《长江经济带发展规划纲要》，明确提出把长江经济带建成黄金经济带的宏伟目标。这是党和国家在新形势下审时度势，为谋划中国经济发展新格局作出的既利当前又惠长远的重大战略决策，具有重大的现实意义和深远的历史意义。

一、建成黄金经济带的有利条件和客观必然性

长江经济带覆盖上海、江苏、浙江、安徽、江西、湖北、湖南、重庆、四川、云南、贵州等 11 个省市。面积 205 万平方公里，占全国的 21%，人口和经济总量均超过全国的 40%，生态地位重要、综合实力较强、发展潜力巨大。[①]如此广阔的面积、众多的人口、雄厚的物质基础和较高的经济文化发展水平，不仅在中国各大经济带中举足轻重乃至绝无仅有，而且在世界上也极为罕见。由此也彰显了长江经济带必将成为我国享誉中外的黄金经济带的客观必然性。

具体来说，长江经济带具有以下诸多优势和璀璨的发展前景：

首先，区位优势得天独厚。长江经济带地跨中国东、中、西三大地带，兼有长江整体优势和三大地带各自特有的优势。万里长江“黄金水道”把 11 个省市连为一体，可充分展现和发挥整体综合优势，又可发挥各省市特有的优势和潜力。长江西连中国内陆腹地，东临大海，可通往世界各地，有利于实现中外经济文化交流和双向开拓，推动国际国内“两种资源”和“两个市场”的优势互补。长江流域幅员广阔，拥有高山、丘陵、平原和江河湖海等多种多样的自然地貌，适宜于发展多种经济。如此优越的地理条件，在全球也不多见。放眼世界，亚马逊河和刚果河虽然水量充足，但多为流经热带和林区，人烟稀少；尼罗河虽然很长，但中下游流经沙漠；经济发达的莱茵河和多瑙河均为中等规模的河流，且为多个国家疆界分割；伏尔加河每年有三、四个月封冻期，影响航行和经济发展；同长江条件大致相同

①《长江经济带发展规划纲要》，《扬子晚报》2016 年 9 月 12 日，A2 版。

的只有密西西比河,但它是南北走向,长期同美国经济开发方向不一致,后来经过经济流域综合治理,成为美国新兴产业密集带。中国长江开发开放按照科学规律办事,必定能同美国密西西比河产业密集带媲美。

第二,资源优势突出。一是水资源丰富。水是满足人们生产和生活的必要条件,甚至是人类赖以生存的根本条件。长江流域水资源丰富,对经济发展十分有利。就航运而言,长江干流长6300公里,可通航3638公里,并有3600多条支流,干支流形成密集的水运网,约占全国内河航运里程的70%。若把长江水系7万余公里的航运充分利用,其作用可相当于10万公里铁路。长江入海水量每年约1万亿立方米,这与我国北方许多省市淡水资源缺乏形成鲜明的对照。长江的水资源除满足本流域需要外,还可调出部分水量,供给缺水的黄河和海河流域。长江还拥有丰富的水力资源,理论蕴藏量占全国70%,可开发利用的水能为1.97亿千瓦,占全国52.1%,但迄今开发利用的仅占4%,潜力十分巨大。①

二是矿物和森林资源丰富。矿产是发展经济不可或缺的原材料。据地质部1979年统计,长江流域矿产资源在全国占有重要地位,其中煤炭储量占全国9.12%,铁矿占35.7%,锰矿占38.6%,铜矿占66.94%,钨矿占60.92%,锡矿占52.38%,锑矿占50.33%,磷矿占53.96%。此外,长江流域拥有森林面积30万平方公里,木材蓄积量占全国1/3。②

三是人力和智力资源充裕。人力资源是发展经济的决定性因素。长江流域人力资源丰富,全流域人口均占全国40%以上。长江流域具有尊师重教的优良传统,不仅人才荟萃,科技力量雄厚,拥有大批技艺高的各级各类专业技术人员队伍,而且劳动力整体素质较高,各类能工巧匠人数众多,遍布各行各业,成为推动经济社会发展的强大动力。特别是沪、宁、汉、渝四大中心城市和沿江诸多大中城市,智力资源长期雄居全国前列,成为长江流域发展高新技术产业的主力军,并带动全国高新技术产业蓬勃发展。

四是享誉全国的经济发展水平和综合经济实力。长江流域特别是以长三角为代表的长江下游地区,历来具有较高的经济发展水平和综合经济实力。从历史上看,唐、宋以后,全国经济重心南移,江南逐步成为中国经济最发达和最富庶的地区,成为全国财赋最重要的供给地,作为全国经济重心一千多年经久不衰,基本上未出现过经济文化发展的“断层”。作为南方居民的主食,水稻产量在全国一直居于遥遥领先的地位。太湖流域的水稻亩产量,从唐代276斤到明代增加到667斤,可见江南地区的农业生产力有了相当大的提高。③由此表明,长江流域是中国古代农业文明的发源地之一。

长江流域特别是中下游地区是中国近代工业文明的发祥地。鸦片战争后,中国被迫对外开放,以机器大工业为代表的近代工业文明,首先在长三角和沿江地区兴起,逐步扩展到长江中上游地区。1843年上海开埠,实行全方位对外开放,引进了西方国家先进的生产方式和管理经验,使新式机器工业取代了旧式作坊的简单手工业和旧式经营方法,先进的机器工业在上海迅速崛起并居领导地位,使上海由一个普通小县城一跃成为中国最大的

①孙尚清:《长江经济研究》,中国展望出版社,1986,第233~234页。

②孙尚清:《长江经济研究》,中国展望出版社,1986,第234~235页。

③张学恕:《第一部全面研究吴地文化发展的学术巨著》,载《吴文化博览》2006年第7期,第19页。

工商业中心和全国重要的多功能经济中心，其工业总产值长期约占全国的1/2，贸易额约占全国的1/4，财政收入约占全国的1/6①。上海的城市人口也由开埠前的20多万人，猛增到500多万人，成为近代中国第一大都市，并跨进了世界上著名国际大都市的行列。

在上海近代化经济的辐射和带动下，长三角的无锡、南通、苏州、常州、杭州、宁波等地也纷纷兴起了一批近代工业，长江中上游的武汉、重庆、成都等地也兴起了门类众多的近代工业。因此，上海开埠就成了长江流域乃至全国走上近代化道路的起始点和重要里程碑。

以上海为龙头的长江流域，特别是长江三角洲地区，在中国经济发展过程中，历来具有举足轻重的地位。新中国建立后，尤其改革开放30多年来，上海一直保持着中国最大的多功能经济中心的地位，发挥辐射、带动和示范作用。上海的高新技术产业和开放型经济，在全国一直居于领先地位，成为引领当今中国经济发展的排头兵和领头羊。如果说搞革命需要根据地支撑，才能取得革命胜利，那么，也可以说，搞现代化建设，同样需要根据地支撑，建设才能取得成功。中国的革命根据地曾经有许多，先后以瑞金、延安为中心；同样，搞现代化建设的根据地也有许多，当今中国现代化建设的根据地，就是以上海为龙头的长江流域。至于曾经享誉全国的苏南模式、温州模式等，就是长江流域搞现代化建设的若干不同类型的根据地，为长江流域乃至全国提供了丰富的建设经验以及技术、人才、资金等生产要素。如今以上海为中心的长三角城市群一体化正在蓬勃发展，呈现了城乡协调发展、共同富裕的繁荣景象，成为当今中国实现“两个率先”（率先全面建成小康社会、率先实现现代化）的示范区。

上述大量事实表明，长江流域的诸多优势和有利条件，为把长江经济带建成黄金经济带提供了雄厚的物质技术基础，而历代发展经济的经验教训又为把长江经济带建成黄金经济带提供了有益的借鉴。

二、建成黄金经济带的战略决策和宏伟目标

党中央和国务院为适应中国经济发展的新格局和世界经济发展的大趋势，为实现“两个一百年”奋斗目标和中华民族伟大复兴的中国梦，遵循长江经济带的自然规律和经济发展的客观规律，科学地提出了长江经济带发展的新思路，作出了既利当前又惠长远的重大战略决策部署，为长江经济带的发展指明了前进的方向和光辉灿烂的前景。

（一）推动长江经济发展的基本原则和战略定位

党和国家提出，推动长江经济带的发展，要遵循以下5条基本原则：一是江湖和谐、生态文明。二是改革引领、创新驱动。三是通道支撑、协同发展。四是陆海统筹、双向开放。五是统筹规划、整体联动。②这5条原则是推动长江经济带发展的基本原则，也是长江经济带科学发展的根本原则，应当不折不扣地全面贯彻落实，以保证长江经济带顺利、健康发展。

---

①张仲礼：《近代上海城市研究》，上海人民出版社，1990，第22页。

②《长江经济带发展规划纲要》，《扬子晚报》2016年9月12日，A2版。

对长江经济带的发展,党和国家同时提出了四大战略定位:生态文明建设的先行示范带、引领全国转型发展的创新驱动带、具有全球影响力的内河经济带、东中西互动合作的协调发展带。①

长江经济带的上述四大战略定位,是长江经济带发展的最高目标和最高战略定位,它不仅直接关系到长江经济带的全面、健康发展,而且也关系到全国的经济发展和全国现代化建设的进程。它是事关全局、事关全国人民根本利益和长远利益的大事。

长江经济带的上述四大战略定位告诉我们:①在生态文明建设中,长江经济带要走在全国前列,发挥先进示范带头作用。②在经济转型升级发展中,长江经济带要走在全国前列,始终坚持创新驱动战略,充分发挥引领、带头、促进作用。③在对外开放中,长江经济带适应我国经济深度融入世界经济的趋势,发展更高层次的开放型经济,增强自身在全球的影响力和话语权,推动国际化进程。④在推进区域协调发展中,长江经济带要始终坚持东、中、西部三大地区互动、协调发展,更注重发展机会公平和资源配置均衡,逐步消除历史上遗留下来的三大地区经济发展不平衡的状态,全面实现长江经济带区域协调发展和共同富裕,并带动全国经济协调发展和全面繁荣。

(二)长江经济带宏伟战略目标

在党和国家2016年9月正式颁发的《长江经济带发展规划纲要》中,分近期和远期两大发展阶段,分别提出了近期和远期两大发展战略目标。

1.近期发展的战略目标

推动长江经济带发展的近期目标是:到2020年,生态环境明显改善,生态环境保护体制机制进一步完善;长江黄金水道"瓶颈"制约有效流畅、功能显著提升,基本建成衔接高效、安全便捷、绿色低碳的综合立体交通走廊;创新驱动取得重大进展,研究与试验经济投入强度达到2.5%以上,战略性新兴产业形成规模,培育出一批世界级的企业和产业集群。②

2.远期发展的战略目标

推动长江经济带发展的远期目标是:到2030年,水环境和水生态质量全面改善,生态系统功能显著增强,水脉畅通、功能完备的长江全流域黄金水道全面建成,创新型现代产业体系全面建立,上中下游一体化发展格局全面形成,生态环境更加美好、经济发展更具活力、人民生活更加殷实,在全国经济社会发展中发挥更加重要的示范引领战略支撑作用。③

(三)建成黄金经济带的空间布局

党和国家从长江经济带的发展历史和现实状况出发,科学谋划了长江经济带发展的空间布局。国家有关部门的领导和专家根据《长江经济带发展规划纲要》,把长江经济带的空间布局归纳为"一轴、两翼、三级、多点"的格局。现把这个格局分述如下:

"一轴",就是以长江黄金水道为依托,发挥上海、武汉、重庆的核心作用,以沿江主要城镇为节点,构建沿江绿色发展轴。

①②③《长江经济带发展规划纲要》,《扬子晚报》2016年9月12日,A2版。

“两翼”，就是发挥长江主轴线的辐射带动作用，向南北两侧腹地延伸拓展，提升南北两翼支撑力。南翼以沪瑞运输通道为依托，北翼以沪蓉运输通道为依托，促进交通互联互通，加强长江重要支流保护，增强省会城市、重要节点城市人口和产业集聚能力，夯实长江经济带的发展基础。

“三级”，就是以长江三角洲城市群、长江中游城市群、成渝城市群为主体，发挥辐射带动作用，打造长江经济带三大增长极。具体说来，一是长江三角洲城市群，要充分发挥上海国际大都市龙头作用，提升南京、杭州、合肥都市区国际化水平，以建设世界级城市群为目标。二是长江中游城市群，要增强武汉、长沙、南昌中心城市功能，促进三大城市组团之间的资源优势互补、产业分工协作、城市互动合作。三是提升重庆、成都中心城市功能和国际化水平，发挥双引擎带动和支撑作用。

“多点”，就是发挥三大城市群以外地级城市的支撑作用，以资源环境承载力为基础，不断完善城市功能，发展优势产业，建设特色城市，加强与中心城市的经济联系与互动，带动地区经济发展。①

三、建成黄金经济带的思路、途径和举措。

把长江经济带建成黄金经济带，是我国前所未有的利在当代、功在千秋的伟大而艰巨的事业，必须始终坚持以人民为中心的发展思想，牢固地树立创新、协调、绿色、开放、共享的新发展理念，坚持和实践科学发展思路和途径，落实各项行之有效的举措，才能不断取得成功，才能实实在在地全面建成举世瞩目的黄金经济带。

（一）坚持以人民为中心的发展思想和创新发展理念

以人民为中心的发展思想，体现了我们党全心全意为人民服务的根本宗旨。在建成黄金经济带的过程中，要始终着力践行以人民为中心的发展思想，把实现人民幸福作为发展的目的和归宿，做到发展为了人民、发展依靠人民、发展成果由人民共享。

为了实现以人民为中心的发展思想，必须坚持中共十八届五中全会提出的创新、协调、绿色、开放、共享的新发展理念。因为新发展理念是事关全局的治本之策，是实现经济发展更高质量、更有效益、更加公平、更可续发展的必由之路。①创新是引领发展的第一动力，是引领经济社会发展的“牛鼻子”，具有战略性、纲领性、引领性。要不断推进理论创新、制度创新、科技创新、文化创新等各方面创新，让创新在长江经济带蔚然成风。②协调是持续健康发展的内在要求，重点是促进城乡区域协调发展，促进经济协调发展，促进新型工业化、信息化、城镇化、农业现代化同步发展。③绿色是永续发展的必要条件，是人民对美好生活追求的重要体现。绿色发展就是解决好人与自然和谐共生的问题。人类发展必须尊重自然、顺应自然、保护自然。只有尊重自然规律，才能有效防止在开发利用自然上走弯路。为此，必须坚持节约资源和保护环境的基本国策，坚持可持续发展，坚持走生产发展，生活富裕、生态良好的文明发展道路。要加快建设资源节约型、环境友好型社会，形成人与

---

①《长江经济带发展规划纲要》，《扬子晚报》2016 年 9 月 12 日，A2 版。

自然和谐发展的现代化建设新格局，推进美丽中国建设，为全球生态安全做出新贡献。④开放是国家繁荣富强的必由之路。要顺应我国经济深度融入世界经济的趋势，实行互利共赢的开放战略，坚持内外需协调、进出口平衡、引进来和走出去并重，引资和引技、引智并举，发展更高层次的开放型经济，积极参与全球经济治理和公共产品供给，提高我国在全球经济活动中的影响力和话语权，构建广泛的中外经济合作共同体。⑤共享是中国特色社会主义的本质要求，是共同富裕的具体化行为，包含全民共享、全面共享、共建共享、渐进共享等内涵。上述16个字的发展新理念，相互贯通，相互促进，要统一全面贯彻，不能顾此失彼，要从整体上全面贯彻落实。[①]

（二）发展的基本思路是生态优先、绿色发展

习近平总书记2016年1月初在重庆召开的推动长江经济带发展座谈会上强调指出：推动长江经济带发展必须从中华民族长远利益考虑，走生态优先、绿色发展之路，要使绿水青山产生巨大生态效益、经济效益、社会效益，使母亲河永葆生机活力。[②]他还明确提出：长江拥有独特的生态系统，是我国重要的生态宝库。在当前和今后相当长一个时期，要把修复长江生态环境摆在压倒性位置，共抓大保护，不搞大开发。要把实施重大生态修复工程作为推动长江经济带发展项目优先选项，实施好长江防护林体系建设、水土流失及岩溶地区石漠化治理、退耕还林还草、水土保持、河湖和湿地生态保护修复等工程，增强水涵养、水土保持等生态功能。[③]

古今中外经济发展的历史告诉我们：生态兴则文明兴，生态衰则文明衰，保护生态环境，就是保护社会生产力，就是保护人民的根本利益和民族发展的长远利益。因此，我们必须始终坚持生态优先、绿色发展这个唯一正确的发展理念，以资源环境承载能力为基础，以自然规律为准则，以绿色发展、循环发展、低碳发展为基本途径，以可持续发展、人与自然和谐共生为目标建设生产发展，生活富裕、生态良好的文明社会，使青山常在、清水长流、空气新鲜，让人民群众在良好的生态环境中生产生活，让全社会永远呈现空前繁荣、美好的景象。

（三）以系统工程的思路抓好生态文明建设

生态文明建设是一项伟大、艰巨、复杂的系统工程，必须牢固地树立大局观、长远观、整体观，坚持节约资源和保护环境的基本国策，把生态文明建设融入经济建设、政治建设、社会建设各方面和全过程，建设美丽中国，努力开创生态文明新局面。

具体说来，在生态文明建设中，要始终认真做好以下几个方面工作：

一是实行最严格的生态环境保护制度。从长江经济带的现实状况来看，环境污染、生态恶化的原因，大都与体制不完善、机制不健全、法制不完备有关。因此，必须建立和完善生态文明建设的各项制度，构建产权清晰、多元参与、激励约束并重、系统完整的生态文明制度体系，把生态文明建设纳入法制化制度化轨道。正如习近平总书记指出的："只有实行

---

①中共中央宣传部：《习近平总书记系列重要讲话读本》，学习出版社、人民出版社，2016，第127～136页。

②③《长江经济带发展规划纲要》，《扬子晚报》2016年1月8日，A2版。

最严格的制度、最严密的法制，才能为生态文明建设提供可靠保障。”①从当前现实需要来说，第一，要完善经济社会发展考核评价体系。把生态文明建设放在经济社会发展的突出位置，如果生态环境不好，其他任务完成得再好，也不可取。第二，要建立健全责任追究制度。资源环境是公共产品，对其造成损害或破坏必须追究责任。要依法依规，客观公正，科学认定，权责一致，终身追究责任。要建立健全生态环境评估和赔偿制度，落实损害责任终身追究制度，无论任何单位和个人，都必须依法执行上述制度。第三，建立和完善资源生态环境管理制度。要以改善环境质量为导向，建设监管统一、执法严明、多方参与的环境治理体系，更多地运用经济杠杆进行环境治理和生态保护的市场体系，形成政府主导、部门协同、社会参与、公众监督生态文明建设的新格局，同时，要建立明确的激励机制，激发沿江各省市保护生态环境的内在动力，推动生态文明建设不断深入发展。

二是优化国土空间开发格局。国土是生态文明建设的空间载体，要按照人口与环境相均衡、经济社会生态、效益相统一的原则，科学布局生产空间、生活空间、生态空间，给农业留下更多良田，给子孙后代留下天蓝、地绿、水净的美好家园。

全面落实全国主体功能区规划要求，是长江经济带建设的当务之急。要在保护生态的条件下推进发展，增强发展的统筹力度和整体性、协调性、可持续性，提高要素配置效率。按照供给侧结构性改革决策部署，在改革创新和发展新动能上做“加法”，在淘汰落后过剩产能上做“减法”，走出一条绿色低碳循环发展的道路。

根据全国主体功能区规划，要建立健全生态环境硬约束机制、列出负面清单，设定禁止开发的岸线、河段、区域、产业，强化日常监测和问责。要明确生态功能分区，划定生态保护红线，水资源开发利用红线和水功能区限制纳污红线，强化水质跨界断面考核，推动协同治理，严格保护一江清水，努力建成长江上中下游相协调、人与自然相和谐的绿色生态廊道。

三是充分发挥长江黄金水道的重要作用。黄金水道长江是建成黄金经济带的重要载体，充分发挥黄金水道长江的作用，显然是建成黄金经济带的关键举措。把长江经济带建成黄金经济带，首先要充分发挥长江黄金水道的重要作用，促进产业分工协作和有序转移，并充分利用市场，通过市场推进长江经济带的建设。加强领导、统筹规划、整体推进、狠抓落实，则是建成黄金经济带的重要法宝。在党中央和国务院的正确领导下，长江经济带广大干部和人民万众一心、团结协作、真抓实干、艰苦奋斗，必将把长江经济带建成环境更优美、交通更顺畅、经济更协调、市场更统一、机制更科学的黄金经济带。

①中共中央宣传部：《习近平总书记系列重要讲话读本》，学习出版社、人民出版社，2016，第240页。

附 录

论长江流域是中华文明的另一重要发源地

人类文明的发源地,总是同大江大河紧密地联系在一起。长期以来,人们总是认为黄河流域是中华文明的摇篮。新中国成立后,长江流域各地极其丰富的出土文物和考古新发现,以大量无可辩驳的事实,从根本上否定了在中华文明起源问题上长期统治学术界的"一元论"的观点,不仅证明了长江流域同黄河流域一样,都是中华文明的重要发源地,而且更进一步证明了长江流域是人类起源最早的地区之一,也是最早升起人类文明曙光的重要地区。其中有相当多的"两个文明"成果产生的时间,远远早于黄河流域乃至世界上其他文明古国的江河流域,在中国和世界文明起源史上都居于领先的地位。

一、长江流域是人类起源和人类文明产生的重要地区之一

(一)长江流域是人类起源最早的地区之一

在长江三峡地区中国最早的巫山猿人化石发现之前,学术界曾经公认北京猿人、元谋猿人、蓝田猿人与和县猿人是中国境内发现的四大古猿人。距今60万~25万年前的北京猿人和距今80万~65万年前的陕西蓝田猿人,活动地区均在黄河流域;距今170万年前的元谋猿人和距今30万年前的安徽和县猿人,活动地区均在长江流域[①]。可见黄河流域和长江流域都是人类起源的重要地区。

(二)巫山猿人化石的发现,进一步证明了长江流域是人类起源最早的地区

1985年10月13日,中国考古工作者在长江三峡地区,即四川省巫山县大庙区龙骨坡,发现了巫山猿人的下颌骨和上面的两颗臼齿的化石。1986年10月24日,在这里又发现了巫山猿人的门齿。经科学鉴定,巫山猿人(又称巫山直立人)距今约240万~180万年,地质学上称为更新世早期。这是迄今在中国境内,也是在亚洲已发现的最早的人类化石。在发现巫山猿人化石的同一文化层,还发现了巨猿化石和哺乳动物化石。直立人与巨猿本属近亲,拥有同一祖先——猿。这一发现表明,长江三峡地区的巫山猿人活动地区,曾经是人与猿在进化中分手——"人猿相揖别"的地方[②]。

再同曾经被认为世界最古老的人类化石相比,20世纪60年代以来在东部非洲坦桑尼

---

①《中国猿人活动年限有新说》,《人民日报》1995年2月13日。

②周庆:《又闻绝响:改写历史的考古新发现——近十多年重要出土文物解答历史之谜》,《人民日报》1994年1月25日。

亚、肯尼亚等地发现的早期人类化石距今约 200 万年上下，而中国长江流域的巫山猿人的生存年代却早达距今 240 万～180 万年。可见，长江流域也是世界人类起源最早的地区之一。中国巫山猿人化石的发现，从根本上否定了中外一些学者曾经认为“非洲是人类最早起源地，中国猿人是从非洲过来的”[①]这一错误观点。

（三）长江流域的原始人类分布相当广泛

长江流域除发现巫山猿人、云南元谋猿人与安徽和县猿人的化石外，还发现以南京猿人为代表的许多原始人类的化石和原始人类活动的遗迹。1993 年 3 月 13 日，在南京市东郊江宁县汤山镇的石灰岩溶洞中，首先发现一具保存完整的猿人头骨化石[②]。同年 4 月 17 日，在此处又发现另一具猿人头骨化石和一枚完整的猿人臼齿化石。据科学测定，两具南京猿人头骨属同一时代，即地质学上称为中更新世中期偏晚，距今约 30 万年左右，属于直立人的演化阶段[③]。

此外，在长江流域各地还相继发现了许多古人类化石，主要有：在长江中游地区，湖北省郧县出土了距今 20 万年的古人类带面颅部分的两个头骨化石[④]；在长江下游地区，浙江省建德县乌龟洞发现了距今约 5 万年左右的古人类牙齿化石[⑤]；江苏省泗洪县下草湾的引河岸上，出土了距今约 5 万～4 万年的晚期智人的一段右股骨化石；苏南丹徒县莲花洞发现了距今大约 3 万～2 万年的晚期智人的一枚下臼齿化石；苏南溧水县神仙洞发现了距今 1 万年的晚期智人的一块颞骨化石[⑥]。

（四）长江流域是人类最早使用火的地区之一

火的发明和使用，是人类同动物界最终分开的重要标志，也是最早升起人类文明曙光的伟大创举。1965 年 5 月 1 日，在长江流域金沙江南岸元谋县城东南发现元谋猿人两颗门齿化石的同一层中，同时发现了大量燃烧过的炭屑，其颗粒大者如黄豆、小者如芝麻，含炭层厚度达 3 米左右，并伴有颜色发黑的动物化石。这表明距今 170 万年前的元谋猿人已会用火。这是迄今已知中国最早使用火的人，也可能是世界上最早使用火的人[⑦]。此外，在长江下游地区，也相继发现了原始人类用火的遗迹。在距今 30 万年前的安徽和县猿人遗迹中，同时发现了烧骨和灰烬，这表明和县猿人已会用火烧熟食物。在江苏溧水县神仙洞内，曾发现距今约 1 万年前的木炭屑，这是当时人用火的又一遗迹[⑧]。火的使用开创了人类历史的新纪元，是人类社会有决定意义的划时代的重大进步。由此可见，长江流域不愧为中华文明和世界文明的重要发源地。

---

①④周庆：《又闻绝响：改写历史的考古新发现——近十多年重要出土文物解答历史之谜》，《人民日报》1994 年 1 月 25 日。

②《“南京人”头盖骨化石出土》，《解放日报》1993 年 6 月 10 日。

③《汤山古人类化石首期发掘获得重大成果》，《南京日报》1994 年 12 月 13 日，第 1 版。

⑤倪士毅：《浙江古代史》，浙江人民出版社，1987。

⑥江苏省社科院《江苏史纲》课题组：《江苏史纲》（古代卷），江苏古籍出版社，1993。

⑦梁宗强：《中国历史之最》，中国旅游出版社，1987。

⑧《太湖湖底之谜揭开》，《文汇报》1986 年 6 月 16 日。

(五)长江流域是人类最早制造和使用生产工具的地区之一

制造和使用工具,是猿迈向人的关键一步,也是人和动物的根本区别。人类从产生之时起,就以制造和使用工具将自己和动物界彻底区分开来,人类劳动是从制造和使用工具开始的。因此,制造和使用工具是人类创造文明历史的开端。在长江流域各地发现的原始人类的遗址中,几乎每个遗址都发现了原始人类制造和使用过的原始生产工具,这是长江流域最早升起人类文明曙光的最根本性的标志。

在长江三峡地区,发现距今 240 万 ~ 180 万年的巫山猿人化石的同一文化层中,同时发现了中国乃至世界上最早的原始生产工具——骨器[①]。在长江上游地区元谋猿人的遗址中,发现了 7 件人工痕迹清楚的石制品,可分为石核和括削器。这是距今 170 万年前的旧石器时代早期原始生产工具[②]。到新石器时代,长江流域各地的原始生产工具有了相当大的进步,并广泛地用于原始生产的诸多领域。在长江下游地区的距今 7000 年前的浙江省河姆渡遗址中,发现当时人们制造和使用的生产工具,以木器和骨器为主,尤其是骨器最为丰富,有骨锥、棱形器、凿、管、针、耜等 10 多种,特别是作为翻土、平地、挖沟、除草之用的骨器数量居多,制作精致,表明当地的农业已进入"熟荒耕作制"的耜耕阶段,这是当时世界上最为先进发达的耜耕农业[③]。渔猎工具有骨镞、木矛、石弹丸、实心陶球等。制作木器和建筑"干栏式"木结构房屋的工具,有石锛、石斧、石凿等。在河姆渡遗址中,还发现大量的陶、石、木、骨制成的纺织工具[④]。河姆渡先民们制造和使用的上述各种生产工具,是中国南方史前文明时代早期生产工具的杰出代表。

在新石器时代中期,长江流域的生产工具以大溪文化、屈家岭文化和马家浜文化为代表。大溪文化的生产工具主要是石器,有石铲、石斧、石锛等。屈家岭文化在农业工具中常见的有斧、锛、凿、铲、镰等,手工工具有彩陶纺轮,渔猎工具有石镞。马家浜文化的石器磨制技术较高,主要有石锛和穿孔石斧,用于加工木器,制陶技术也比较先进。

作为中华文明重要起源地的良渚文化,是新石器时代晚期生产工具的杰出代表,具有两个显著特点:其一是磨制精细,形体规整,类型多样;其二是出现了石制三角形犁状器、斜柄刀和耘田器等新型工具,表明当时已经产生了先进的牛耕技术。良渚文化的木作技术和纺织、编织技术也相当发达,说明当时已拥有相当进步的生产工具和娴熟的生产技术,能够生产出丰富多彩的手工业产品,满足当时人们的生产和生活需要。

二、长江流域是中华物质文明的重要发祥地之一

物质文明是人类文明的基础和重要标志。中华物质文明的起源,代表着中华文明发源的主流和方向。长江流域各地从旧石器时代、新石器时代到青铜器时代和铁器时代,都先

①周庆:《又闻绝响:改写历史的考古新发现——近十多年重要出土文物解答历史之谜》,《人民日报》1994 年 1 月 25 日。

②胡承志:《云南元谋发现的猿人牙齿化石》,《地质学报》1973 年第 1 期。

③李永飞:《中国南方史前文明的代表:河姆渡文化》,《光明日报》1993 年 5 月 9 日。

④浙江省文物管理委员会、浙江省博物馆:《河姆渡遗址第一期发掘报告》,《考古学报》1987 年第 1 期。

后创造和涌现出许多具有划时代意义的物质文明的丰硕成果，为古老而灿烂的中华文明的形成和发展创立了无数丰功伟绩。

从考古发掘的文化遗址来看，长江流域各省、市分布着众多的古代文化遗址。被列为1995年中国考古十大新发现之一的江西万年县仙人洞和吊桶环遗址，分上下两大层：上层距今约1.4万～0.9万年，属新石器时代早期；下层距今2万～1.5万年，属旧石器时代末期。两处遗址出土了大量石器、骨器、蚌器等文物，出土的陶器被鉴定为中国已知的最原始的陶制品之一①。距今7000年前的浙江省余姚市河姆渡文化遗址，分布范围约4万平方米，出土各种珍贵文物达7000多件，是中国南方新石器时代的文化遗存。它同尼罗河、幼发拉底河一起象征着世界古代文明，并列于联合国教科文组织的地图上，菲律宾著名学者张德慈认为："河姆渡的惊人发现，标志着早期中国文化至少有两个独立共存的中心，还导致了中国史前史的修正，以及对华东、华北的两种共存文化的承认"②。

特别应当提到的是：距今5000年前的浙江省余杭市良渚文化遗址，分布于太湖流域一带，是新石器时代的文化遗存。作为中国文明起源的杰出代表，这个遗址在1989年、1991年、1993年连续三次被评为全国考古十大新发现之一，这在全国是绝无仅有的事。1994年春，国家文物局专家组在全面考察良渚遗址后，明确提出：中国文明的曙光是从长江流域的良渚升起的，而不仅仅是黄河流域；中国文明的起源是在5000多年前的良渚文化，而不是4000多年前的夏、商、周时期。国家文物局专家组的这个科学论断，使中国文明史由此向前推进了1000多年③。

再从长江流域各地考古新发现和科学价值来看，在中华文明史上居于领先地位的，并体现中华物质文明的重要标志有以下几个方面：

（一）长江流域有最早和最丰富的稻作文化

1993年和1995年，在长江中游地区的湖南道县玉蟾洞遗址的两次考古发掘中，都发现有稻谷遗存。经鉴定，1993年出土的一枚为普通野生稻，但具有人类初期干预的痕迹；1995年出土的一枚为栽培稻，兼具野生稻、籼稻及粳稻的综合特征。经考证，玉蟾洞遗址距今约1万年前，故在该遗址发现的稻谷遗存，将人类栽培水稻的历史提前到1万年前。这是目前世界上发现时代最早的人工栽培水稻的标本④。同时在距今7000年前的长江下游地区的浙江省河姆渡遗址中，也发现由稻谷、稻壳、稻秆和稻叶等巨大堆积，总量达百吨之多。稻粒已经炭化，但稻壳、稻叶仍保持原有外形，有些稻谷的外形仍然完好。经过科学鉴定，这些稻谷属于人工栽培的晚籼稻。日本著名学者林已奈夫指出："河姆渡文化无疑是水稻栽培文化向日本、朝鲜、东南亚、太平洋地区传播的起点"⑤。

---

①④《'95全国十大考古新发现（一）》，《光明日报》1996年3月26日，第5版。

②李永飞：《中国南方史前文明的代表：河姆渡文化》，《光明日报》1993年5月9日。

③《我国文明史起源在良渚》，《浙江日报》1994年3月6日，第1版；袁亚军：《良渚，挽住文明的曙光》，《人民日报》1994年5月27日。

⑤周庆：《又闻绝响：改写历史的考古新发现——近十多年重要出土文物解答历史之谜》，《人民日报》1994年1月25日。

此外,江苏省高邮市龙虬庄遗址中,同样发现了新石器时代的稻谷遗存。在这个遗址中共发现4000多粒炭化稻谷,其数量之多、颗粒之完整,为历次考古发掘所罕见。经科学鉴定,此处发现的炭化稻谷,是距今7000~5000年前的粳稻,并经过人工选育优化品种栽培[①]。

作为中国文明起源地的浙江省良渚文化遗址,早在距今5000年前就有着相当发达的农业,已从耜耕阶段发展到犁耕阶段,并向着精耕细作的方向发展。在良渚文化范围内的浙江湖州钱山漾遗址中,发现了包括人工栽培的粳稻和籼稻两种稻谷遗存,同时还发现有夹砂的大口尖底器和木杆,经考证这是用于稻谷加工的器具[②]。

据现有资料统计,迄今我国发现的60多处新石器时代的稻谷遗址中,有2/3以上的遗址分布在长江流域。由此可见,长江流域是人工栽培稻谷的发源地。早在距今1万~5000年前,长江流域广大地区就已经把栽培水稻作为农业种植的主体,把稻谷作为重要的粮食作物,并发展成为中国经久不衰的稻作文化的最大基地。到新石器时代中期,中国的水稻栽培技术才由长江流域逐步扩展到黄河流域,以后又逐步传播到日本、朝鲜和东南亚各国。

(二)长江流域有最早的丝织品和麻织品

长江流域是中国乃至世界上养蚕、缫丝和织造丝织品的发源地。早在1956年和1958年,在浙江省湖州市钱山漾遗址中,发现了大量包括丝绢片、丝带和丝绒等在内的丝织品。丝绢片有的已经炭化,未炭化的部分呈黄褐色。经科学鉴定,这些丝织品是距今5000多年的家养蚕丝的织物,其中丝绢片为平纹织物,每平方厘米中含有蚕丝120根。这是中国和世界上迄今发现最早的家蚕丝织品。由此可见,长江下游地区的钱山漾遗址出土的丝织品,在时间上比中原地区的殷商要早1500年之久,在织造技术上已掌握了织造平纹绢织物的先进方法[③]。

长江流域又是中国乃至世界上麻织品的发源地,1958年在长江下游地区的钱山漾遗址中,发现了距今5000年左右的麻布片。经科学鉴定,出土的布片以麻为原料,表面呈平纹结构。每平方厘米的麻布有经线24~31根、纬线16~20根,麻纤维结构比较细密[④]。此外,在江苏省吴县草鞋山新石器时代遗址中出土的3块葛布残片,组织结构虽然比较粗糙,却是罗纹织物,花纹为山形和菱形斜纹[⑤]”。这些考古发现表明,在距今5000年至4000年前,长江下游地区的手工纺织业就已经达到相当高的水平,并代表着当时中国纺织业的先进水平。

(三)长江流域有高度发达的青铜文明

青铜器的出现和发展,是一个国家和民族进入发达的文明时代的重要标志,它集中体现了这个国家和民族的文明程度。1949年以来,特别是进入20世纪80年代以来,长江流

---

①《高邮龙虬庄新石器时代重大考古新发现》,《新华日报》1995年2月21日。

②浙江省文管会:《吴兴钱山漾遗址第一、二次发掘报告》附录、《吴兴钱山漾遗址出土种子鉴定书》,《考古学报》1960年第2期。

③④浙江省文管会:《钱山漾遗址发掘报告》《浙江省纺织科学研究所鉴定书》,《考古学报》1960年第2期。

⑤迟亦枫、刘京建:《中国经济之最》,中国旅游出版社,1987。

域各地先后出土了大量距今3000多年前的各类青铜器，同时发现了殷周和春秋战国时期众多的铜矿遗址，证明长江流域同黄河流域一样，都是无可争议的中国青铜文明的重要发源地。

长江上游地区四川省广汉市三星堆祭坑出土的青铜器和长江中下游地区江西省新干县大洋洲商墓出土的青铜器，是长江流域高度发达的青铜文明的杰出代表。这两处出土的青铜器数量之多、品种之全、造型之奇、纹饰之美、铸工之精、工艺之先进，在全国均为罕见。1986年在三星堆遗址出土的青铜器，包括人物、礼器、动植物造型三大类共400多件。其中一尊巨大的全身整体铜像身高181.2厘米，加上脚下的底座总高达260厘米，是当今世界上最古老、最完整、最高大的青铜人雕像；还有一尊宽达138厘米、高64.5厘米的人面像，是当今世界上最大的青铜人面像。礼器和动植物形象的各种青铜器，造型优美，工艺水平很高。三星堆遗址的先民们制造巨型而精美的各类青铜器，工艺相当复杂，不仅采用了浑铸法，而且采用了先铸、后铸、嵌铸等分铸法，还采用了铜焊、热补、铆接等先进技术。这些铸造技术在黄河流域中原地区的商周青铜器中，至今尚未发现。直到后来秦国制造铜马车才全面运用了这些先进技术。此外，三星堆出土的青铜器的合金成分，除了铜、锡、铅之外，还有磷和砷，可提高青铜硬度、强度和弹性。这些合金成分在黄河流域中原地区的商周青铜器中，也是从未见过的[①]。

1989年在新干县大洋洲商墓中出土的各类青铜器达480余件，包括礼器、乐器、兵器、农具、手工工具和生活用具等，以兵器和生产工具的数量居多。这些青铜器的造型、纹样和铸造工艺等，在许多方面不同于黄河流域中原地区的青铜器，具有浓厚的南方特色。例如，大洋洲墓葬中出土的虎形装饰和虎形鼎等在中国地区很少见到，大洋洲出土的乐器、厨刀、弯镰等生产和生活用具，则完全是南方特有的。这些情况表明，大洋洲出土的各类青铜器，都是在当地制造的，而且铸造工艺相当娴熟。铸造这些青铜器的方法，有浑铸成形的，也有分铸成形的，还有焊接的痕迹。由此可见，当时的青铜器的生产技术和工艺水平都达到了相当高的水平。

在长江流域的其他地区，也分别发现了各种类型的青铜器，主要是：上海马桥遗址，出土了青铜削、凿和铜斤等生产工具；江苏省南京北阴阳营和锁金村、江于县点将台、句容县城头山、丹徒县断山墩等地分别出土了斧、凿、刀、镞、鱼钩、铃、鼎等青铜器；浙江省吴兴、余杭、海盐等地，出土了商代的鼎、觚、钟等青铜器，到西周时期，长江南北的青铜文明有了进一步发展。江苏省丹阳、丹徒、句容、南京、江宁、溧水、高淳等地，分别出土了包括戈、矛、剑等兵器类，鼎、尊、壶、盘等礼器类，斧、削、鹤嘴锄等工具类的大量青铜器；长江以北的江浦、仪征、涟水、新沂、东海、连云港等地，也分别出土了戈、矛，斧、铲、镰、刀、削等种类繁多、功能不同的青铜器[②]。

特别应当提到的是，长江流域各地不仅大量出土了先秦时期的制造精良、造型优美、

①袁庭栋：《巴蜀文化》，辽宁教育出版社，1991。

②江苏省社科院《江苏史纲》课题组：《江苏史纲》（古代卷），江苏古籍出版社，1993。

品种繁多的青铜器，而且发现了先秦时期为数众多的开采和冶炼铜的规模宏大的遗址，充分证明长江流域各地的青铜器并非从外地传入，而完全是在本地冶炼和铸造的。

江南自古即是我国铜和锡的重要产地。据《尚书·禹贡》记载，南方荆、扬两州是我国重要的铜产地。“厥贡惟金三品，北输中原。”也就是说，先秦时期黄河流域的中原和关中地区铜产量较少，主要靠外地供应原料铸造青铜器。而横跨长江中下游地区的荆、扬两州，则是我国著名的铜矿产地，有着丰富的铜资源和悠久的产铜历史。从目前国内已发现的先秦铜矿遗址来看，其中绝大部分分布在长江中下游地区，采矿的时间多在商代中期以后，距今已有 3200 多年的历史。长江流域先秦铜矿遗址集中在 3 处：一是湖南省麻阳地区，已发现古矿井 14 处；二是长江中游的大冶—九江地区，包括湖北省大冶铜绿山、阳新港下、瑞昌铜岭等地；三是皖南地区，包括南陵、贵池、铜陵等地，已发现铜矿遗址 20 处①。此外，在江苏江宁点将台、句容城头山、南京北阴阳营和锁金村、镇江马迹山湖熟文化遗址，在浙江淳安县进贤和海盐县东橱金等地，也都发现了古铜矿遗址。湖北大冶市铜绿山古铜矿遗址，是中国迄今发现的规模最大、开采年代最长、冶炼水平最高的春秋战国时代的铜矿遗址，矿区有两万平方公里，有 8 个炼铜炉，遗留下来的铜炉渣约 40 万吨左右，估计该矿已开采出的铜矿达数十万吨，炼出的铜约 10 万吨之多。当时已有效地采取了竖井、斜井、平巷、斜巷相结合的开采方式，科学地解决了井下通风、排水、提升、照明和井架支护等一系列的技术问题，开采时间长达数百年之久②。这是世界上迄今发掘的同时代古铜矿遗址中面积最大、技术最先进的遗址。该矿当时遗留下来的矿渣中含铜量仅 7‰左右。这个指标，用当今的炼铜水平来衡量，也是相当先进的。皖南地区是先秦时期我国南方另一个重要铜产区，古铜矿遗址分布在沿长江附近的贵池、青阳、铜陵、南陵、泾县、繁昌等 7 个市县境内，涉及范围达 2000 平方公里左右，形成了一个规模巨大的古铜矿遗址群，估计当时皖南地区产铜量至少在 10 万吨以上③。直到今天，铜陵地区仍为我国六大产铜基地之一。

（四）长江流域有早期发达的铁器铸造

长江流域在春秋战国时期即已进入铁器时代，在早期铁器铸造和使用中有以下几个特点：

一是时间早。在我国春秋时期，长江下游地区太湖流域一带冶铁技术就相当发达，出现了师徒世代相传冶炼钢铁剑的著名剑匠干将、欧阳子。两人同师，“俱能为剑”。吴王阖闾曾使干将及其妻莫邪制造“宝剑”。干将“采五山之铁精，六合之金英”，即山作冶，制成两把宝剑，分别命名干将、莫邪。干将之剑作“龟纹（龟裂纹）”，莫邪之剑作“漫理（水波纹）”④。这两把宝剑，当是钢铁之剑。在江苏六合县程桥镇的两座春秋时期吴墓中，先后出土了一件用白口生铁炼制的铁弹丸和一件由块炼铁（熟铁）锻制成的弯曲长铁条。经考证，这两件铁器均为春秋时期制造⑤。此外，在长江中游地区的长沙窑岭和杨家山，也分别出土了春秋晚

①③杨立新：《皖南古铜矿的发现及其历史价值》，《东南文化》1991 年第 2 期。

②迟亦枫、刘京建：《中国经济之最》，中国旅游出版社，1987。

④《阖闾内传》，《吴越春秋》第 4 卷。

⑤汪遵国、郁厚本、尤振尧：《江苏六合程桥东周墓》，《考古》1965 年第 3 期。

期的铜剑和铁器，其中在窑岭北号墓中出土的铁鼎，经金相检验有放射状（条状菊花形）的石墨，这是通过提高冶炼温度和降低冷却速度，生产出白口铁中夹有凝固时生成的片状石墨之麻口铁铸成的鼎。在杨家山65号墓中出土的春秋晚期的钢剑，经金相检验，这把剑的原料是含碳量仅0.55%左右的中碳钢，是经过反复锻打和退火处理制成的[①]。

上述事实表明，早在公元前5世纪之前，长江中下游地区即产生了改造铁脆性的各种柔化处理技术，不仅能将白口铁经退火得到展性铸铁，而且能将铸铁件退火成钢，并使用先进的锻钢工艺锻制钢铁器具。在春秋时期长江流域出现的钢铁冶铸先进技术，使我国在世界早期冶金史上居于遥遥领先的地位。在号称工业发达的欧洲，最早的展性铸铁是在1720年出现的，比中国长江中下游地区至少要迟2200年以上。

二是地域广。新中国成立前安徽寿县朱家集的楚墓中，曾出土铁锹、铁凿和钢弩矢等铁器116件。1949年之后，长江流域各地普遍发现了春秋战国时期的各类铁器。长江流域出土铁器最多的是湖南省，仅长沙市一地约有2000余座战国楚墓中，分别出土了各种各样的铁器。湖南省的株洲、郴州、耒阳、平江、常德、湘阴、黔阳、岳阳、益阳、资兴等地，也分别出土了春秋战国时期的各种铁器。在长江上游地区的四川成都、重庆、昭化等地，在长江中游地区的湖北省鄂城、大冶、江陵、宜昌、襄阳、宜都、云梦、宜城等地，江西省的清江、上高、定南、九江、武宁、遂州、新干、临川等地，浙江省的绍兴、永嘉等地，都分别出土了春秋战国时期各种类型的铁器[②]。

三是品种多。从长江流域各地出土的铁器种类来看，作为农具的有镢、镰、锄、铲、耙、犁等；作为手工业工具的有斧、凿、锤、削、锥、针、铁范等；作为武器的有剑、戟、矛、匕首、刀、杖、镞等；作为礼器的有鼎、釜、盘等，还有车具和带钩、环、管、钉等的各种用具。铁器的种类繁多，产量很大，涉及人们的生产、生活和军用等诸多领域，充分反映了春秋战国时期长江流域的铁器生产和使用的广度和深度。当时长江流域各地相当普遍地使用铁器进行农业生产，农具有铁铧犁、铁凹形锄、铁镰刀，以及钢刃、铁斧等。这表明长江流域的农业生产已发展到牛挽铁铧犁耕地的“铁耕”时代，从而带来了长江流域高度发达的古代农业文明。

四是技术先进。1976年在江西省新于县袁家村的战国粮仓遗址中，出土了两把完整的战国铁斧，经上海冶金研究所测定，铁斧的刃部有钢[③]。这表明战国时期在长江中游地区已发明了贴钢的新工艺。上述提到长江中下游地区推广使用锻钢工艺，也表明当时的铁器生产技术在海内外居于领先地位。

（五）长江流域有最早和最大的水利工程

长江流域的水利资源居全国各大江河之首。兴修水利是长江流域自古以来的头等大事，长江下游地区的安徽省寿县安丰塘和长江上游地区的四川省灌县都江堰，是中国和世

---

①长沙铁路车站建筑工程文物发掘队：《长沙发现春秋晚期的钢件和铁器》，《文物》1978年第10期。

②陈振中：《关于我国开始使用铁器及进入铁器时代的问题》，《中国社会经济史论丛》第2辑，山西人民出版社，1982。

③陈文华：《新干县发现战国粮仓遗址》，《文物工作资料》1976年第2期。

界上最早和最宏大的水利工程,迄今仍为长江流域人民造福。

历来被人们誉为"天下第一塘"的安徽寿县城南30公里处的安丰塘,是我国古代最早的著名水利工程。这个伟大工程相传是春秋时代楚国的孙叔敖所建,距今已有2600多年的历史,该工程选址合理,蓄灌关系处理符合科学原理。它既能从西南将淠河水引入塘内,又能居高临下,向西、北、东三个方向灌溉农田。此塘蓄水面积34平方公里,周长24.6公里,能蓄水1亿立方米,灌溉面积63万亩。此塘自建成以来,在农田灌溉、水路运输、屯田济军等方面发挥了重要的作用,如今它还确保寿县的1/3以上的耕地旱涝保收。因此,联合国大坝委员会名誉主席托兰和海内外许多水利专家来此考察后,称赞安丰塘是中国水利史上的奇观①。

闻名世界的都江堰水利工程,位于川西成都平原,具有灌溉、运输、防洪三大功能,是战国时期杰出的水利专家李冰父子所建。李冰在公元前247~227年任蜀郡守时,为根除长江重要支流岷江给成都平原带来的水患,通过实地考察,科学地确定了都江堰的建设方案。整个工程由宝瓶口、分水堰、飞沙堰等组成完整的灌溉体系,使当时300多万亩的农田得到灌溉,把原来旱涝多灾的成都平原,变成沃野千里的"天府之国"。都江堰不仅是中国古代最伟大的综合利用水利工程,而且也是全世界迄今仍在造福人类的最古老的水利工程,如今直接灌溉面积已扩大到近1000万亩农田②。

(六)长江流域有最早的交通工具

舟楫的发明,是人类征服自然迈出的重要一步,也是人类开创物质文明的一个重要标志。在7000多年前的浙江余姚河姆渡遗址第二期考古发掘中,出土了一只独木舟残骸和7支木制船桨,这是中国,也是世界上最早的木制水上交通工具。这个重大发现,有力地否定了距今5000年至1000多年前黄帝时代的共鼓和货狄发明舟楫的传说,把中国出现舟楫的历史提前到距今7000多年前。由此证明,长江流域不仅是中国也是世界舟楫的最早发源地③。

长江流域又是我国最早的独轮车发源地。在长江上游地区的四川成都市杨子山汉墓中出土的画像石,以及四川渠县燕家村蒲家湾的汉代石阙上,分别刻有独轮车的图像。这是我国迄今所见到的最早独轮车的形象资料。到三国时期,蜀汉丞相诸葛亮六出祁山伐魏时,曾创造出一种先进的运输工具——"木牛流马"。这是一种构造特殊的独轮车,独轮车的发明和使用,是中国交通发展史上一个伟大创举,它比欧洲要早10个世纪。日本学者在研究自行车发展史时,认为中国发明的独轮车是自行车的始祖④。

(七)长江流域有最早的木构水井和测量工具

井水是古代人们最洁净的生活用水,也是农业生产的重要水源之一。长江流域是中国和世界上最早进行人工掘井利用地下水的重要地区。在距今7000多年前的浙江余姚河姆

①孙旭培、沈兴耕:《水利史上一奇观》,《人民日报》1992年11月6日。

②袁庭栋:《巴蜀文化》,辽宁教育出版社,1991。

③李永飞:《七千年前的瑰宝》,《光明日报》1993年5月9日。

④迟亦枫、刘京建:《中国经济之最》,中国旅游出版社,1987。

渡遗址中，发现了一口木构水井。这口井由200多根底部削尖的桩木和长圆木构造而成的方形井，水井每边长约2米，井深1.35米。井口用二横二竖的木头支撑，形象地揭示了“井”字的来历[①]。长江下游地区的先民河姆渡人，凭借自身的智慧和双手，破天荒地开凿和利用中国与世界上最早的木构水井，不仅扩大了人类生产活动和定居生活的范围，而且改善了生活用水的水质，有利于人体的健康和长寿。这在人类文明史上占有重要的地位。

到商周时期，长江流域的先民们发明了木质测量工具，把掘井技术提高到一个新的水平。1991年秋在江西省德安县陈家墩商代聚落遗址中，出土了我国最早的测量工具——木垂球；同时出土的有上百件测量掘井工具和汲水器具，形象地勾画出商代南方先民掘井、汲水的全过程。当时江南的先民已能较普遍地使用木质测量工具，挖掘深达10米左右、井壁圆而笔直的水井[②]。这个考古新发现又一次证明了长江流域不愧为中华文明的重要发源地。

（八）长江流域有远古先进的生产工具和最早的生活用具

生产工具状况是人类社会文明的根本标志。历史上“划分经济时期的事情，不是生产了什么，而是怎样生产，用什么劳动手段生产。劳动手段不仅是人类劳动力发展的尺度，并且也是劳动所在的社会关系的指示器”[③]。

长江流域无论在原始社会、奴隶社会或封建社会，相当多的生产工具在中国乃至世界上都处于领先地位。距今7000多年前的浙江余姚河姆渡的先民们，以骨耜作为重要的农具，以此翻土、平地、挖沟和除草。这种骨耜农具，比当时的木耜、木锄等农具要优越得多。由此表明，河姆渡人的原始农业，已进入“熟荒耕作制”的耜耕农业阶段。这是当时中国和世界上最先进的农业耕作制度[④]。

前面已经提到，早在夏、商、周时，我国长江流域即已逐步出现了高度发达的青铜文明，大量使用青铜冶铸各种各样的农具、工具、兵器、礼器和生活用具，标志着当时的经济已从新石器时代进入青铜器时代，也提示着当时的社会关系由原始社会进入了奴隶制时代。到春秋战国时，长江流域许多地区普遍地生产和使用铁制武器、农具和手工业工具，标志着当时的经济由青铜器时代发展到铁器时代，特别是到战国时期，长江流域的铁器冶炼达到了高度发达的水平，这又提示着当时的社会关系由奴隶制时代进入了封建制时代。

长江流域的先民们使用先进的生活用具和精制的工艺装饰品，也是体现长江流域作为中华文明发源地和标志之一。在距今7000多年前的浙江余姚河姆渡遗址第四文化层中，发现了木质漆器碗和漆筒。经科学鉴定，木质碗外表的朱红色涂料为生漆，从而把人类利用生漆的时间提早到7000多年前[⑤]。这是中国和世界上最早的漆器，也是长江流域先民们对世界最早的文明史做出的杰出贡献。此外，在河姆渡遗址中还发现了28件玉器和萤石制作的装饰品，同时发现了刻着花纹的象牙杯和象牙长尾鸟[⑥]。这些工艺品距今已有

①④⑤李永飞：《七千年前的瑰宝》，《光明日报》1993年5月9日。

②《江西发现中国最早测量工具》，《文汇报》1994年9月2日。

③马克思：《资本论》第1卷，人民出版社，1963。

⑥迟亦枫、刘京建：《中国经济之最》，中国旅游出版社，1987。

7000 多年的历史，是中国迄今为止发现最早的玉雕工艺品和牙雕工艺品。

（九）长江流域有最早的“干栏式”建筑

房屋建筑是人类文明的重要标志之一。“干栏式”建筑，是长江流域和我国南方地区房屋建筑的代表模式。这种建筑是用竖立的木、竹桩做高出地面的底架，再在底架上用竹、木、茅草等建筑房屋，具有居住、防潮、防蛇兽等作用。在距今 7000 多年前的浙江余姚河姆渡遗址中，发现相当密集的“干栏式”建筑遗址，是迄今中国和世界上发现最早的房屋建筑。这种建筑梁柱之间用榫卯接合，地板用木板密拼，具有相当成熟的木构技术。在河姆渡遗址中发现的建筑，是一种有前廊过道的“干栏式”住房，其中最长的一栋总面积达 160 平方米以上①。在当时生产工具只有石斧、石凿的情况下，能将粗大的树木加工成适用的木桩、木板，并做出榫卯、企口，这充分显示了长江流域的河姆渡人的聪明智慧和伟大的创造力。这种“干栏式”的建筑模式，在我国南方地区延续了数千年之久，直到今天在我国西南和台湾的一些少数民族地区仍被采用。

（十）长江流域有我国目前发现最早的古城

“城市是经济、政治和人民的精神生活的中心，是前进的主要动力”②。城市的兴起和发展，是人类进入文明时代的一个重要标志。1991 年至 1994 年发掘的湖南省澧县城头山古城遗址，是我国目前发现的最早的古城，迄今已有 5000 年的历史。这是长江流域成为中华文明发源地的又一个重要佐证。

位于长江中游地区的澧县城头山古城遗址，总面积约 7.65 万平方米，有护城河、夯土墙和城门，城墙最高达 3 米。城内分居住区、手工作坊区和墓葬区 3 个地段。在居住区内，发现两幢面积很大的、完整的住房基地。一幢为前后两进，内有一座火口明显的大灶，火塘内有草木灰遗存，房内还有作为饮餐用的陶器。这是氏族成员烧饭和用餐之所。另一幢房屋中间是走廊，两旁排列着 3～4 平方米的小房间，没有火塘和用火的痕迹。这个时期应属于对偶婚阶段。在手工作坊区内，发现了长江中游地区大溪文化晚期制陶的作坊，共发现陶窑 5～6 座。还有各陶窑周围制造和晾干陶坯的临时性建筑，同时发现了制造陶器的工具，如打磨的石球等。像这样完整的工序齐全的新石器时代之窑场遗址，是迄今为止相同文化时期的考古发掘中所罕见的。在墓葬区内，发现了屈家岭文化中、晚期的墓葬 400 多座，墓葬区面积约 300 平方米。特别是在南城门区，发现城墙修建的时间是在屈家岭文化早期，距今有 5000 多年的历史。同时，还发现了宽阔的硬土路面、城门和垛子③，上述考古发现表明，长江流域早在距今 5000 多年前，就揭开了中国城市文明最早的篇章。

三、长江流域是中华精神文明的摇篮之一

长江流域不仅是中华物质文明的重要发源地，而且也是中华精神文明的摇篮。早在距今 7000 多年前的史前文明时代，长江流域即已孕育着中华精神文明的曙光，为中华文明

---

①李永飞：《七千年前的瑰宝》，《光明日报》1993 年 5 月 9 日。

②《列宁全集》第 19 卷，人民出版社，1985。

③《湖南发现我国迄今最早古城》，《人民日报》1995 年 2 月 14日。

的形成和发展做出了杰出的贡献。

长江流域先民们在远古时代创造的精神文明的内容十分丰富，涉及精神文明建设的许多方面，从现有资料来看，集中表现在以下几点：

（一）长江流域同样有最早的龙形象和龙文化

龙是中华民族远古时所崇拜的图腾，是掌管雨水之神，是瑞祥、高贵、威猛的象征。中州古籍出版社 1991 年出版的《神秘·龙的国度》一书指出："考古发现龙的最早形象，当推西安半坡仰韶文化遗址出土的陶壶龙纹，距今 6000 多年。长期以来，中外许多学者认为，龙就是黄河的化身，黄河就是龙，龙文化就是黄河文化，就是华夏文化的缩影。人们在歌词中也唱道，遥远的东方有一条龙，它的名字叫黄河"①。上述这些说法和歌颂，虽然并没有错，但是不全面，有局限性和狭隘性，不符合中华民族的远古文化是多元化这个客观事实。

大量事实证明，辽阔的长江流域同样拥有中国最早的龙的形象和龙的文化。首先，从考古发现看，1993 年，位于长江中游地区的湖北黄梅县发掘出一条用卵石摆塑的巨龙，长 4.46 米，宽 2.26 米。据考证，这条巨龙距今约 6000 年前②。其次，从文献记载看，《吴越春秋》提到，长江下游地区的越王勾践曾派大夫文种送给吴王刻绘着"类状龙蛇"的"神木"，表示将越国奉献给吴国之意③。再次，从文身习俗看，长江下游地区的吴越人历来有文身的习俗。他们文身的图案多是龙的形象。这是因为吴越地处"三江五湖"，吴越人在长期与水的搏斗中，视水龙王为神，在自己身上刻画龙之形象，表示自己是龙的子孙，可借助水龙王的威力免除水灾，保佑自身生命安全。这种图腾崇拜的文身习俗，在长江流域许多地方都存在过，有些地方甚至到今天仍然如此。由此可见，长江和黄河这两大江河流域，在远古时即具有平行发展和相互交融的文化传统，两者都是古老而灿烂的中华文明的发祥地。

（二）长江流域同样有远古时类似文字的符号

文字是代表文明诞生的一个最为重要的标志，中国的文字是世界上仅存的最古老的表意文字，它是形、音、义三者结合的产物。在中国文字产生之前，作为中华文明重要发源地的长江流域，同黄河流域一样，都有过类似文字的符号。郭沫若先生认为，西安半坡类型陶器上刻划画符号，就是中国文字的起源，或者是中国原始文字的孑遗④。唐兰先生认为，大汶口陶文比半坡刻画符号更早，因而"中国有 6000 年的文明史。"⑤

长江流域发现我国远古时的刻画文字或刻画符号，比黄河流域数量更多，涉及地域更广，主要有：

（1）1981 年在长江中游地区湖北省宜昌市杨湾遗址中出土的陶片上，发现 4 件有刻画的符号。有些符号是陶器未烧以前刻上去的，有些符号是陶器焙烧后刻上去的。有些符号

---

①李永飞：《七千年前的瑰宝》，《光明日报》1993 年 5 月 9 日。

②周庆：《又闻绝响：改写历史的考古新发现——近十多年重要出土文物解答历史之谜》，《人民日报》1994 年 1 月 25 日。

③张荷：《吴越文化》，辽宁教育出版社，1991。

④郭沫若：《古代文字之辩证的发展》，《考古学报》1972 年第 1 期。

⑤唐兰：《大汶口文化论文集》，齐鲁书社，1981。

在不同的陶片上反复出现。这些符号不仅有横、竖、斜等直笔，而且有转折、弯勾等笔画，有几个符号与商代甲骨文相似。据考证，这些符号距今有6000年左右，先民们当时用以记录某些语言中的概念，具有抽象的意义①。

(2)1989年在长江下游地区的安徽省广德县誓节镇九龙岗发现一件有刻画符号的石斧。在石斧上刻有互不连接的横、撇、点、捺共9画，刻痕清晰。经考证，此石斧的生存年代不晚于黄河流域的仰韶文化，并非实用器物，可能是部落首领权力或身份的象征②。

(3)1993年在长江下游地区的江苏省高邮市龙虬庄遗址发现一片磨光泥质黑陶盆口沿线残片，上面刻有4行8个刻画符号，笔画流利。经考证，这些符号距今5000~4500年③。

(4)1959年在长江下游地区的安徽省屯溪市西郊的墓葬中，发现在原始瓷和印纹硬陶上刻画的33个原始文字或符号④。

(5)20世纪70年代初，在长江中下游地区的江西省清江吴城遗址出土了100多个文字和符号，这是由相当于商朝早期居住在赣江、鄱阳湖流域的古越族所创⑤。

(6) 江南地区发现的300多个类似文字和符号，除少数与中原出土的一样或相似以外，相当一部分则不见于中原，说明古代南方有着与中原不完全相同的文字体系。这些类似文字很可能是广泛分布于南方地区古越族的文字⑥。

(7) 在长江下游地区的江苏吴县澄湖古井中，发现属于良渚文化的鱼篓形陶罐的腹部，刻有4个与商代甲骨文非常接近的符号，呈左高右低的横行排列，有人把这些符号读成“巫铸五偶”⑦。

上述事实表明，长江中下游的广大地区在距今6000~5000年前，就已产生许多类似文字和符号。我们虽然不能断定这些类似文字和符号就是最早的文字，但可以肯定这样一个事实，早在史前时期，长江流域的先民同黄河流域的先民一样，在不同地域寻觅一种记录思维和语言的工具——文字，他们都在为创造中华民族的共同文字做出重要的贡献。

(三)长江流域有远古时丰富多彩的文化艺术成就

无论在旧石器时代和新石器时代，还是青铜时代和铁器时代，长江流域的先民们在创造灿烂的物质文明的同时，以极其旺盛的艺术创造力和丰富的艺术想象力，在雕刻、绘画、音乐、舞蹈等诸多领域，创造了惊人的艺术成就。这些艺术成就，往往早于黄河流域。由此表明，长江流域不愧为中华精神文明的重要发源地。

长江流域作为远古艺术成就的杰出代表，集中表现在以下三个典型上：

一是距今7000年前的河姆渡遗址的造型艺术和乐器制作的辉煌成就。河姆渡的先民们运用琢磨、刻画、捏塑、绘画等多种艺术手段，在陶器、骨器、木器、兽角、象牙等物体上，

---

①③周庆：《又闻绝响：改写历史的考古新发现——近十多年重要出土文物解答历史之谜》，《人民日报》1994年1月25日。

②《广德发现刻有符号的石斧》，《东南文化》1992年第2期。

④⑤⑥王业友：《安徽中溪发现的先秦刻画文字或符号刍议》，《东南文化》1992年第2期。

⑦江苏省社科院《江苏史纲》课题组：《江苏史纲》(古代卷)，江苏古籍出版社，1993。

创造了许多设计精巧、寓意深奥的艺术形象。如在一只象牙蝶形器上，雕刻着取名为“双鸟朝阳”的图案，作为河姆渡人图腾崇拜的象征。还有陶羊、陶狗、陶猪、陶鱼等陶塑作品以及许多陶器上的绘画，都表现了讲求对称、追求平衡的审美意识和整齐、稳重、沉静的艺术效果[①]。还发现100多件用禽类肢骨制成的吹奏器——骨哨，以及木质打击乐器——木筒[②]。这些表明当时河姆渡先民们的音乐舞蹈相当盛行。

二是距今5000多年前的良渚文化遗址的各种艺术丰富多彩。当时的雕刻、雕塑、绘画等艺术珍品层出不穷。以玉琮为代表的各类玉器上，雕刻着精致的饕餮纹、云雷纹，回纹等纹饰。1000多年后的商周青铜器上的饕餮纹，可能就来源于这种兽面纹[③]。特别是雕琢玉器品种繁多、纹饰精美，表明当时已经出现了专门从事玉器生产的手工业。

三是距今2400多年前的古乐器编钟。1978年在湖北省隋县擂鼓墩战国早期曾国郡主曾侯乙的大墓中，出土了8种124件古代乐器。其中编钟一组64件和编磬32件，还有楚惠王赠给曾侯乙的镈钟1件。这是中国迄今出土最古老最完整的古乐器。特别是编钟设计精巧、铸造瑰丽，出土后音乐性能仍很好，音域宽广、音色优美，古今乐曲均能演奏[④]。这个重大发现，消除了中外一些学者曾经认为先秦时期中国乐器只有5声音阶而没有7声音阶的怀疑，同时也证明长江流域是中国古代音乐的重要发源地。

（四）长江流域出土了最早的《老子》帛书抄本和竹简

老子是中国春秋时期著名的思想家和道家创始人，也是世界上最早的伟大思想家之一。他的《老子》一书内容博大深奥，是世界公认的最早名著。1973年首先在长江中游地区的湖南省长沙马王堆汉墓中，出土了《老子》帛书甲乙两种版本，甲种本字体在篆隶之间，乙种本字体为隶书。1993年又在长江中游地区的湖北省荆门市四方铺乡郭店一号楚墓中，出土了战国竹简《老子》。这是迄今出土竹简文字最多的一次[⑤]。由此可见，长江中游地区湘、鄂等地，不愧为中国古代文化的发源地之一。

（五）长江流域有中国和世界上古代发达的科学技术

在本文前面提到的长江流域远古时众多的物质文明成果中，同样包含着长江流域远古时优秀科技成果的结晶。除此以外，从下述几个方面，还可看出长江流域古代发达的科技成果在中国和世界上的领先地位。

一是拥有中国最早的彗星图和以实测为基础绘制的地图。这是1923年在长江中游地区的湖南省长沙马王堆3号汉墓中出土的。彗星图共计29幅，地图共计3幅，包括地形图、驻军图和城邑图。彗星图和地形图距今已有2100~2200年的历史[⑥]。

---

①李永飞：《七千年前的瑰宝》，《光明日报》1993年5月9日。

②倪士毅：《浙江古代史》，浙江人民出版社，1987。

③《我国文明史起源在良渚》，《浙江日报》1994年3月6日第1版；袁亚军：《良渚，挽住文明的曙光》，《人民日报》1994年5月27日。

④许道静：《中国之最》（修订本），河北科技出版社，1985。

⑤苏亚：《中国出了最早的“书”——国宝竹简〈老子〉发掘始末》，《中国物资报》1995年1月13日。

⑥梁宗强：《中国历史之最》，中国旅游出版社，1987。

二是发现中国和世界上年代最早、保存最完整的人体软尸。1994年在湖北省江陵县的古墓中，发现中国和世界上最早的一具外形、骨骼基本保存完好的战国时期的女尸，距今已有2300多年的历史，比湖南省长沙马王堆出土的西汉女尸和湖北省江陵县凤凰山出土的西汉男尸要早100年①。其中凤凰山出土的男尸，在出土时皮肤、肌肉有弹性，关节均可活动，解剖发现，脑膜血管清晰，内脏器官齐全②。由此证明，长江流域在距今2200～2100多年前的医药和防腐科学，都达到了高度发达的水平，并在中国和世界上居于遥遥领先的地位。

三是在中国和世界上最早使用天然气。我国古代把生产天然气的气井称为“火井”。西汉时杨雄在所著《蜀都赋》中，提到长江上游的四川地区有“火井”。这是中国有关天然气的最早记录。在四川成都的临邛(今邛崃市)等地出土的画像砖上，均刻有煮盐图，即用天然气煮井盐水以制盐。英国是世界上较早使用天然气的国家，但比中国长江流域的四川地区利用天然气迟了1400多年③。

四、长江流域培育了大批创造物质文明和精神文明的杰出人才

富饶而广阔的长江流域，自古以来，文化繁荣教育兴盛、科技发达，特别是长江上游地区的巴蜀文化、中游地区的荆楚文化和下游地区的吴越文化，恰似盛开在长江流域的三朵绚丽多彩、历久不衰的区域文化之花，并与古老的中原文化竞趋争先，大有后来居上之势。而长江这条中国最大的母亲河，数千年来以自己甘美的乳汁，孕育了无数杰出的英才，陶冶了大批各领风骚的文坛巨匠和成果丰硕的科技专家，以荆楚文化发源地之一的长江三峡为例，在古代涌现了3位号称“天下第一”的鼻祖：被人们传颂为“教民养蚕”的始祖、黄帝正妃、中华民族第一夫人嫘祖；被中外公认为爱国爱民的光辉典范、中华民族第一文人屈原；为国为民做出杰出贡献的第一美人王昭君。

长江流域自古以来人才辈出，群星璀璨，具有代表性的卓越人物主要有：庄周、朱熹、陆九渊、顾炎武、戴震等著名的哲学家和思想家；陶渊明、李白、苏轼、司马相如、杨雄、孟浩然、陈子昂、秦观、梅尧臣、王世贞、吴敬梓等杰出的诗人和文学家；顾恺之、王蒙、唐寅、文徵明、仇英、郑燮、李鲜、吴昌硕等书画艺术大师；陈寿、习凿齿、常璩、沈约、谈迁、钱大昕、孟森等著名史学家；葛洪、陶弘景、黄道婆、徐光启、陈潢、华蘅芳等卓越的科学家和发明家④。还有无数各类科技工作者、教育工作者和文人学士，他们同样为历代长江流域的物质文明和精神文明建设做出了杰出的贡献。

长江流域自古以来不仅拥有高质量、高水平、蜚声海内外的各类英才，而且拥有著名专家学者的数量也名列全国之冠。有人以国务院学位委员会划分的十大学科分类统计，从先秦、秦汉到近代、现代，全国各学科前20名杰出专家学者共有721名，分布在长江流域

①《湖北江陵发现战国女尸》，《瞭望》1994年第44期。

②许道静：《中国之最》(修订本)，河北科技出版社，1985。

③迟亦枫、刘京建：《中国经济之最》，中国旅游出版社，1987。

④庄辉明、李向平、李朝远：《十大江湖》，上海古籍出版社，1992。

的有528名,占全国列入统计的专家学者总数的73.23%,而黄河流域只有120名,占总数的16.64%;珠江和闽江流域有3名,占总数的10.13%[①]。长江流域的历代专家学者,犹如灿烂的群星,争奇媲美、层出不穷,充分显示了长江流域历代人才辈出的强大优势和无限的生命力。这正是长江流域历代文明成果在许多方面早于黄河流域和全国其他江河流域的根本原因与重要标志。

综上所述,我们可以清楚地看到,在中国文明起源的问题上,中外学术界长期认为黄河流域是中华文明发源地的"一元论"的传统观点,是不符合中华文明发展史的实际情况和客观规律的,因而也是片面的和不正确的,长江流域各地大量文献资料和层出不穷的考古新发现,已经证明并将继续证明,长江流域不仅是中国境内的人类起源地之一和中华民族物质文明的最早发源地之一,而且也是中华民族精神文明和上层建筑等诸多领域的重要发源地之一。长江流域拥有众多的光辉灿烂的文明成果,不仅开创了中华文明史的光辉篇章,而且在世界文明史上也占有十分重要的地位。

当然,我们在拂去长期以来蒙在长江流域文明成果上的诸多历史尘埃,充分肯定长江流域是中华文明的重要发源地的同时,并不否认黄河流域在中华文明形成和发展过程中的重要地位和作用,而是说明长江流域和黄河流域以及全国其他江河流域的先民们一起,凭借各自的智慧、力量和优势,共同孕育和铸造了历史悠久的、光辉灿烂的中华文明,并对世界文明的形成和发展做出了杰出的贡献。

---

①缪进鸿:《长江三角洲与其他地区人才的比较研究》,《教育研究》1991年第1期。

论长江下游古代经济的全面开发和全国经济重心的形成

长江下游指江西省湖口以下至长江出海口的江段,江长830公里,在长江航线上,泛指汉口至上海之间的航线;在行政区划上,包括今上海市和江苏、浙江、安徽、江西四省,总面积约49.58万平方公里;在历史上,长江下游浙、赣、闽三省和苏、皖江南地区,统称为江南。长江下游地区具有优越的自然条件、富饶的物产资源和得天独厚的经济优势,是我国人口密集、经济繁荣、城镇林立、交通便利、文化发达的重要经济区。

但是,长江下游地区并非自古繁盛。直到东汉末年以后,因中原地区战祸连年不断,北方人口陆续大量南迁,同长江下游人民一起,共同开发了这个幅员广阔的地区,经过三国、两晋和南北朝,长江下游的经济有了进一步发展。特别是经过隋唐和北宋时期,长江下游地区的经济得到大规模的开发,农业、手工业、商业等各类经济部门都有了全面发展,从而取代了黄河流域在全国的重要经济地位,一跃成为全国的经济重心和最富庶的地区,从此长江下游地区在我国经济发展中长期居于遥遥领先的地位。

长江下游地区成为全国经济重心,并非一蹴而就,而是经过一个较长的历史发展过程逐步形成的。这个过程开始于东汉末年,加速演变于三国、两晋和南北朝时期,到隋唐时代长江下游地区的经济发展水平,已经赶上并超过黄河中下游地区,及至北宋时期,业已基本完成我国经济重心的南移。但是,在全国经济重心南移之后,由于具体的历史条件以及政治、军事、国防等客观形势的需要,全国的政治中心并未随经济重心一道南移,从此形成了全国政治中心与经济重心的分离,即政治中心仍在黄河流域,而经济重心则已转移到江南,这是中国历史上的一次重大而有深远影响的社会经济变革。从此以后,我国历代封建统治者即以江南源源不断的物质财富来维持全国的封建统治,这个政治中心和经济重心分离的格局,在我国几乎一直延续到近代北洋政府时期。

本文拟就长江下游特别是江南地区逐步成为全国经济重心的历史演变过程、特点、规律及其原因做初步探讨,以求教于我国经济史学界专家学者,并为合理配置我国经济发展战略布局提供必要的历史经验,以便更好地建设中国特色的社会主义经济。

一、长江下游古代经济全面开发的过程

长江下游地区经济开发的过程源远流长,经历了相当长的历史发展时期。如果从东汉末年、三国时期初步开发算起,经过隋唐时期全面开发,到北宋时期成为全国经济重心,前后经历了大约10个世纪,其中南朝、唐、北宋三个时期,是长江下游经济开发速度最快、成

效最为显著的时期。

在中国经济发展史上,长江下游的经济开发,稍迟于黄河流域。早在我国奴隶社会和封建社会初期的秦汉时期,黄河流域以农业为主体的经济,就已经达到了较高的发展水平,创造了灿烂的农业文化。而当时长江下游地区仍然相当落后,除部分地区有了农业经济外,多数地区的人们还过着渔猎采集的生活。汉代的司马迁认为,江南地区是当时全国四大经济区中最落后的一个。他在《史记》中说:"楚越之地,地广人稀,饭稻羹鱼,或火耕而水耨,果隋蠃蛤,不待贾而足,地埶饶食,无饥馑之患,以故呰窳偷生,无积聚而多贫。是故江淮以南,无冻饿之人,亦无千金之家"。①

到东汉末年和三国时期,长江下游的经济开始了初步开发。从东汉末年以后,北方战祸迭起,天灾频仍,饥馑荐臻,内忧外患接踵而来。使原来经济发达的关中、山东等经济区的社会经济遭到空前严重的破坏。北方人民为了生存,被迫大量南迁,不仅增加了江南地区的农业劳动力,而且带来了北方先进的农业生产技术,从而推动了江南地区经济的开发,并使三国时期的孙吴获得了较为雄厚的经济实力。

到东晋、南朝时期,长江下游地区的经济开始了全面发展。据《宋书·孔秀恭传》记载:"江南为国盛矣。……地广野丰,民勤本业,一发或稔,则数郡忘饥。会土带海傍湖,良畴亦数十万顷,膏腴上地,亩值一金,鄠、杜之间不能比也。荆城跨南楚之富,扬郡有全吴之沃。鱼盐杞梓之利,充仞八方;丝棉布帛之饶,覆衣天下"。

在六朝时期,江南经过长期开发,社会经济初步繁荣,人口迅猛增加,并兴起一批繁华的城市。在孙吴、东晋时期已成为都城的建康(今南京),到南朝时进一步发展为江南第一大城。梁朝时建康城内东西南北各40里,人口100万以上,成了当时全国最大城市,城里有40个商市,城外秦淮河两岸大小集市多达100多个,商业发达、市场繁荣,呈现出一片兴旺的景象。此外,京口(今镇江市)、宣城(今宣州市)、毗陵(今常州市)、吴郡(今苏州市)、会稽(今绍兴市)、余杭(今杭州市)、东阳(今金华市)等城市,也都相当繁荣。而这一时期的北方,经过长期战乱,社会经济满目疮痍,凋敝不堪,同江南经济的繁荣景象形成了鲜明的对照。这表明在南北朝时期,我国的经济重心已经开始南移。

到了唐朝,由于全国出现了前所未有的大统一局面,社会环境长期安定,使长江下游的经济在原有的基础上获得空前发展,达到了封建社会前期的高峰,在农业生产方面,广泛使用牛耕和铁制农具,农业生产技术有了相当大的进步,农作物产量显著提高,农产品种类也有增加;在手工业生产方面,铜、锡、铅的矿冶生产,均居全国首位,据《新唐书·地理志》记载,唐时全国产铜的县共有60县,江南地区占28县,全国产锡的县共有14县,江南地区占4县,全国产铅的县共有7县,江南地区占4县;唐代纺织业也相当发达,全国丝织业重心原来在北方,到唐代后期逐渐向南方转移,在唐朝以后太湖流域终于成为我国蚕桑丝织的中心。通过横跨欧亚大陆的丝绸之路向西方输出的丝织品,到唐代也达到了高峰,麻、棉、毛织品在唐代均有较大发展。其他手工业部门和商业、对外贸易等经济部门,在唐

①司马迁:《史记·货殖列传》。

代也都有相当大的发展。由于农业和工商业发达、经济繁荣，江南地区在唐代成为国家主要财源所在，唐韩愈说："当今赋出天下，江南居十(之)九"，[①]杜牧也指出："今天下以江淮为国命"。[②]

到北宋时期，江南地区一跃成为全国经济重心，并一直延续到当代。赵匡胤统一全国后，结束了唐朝以后全国分裂的局面，促进了社会生产力进一步发展，在农业方面，梯田、圩田普遍兴修，耕地面积不断扩大，水利灌溉有了很大发展，龙骨车等先进的排灌工具广泛使用，农作物产量有较大增长，品种也有增多，各类手工业都有相当大的发展，商业和对外贸易也很繁荣，从而涌现出一批繁华的城市，著名的苏州和杭州，物盛人众，商业繁荣，享有"上有天堂，下有苏杭"和"苏湖熟，天下足"的美誉。随着海上交通的发展，明州(今宁波市)等也发展成为新的经济都会。

二、长江下游古代经济发展的特点

从长江下游古代经济发展的历史过程来看，在三国到北宋这段漫长的历史时间内，这个地区的各类经济部门的发展从无到有、从小到大、从局部开发到全面开发、从相当落后到普遍繁荣，最终成为全国经济重心，并展现了经济发展中的若干显著特点。

1.农业经济居于首位

农业是国民经济的基础，是满足人们生存需要的基本条件。在封建社会中，农业经济历来居于各类经济部门的首位，长江下游地区具有发展农业的优越条件，地形以平原和丘陵为主，江河湖沼众多，土地肥沃，雨量充沛，光照充足，气候温和，四季分明，冰霜期短，适宜于多种粮食作物和经济作物的生长。但在汉朝以前，长江下游的农业尚未开发，许多地区处于落后的原始状态，从东汉末年以后，北方连年战乱，大量人口相继南迁，南北方人民共同努力，充分利用长江下游特别是江南地区优越的自然条件，大力开发农业，不仅把广阔的平原改造成为肥沃的良田，而且把大面积丘陵、沼泽改造为适宜于多种农作物生长的良田，从而迎来了长江下游农业兴旺发达的局面。

从三国到北宋时期，长江下游各地农业普遍获得较大发展，取得了显著成效，具体表现在以下几个方面：

一是农业生产技术有很大进步。在秦汉时期，长江下游的农业生产还比较落后，农作物的种植比较粗放，东汉末年北方大量农民南移后，带来了北方先进的生产工具和生产技术，使这个地区过去长期使用的"火耕水耨"的耕作方法逐渐被淘汰，积极推广精耕细作和积粪肥田等先进生产技术。

到隋唐时期，长江下游地区的农业生产工具的耕作技术又有了较大的进步，当时，耕作、种植、灌溉、收割等各类农具都比较齐全，唐末吴郡陆龟蒙在《耒耜经》中，详尽地介绍了江南地区广泛使用的犁的结构。这种犁由铁质和木质 11 个零部件组成，当时从农业耕作需要出发，把长辕犁改进为短辕犁，操作灵活，应用方便。我国古代的耕犁，到唐朝就基

①韩愈：《韩昌黎集》卷 19。

②杜牧：《樊川文集》卷 16。

本定型了,一直沿用了一千多年。唐代灌溉工具也有较大的改进、创造了连筒、筒车、桶车、水轮等效率更高的灌溉工具。

到两宋时期,除广泛使用铁木农具外,还大量使用竹木农具,如戽斗、篓筐、禾钩等。常州实行"以丁颁田,二丁共一牛犁、杷、锄、锹、镢、镰具。六丁加一黎刀。每甲辘轴二,水车一",可见当时农具是比较齐全的。在耕作方法上,强调精耕细作。"土细如面",种植得法。

二是耕地面积有了扩大。扩大耕地面积,是发展农业生产的先决条件,北方大量人口南迁后,为解决人多地少的矛盾,北方人民和南方人民一起,大力修建圩田,并围湖造田。既扩大了垦田面积,又解决了地势低洼、洪涝灾害较多的问题。今皖南地区,是宋代建造圩田最多、最好的地区。宣城的化成圩有田 880 余顷,每年收租 2.4 万余石,是宋代最早的圩田。宋代最大的圩田是芜湖万春圩,圩内有田 1280 余顷,该圩工程质量良好,虽遇特大洪涝,圩堤仍屹立无恙。据不完全统计,宋代江东一段的官圩共有圩田 79 万余亩,浙西的围田多在太湖周围,以平江府(苏州)最多,共有围田 5000 余亩。长江下游各地农田垦殖事业的发展,把大批丘陵和洼地改造成了稳产高产田,至今皖南、苏南、浙江、江西等地许多农田水利搞得好的地区,大多数与南宋时期的圩田(围田)建设有直接或间接的关系。

三是农作物的品种和产量都有增加。南方各地原来都属种植水稻,北方劳动人民南迁后,把麦、菽、粟等农产品的种子和种植技术带到了南方,并在南方大力推广,使之成为南方的主要农作物之一。在南朝时期,自然条件优越的"三吴"(吴兴、吴郡、会稽)和建康等地,成了南方著名的产粮区。唐朝建都长安,所需给养基本上取自东南(苏、浙、皖一带),开始每年征收一、二百万石米。到天宝时增至四百万石,长江下游成了唐王朝的主要粮食供应基地;到宋朝,太湖流域成为我国重要的农业高产区,普遍一年两熟,上田每亩收成五、六石;南宋高宗时,两浙路明州(宁波)粮食产量更高达亩产六、七石之多。

长江下游地区除大量种植水稻、小麦、豆类等粮食作物外,经济作物也有很大发展。棉花首先在长江下游地区逐渐推广,茶叶种植更加普遍。北宋太宗时,江南 10 州官场收入的茶达 1027 万余斤,两浙江州官场收入的茶为 127.9 万斤。[①]北宋时,两浙的日经茶、江西的双井白茶;南宋时,吴兴的紫笋、常州的阳羡、绍兴的日注等茶,都被当时誉为茶叶的"绝品"。

2.手工业相当发达

手工业是长江下游地区仅次于农业的另一个重要物质生产部门,随着农业生产的发展,各个手工业部门都陆续兴起和发展起来。特别是西晋末年以后,北方战乱,大批劳动人民南迁,其中有相当一部分是手工业工人。他们南来后,带来了北方手工业的先进工具和生产技术,使长江下游特别是江南地区的手工业获得了很大的发展。当时起初是官府手工业占主要地位,但因官府手工业有种种弊端,其工人纷纷叛逃,因此,民间手工业也就兴盛和发展起来。

从三国到北宋时期,长江下游地区各类手工业部门从无到有、从小到大逐步兴盛和发

①《宋史·太宗本记》。

展起来,并出现了许多新的特点。

一是冶铸业有了新的进步。长江下游地区矿产资源丰富,采矿、冶炼和金属铸造业起步较早,孙吴、东晋时期,铁矿开采和冶炼都有进展。南朝时在都城建康(南京)设有主管冶炼和铸造业的4个部门,由皇室直接掌握的手工业作坊和官府的冶炼作坊有8处之多。南朝时冶铁除普遍使用东汉时发明的水力鼓风外,炼钢技术有两项重大进步:其一是推广“百炼钢”冶炼法,冶练优质钢;其二是陶弘景发明“灌钢”冶炼法,冶炼质量良好的钢,广泛应用于制造农具和手工业工具。这是我国早期冶钢史上的一项创造性的成就。扬州是当时长江下游一带的冶铁业中心。梅根冶(今安徽贵池区)、铁岘山(今江苏溧阳市南)和剡县(今浙江嵊市)是当时规模很大的铁矿区,也是长江下游制造兵器、农具和手工业工具的重要产地。铜矿冶炼和铜钱铸造;金矿、银矿的开采和冶炼,东晋、南朝时期在长江下游一带也较为发达。

到隋、唐五代时期,长江下游的采矿,冶炼和金属铸造业,又有了进一步发展,铁、铜、金、银、锡、铅等多种矿产冶炼和铸造,分布于长江下游苏、浙、皖、赣的许多地区,唐代扬州的铜器多而精美,扬州的青铜镜闻名全国、享誉海外。

从宋代以后,除官府冶炼手工业外,民间冶铁手工业逐渐兴盛。徐州东北的利国监,是宋朝著名的冶铁中心,共有“三十六冶,冶各百余人”[①],总计近4000人,利国监每年要向宋政府缴纳铁30万斤,可见该地铁的产量之多。江南其他地区,铁的产量也相当可观,每年所纳铁税分别达10万斤以上,今安徽繁昌县出土的宋代冶铁炉,与现今桃形土高炉相似。宋朝的铜矿开采和冶炼也比较发达,饶州德兴铜场和信州铅山铜场,是当时全国著名的两大铜矿生产基地,德兴铜场创办于北宋哲宗、元祐年间,每年产铜5万余斤,该矿至今仍为我国最大的斑岩铜矿,也是世界屈指可数的大型铜矿之一。当时德兴铜场采用胆浸铜法冶炼,这种先进的冶炼技术一直延续到明代仍继续使用。

南朝、唐,宋时期,金属铸造业的产品大致分为四类:其一是各种兵器。长兵器主要是矛和枪,短兵器主要是刀和剑。突火枪和火药的制造,是宋代长江下游兵器生产的重要成果。其二是各种生产和生活用具。由于铁的产量较多,生产工具多为铁制品,生活用具也多为铁制,也有用铜制的。其三是金属货币。钱币多用铜制成,也有用铁制的钱。四是装饰品。多用金银等贵重金属制成,制作精美,光彩夺目。

二是制瓷和制陶业出现了高潮。瓷器生产历来是长江下游的一个极为重要的手工业部门,也是中国著名的特种工艺品。世界上许多国家把中国称为瓷国。浙江省是我国首创瓷器的发源地,上虞县小仙坛窑址出土的东汉瓷标本,把我国瓷器出现的时间提前到东汉时代。长江下游的瓷器生产,到东晋、南朝时出现了第一个高潮,也是我国瓷业发展史上的第一个高潮,长江下游的青瓷和缥瓷,代表着我国瓷器的发展方向。今浙江绍兴是隋唐时代南方制瓷工业的中心,也是越窑的鼎盛时期。江西昌南镇(即景德镇),在唐代是长江下游的另一个制瓷工业中心,这里生产的瓷器,天下驰名。特别是青、绿、黄三色的新陶瓷,被

①徐松:《宋会要辑稿·食货》卷33,上海古籍出版社,2009。

称为“唐三彩”，成为唐代独树一帜的产品。此外，婺窑、寿窑、洪窑、霍窑等著名瓷窑，在唐代也各具特色。

到两宋时期，长江下游的制瓷和制陶业获得空前发展。从宋代起，出现了官窑和民窑两种瓷器，官窑瓷器作为贡品，民窑瓷器主要供应市场销售。宋代长江下游的官窑有：景德镇窑、越窑、修内司窑和郊坛下窑，其中景德镇在宋以前称新平镇、又名昌南镇，因北宋真宗景德年间派官员在此地监造御瓷，器物皆书“景德年间制”，遂改名为景德镇。这里从宋代开始成为著名的瓷都，是我国制瓷工业的中心，也是我国历代四大名镇之一。宋代长江下游著名的民窑有龙泉窑、湘湖窑和丽水窑等。在宋代，长江下游的瓷器不仅满足国内需要，而且大量出口，畅销亚洲、欧洲等国外市场。

在宋代，制陶业在今江苏宜兴市的丁山和蜀山地区迅猛发展起来，从宋朝开始，宜兴的窑场，以生产日用陶器为主，不再生产青瓷器。当时，宜兴的陶器产品分为两大类：其一是生产“韩瓶”的水壶为主，并烧制盆、钵罐、缸等；其二是紫砂器，这是宋代的一种新产品，也是宜兴制陶业中经久不衰的一束艳丽的花朵，当时紫砂器以生产壶、罐为主。从宋代开始，初步奠定了宜兴作为我国陶都的基础。到明、清时期，宜兴进一步发展成为驰名中外的陶都。

三是纺织业获得空前发展。纺织业是长江下游的传统的手工业部门，也是一个经久不衰的重要手工业部门，在东晋、南朝时期，丝织业是长江下游纺织业中的主体，南朝开创者刘裕在建康设立锦署，从事丝织业生产和管理，这为以后金陵织造业的发展打下了良好的基础。

到隋、唐、五代时期，长江下游的丝织业获得了迅猛发展。在繁荣强盛的唐代，我国丝织业中心开始由北方南移到江浙一带，具有悠久蚕桑、缫丝历史的浙江越州，从唐开元到贞元不到百年的时间内，迅速发展为江浙新兴的丝织业中心。在唐代江南东道 19 州中，上贡丝绸的共有 14 州，而浙江就占其中的 5/7，当时江南东道（令浙江、江苏一带）不仅丝织业产地广阔，丝织品产量迅猛增加，而且丝绸品种繁多，至少有 20 多个花色品种，并出现了一批著名的高级丝织品。当时的丝织品除满足国内需要外，还远销欧、亚许多国家，深受国外市场欢迎。到两宋时期，长江下游的丝织业又获得进一步发展。据北宋太祖乾德五年（公元 967 年）至南宋孝宗乾道八年（公元 1172 年）统计，两浙路（即今江、浙两省的江南地区）上贡朝廷的丝织物共 69,657 匹，占全国上贡总数的 65.42%；上贡绢 1,058,052 匹，占全国 36.79%；上贡绸 124,285 匹，占全国 26.51%；上贡丝锦 1,613,398 匹，占全国 63.2%。[①]

麻织业在南朝和唐宋时期也相当发达，由于丝绸是高级贡品，民间不可能普遍穿用，因而江南广大人民的衣料，都以麻布为主，甚至低微的官僚和地主，也是穿麻衣居多。此外，从南宋末年开始，江南地区普遍种植棉花，于是，江南一带的棉织业也开始兴起。到元代，江南地区的棉织业才有了较大发展。

四是造纸业有较大进步和“文房四宝”的兴起。东晋时，江南地区发明了藤皮制成的藤

①朱新予：《浙江丝绸史》，浙江人民出版社，1985，第 43 页。

皮纸，质地优良。南齐时在首都建康专门建立银纸官署，生产高级银光纸。到隋、唐、五代时，长江下游的造纸盛极一时。无论纸的制法、种类、品质等方面，都远远地超过了前代。当时，苏、浙、皖、赣各地，普遍有手工造纸业，著名的较大纸坊有数十处之多。唐代贡纸生产主要集中在江南各州郡，唐代所产的纸品种繁多，质地优美。产于安徽泾县的宣纸，[①]用檀树皮和稻秆等原料，经过多道工序，精制而成。宣纸具有洁白、细密、匀称、柔软、不虫不蛀、经久不变色等优点，被誉为"纸中之王"。

到盛唐时期，随着经济和文化的繁荣被誉为"文房四宝"的纸、墨、笔、砚，成为皖南著名的特产。宋理宗时，徽州太守用澄心堂的纸、汪伯彦的笔、李廷圭的墨、旧坑枣心石的砚，献给理宗，深得皇帝宠爱。从此，"文房四宝"成为安徽著名的贡品，并深受国内外文人学士的欢迎。

五是印刷业的兴起。唐代是我国封建社会前期最繁荣的时期。这个时期，经济繁荣、文化发达，印刷业也应运而生。唐穆宗长庆年间，在今江苏扬州和浙江绍兴一带，已出现印刷出售的文集，可见江浙地区是我国印刷业的发源地。到五代时，除民间书坊外，官府还刻印大批课本，北宋时发明活字印刷术后，到元代有了显著改进。我国第一个大量雕刻木活字印书的是元代的王祯，他在任安徽旌德县尹和江西永丰县尹时，将他的农业科技巨著《农书》和《施德县志》刊印成书，这是迄今所知的中国最早的木活字印本。从此，印刷业成为长江下游的一项新兴事业。

六是造船业有了很大的成就。长江下游地区江河纵横，湖泊众多，便于水上运输，故造船业很快发展起来。东吴所造的船只之大，技术之进步，在世界上首屈一指。南朝时，造船业有了进一步发展，特别是民间造船业相当发达，隋炀帝巡游江都（扬州）所乘的龙舟，气势雄伟，装饰豪华，挽船的人多达数万人，表明当时的造船技术相当高超。在唐代，长江下游有三个造船基地，其一是浙东，其二是金陵（南京），其三是洪州（南昌）。当时，长江下游一带所造的船只，不但在国内江河航行，而且航行于东南亚各国，唐代高僧鉴真于公元742年冬至公元743年春东渡日本的海船，就是在扬州新河制造的，可见长江下游的造船业当时在全国处于领先的地位，在世界上也名列前茅。

七是制盐业相当发达。东吴、东晋、南朝时，地处我国沿海地区的长江下游一带的制盐业十分发达，吴郡、海盐（今浙江海盐县）等地，是当时长江下游的重要产盐区。到唐朝，两淮（淮南、淮北）盐场和两浙（浙东、浙西）盐场，是全国著名的产盐区。迄今这些地区仍是我国重要的产盐区。

八是制茶、制糖和酿酒业的兴盛。茶叶是我国人民的传统饮料。三国时，长江下游已有饮茶之风。南朝时，制茶业即已兴起，以"浮梁（今属江西省）最好"。[②]在唐代，皖南和浙东一带制茶业相当发达，到宋代，长江下游的茶叶生产和运销远远超过唐代，产区主要是江南东路、江南西路、淮南路、两浙路，宋朝的日注茶名列全国第一。南宋高宗时，绍兴的茶叶总

①泾县古属宣州，故称宣纸。

②贾思勰：《齐民要术》。

产量达38.5万斤。①北宋仁宗嘉祐年间,池、歙、建、饶各州纳茶达843330斤,寿州、霍山、庐州、舒城等与茶场售茶都是10万斤以上,其中霍山茶场多达53万斤。②

制糖业在唐朝即已兴起,主要产地是越州、温州等地,到宋朝,浙江地区的制糖业又有了发展。

酿酒业在长江下游一带历来十分发达。在唐、宋时期,扬州、庐州、宣州、江宁、洪州、杭州、明州、越州、湖州等地,都是酿酒业的主要产地,并且有各具特色的名酒,饮誉海内外。

3.商业和对外贸易日趋繁荣

农业、手工业的发达,为商品流通提供了重要的物质条件。在三国、两晋、南北朝时期,长江下游特别是江南地区,社会秩序比较稳定。因此,商业和对外贸易都出现了前所未有的繁荣景象。而北方广大地区,由于战乱频繁,工农业生产受到很大破坏,社会秩序极不稳定,因而商业和对外贸易日趋萧条和萎缩,这同江南地区正好形成一个鲜明的对照。

从孙吴、东晋、南朝,经隋、唐、五代,到北宋时期,长江下游特别是江南地区的商业和对外贸易的日趋繁荣情况,集中表现在以下几个方面:

一是商品品种的增多和商品流通地域的扩大。江浙的丝织品,江南的茶叶,江浙的纸张,江淮和沿海的水产,江南的食品、丝制品、藤制品、漆器、各种日用品以及各地名目繁多的商品,行销全国各地,特别是杭州、绍兴、苏州等地的高级丝绸,湖州、明州的铜镜,温州、杭州的漆器,徽州、池州、苏州等地精美的纸张,浙江、安徽的各种名茶,深受全国各地消费者的欢迎。

二是市场分工更加细致和商业分工日益完善。长江下游各地不仅有商品交易的分工(有各种“市场”)和商业的分工(有各种“行”),而且有手工业分工和服务业分工。市场分工有:马市、牛市、羊市、家禽市、水产市、瓮子市、竹竿市、木料市等;商业分工有米行、杂粮行、纱行等;手工业分工有经销生产资料和消费资料的大货行、经销日用小商品的小货行;服务业分工有旅馆、浴室、理发店等。商人中不仅有坐商与行商之分,还有商家和商贩之分,而且批发商和零售商的分工也较前明显。零售商业和饮食商业中,又有大型商店和小型商店之分。许多大的商店,屋宇华丽、店面宽阔、装饰讲究,目的是为了招徕顾客。

三是商业经营管理的改善和商业广告的出现。商业兴旺与否,取决于顾客的多寡,而顾客多寡,又取决于经营和服务质量。唐、宋时期,长江下游各地许多商店为了吸引顾客,大力改善经营管理,提高服务质量,各地商店还因地制宜、因货制宜地采用各种形式的广告推销商品,两宋时期,由于雕版印刷盛行,许多商店印刷了精美的广告,图文并茂、效果显著。印刷广告的出现,表明当时商业推销手段的进步,也表明当时商业竞争的激烈。

四是商业城市的繁华和大量商业镇市的出现。东晋、南朝时期,建康不仅是政治中心,而且也是长江下游著名的商业中心,东晋初年,建康人口约4万户、20万人。到南朝梁武帝时增至28万余户约140万人,全城有“小市百余,大市十余所”“贡使、商旅、方舟万计”。到

①徐松:《宋会要辑稿》,上海古籍出版社,2009,第136页。

②李则刚:《安徽历史述要》上册,1982,第190页。

唐代，扬州成了全国最繁华的商业都会，该市“商贾如织，故谚称扬一益二”，即全国之盛，扬州为第一，益州（成都）为第二。中晚唐时，扬州盛极一时，人口急剧增加，唐高祖武德九年（公元 626 年），广陵郡仅 23199 户、94347 人，到唐玄宗天宝元年（公元 742 年），即增至 77150 户、467857 人。[①]苏州、杭州在唐代也是繁华的商业城市，到两宋时期，杭州被誉为“东南第一州”，南宋时杭州进一步发展为商业大都会。两宋时，长江下游除拥有一批繁华的商业城市外，又陆续兴起了大批市镇和集市，仅建康府就下辖 14 个镇和 20 多个市。这表明当时城乡市场日益扩大，商品流通相当发达。

五是货币流通量增加和地区间的商品流通扩大。随着商品交换的兴盛，货币需求量也大为增加，唐高祖武德四年（公元 621 年）铸“开元通宝”，不再以重量为钱币名称，而冠以铸造年号，这种钱成为唐以后历代钱币的标志。通宝钱在我国流通长达 1300 年之久。到北宋神宗年间，铸币量达到 600 万贯，远远超过唐代货币发行量。北宋真宗时，开始发行“交子”纸币，这是我国使用纸币的开始，也是世界上最早的纸币。南宋高宗绍兴年间，在首都临安（杭州）发行“东南交子”纸币，南宋孝宗时又发行“两淮交子”纸币，从此，纸币成为长江下游一带主要的流通手段。

随着商业的发展和货币流通的扩大，商业活动范围也日趋扩大，城市之间和地区之间的商品交易有了进一步扩展。如江西浮梁的名茶，首先沿江东下运到扬州，然后沿运河北上，远销北方各地，扬州也成了当时药物的集散地。

六是对外贸易进一步扩大。早在东吴时期，孙权派卫温、诸葛直率万人舰队于公元 230 年到达夷州（台湾），这是内地同台湾地区交往的最早记录。同时，东吴还派出大批舰队出使南洋各国，进行经济贸易和文化交流。南朝时，从海路来建康进行经济和文化活动的国家，比东吴时大为增多，东南亚各国经常有使者和客商来到建康、苏州、扬州等地。唐代国力强盛、经济繁荣，加之唐王朝采取对外开放的政策，准许外商来华自由贸易，因此，长江下游地区同国外贸易相当兴旺，扬州、明州（宁波）是当时对外贸易的两个主要港口，到两宋时期，长江下游地区的对外贸易有了进一步发展，杭州、明州是宋朝对外贸易的主要通道，分别设有市舶司，同东南亚和阿拉伯各国有频繁的贸易往来。

4.水陆交通四通八达

长江下游地处我国东部沿海，位于南北航线的中心，长江水运大动脉贯穿中部，沿海相连，江、河、湖泊众多，水道息息相通，交织如网，陆上地势平坦，平原相当广阔，这种优越的地理位置和自然条件，为发展水陆交通事业提供了十分有利的条件。因此，伴随着长江下游经济开发的过程，水陆交通也迅速发展起来。

在孙吴、东晋、南朝时期，长江下游地区的水陆交通即逐步开发和兴盛起来，并通过海路同东南亚各国发生广泛的联系。

隋统一全国后，为转运江淮富庶的物资供应首都长安和东都洛阳的需要，隋炀帝便征集长江下游和其他地区的大量人力、物力和财力，开凿了一条全长 2700 多公里、沟通南北

①《旧唐书·地理志》。

的大运河。这是我国、也是世界上开凿最早、规模最大、里程最长的通航运河。这条运河北起涿郡(北京)、南达余航,贯穿河北、河南、安徽、江苏、浙江5省,使西起关中盆地、北抵华北平原、南达太湖流域的广大地区,通过海河、黄河、淮河、长江和钱塘江五大水系而连成一片,成为沟通我国南北交通的大动脉,对加强国家的统一,促进南北经济和文化交流,起着十分重要的作用。

隋、唐、五代和两宋时期,长江下游地区的交通运输,以水路交通最为发达,长江是水上运输的主干并与大运河相连,构成两条东南和南北运输的大动脉。位于长江和运河南端交汇处的杭州,成为我国当时南北交通的要冲。而扬州在当时无论从水运还是陆路交通来说,都是水陆转运的中心,起着国内交通运输枢纽的作用。由扬州出发,可以四通八达,特别是南方各地运往中原的物资,都先在扬州集中,然后由此沿运河北上,转运各地,因此,扬州在当时成为国内外著名的商业大都会和国际贸易港口。此外,金陵(南京)、润州(镇江)、晋陵(常州)、吴郡(苏州)、楚州(淮安)、会稽(绍兴)、宣州(宣城)、歙州(徽州)、洪州(南昌)等地的水陆交通也相当发达,分别成为一方的交通要道,促进当地经济的发展。

从孙吴、东晋、南朝,经隋、唐、五代,到北宋时期,长江下游地区的海上交通也十分发达。隋、唐时代,长江下游地区的海运分南北两路,南路从扬州或明州(宁波)出航至日本,北路由楚州出河口,沿山东半岛经朝鲜到达日本。在相当长的历史时期内,杭州、温州、宁波以及后起之秀上海等地,都是长江下游地区海外交通的重要基地,分别由此出发,西到欧洲、南到南洋、东到日本,通往海外各国相当便利,海上交通的发展,对长江下游地区的经济开发和经济繁荣,也都起着十分重要的作用。

三、长江下游成为我国经济重心的原因

中国古代的经济重心,最早是在北方黄河流域,这里开发较早,成为中华民族古代文明的发祥地,而长江下游一带开发较迟,直到西汉时期,司马迁还认为江南经济区是当时全国四大经济区中最落后的一个经济区,到三国、两晋、南北朝时期,长江下游地区才逐步开发出来。到唐、宋时期,这个地区的经济发展水平已远远超过黄河流域,成为我国新的经济重心,并且经久不衰,一直延续到当代。究其原因,既有政治的、军事的和社会历史等因素,又有经济的、自然地理等诸多因素。简言之,是由于诸多因素的相互作用和演变的结果。

总的来说,长江下游地区成为我国新的经济重心的原因,主要有以下几个方面。

1.社会安定是长江下游古代经济稳定发展的前提

众所周知,社会安定是发展经济的前提条件,也是我国经济重心南移的一个基本原因。

我国最早的经济重心在北方黄河流域,这里的经济发展水平高于全国其他地区,曾经出现过经济繁荣,文化发达的景象。但在西汉末年到东汉初年,由于内忧、外患、天灾、人祸,造成了长达数十年的社会大动荡、大破坏,使整个社会经济陷于全面崩溃,把西汉一代200年在经济上所取得的成就化为灰烬。到东汉末年,又开始了长期的分裂与混战,军阀割据、战祸连年、生灵涂炭,社会经济遭到的破坏比西汉末年更为惨重,到处是“旱蝗少谷,百

姓相食”①。此后，北方社会长期动荡不安，经济还未恢复，又遭到新的破坏，北宋时期，女真族在东北建立了金国，不久入侵黄河、淮河流域，对汉民族进行残酷的掠夺，使中原地区又遭到空前浩劫，人民群众为逃避战祸，陆续南迁，从而使北方相继失去恢复和发展经济的劳动力。

同北方社会长期动荡不安、经济日趋萎缩的情况相反，长江下游地区社会长期安定，为经济发展提供了极为有利的客观条件。从三国到宋代，长江下游地区基本上未受到战争破坏，即使北方战乱波及南方，但多数在长江上游和中游，对长江下游也只是短暂时间的影响，并未发生过完全打断长江下游经济发展进程的战乱。

综上所述，北方黄河流域因战乱和社会长期动荡不安，使经济由繁荣走向衰败，并逐步失去全国经济重心地位的过程，正是长江下游长期保持社会安定，使经济不断开发和日趋繁荣，并逐步取代黄河流域，而成为我国新的经济重心的过程。由此可见，社会安定是长江下游成为我国经济重心的根本条件。

2.依靠丰富的人力资源和利用富饶的自然资源，是长江下游古代经济稳定发展的决定因素

长江下游在我国古代经济发展中，虽然起步较迟，但却后来居上，并经久不衰，其主要原因，一是依靠强大的人力资源，二是利用富饶的自然资源，并把两者紧密地结合起来，其中起决定性作用的是人的因素，物的因素被人们充分利用之后才起了重要作用。

从人的因素来说，长江下游地区在西汉以前，人口稀少，大部分地区还为原始森林所覆盖，林莽茂密，沼泽遍地，毒蛇猛兽，时有出入。两汉时期，部分地区虽有开发，但仍处于落后的粗耕阶段。从东汉末年以后，北方长期战乱，北方人民特别是劳动人民大量南迁，从东晋末年开始，直到南朝时期，北方南移人口络绎不绝。据我国著名历史地理专家谭其骧在《晋永嘉丧乱后之民族迁徙》一文中估计，北方南渡人口为 90 万人，占南朝全境人口约 540 万人的 1/6。南迁人口最多的一次是公元 213 年，渡江南下的有十几万户。如以一户 4 人计算，这次南迁的当有 5 万～6 万之众。两晋、南朝时期，北方南迁的人口中，有相当一部分未过长江，住在江北的沿江一带。其中扬州地区聚集的南迁人口最多，约占全部南迁人口的半数以上。当时南迁的人口中，绝大多数是农民和手工业工人，他们南迁后，不仅增加了长江下游地区的大量农业和手工业劳动力，而且带来了北方比较进步的农业和手工业生产工具，以及北方先进的生产技术和生产经营管理经验。在南来人口中，还有一部分是官僚地主和文人学士，他们南迁后，也给南方带来了治政、治军和发展文教事业的经验。在《三国志·吴书》列传的 60 位吴臣中，约有半数来自中原地区，他们南迁后，还带来了大批部属和百姓。如鲁肃南迁，就率领部属男女 300 余人南来。此外，在南来人口中还有许多商人，也带来北方的商业经营之道，在两晋、南朝时，北方近百万人南迁，同南方人民一起，为发展长江下游的经济做出了杰出的贡献。

到两宋时期北方汉人不堪金人的野蛮掠夺和残酷统治，纷纷逃往江南，又形成了我国

---

①《后汉书》卷 75，《吕布传》。

历史上第二次人口大规模南移,使长江下游一带的人口更加密集。南迁的北方人民特别是为数众多的熟练劳动者,同南方原有的人民共同辛勤劳动,加速了长江下游地区成为我国新的经济重心的进程。

再从物的因素来看,长江下游地区具有优越的地理位置和自然条件,地势以平原和丘陵为主,并有部分山区,为发展农、林、牧、副、渔业和矿业等多种经营提供了物质条件,加之土地肥沃,气候温和、湿润,雨量充足,适于多种农作物的生长。这个地区兼有江河湖海,水道交织如网,为发展舟楫和灌溉提供了条件。如此优越的自然条件和丰富的物产资源,一经被人们合理开发和利用,必然会出现经济繁荣的局面。

3.兴修水利和发展水陆交通,是古代长江下游经济稳定发展的先决条件

"水利是农业的命脉",要发展农业,首先要发展水利事业,为农业解决必要的水源,防止干旱和洪涝灾害。发展水利事业,不仅是发展农业的需要,也是发展交通运输业、手工业、商业和对外贸易的需要,因为长江下游水力资源丰富,而水上运输运量大、费用低,所以,在古代,长江下游地区水运最为发达,是当时交通运输业的主体。发展手工业、商业和对外贸易,同样离不开水利事业。因此无论在孙吴、东晋、南朝时期,或者在隋、唐、五代、两宋时期,长江下游各地始终把水利事业放在经济建设的重要位置上。比如,隋、唐、五代时期,除隋炀帝开凿举世闻名的南北大运河外,还有许多著名的水利建设工程,如浙江沿海地区众多的海塘、苏北沿海的常丰堰、扬州的百越塘,等等。在两宋时期,浙江有捍海石塘、钱塘江堤、杭州苏堤,苏北有范公堤。据统计,南宋时两浙路兴修水利工程1980处,灌溉农田 10.4 万顷。①

4.建立开放型的经济结构和发展多种经营,是古代长江下游经济走向繁荣的内在因素

我国最早的经济重心黄河流域,基本上是单一的农业经济,主要是种植粮食作物,经不起天灾、人祸的袭击。而古代长江下游的经济结构,则是开放型的经济结构,发展多种经营。在孙吴、东晋、南朝时期,长江下游地区已开始建立开放型的经济结构,大力引进北方的人力、物力、财力,吸收北方先进的农业和手工业生产技术和管理经验,加速本地区经济开发的进程。到隋、唐和两宋时期,随着国力强盛和对外开放政策的实行,长江下游地区开放型的经济结构有了进一步发展。当时,不仅加强了长江下游地区内部的经济联系和物资交流,而且加强了长江下游一带同国内其他地区的经济联系和物资交流,同时还加强了长江下游地区同日本、朝鲜、越南、柬埔寨以及东南亚、西欧等国家的经济联系和海外贸易。在经济结构上,长江下游地区有农业、手工业、商业、对外贸易、交通运输等各类经济部门,在农业中又有种植业、林业、牧业、副业、渔业生产;在种植业中又有粮食作物生产和多种经济作物生产;在手工业中,又有矿冶业、金属铸造业、纺织业、造纸业、印刷业、食品业等多种手工业行业,在每个行业中,又分为多种门类的生产。当时长江下游的城镇经济也相当发达,既有像南京、苏州、杭州这样的人口众多、经济繁荣、交通发达的中心城市,又有一批作为一方经济中心和交通枢纽的中等城市,还有为数众多的市镇和集市,作为城乡经济

①张学恕:《中国长江下游经济发展史》,东南大学出版社,第 96 页。

联系的纽带，促进了城乡经济的发展和繁荣。

5.各级政府加强对经济的宏观管理和奖励发展经济政策的实施，是古代长江下游经济稳定发展的重要条件

在孙吴、东晋、南朝、隋、唐、五代和两宋时期，长江下游的各级政府为了巩固自己的统治，加强了对经济的宏观管理，采取了一系列有利于生产发展的政策和措施，推动了各地经济的发展。其具体做法主要有：一是如两宋时政府规定，把发展生产作为考核官吏政绩的重要标志，以此鼓励地方官员关心社会经济的发展。二是推行屯田制度，这是历代政府采用的养兵息民之要道，曹魏和孙吴开展屯田前后达六七十年之久。当时的屯田分为军屯和民间屯两种，实行屯田的结果，既解决了部分军粮，减轻了人民的负担，又促进了大江南北的经济开发，特别是对落后地区的开发起了重要作用。两宋时期实行屯田和营田，淮南东西两路，是南宋屯田和营田最发达的地区，耕地达5875余顷。[①]三是兴修水利和发展水陆交通事业。宋朝苏轼在任杭州知府时，主持疏浚西湖，修筑了堤堰工程，后人为了纪念这位清官兼文豪，将这条堤堰命名为“苏堤”。北宋范仲淹在任苏北兴化县县令时，动员苏北滨海4万多民工，在苏北阜宁至启东间建筑长达291公里的“捍海捻”，后人为了纪念他的功绩，把此堤命名为“范公堤”。四是举办各类官营手工业和官营商业。从三国到两宋时期，官营手工业和官营商业都相当兴盛。唐代官府手工业规模很大，分工细密、产品精美，对发展手工业有一定的积极作用，对民间手工业生产和技术提高也有一定的推动作用。官营商业主要是经营盐、酒、粮食之类的商品。特别是盐业，为历代官府专卖商品，不准民间经营。五是对需要发展的经济部门实行奖励政策。对兴办经济事业的官员或工商业者中的有功人员，也实行一定的奖励。上述种种有利于生产发展的措施，对长江下游地区经济的稳定发展和繁荣，起了重要的推动作用。

①程溯洛：《南宋的官田和农民》，《历史教学》1953年总第258期。

上海开埠与中国近代化

上海开埠迄今已整整150年。上海是中国典型的近代崛起的城市，是中国近代化起步最早、程度最高的城市，并带动中国逐步走上了近代化的道路。研究上海开埠与中国近代化的关系及其特点，对于当代中国以上海浦东开发开放为龙头，带动长江三角洲和整个长江流域乃至全国的经济腾飞和实现现代化，具有重要的现实意义和借鉴作用。上海不仅同江苏省毗邻，而且在历史上曾经是江苏省的一个重要组成部分。上海作为我国最大的多功能经济中心和全国文化中心，首先对江苏省特别是长江三角洲地区起着极强的辐射作用，带动长江三角洲先于我国内地逐步实现近代化。因此，研究这个课题，对于当今江苏加快现代化建设的步伐，更有特殊的意义和直接的借鉴作用。

一、上海开埠是中国近代化的起始点和里程碑

英国发动的1840～1842年的鸦片战争，叩开了中国对外封闭的大门。根据中国历史上第一个不平等条约——《南京条约》的规定，我国被迫开放上海等5个通商口岸。1843年11月17日，上海正式开埠。从此，外国资本主义势力纷至沓来，在上海设租界、开工厂、办学校，对中国进行经济和文化侵略。从此，中国开始进入了半殖民地半封建社会。但在另一方面，也加速了中国自然经济的解体，为中国提供了发展以机器大工业为重要标志的近代物质文明的必要条件，推动了以上海为代表的我国近代工业、农业、商业、金融、交通、通讯和近代科学、文化、教育事业的兴起与发展，带来了以上海为中心的我国沿海和沿江的一批近代化城市的兴起和繁荣。因此上海开埠就成了我国走上近代化道路的起始点和重要里程碑。

上海在开埠以前，只是我国沿海地区江苏省的一座普通的县城，除了海运和贸易，经济并不发达，在国内也不惹人注目。上海开埠以后，实行全方位对外开放，传来了西方先进的生产方式和管理经验，使新式机器工业迅速取代了旧式作坊的简单协作生产和旧式经营方法。首先是外商在上海创办了一批用机器进行生产，以电力为动力的近代工业企业，如新型的纱厂、面粉厂、碾米厂、制药厂、印刷厂等。在外资企业的影响和推动下，中国人创办的近代工业开始在上海兴起并逐步发展壮大起来。1865年，近代中国规模最大的军械和造船企业——江南制造局首先在上海成立，1872年，中国最早的近代航运企业——轮船招

商局也在上海成立，1890 年，中国最早的机器棉纺织企业——上海机器织布局正式投产[①]。从 19 世纪 60 年代起到 20 世纪初叶，中国最早的私营机器制造厂（发昌机器厂）、最早的针织厂（景纶针织厂）、最早的毛巾厂（三友实业社毛巾厂）、最早的纺织机器制造厂（中国铁工厂）、最早的机器造纸厂（伦章造纸厂）、最早的私营机制面粉企业（阜丰面粉公司）等，以及旧中国最大的私营机制面粉企业（福新面粉公司）、最大的私营机器棉纺织企业（申新纺织公司）、最大的私营机制卷烟厂（上海南洋兄弟烟草公司）、最大的私营橡胶厂（大中华橡胶厂）等[②]，相继在上海建立并逐步发展壮大，其中许多企业的产品在全国各地乃至国际市场上均占有重要地位。

在第一次世界大战期间和战后几年，上海民族工业出现了空前繁荣的“黄金时代”，形成了以轻纺工业为主体的，包括缫丝、织绸、纺纱、织布、印染、麻织、面粉、榨油、食品、卷烟、制碱、玻璃、造纸、印刷、酿酒、造船、冶金、机械制造等各类轻重工业部门，其中许多行业的产品产量和花色品种在全国处于遥遥领先的地位，出现了“人人爱用上海货”的景象。到 20 世纪 30 年代，上海 30 人以上的工厂数占全国 12 个大城市总数的 36%，其资本额占 12 个城市总数的 60%，其产值更达 12 个城市总数的 60%。[③]

为适应对外开放和对外贸易的需要，上海的近代化海运迅速崛起。在 19 世纪中期以后，上海同欧洲、美洲、澳洲以及日本、东南亚各国的航线相继开辟，并兴建了一批近代化的码头、仓库和堆栈。到 20 世纪 20 年代末，上海港的进口净吨位数已经跻身世界 14 个大港口之列。到 1930 年，上海港的进出口船只数占全国的 1/7，总吨位数占 1/4 左右[④]，成为近代中国最大的港口城市。

由于上海近代工商业、对外贸易和金融业等各类经济部门高度集中，使上海迅速成为国内外万商云集之地，从而加强了上海对国内外市场信息的及时传递和交流，又使上海成为近代中国的经济信息中心。

综上所述，在近代中国 100 多年内，上海一直是全国多功能的经济中心，其工业总产值长期约占全国的 1/2，贸易额约占全国的 1/4，财政收入约占全国的 1/6[⑤]。上海的城市人口也从开埠前的 20 多万，猛增到 500 多万人，一跃成为近代中国第一大都市，并跨入了近代世界著名大都市的行列。

上海在经济领域的近代化，带来了科技、文化和教育事业的近代化。上海开埠前，传统文化在全国并不占有重要地位。开埠后，西方的近代科学技术、文化教育、新闻出版、思想观念乃至其近代生活方式，势如潮涌般地大量传入上海，并同上海的传统文化结合在一起，形成了盛极一时的“海派文化”。在 19 世纪 60 至 70 年代，当北京等地的封建士大夫竭力反对学习洋文并阻挠京师同文馆开设之时，上海就兴起了学习外语热，办起了 20 多所各类外语学校，主要学习实用外语。当时传播西学的译书机构也纷纷在上海成立，并大量

①②张学恕：《中国长江下游经济发展史》，东南大学出版社，1990，第 231～325 页。

③张仲礼主编《近代上海城市研究》，上海人民出版社，1980，第 23 页。

④张仲礼主编《近代上海城市研究》，上海人民出版社，1980，第 22 页。

⑤张仲礼主编《近代上海城市研究》，上海人民出版社，1980，第 1 页。

翻译西方各种著作，其中包括自然科学、应用科学和社会科学等书籍。同时，近代报刊在上海也如雨后春笋般地创办起来。从1899年至1911年，上海共出版69种期刊，占全国同期出版期刊总数的41.81%[①]。辛亥革命前，上海即有近代出版机构44家，辛亥革命后，上海更发展成为全国的出版中心，如商务印书馆、中华书局、世界书局等全国第一流出版机构都集中在上海。近代中国著名的高等和中等学校以及各类职业学校，也纷纷在上海创办，为上海和中国的近代化培养各级各类建设人才。从此，上海成为近代中国综合性的、多层次的科技、文化、出版和教育中心。

大量事实表明，近代上海是近代中国的缩影。上海既是中国近代化的重要策源地，又是中国近代化程度最高的核心地区。上海开埠以后，因其自身具有诸多优越条件，在全国率先迈开了近代化的步伐；进入20世纪以后，上海近代化的步伐更加迅速，无论在工业、交通、金融、贸易、邮电、通信等经济领域，还是在科技、教育、文化、思想观念、政治制度等上层建筑领域，都全面地加快了近代化的进程。在中国近代史上，上海推进近代化的广度和深度，在全国始终处于遥遥领先的地位，并对全国广大地区特别是沿海和沿江地区的近代化，起着十分重要的示范、辐射和带动作用。

二、中国近代化的内涵和标志

上海开埠的直接后果，带来了上海和全国的近代化。在中国近代化的过程中，上海始终充当中国近代化的“龙头”。作为“龙头”对于“龙体”来说，上海对中国近代化具有聚集、创新、辐射和示范作用。所谓聚集，就是把全国各地的信息、人才、劳动力、资金、物资等各类生产要素吸收过来、聚集起来，形成巨大的经济优势；所谓创新，就是加工、改造、开拓、创造，形成更高层次的生产力结构；所谓辐射，就是把自身的优势和近代化的成果及时传播出去，辐射到全国各地；所谓示范，就是以自身实现近代化的模式、目标、途径和方法，对全国各地的近代化起着示范作用，带动全国走上近代化的道路。

从全国近代化的发展过程来看，以上海为代表的中国近代化的主要内容和标志，大致有以下几个方面。

上海开埠后，首先给中国带来了新式机器大工业的兴起和发展，这是中国近代化的第一个重要内容和标志。

机器大工业在上海的出现和普遍推广应用，是上海由传统的旧式手工业向近代先进的新式工业转变的根本标志。随着外资工业在上海的兴起，当时在世界上还处于领先地位的工业设备和技术较早地在上海投入应用。如上海公共租界工部局电气处在新电厂安装了新型的水管式锅炉，它在当时“不仅是东方最大的而且是倍科克威尔考克公司从来没有制造过的最大锅炉”[②]。工部局电气处在1903年又安装了体现当时世界上最新发电技术的汽轮发电机。引进国外先进设备和技术，上海始终走在全国的前列。据统计，从1912年至

①张仲礼主编《近代上海城市研究》，上海人民出版社，1980，第24页。

②汪敬虞编：《中国近代工业史资料》第二辑，科学出版社，1957，第258页。

1935年,上海平均每年进口纺织机器530万海关两,占全国平均年进口量的69.6%,平均每年进口的电气机器为142.4万海关两，占全国平均年进口量的53%[①]。使用电力作原动力,是近代工业的显著标志。上海工业企业当年使用电力相当普遍,1928年上海工业企业使用电力作原动力的占84%,使用蒸汽的占3%,使用柴油作为动力的仅占3%[②]。上海在电力使用方面所占的比重,超过了当时世界上英、德等先进国家。

在上海兴办近代工业的推动下，我国沿海和沿江地区特别是邻近上海的长江三角洲地区,也纷纷兴办近代机器工业。同上海隔江相望、离上海只有90多公里的南通,首先兴办起近代棉纺织工业。1895年,被人们誉为"状元实业家"的张謇,在南通筹建大生纱厂,并于1899年正式建成投产,这是南通第一家近代机器工业企业。到1913年,南通各纱厂的纱锭总数达到66800枚,占全国华商纱厂纱锭总数的13.8%,居当时全国各城市的第三位[③]。与此同时,张謇在南通陆续创办了大生副厂、资生铁厂、广生油厂、大达公碾米厂、通明电气公司、通遂火柴公司等一批近代工业企业。于是,南通成为当时江苏省的第一位工业城市,也是长江三角洲地区仅次于上海的第二位工业城市。然而,南通近代工业的兴起和发展,不是走西方国家以农民破产为由发展近代工业的老路,而是面向农村、依靠农村,充分利用当地农业盛产棉花的原料优势,利用当地农村素有的土布纺织经验的人工优势,发展劳动密集型的近代棉纺织工业,并带动其他工业部门的兴起和发展。这是一条充分结合中西之长,将西方先进科学技术与中国传统文明相结合、首创的中国式工业化的道路。

位于沪宁铁路中段、素有"布码头"之称的无锡,是长江三角洲与南通同时快速兴起的又一座近代工业城市。从1895年杨宗濂、杨宗瀚兄弟首创无锡的第一家近代工业企业——业勤纱厂起,到抗战前夕的40多年中,无锡的近代工业经历了奠基时期、发展时期和革新前进时期三个发展阶段。在此期间,荣宗敬、荣德生兄弟创办的保兴面粉厂(后改名茂新面粉厂),周舜卿创办的无锡第一家丝厂——裕昌丝厂,许稻荪创办的全国规模最大的振艺丝厂,以及许多著名的工业企业相继建成投产。到1912年,无锡近代工业企业已发展到20家,形成了纺织、面粉、缫丝三大支柱产业。无锡近代工业的产生,是上海的辐射作用和无锡传统经济相结合的产物。无锡近代工业的创办人大都有在上海活动的经历,带来了上海发展近代工业的经验和管理方法。如上述杨氏兄弟主管过上海机器织布局,荣氏兄弟在上海开放广生钱庄,周舜卿出身于上海洋行。从19世纪90年代以后,上海的民族工业大量扩散到无锡地区,成为无锡走上近代化道路的催化剂。当时民族资本家从上海到无锡办厂,是因为无锡有着比上海有利的条件。首先,上海受到外国资本的直接压力,而无锡则是一个非条约通商口岸城市;其次,无锡的地价和工资都低于上海,水陆交通方便,离上海仅100多公里;再次,无锡周围农村是富饶的太湖流域,棉纺织、面粉、缫丝等轻工业原料充足,可以就近获得大量原料。因此,使无锡迅速成为我国以轻纺工业为主体的、工业门类较为齐全的近代民族工业的基地之一,享有"小上海"的美誉。到1937年,无锡近代工业

①交通大学研究所:《中国海关铁路主要商品流通概况》,1937,第149、153页。

②龚骏:《中国都市工业化程度之统计分析》,1933,第54页。

③张学恕:《中国长江下游经济发展史》,东南大学出版社,1990,第420页。

的生产能力已达到7家纱厂，有纱锭24万枚，年产棉纱17万件;4家面粉厂有钢磨120部,年产面粉750万包;50家缫丝厂有丝车15560台,年产生丝24000担;还有72家机器制造厂、23家织布厂、33家针织厂[①]。在全国六大工业城市中,无锡近代工业总产值,仅次于上海和广州,居六大工业城市的第三位,工人总数仅次于上海,居六大工业城市的第二位。在非条约通商口岸城市中,无锡近代工业发达程度居全国第一位。

我国近代工业起步最早的长江下游地区,在第一次世界大战期间和战后几年,近代民族工业出现了空前繁荣的“黄金时代”,形成了两大显著特点:一是新建企业迅猛增加。到1919年,在北洋政府工商部注册的全国375家近代工厂中,江苏省有155家,居全国各省之首,江、浙两省注册工厂数占全国注册工厂总数的52.53%[②]。二是涌现出一批规模庞大的企业集团。由于近代工业蓬勃兴起和发展,民族工业资本的积累和集中越来越突出,在长江下游地区形成了许多规模宏大、实力雄厚、跨行业、跨地区的民族资本企业集团,主要是张謇创办的以南通为大本营的大生资本集团;荣宗敬、荣德生兄弟创办的以上海为大本营的茂新、福新、申新资本集团;孙多森创办的上海阜丰面粉公司;简照南、简玉阶兄弟在上海和香港创办的南洋兄弟烟草公司;郭乐、郭顺兄弟在上海创办的永安纺织印染厂和永安百货公司;聂云台创办的上海恒丰纱厂、大中华纱厂、华丰纱厂、中国铁工厂和中美贸易公司;莫觞清、蔡声、白翁縃创办的上海美亚丝绸厂股份有限公司;薛南溟、薛寿萱父子创办的以上海、无锡等地永泰、锦记丝厂为代表的缫丝企业集团;刘鸿生创办的以上海大中华火柴公司为代表的,包括航运码头、煤炭、水泥、搪瓷、毛纺等许多近代企业在内的民族资本集团;吴蕴初创办的上海“天”字号化工企业集团;张元济、夏瑞芳、鲍咸昌等人创办的上海商务印书馆[③]。这些企业集团,是我国近代工业的杰出代表,体现了我国近代工业的主流和发展方向。

在长江下游各地纷纷创办近代工业的同时,天津、武汉、广州、青岛等全国各地的近代工业也陆续兴起和发展起来,并形成了许多著名的企业集团。例如,在我国近代经济史上占有重要地位的汉冶萍煤铁厂矿有限公司,由湖北省的汉阳铁厂、大冶铁矿和江西省萍乡煤矿组成,是中国最早的钢铁、煤炭联合企业,曾经是远东最早、最大的钢铁联合企业。当时各地为数众多的近代工业企业,不但尽可能引进和运用国外先进的机器设备和技术,而且吸收和运用国外先进的生产经营管理经验和方法。这表明中国近代工业化和生产社会化已经从沿海和沿江地区向广大内地逐步推进,并取得了可喜的成就,从而在中国近代史上留下了不可磨灭的功绩。

上海开埠带来了中国农业近代化的出现和发展。这是中国近代化的第二个重要内容和标志。

上海开埠和近代工业的兴起,必然带来农业近代化的兴起。这是因为外国资本主义不仅因本国生产需要从中国进口大量农产品原料，而且在中国开办工业企业也需要就地收购农产品原料。同时,中国民族工业的兴起和城市人口的增加,又需要从农村收购大量农

①《无锡工商概况》,1937,第70页。

②张学恕:《中国长江下游经济发展史》,东南大学出版社,1990,第271页。

③张学恕:《中国长江下游经济发展史》,东南大学出版社,1990,第288~301页。

产品原料和粮食。而中国农村长期存在的自给自足的小农经济,根本不能适应上述种种需要,就必然被商品化程度较高的近代化大农业逐步取代。

作为上海广阔腹地的长江流域特别是长江三角洲一带,在地理位置上同上海毗邻,为适应上海开埠的需要,先于中国内地率先产生和发展了近代化农业。这主要表现在:

一是在苏北沿海地区出现了以张謇创办的通海垦牧公司为代表的70多家农牧垦殖公司。这些公司都是仿照西方股份公司形式组建起来的,普遍地使用雇工进行商品生产,采用新型的生产经营管理方式,运用科学方法进行大规模农田水利基本建设,并大力推行农业生产技术革新,体现了近代化大农业的要求。这种近代农业为上海和南通等地近代工业的发展提供了丰富的原料和广阔的市场,开创了中国历史上前所未有的近代工业与近代农业相互促进的壮举。

二是各种经济作物和粮食作物的商品率普遍提高。商品性农作物播种面积进一步扩大,出现了一批新型的农业专业化区域,如江苏通海地区的棉花种植区,太湖流域的蚕桑区,安徽凤阳、定远的产烟区,皖南、杭(州)绍(兴)等地的产茶区,等等。

三是商品经济发达的长江三角洲农村出现了以新式富农为代表的资本主义农业经济。上海郊区出现了采用资本主义生产方式经营的农场。

四是长江三角洲等地农业发达的地区迈开了农业机械化的步伐。不少地方使用农业机械进行耕作、灌溉和收割,并用机械进行农产品加工。1925~1931年,苏南一带农村的机械灌溉面积达110多万亩[①];无锡县1933~1937年的机械灌溉面积约占全县耕地总面积的62.8%~77.3%[②]。这是农业近代化的一个显著标志。

上海开埠带来了中国近代商业和近代金融业的兴起与繁荣。这是中国近代化的第三个重要内容和标志。

马克思指出:"在商品生产中,流通和生产一样必要,从而流通当事人也和生产当事人一样必要"[③]。经营商品的商业和经营货币的金融业,是流通领域里两个缺一不可的重要环节。在流通过程中,商品由卖主转到买主,货币则由买主转到卖主。随着上海开埠,近代对内对外贸易和近代金融业首先在上海蓬勃兴起,并以上海为大本营,逐步向沿海、沿江乃至广大内地扩展,从而带来了中国近代内外贸易和近代金融业的兴盛。

从对内对外贸易来说,鸦片战争前,长江三角洲地区的经济贸易中心一直在苏州,而上海只称"小苏州"。鸦片战争以后,上海凭借首先列为对外开放口岸和优越的地理位置,走以商兴城的发展道路,使上海很快从"小苏州"的都会城镇一跃成为长江三角洲乃至全国性的商业大都市,获得了"大上海"这一地位显赫的桂冠,到1936年,上海的国内埠际贸易值(含转口贸易值)达到8.91亿元,占全国各通商口岸埠际贸易总值的75%,1940年更增加到13.2亿元,占全国的88%[④]。

---

①张学恕:《中国长江下游经济发展史》,东南大学出版社,1990,第349页。

②张学恕:《中国长江下游经济发展史》,东南大学出版社,1990,第348页。

③马克思:《马克思恩格斯全集》,第24卷,人民出版社,1972,第144页。

④据《中国埠际贸易统计(1936~1940)》第3、11页数字计算。

由于上海地处中国海岸线中点，又是中国第一大河——长江的出海口，更有着中国最富庶的地区——长江流域这个腹地作广阔的国内市场，从而增强了自己对世界市场的辐射能力，使上海在开埠后很快成为全国进出口贸易的总汇。在五口通商刚开始时，上海的进出口总值还远远落后于占通商五口绝对优势的广州，但在上海开埠后不久，因上海地理位置优越于广州，外货运抵后既可南销浙闽粤各省，又可北销华北各省，因此，商品进出口路线开始改向，即由广州转到上海，到1853年，上海对英国的进口和出口货值分别上升到占全国进口和出口总货值的59.7%和52.5%①，一跃超过广州居全国第一位。从19世纪60年代起到20世纪30年代，上海的对外贸易货值占全国总值的比重，高的达到60%以上，到抗日战争胜利后的1946年，上海的进口总值更占全国的85%，出口总值占全国的62%②。

总之，从上海开埠后不久，上海的内外贸易长期在全国占有绝对优势。上海内外贸易又始终善于吸取世界各国近代商业的先进技术和管理经验，对全国商业和外贸一直起着重要的示范作用和窗口作用。因此，上海内外贸易的近代化实质上也就是中国内外贸易的近代化。

再从金融业来说，上海开埠后的第四年，即1847年，英商丽如银行首先在上海建立，成为中国领土上的第一家外国银行。接着，英、德、俄、美、比、荷等国相继在上海建立许多近代银行，其中英国汇丰银行是上海历史最长、实力最为雄厚、影响最大的外资银行。到1897年，我国历史上第一家由中国人创办的近代银行——中国通商银行在上海宣告成立，并分别在北京、天津、汉口、广州、镇江、汕头、烟台等地设立许多分行，逐步形成以上海为中心的近代金融网络。与此同时，各地原有的旧式钱庄仍然存在，作为近代新式银行的重要补充，同近代新式银行一起成为中国近代经济发展的重要杠杆。到1935年，全国共有近代银行164家，总行设在上海的有58家，其中有28家银行在全国开设了629个分支机构和上千个通汇点③。上海不但金融机构高度集中，而且资金相当雄厚。1936年，上海的银行、钱庄和信托公司的营业资产为327191万元，占全国金融资产总额的47.8%④。当时，全国各地的利率、汇率和金、银、外汇的行市，基本上都以上海为依据。因此，近代上海成为近代中国乃至远东的金融中心，上海金融业的近代化，也就标志着中国金融业的近代化。

上海开埠带来了中国近代交通运输和近代通信的兴起与发展，这是中国近代化的第四个重要内容和标志。

近代化的交通和通信，是发展近代化经济和推动整个社会实现近代化的先决条件。伴随着上海开埠而来的，首先是新式轮运业的兴起，并在沿海和沿江一带逐步取代旧式航运业。1862年，美商旗昌轮船公司首先在上海成立，这是我国境内第一家近代专业轮船公司。随后，英商太古、怡和两大轮船公司相继在上海成立，并成为我国境内规模最大、经营时间最长的外商船运企业。1872年，中国最早自办的轮船公司——轮船招商局在上海宣告成立，并在天津、福州、广州、香港、汉口等口处设立分局，还在国外的长崎、横滨、神户、新加

①黄苇:《上海开埠初期对外贸易研究》，上海人民出版社，1979，第142～148页。

②张仲礼主编《近代上海城市研究》，上海人民出版社，1990，第87、88页。

③④张仲礼主编《近代上海城市研究》，上海人民出版社，1990，第90页。

坡、槟榔屿等地设局。此后，上海大达内河轮船公司、嘉沪轮船局、宁波轮船公司等许多轮船航运企业相继成立。1925 年，民生公司（后改名民生实业公司）在重庆成立，后来发展成为长江航线上最大的民族资本轮船公司，从此，轮船成为我国内河和远洋航运业的重要交通工具。而上海港则成为近代中国最大的水上交通枢纽，并与世界上 100 多个国家的 300 多个港口有交通往来，跻身世界著名大港之列。

上海开埠后，我国陆路交通也迈开了近代化的步伐。1876 年，我国境内第一条铁路——淞沪铁路建成通车，此后，沪宁、沪杭甬、津浦、陇海、京汉、京奉、京绥、吉长、正太、广九、湘鄂等铁路相继建成，成为我国近代陆路交通运输的大动脉。与此同时，汽车运输业也逐步兴起，担负着城市内部和城市之间的客货运输任务，初步形成了近代公路网络。

为适应近代经济和文化发展的需要，近代通信事业应运而生。1881 年，中国自办的第一条陆路电报线路——津沪线开通启用，此后，苏浙闽粤电线和长江电线相继建成，电报总局也由天津迁到上海，形成以上海为中心的近代通信网。到 20 世纪初，上海的国际电报可直通日本、新加坡、菲律宾、美国旧金山以及欧洲许多国家，与此同时，近代邮政也开始建立和发展起来。1896 年，上海先于内地成立了邮政局，此后各地纷纷成立邮政局，及时传递各种信息，有力地推动了近代经济和文化的发展。

上海开埠带来了上海近代科技、文化、教育和近代思想的兴起和发展，这是中国近代化的第五个重要内容和标志。

上海开埠以后，伴随着西方近代物质文明的输入，西方近代科技、文化、教育和近代思想也如潮水般地传播到上海，并以上海为重要基地，由近及远地向全国各地输送和传播，从而带来了中国近代精神文明的兴起和发展。

上海开埠以前，文化事业在全国尚无举足轻重的地位。开埠以后，西学东渐，海派崛起，上海一跃成为全国文化中心，据统计，从 1840 年至 1898 年，中国共出版西书 561 种，其中在上海出版的有 434 种，占总数的 80%①。这些书籍的内容，一是自然科学，包括数学、物理、化学、天文、地理、生物等；二是应用科学，包括造船、制炮、冶矿、筑桥等；三是社会科学，包括法律、历史、教育等。上海是近代中国文学艺术的大本营，拥有多种层次、多种形式的文艺团体，形成了风格独特的海派文化。上海是中国近代化教育的重要发源地和大本营，各级各类学校林立，形成了庞大的近代教育体系。开上海近代化教育之先河的南洋公学（交通大学前身）创建于 1896 年，具有反帝爱国传统的复旦公学（复旦大学前身）创建于 1905 年，素有“严谨求实”学风的同德医学堂（同济大学前身）创办于 1907 年，都是上海历史悠久、驰名中外的高等学府。到新中国成立前夕，上海的公立、私立和教会办的高等学校多达 40 所、中等学校 218 所②，小学为数更多。上海和全国各地先后创办的大批近代学校，为我国近代化培养了为数众多的各类专门人才，从而加速了中国近代化的进程。

上海开埠带来了以上海为代表的一批近代化城市的兴起和繁荣，这是中国近代化的

---

①张仲礼主编《近代上海城市研究》，上海人民出版社，1990，第 24 页。

②中国人民政协上海市文史资料工作委员会编：《解放前上海的学校》，《上海文史资料选编》第 59 辑，上海人民出版社，1998，第 1、4 页。

第六个重要内容和标志。

“城市是经济、政治和人民的精神生活的中心，是前进的主要动力”①。考察一个国家的近代化程度，首先考察这个国家的城市化和城市近代化的程度。这是因为城市化和城市近代化是国家近代化的集中表现和综合反映，也是衡量国家近代化的一个重要尺度和指标，上海开埠以后，迅速兴起以上海为重要代表的一批近代化城市，是中国近代化的显著标志和具体体现。

上海开埠的直接后果，带来了上海城市的近代化。开埠以后，西方列强为了自身利益的需要，在上海设租界、开工厂、办学校，把西方的近代物质文明和治理城市的先进方法带到上海，揭开了上海城市近代化的新篇章。随着租界的发展，新型的城区日趋扩大，新式的码头堆栈在江边林立，西式的洋楼拔地而起，宽阔的街路四通八达，城市市政建设和公共设施日趋完善。1865 年，中国第一家煤气厂在上海投产供气；1882 年，中国最早的电力厂在上海正式供电；1883 年，上海自来水厂开始向居民供水，电话、电报等近代通信工具相继在上海出现并日益普及。这些表明上海已经步入近代化城市的行列。由于贸易迅速发展的带动，上海已从昔日的东南重镇，一跃成为我国内外贸易的中心、交通运输的枢纽和近代工业基地，并发展成为中国最大的多功能经济中心城市，可以同世界上许多著名大城市相媲美。

上海走上近代化的道路，对全国各地特别是作为上海广阔腹地的长江流域近代化城市的兴起，产生了强烈的辐射、示范和推动作用。邻近上海的长江三角洲和长江下游地区乃至整个长江流域和全国各地，迅速兴起了一批近代化的城市，如南通、苏州、无锡、常州、南京、镇江、杭州、宁波、芜湖、九江、武汉、重庆等城市，相继走上了近代化的道路，沿海和沿江的一批中小城镇也兴建了许多近代化的设施，并由古老的、封闭式的城镇逐步变成新型的、开放式的近代化城镇，从而加快了中国近代化的步伐。

三、中国近代化的特点

近代化和现代化，在英文里本来是一个词，近代物质文明和现代物质文明并无质的区别，只是程度不同和量的差异，现代化是在近代化的基础上发展起来的，是近代化更高层次的延续和发展。因此，研究我国近代化的发展过程及其特点，对于当代中国实现现代化具有直接指导意义和借鉴作用。在以机器大工业为核心的经济近代化，以及由此带动的社会各个领域的近代化的发展过程中，形成了中国近代化的若干特点。这些特点主要是：

第一，开放性。中国实现近代化的过程，也就是由闭关锁国转向全方位对外开放的过程，并始终坚持走开放之路。尽管当时的开放是被动乃至被迫的开放，曾给中国带来了无数的屈辱和灾难，但另一方面也给中国的经济和社会发展带来了生机和活力，使中国走上了近代化的道路。

上海开埠后，采取了对外、对内的开放政策，加强同国内外在经济、政治、文化等多方

---

①《列宁全集》第 19 卷，第 264 页。

面的紧密联系。对外开放,主要是学习西方的科学和民主,大量引进国外先进的机器设备、科学技术和管理方法,学习西方民主政治思想和治理城市的方法。当时,上海从物质到精神,从行为方式到价值观念,乃至语言风俗习惯,都受到西方深刻的影响。上海的对内开放,主要吸引全国各地的人才、劳动力、物产资源和资金,使上海成为国内企业、商品、人才竞争的舞台。以商品论,能在上海打响,就能行遍全国;以人才论,无论做生意、搞手艺、开工厂、办学校,在上海都大有用武之地。上海的对内对外开放,为全国各地的对内对外开放树立了榜样。特别是对外开放,上海既是全国对外开放的“龙头”,又是对外开放的“中间人”和“二传手”。上海凭借自身同国外广泛联系的诸多有利条件和渠道,首先从国外引进各种先进机器设备和技术,经过消化、吸收和改造,再传播到全国各地。在近代中国,以上海为中心,贯万里长江,联广阔腹地,串沿海口岸,系南北贸易,倾销各国商品于内地,汇聚国内资源转向国外,形成了全方位对外开放的格局,有力地推动了中国近代化的实现。

第二,进步性。中国逐步走上近代化的道路,是中国社会历史发展的空前进步。它不但改变了中国原有的封建落后的小农经济结构,给中国带来了以机器大工业为代表的先进生产力,而且改变了当时中国人的精神面貌,使人们逐步树立起新型的科学与民主的观念,在很大程度上改变了人们的行为方式和生活方式。

具体说来,中国近代化的进步性主要表现在:一是提高了社会劳动生产力。列宁指出:“资本主义的进步的历史作用,可以用两个简短的命题来概括:社会劳动生产力的提高及其社会化”。[①]据统计,被誉为我国“面粉大王”的荣氏兄弟开设的茂新、福新面粉系统的12个面粉厂,年生产能力从1903年的9万袋,到1926年增加到2766万袋,增长了307.34倍[②]。还有人计算,机器纺织工人的社会劳动生产率要比手工纺织工人高80倍[③]。二是逐步以生产集中代替生产分散。列宁说:“资本主义在农业中和工业中都创造了前所未有的生产集中以代替过去的生产分散”[④]。资本主义生产是社会化的大生产,无论在自然资源、经济资源和人力资源等利用方面,都比分散、落后的小生产优越得多。三是提高了经济效益和增加了社会财富。我国最大的民族资本私营企业——荣氏兄弟经营的茂、福、申新面粉和纺织系统的自有资本,从开创时的5万元,到1926年增加到1041万元,增长了208倍[⑤]。我国第一家民族资本电灯泡工厂——上海中国亚浦耳电器厂初创时资本只有2万元,经过10年努力,资本额达到150万元[⑥]。四是促进了城乡联系和民族市场的形成。中国近代机器工业的兴起和发展,必然要向广大农村收购农产品原料和推销工业产品,从而冲击了原来的封建割据和农村自给自足的自然经济,加速了农村近代农业的兴起和发展。我国近代民族工业的发展,同外国资本主义势力在原料和市场方面展开了竞争,并加强了城乡之间的紧密联系,从而逐步形成了民族市场。

第三,广泛性。中国近代化的范围甚广,涉及各个领域、各个部门和各个地区。中国推行近代化,不但在各类工业部门,而且包括农业部门;不但在生产领域,而且包括贸易、金

①《列宁全集》第3卷,第456～457页。

②③⑤⑥张学恕:《中国长江下游经济发展史》,东南大学出版社,1990,第317页。

④《列宁全集》第3卷,第548页。

融等流通领域;不但在各类经济领域,而且包括文化、教育、思想意识等上层建筑领域;不但在沿海和沿江地区,而且发展到内地广大地区。在这些领域、部门和地区都分别迈开了近代化的步伐,走上了近代化的道路。

第四,多层次性和不平衡性。中国近代化的内容和发展阶段具有多层次性,发展速度有快有慢,发展程度有高有低,发展地域有先有后。从中国近代化的起始时间和涉及行业来看,在生产领域中,工业部门在先,农业部门在后;在工业交通部门中,交通在先,工业在后;在工业部门中,轻工业在先,重工业在后。从中国近代化的发展速度上看,工业部门较快,农业部门较慢。在近代化的发展程度上,工业经济近代化程度较高,农业经济近代化程度较低。再从近代化的发展地域来看,沿海和沿江地区的近代化在先,发展水平较高;内地和农村的近代化在后,发展水平低,有些内地农村直到新中国成立前夕甚至还没有迈开现代化的步伐。在城市之间的近代化发展水平也不平衡。一般说来,大城市和经济中心的近代化程度较高,中等城市的近代化程度较低,小城市的近代化程度更低。最早迈开近代化步伐的上海,是全国近代化程度最高的主要代表,因邻近上海而受上海近代化辐射力较强的南通、无锡等长江三角洲的一批城市,以及广州、武汉、重庆等区域性经济中心和交通枢纽,这些城市的近代化程度也相当高,芜湖、九江等城市的近代化程度则次之,有些内地城市的近代化程度则较差。

第五,长期性和渐进性。中国近代化是一个历史范畴,具有长期性和渐进性。从中国近代化的发展过程看,中国近代化从 19 世纪 40 年代开始起步,到 19 世纪末 20 世纪初有了较快的发展,到 20 世纪 30 年代发展到高峰,后来因日本帝国主义大举侵略,使中国近代化的进程受到严重挫折,直到 1949 年新中国成立,中国近代化虽然前后经历了 100 多年,但近代化的目标还未能全面实现。由此可见,中国近代化又具有一定的不彻底性。

由于中国近代化具有以上若干显著特点,加之近代国内外的种种主客观条件的限制,特别是由于帝国主义和封建主义的双重压迫,使得中国近代化的进程受到严重干扰和破坏,从而在很大程度上延缓了中国社会的进步,也为当代中国实现现代化带来更多的艰巨性和复杂性。我们研究上海开埠和中国近代化的问题,正是为了吸取和借鉴中国近代化的历史经验,扬长避短,进一步加速中国实现现代化的进程。

南京下关开埠与近代长江流域经济发展

南京地处中国第一大河、世界第三大河——长江的下游，扼长江干流入海的通道，历来是我国东南重镇和历史文化名城，自古有“东滨瀛海，西接楚湘，北连齐豫，南引江浙”之说，一向被誉为“东南奥区”。因此，从1840年西方列强用炮舰打开了中国的大门以后，1899年南京下关正式对外开埠通商，对长江下游地区乃至整个长江流域近代经济的产生和发展，都起了重要的促进作用和重大的影响。

一、南京下关和长江流域重要城市相继对外开埠

长江流域特别是长江下游地区，历来是中国经济最发达、最富庶的重要地区。19世纪40年代以前，中国大宗出口商品，如丝、茶等农副产品和丝绸、瓷器等手工业产品，主要来自长江流域各地。1840年鸦片战争以后，西方资本主义列强把长江视为深入中国内地的最佳通道，把广阔的长江流域视为源源不断地获取工业原料和进行资本输出的最大市场，因而长江沿岸城市就成为他们进行经济掠夺的首要目标和重要据点。他们凭借武力强迫清政府与之签订了一系列不平等条约，其中同长江流域开埠最密切的条约主要有：

一是1842年8月签订的中英《南京条约》。这是中国历史上第一个不平等条约。这个条约把地处中国沿海中心、扼长江出海咽喉的上海和浙江宁波等沿海地区5个城市，首先辟为“五口通商”，这是长江流域最早对外开埠的几个城市，也是中国首批对外开放的城市。

二是1858年6月签订的中英、中法《天津条约》，以及中英《通商章程善后条约：海关税则》。《天津条约》增开的通商口岸主要在长江中下游地区，当时规定镇江、南京、九江、汉口4个城市辟为对外通商口岸。这个条约承认外国商船可以自由驶入长江一带通商口岸，享有内河航行权；又承认外商在各通商口岸听任其“或长住，或往来”，“毋庸领照，一如内地人民无异”①，并修改税则，在值百抽五的海关关税外，规定洋货进入内地所交子口税为值百抽2.5两，俗称子口半税，一次交清后就可畅行内地，不再缴纳常关税和厘金。在《善后条约》中，进一步明确规定海岸行政管理权由英国人控制，这个规定相沿达半个世纪。从此，外商和外轮在长江中下游地区各通商口岸通行无阻。1861年浙江巡抚左宗棠在奏报中说，现在内地客货，多被洋船揽运。1862年华商船主王永盛等联名禀帖说：“现在各口通商，凡属生意码头，外国已占9/10”②。

①中法《天津条约》，王铁崖编：《中外旧约章汇编》第1册，生活·读书·新知三联书店，1957，第106～107页。

②李鸿章：《李文忠公全书》奏稿，第一卷，第40页。

三是1876年9月签订的中英《烟台条约》。该条约增开湖北宜昌、安徽芜湖、浙江温州等3个城市为通商口岸，并规定长江沿岸6处码头，即：安徽的大通、安庆，江西的湖口，湖北的武穴、陆溪口和沙市，为外国轮船停泊"上下客商货物"之用①。同时允许英国派员驻扎重庆。1880年中德《续修条约》又增添长江入海口吴淞一处码头，允许德国船只停泊"上下客商货物"，其他各国也依例"一体均沾"。后来，上述外轮停泊处，实际上大都相继成为对外通商口岸。1890年3月中英《烟台条约续增专条》，又明确规定重庆作为通商口岸。可见《烟台条约》及其《续增专条》，是整个长江流域被迫对外开放的又一个涉及面更广的不平等条约。

四是1895年4月签订的中日《马关条约》。日本是东方一个后起的资本主义国家，在《马关条约》签订以前，它还没有从中国获得片面最惠国待遇。因此，在《马关条约》中，日本提出"现今中国已开通商口岸"，与其他列强"一律享受"的条款，并规定湖北荆州府沙市、四川重庆府、江苏苏州府、浙江杭州府等长江流域4个城市对外开放，还规定日本轮船得以"从湖北省宜昌溯长江以至四川省重庆府""从上海驶进吴淞口及运河至苏州府、杭州府"②。这些规定，使东方的日本紧步西方列强的后尘，共同控制和主宰整个长江流域的经济命脉。特别是《马关条约》明确规定，在中国各通商口岸，准许外国人"从事商业、工艺制作"，即享有设立工厂的特权。这是符合资本主义列强对中国进行资本输出的共同要求的。长江流域具有丰富的物产资源、大量的廉价劳动力和广阔的工业品销售市场，为列强对华进行资本输出创造了客观条件。因此，从《马关条约》签订后，列强纷纷来长江流域设厂开矿，使这里成为我国近代史上外资企业最多的地区。

此外，根据1902年中英《续议通商行船条约》规定，湖南长沙和四川万县也相继对外开埠通商。

从上述可知，自19世纪40年代到20世纪初，长江流域的10多个城市，其中包括上海，江苏的南京、苏州、镇江，浙江的杭州、宁波，安徽的芜湖、安庆，江西的九江，湖北的汉口、沙市、宜昌，湖南的长沙，四川的重庆、万县等地，根据各国列强迫使清政府先后签订的一系列不平等条约，分别对外开埠通商。当时人们对这些口岸，通常称之为"约开口岸"。在这些口岸，列强按照不平等条约赋予的种种特权，享有"永租"土地、建造航运码头、开设洋行、靠泊军舰、驻扎水兵等特权，并在长江干支流享有内河航行权，在租界享有领事裁判权。除"约开口岸"外，在长江流域还有一些"自开口岸"。这是清政府和民国初年的北京政府按照外商的要求和外国的威逼利诱，以及本国对外开放的需要，相继自行宣布对外开放的口岸，故当时人们通常称之为"自开口岸"，在长江下游地区，江苏境内沿江的浦口、吴淞（今属上海市）以及海州等地，在长江中游地区，湖北的武昌和湖南的常德、湘潭等地，都是作为"自开口岸"对外开放的。在长江流域各地的"自开口岸"，通常不受任何不平等条约的约束，外商只能在这些口岸定期租赁码头和仓库等设施，按照中国法律规定，进行合法经营。但有的"自开口岸"，迫于外国列强的压力，有些国家的商人也可非法享有某些特权。

①中英《烟台条约》，王铁崖编：《中外旧约章汇编》第1册，生活·读书·新知三联书店，1957，第349～350页。

②上海历来隶属江苏省，到1927年国民政府在南京成立后，上海划为特别市（即直辖市），乃同江苏省分开。

应当指出，外国资本主义列强凭借武力强迫清政府与之签订的一系列不平等条约，只是长江流域各地相继对外开埠的“法律依据”。而在长江流域各“约开口岸”分别建立海关，才是这些口岸正式对外开埠的重要标志。这是因为海关是一个国家根据自己的法律和法令，对进出口国境的各种货物、行李、物品、货币、金银、证券与运输工具等进行监督检查和征收关税，并执行查禁走私任务的国家行政管理机关。尽管在半殖民地半封建社会的近代中国，各地海关的行政管理权和关税收支权等权利，均被外国列强操纵和把持，但海关的正式建立和开关，在客观上就成为这些“约开口岸”对外正式开埠通商的标志。由于长江流域各“约开口岸”的政治、经济形势各不相同，因而这些口岸建立海关的时间也不相同，这就形成了同一条约规定的若干开埠城市的正式对外开埠的时间并不一致。因此，有的论著把签订不平等条约的时间，都当作该条约中规定的所有开埠城市的正式开埠时间，显然是不妥当的。

在通常情况下，列强迫使清政府签订不平等条约后，中外双方即按照不平等条约的规定，着手筹建海关，从海关开关之日起，就表明这个“约开口岸”正式对外开埠通商。因此，总是不平等条约签订在前，海关开关和正式开埠在后。从长江流域各开埠城市发展过程来看，多数城市是在不平等条约签订后的第二年或者更长一些时间，正式对外开埠通商，但有的城市从不平等条约签订到正式对外开埠中间相隔 40 多年之久。

南京下关正式开埠经历了一个漫长而曲折的过程，是长江流域对外开放口岸中开埠较晚的一个口岸，也是长江流域沪、宁、汉、渝四大中心城市中开埠最迟的一个城市。

上海是长江流域四大中心城市中和整个长江流域对外开埠最早的城市。1842 年 8 月 29 日，中英签订丧权辱国的《南京条约》，规定“大英国君主派设领事、管事等官住该五处(指上海、宁波等中国沿海 5 个港口城市——引者)城邑，专理商贾事宜”[①]。于是，上海被迫对外开放。1843 年 11 月 8 日，英国首任驻上海领事乔治·巴富尔到达上海。次日，巴富尔即与上海道台宫慕久会晤，双方随即商定上海于 1843 年 11 月 17 日正式开埠。接着，上海正式建立海关，由英国攫取了上海海关的行政主权，并在以后把这种殖民地的海关制度推向全国各地。从此，上海的经济迅即被卷入了世界资本主义市场经济的漩涡。这是上海经济近代化和城市近代化的起始点，并在中国近代化的过程中起了极为重要的带头和促进作用。

长江中游的汉口和长江上游的重庆，这两个长江流域中心城市开埠的时间，也都比长江下游的中心城市南京早得多。1858 年 6 月 26 日和 27 日分别签订的中英、中法《天津条约》，都规定镇江、南京、九江、汉口 4 个城市辟为通商口岸。早在 1862 年 1 月 1 日汉口江汉关就正式开关，并开始征收关税，标志着汉口正式开埠，而南京下关的金陵关直到 1899 年 5 月 1 日才正式开关，标志着南京下关在汉口开埠 37 年后方才正式开埠。重庆开埠时间虽然晚于汉口，但也比南京开埠早 8 年时间。根据川督刘秉璋上奏清政府总理衙门的奏折，重庆海关开办于 1891 年 3 月 1 日，标志着重庆在这时已正式对外开埠通商。

在长江流域其他“约开口岸”中，绝大多数城市的正式开埠时间，也都比南京开埠时间

①王铁崖编:《中外旧约章汇编》第 1 册，生活·读书·新知三联书店，1957，第 31 页。

早,有的城市开埠竟比南京早半个世纪以上。具体说来,江苏境内的镇江、苏州两个城市的开埠时间,分别为1861年和1896年;浙江境内的宁波、温州、杭州3个城市的开埠时间,分别为1843年、1877年和1896年;安徽芜湖的开埠时间为1877年;江西九江的开埠时间为1862年;湖北宜昌和沙市的开埠时间,分别为1877年和1896年;湖南长沙和四川万县开埠时间比南京晚,这两个城市的开埠时间分别为1903年和1917年[①]。

南京在长江流域"约开口岸"中开埠较晚的主要原因,一方面是由于1858年《天津条约》把南京列为对外通商口岸时,南京正是太平天国的首都,清军对太平军的战争连年不断,因而中英《天津条约》第十款就规定:"惟现在长江上下游均有贼匪"(列强和清政府对太平天国军民的诬蔑——引者注),"俟地方平靖"(意即消灭太平天国——引者注),再选择自汉口溯流至海的口岸通商[②]。但是,1862年九江、汉口正式开埠通商后,外国轮船欲达长江中游地区,必须经过太平天国控制的南京下关江面。英、美、法等列强打着中立的旗号与太平天国谈判。太平天国本着平等互利的原则,不反对中外通商和互开口岸,并同意外轮在不为清政府运送军队和军需物资以及鸦片的前提下,前来南京地区进行正当贸易往来。因此,当时经过和停泊在南京江面的外轮颇多,有时"一日中往往有三十余艘中外船只开到"[③]。由此足以证明南京开埠迟缓的原因不在太平天国,而是清政府和清军对太平天国连年不断的围剿,以致开埠通商失去了相对稳定的社会条件。南京开埠较晚的另一个原因是,1864年清军攻占南京后,进行了灭绝人性的烧杀抢掠,使历来繁华富庶的南京城乡遭到空前严重的破坏,到处呈现疮痍残败的凄惨景象。当时西方列强鉴于南京的社会经济荒凉衰败,也未立即在南京设置租界和码头,更未办理设立通商口岸的手续。

1895年中日《马关条约》签订后,列强对华由商品输出为主转为资本输出为主,作为长江下游交通枢纽和控制长江入海通道的南京,成为列强对华进行资本输出必得的重要据点。国际国内形势的急剧变化,使南京开埠通商又重新被提到议事日程。1893年列强提出《修改长江通商章程》,清政府为使各国互相牵制,不让一国鲸吞,也同意在南京下关开埠通商。1899年4月1日开始实行的《修改长江通商章程》第2条规定:"凡有约各国之商船,准在镇江、南京、芜湖、九江、汉口、沙市、宜昌、重庆等通商各口往来贸易。"[④]这是继1858年《天津条约》之后,南京作为"约开口岸"的又一个"法律依据"。1899年5月1日,设在南京下关滨江地方的金陵关,正式开关验货征税,则是南京正式对外开埠通商的标志。后来,各国陆续在下关通商,并设立领事馆。当时设在南京下关的金陵关,税务司这一要职由英国人充任,港口的关税、航政、港务等大权都由英国人控制。他们利用职权,庇护外商,刁难华人,损害中国主权。因此,南京最早设立的金陵关,同近代中国其他开埠城市的海关一样,都是列强对华进行经济侵略的工具。

---

①长江流域各地城市对外开埠时间,有关史料记载并不一致。这里引自周谷城:《中国近代经济史论》,复旦大学出版社,1987,第53~54页。

②中英《天津条约》,王铁崖编:《中外旧约章汇编》第1册,生活·读书·新知三联书店,1957,第97页。

③呤唎:《太平天国革命亲历记》下册,上海古籍出版社,1985,第395页。

④王铁崖编:《中外旧约章汇编》第1册,生活·读书·新知三联书店出版社,1957,第866页。

此外,位于南京江北的浦口,后来在英、德领事的要求下,北京政府于 1912 年宣布为"自开口岸",名义上不受条约的限制,外商也不得在浦口购买土地和建造码头,但因当时外国航运占绝对优势,港区又在设于南京下关的金陵关管辖范围之内,仍然不能摆脱外国资本主义列强的控制。

南京下关和浦口相继正式开埠,使南京地区长江两岸的大门向世界敞开,加强了南京同国际间的经济联系和贸易往来,不仅使南京成为资本主义世界市场的一个重要据点,推动南京地区走上了近代化的道路,而且也有利于长江下游地区乃至整个长江流域近代经济的发展和近代化事业的进展。

二、南京在长江流域近代经济发展中的地位和作用

南京在长江流域和全国历来处于十分重要的地位。伟大的革命先行者孙中山为推进中国近代化,在 1917～1919 年提出的中国第一个工业化方案——《实业计划》中,强调指出:"南京为中国古都,在北京之前,而其位置乃在一美善之地区,其地有高山,有深水,有平原,此三种天工,钟毓一处,在世界中之大都市诚难觅如此佳境也。而又恰居长江下游两岸最丰富区域之中心,……人口仍有一百万之四分之一以上,且曾为多种工业之原产地,其中丝绸特著,即在今日,最上等之绫及天鹅绒,尚在此制出。"①孙中山还指出:"南京对岸之浦口,将来为大计划中长江以北一切铁路之大终点,在山西、河南煤铁最富之地,以此地为与长江下游地区交通之最近商埠,故浦口不能不为长江与北省间铁路载货之大中心。"②孙中山在《实业计划》中最早提出了建设长江经济带的战略构想,并充分肯定南京在长江流域近代经济发展中的重要作用。他满怀信心地预见说:"当夫长江流域东区富源,得有正当开发之时,南京将来之发达,未可限量也。"③

在 19 世纪末和 20 世纪初,南京下关和浦口相继对外开埠通商,使原来对外封闭的南京开始走向世界,并使南京地区的长江两岸的市场成为世界资本主义市场的一部分。从此,南京在长江流域特别是长江下游地区近代经济发展中的重要作用日趋明显和突出,主要表现在以下四个方面:

(一)南京是长江下游和全国政治经济中心

南京是中国六大古都之一,史称"六朝"的东吴、东晋和南朝的宋、齐、梁、陈,在南京建都长达 320 多年,因而成为长江中下游地区和我国南方的政治、经济、文化中心。明初南京第一次成为全国性的国都和我国政治、经济、文化中心,并为当时世界上第一大城。清代南京虽然失去了全国政治、经济和文化中心的地位,但仍是江南(包括江苏、安徽)、江西的两江总督府所在地,成为长江中下游的区域性政治、经济和文化中心。太平天国时也以南京为首都,活动范围主要在长江中下游地区。中华民国时期,除北洋军阀政府定都北京外,孙中山领导的中华民国临时政府和 1927 年以后的国民政府都定都南京,使南京在较长时期

---

①《孙中山选集》上卷,人民出版社,1956,第 228～229 页。

②③《孙中山选集》上卷,人民出版社,1956,第 229 页。

内成为中国近代史上全国性的政治、经济和文化中心。尽管近代上海崛起并成为全国经济、金融和贸易中心，但当时主宰全国经济命脉的最高决策机构和行政管理机关仍设在南京，因此，在近代相当长的时期内，长江下游地区的沪、宁两座特大城市联手并发挥各自的优势，共同推动长江流域和全国近代经济的发展，并直接影响中国近代化的进程。

从中国近代史上看，南京无论作为区域性政治、经济、文化中心还是全国性的政治、经济、文化中心，对长江流域特别是长江下游地区的近代经济和社会发展都有着重要的影响和推动作用，所不同的是作为全国政治、经济、文化中心时影响范围更广，推动作用及于全国。

鸦片战争和中国历史上第一个不平等条约——《南京条约》签订后，南京之所以能够对长江下游地区乃至整个长江流域近代经济的发展产生重大影响，从根本上说，是由于南京较早地出现了以机器大工业为重要标志的近代经济，出现了以先进生产力和先进生产关系为主要内容的新经济因素，从而使南京先于中国内地走上了近代化的道路。

具体说来，南京近代机器工业的产生和发展大体上经历了以下三个阶段：

一是1865～1911年的起步阶段。作为南京近代工业开端的标志，是洋务派领袖人物、两江总督李鸿章于1865年创办的金陵机器制造局。这是南京第一家运用新式机器进行大规模生产的军火工厂，也是长江流域和全国第一批使用近代化机器设备的大工厂，该局较早地从西方资本主义国家引进一批先进技术和设备，较早地聘用外国技师和工匠，并调配和招募中国工人300人，后来增加到800人。该局的生产规模仅次于上海的江南机器制造局，当时居全国第二位。随同安庆军械所并入金陵机器制造局的徐寿、华衡芳等第一代科技专家，于1866年在该局自行设计制造了中国第一艘机动轮船，并在南京下关长江江面试航成功，开创了中国人自行制造近代轮船的历史。位于南京江北的浦镇机车厂，于1908年建成投产，拥有各种新式机床及动力设备，是南京地区又一家修造铁路机车及客货车的大型近代化工厂。它同金陵机器制造局一起，在南京近代工业中执牛耳达数十年之久，并对长江流域乃至全国的经济近代化产生了重大的影响。1894年在南京下关开设的胜昌机器厂，则是南京第一家由商人投资创办的资本主义民营工厂。据统计，从1865年至1911年间，南京共创办近代工厂13家，近代产业工人达数千人。

二是1912～1926年的近代工业初步发展阶段。辛亥革命后南京成为中华民国临时政府首都，孙中山在南京就任临时大总统期间，先后颁布了30多条有利于民主政治和发展民族资本主义工商业的法律和法令，宣布了共和国政府兴办实业的方针和政策，鼓励国民兴办工商业、振兴农垦业，并鼓励华侨向国内投资。当时在南京成立的“中华民国实业协会”，也明确宣布以“振兴实业，扩充国民生计，挽回利权”[①]为宗旨，表达了民间团体兴办实业的决心。后来，辛亥革命的果实虽然被袁世凯篡夺并迁都北京，但孙中山在南京倡导“兴办实业”的思想却深入人心，成为推动南京和长江流域近代工业发展的强大动力，并在全国产生了重大影响。1912～1926年的短短14年间，南京共创办各类近代工厂43家，若加

---

①《天铎报》1912年2月3日。

上采矿业,已有 53 家近代工矿企业[①]。特别应当提到的是,在南京下关对外开埠后,英商于 1913 年在南京下关江边建成取名为"和记洋行"的大型食品冷冻加工厂,这是当时外商在中国从事冻蛋、冻肉生产的资本最大的企业。外商利用长江下游苏、皖两省丰富的家禽、家畜资源,采用先进的生产工艺,大量生产各类冷冻食品,就近由长江出海运销欧洲市场。这表明南京开埠后已直接参与国际市场的经济活动。

三是 1927 ~ 1937 年的近代工业大发展阶段。1927 年 4 月国民政府定都南京,分别建立了工矿、农商、交通、邮电等国家行政管理机构,颁布了《工厂法》《矿业法》等一系列有利于近代工业发展的法规,并在宁、沪、杭地区建立了包括机械、化工、电机、矿冶、纺织等诸多门类的工程学会,着重研究和介绍国外先进科学技术,以推动国内工业的发展。此时南京作为中国的首都,同国际上的经济联系比清末民初下关和浦口开埠初期更为广泛深入,因而近代工业的发展速度和规模超过了以往任何时期。到 1933 年,南京市的民营工业已经发展到 21 个行业,工厂数达 847 家,资本总数为 1084.7 万元,全年营业额为 1483 万元[②]。这时南京的近代工业已经逐步形成了机械、化工、电子、建材四大支柱产业,并在长江流域和全国都有着重要的地位和影响。

综上所述,我们可以看到,南京近代工业的产生和发展壮大,是由当时国际和国内诸多因素形成的,并不都是南京下关和浦口对外开埠的直接结果。但也不可否认,下关和浦口相继对外开埠,使南京原来对外封闭的大门向世界敞开,不仅加强了南京同国外的经济联系和贸易往来,而且不断引进国外先进的科学技术、设备与管理方法,从而为南京近代工业的产生和发展壮大提供了有利条件。

(二)南京是长江下游近代交通和邮电枢纽

南京地处长江下游水陆交通要冲,沿长江干流西上可达中游的赣、鄂、湘诸省,以及上游的四川和西南各省,顺江东下仅 400 公里即达东海岸线,通过我国南洋与北洋航线,可达我国沿海各省和世界各国。除江阔水深、终年不冻、江海直达的长江干线这条"黄金水道"外,南京西北连接辽阔坦荡的江淮平原,东南为锦绣富饶的太湖平原,河湖相连、地势平坦,水陆交通极为便捷,因而成为长江下游地区贯通东西、连接南北的重要交通枢纽。1840 ~ 1842 年的鸦片战争以后,伴随着南京和长江流域的重要城市相继对外开埠、通商,轮船、火车、汽车、飞机等近代化交通运输工具陆续在南京和长江流域出现,使南京较早地迈开了交通近代化的步伐,促进了长江流域特别是长江下游地区近代经济的发展。轮船是南京地区最早出现的近代化水上交通工具,它比中国传统的木船运输具有高得多的运载能力和运输效率。前面已经提到,由我国第一代科技专家徐寿、华衡芳等研制成功的中国第一艘轮船"黄鹄号",于 1866 年 4 月在南京下关江面首次试航成功,"7 时内可逆水行 250 里,及回而顺水,不过 4 时而已"[③]。这是中国自行设计制造的轮船在长江航行的最早记录。但因当时中国生产力落后,中国自制轮船尚处于起步阶段,无法大量用于客货运输,那

---

①林刚等:《南京工业近代化的历史道路》,载《南京经济史论文选》,南京出版社,1990,第 101 页。

②参见《中国经济志·南京市》第 211 页有关资料。

③王志毅:《中国近代造船史》,海洋出版社,1986,第 64 页。

时在南京地区长江江面行驶和停泊的轮船，绝大多数是外国资本主义国家的轮船，还有少数是中国轮船招商局经营的轮船。

从19世纪四五十年代起，尽管南京尚未对外开埠通商，但西方列强的轮船在南京江面往来不绝。即使在太平天国定都南京期间，外轮往来南京港口也从未中断。太平天国失败后，美国旗昌轮船公司于1868年在南京下关开设“洋棚”，办理轮船客运业务。1873年，中国的招商局也在下关开设棚场，经营轮船客运。1877年，招商局买下旗昌洋行设在下关的“洋棚”，独家经营南京的客运业务，这是南京地区最早的中国轮船机构。当时南京港的轮船每年上下旅客达10万人左右。1899年南京下关对外开埠通商以后，外国资本主义势力纷至沓来，中外轮船来往于南京港的络绎不绝，比开埠前大为增多。1900～1906年间，先后有英商太古、怡和与日商大阪等轮船公司在南京下关开设分支机构，并建造近代化的码头，加强客货运输业务。英商亚细亚、美商美孚等石油公司也来南京下关设立油栈，它们都有自备船舶，运输能力相当强大。此外，法国、丹麦、挪威、瑞典、意大利等国的轮船，也纷纷到南京下关经营客货运输业务。当时外国轮船公司在南京地区的水上运输中占有绝对优势，它们既垄断了南京的外贸物资运输，又经营南京的国内航线水运业务。据海关统计，靠泊南京港作业的中外轮船吨位，外轮所占的比重逐年增加，1900年占轮船泊港总吨位的37.37%，1901年为66.84%，1904年超过70%，1908年以后通常在80%以上[①]。在南京靠泊的外轮中，主要是英、日两国的轮船，表明当时英、日两国在南京和长江下游乃至整个长江流域的势力最为强盛。这是南京下关和浦口相继对外开埠后的又一个直接后果。毋庸讳言，南京被迫对外开放后，外轮在南京和长江流域的势力不断增强，除表明列强加紧对长江流域进行经济侵略外，在客观上也推动了长江流域近代经济的发展和壮大。

应当特别提到的是，随着民族工商业的兴起和发展，南京地区的民营轮船日趋增多。到1934年，南京已有内河小轮公司10家，航线8条，小轮20多艘。此外，经营长江干线航运的宁绍和三北两家民营轮船公司，于1914年也在南京设立了分支机构。在南京沿江两岸的下关和浦口，还有30多家转运公司，以及贾汪、淮南、烈山等煤矿分销处，转运煤炭和其他物资，不仅使南京港成为北煤南运的枢纽，而且开创了由南京港直接向国外出口煤炭的历史。1935年，由南京港转运国内各港的煤炭达80.2万吨，转运出国的煤炭3.9万吨[②]。由此可见，从清末民初南京下关和浦口先后开埠到民国时期，南京地区民族航运业的兴起和发展，对长江流域近代经济的发展和初步繁荣起了十分重要的作用。

南京的铁路运输起步虽然比轮船晚，但因铁路具有不受气候条件影响、运载量大、速度快、安全、准时等诸多优点，因而南京的铁路一旦出现，便呈现后来居上之势。南京最早通往外地的铁路干线有两条：一是沪宁铁路。这条铁路于1903年初动工兴建，1907年底竣工，1908年正式通车，由上海直抵南京下关江边，全长311公里，由英国借款兴建，建成后英国取得了管理、用人等权利。沪宁铁路建成通车后，为便于南京城内交通，又从南京下关火车站另建一条铁路支线入城，直达城南今白下路一带。二是津浦铁路。1906年8月动工

①参见《最近三十四年中国通商口岸对外贸易统计》表8。

②《海关中外贸易统计子刊·南京》，民国二十四年（公元1935年）。

兴建,1912 年 11 月竣工通车,全长 1009.48 公里,以天津为起点,经河北、山东、安徽、江苏 4 省,直达南京对岸的浦口。这条铁路由英、德两国借款兴建,故铁路建成通车后,英、德两国除了取得铁路的经营权外,还兼办浦口港务,垄断浦口码头、仓库、装卸、转运等经营业务,从而控制了浦口这个以水陆转运为支柱的港埠的经济命脉。后来,为了连接沪宁、津浦这两条纵贯我国南北的铁路干线,又在南京开设了火车过江轮渡(当时称为“首都轮渡”),从而使下关成为水陆交通要道和重要商品物资集散地,沿江一带商贸日趋繁荣。实践表明,沪宁、津浦两大铁路干线相继建成通车,大大加强了南京同我国南方与北方广大地区的经济联系和贸易往来,进一步奠定了南京作为长江下游和我国东南地区水陆交通枢纽的地位。此外,在 20 世纪 30 年代还修筑了一条由南京尧化门至皖南孙家埠的江南铁路,1936 年初全线通车,共长 197 公里,进一步加强了南京同皖南地区的经济联系。但在抗日战争爆发后,这条铁路被拆除运往内地另建新路①。

南京的公路运输起步最晚,但因汽车具有机动灵活、迅速直达、服务面广、集散方便等优点,因而在国民政府定都南京后发展很快。当时南京通往长江下游苏、浙、皖等省的公路干线,主要有宁杭(州)公路(当时称为“京杭国道”)、宁镇(江)公路、宁郎(溪)公路等,还有从南京通往邻近各县的短途公路。1931 年 5 月在南京成立的商办江南汽车公司,除经营宁杭公路和江苏境内一段公路客货运输业务外,后来兼并经营南京市区交通的兴华公司,独占了南京市内公共汽车运输业务。该公司拥有的汽车,由初创时的 6 辆,到 1937 年抗战爆发时达到 300 多辆②。南京近代公路运输的产生和发展,使南京成为长江下游地区的公路交通枢纽,进一步推动了这个地区近代经济的发展和繁荣。

南京的航空运输起步很早,在国内居于领先地位。1911 年 12 月 30 日,由孙中山批准成立的华侨革命飞机团,将从美国购买的 3 架飞机转来南京,揭开了南京航空史的第一页。1929 年 5 月成立的沪蓉航空线管理处,开通上海至成都的航线,分别在上海、南京、汉口、重庆、成都等地设立 5 个飞机场,这条航线全长 2109 公里,覆盖了整个长江流域,加强了南京同长江流域各大城市之间的空中交通。同年 7 月,又开辟了南京至上海段航线,进一步加强了当时的首都南京同全国最大的工商业中心上海间的空中交通。此外,中德合办的欧亚航空公司,也在南京经营航空业务,沟通了南京同我国西北各大城市之间的空中联系③。

由此可见,在清末到民国时期,特别是在南京下关和浦口相继对外开埠以后,南京地区逐步形成了以水路和铁路为主体的,包括公路和航空在内的近代交通枢纽,对长江下游地区和整个长江流域近代经济的发展起了重要的促进作用,并加速了这个地区的近代化的进程。

还应当指出,南京下关和浦口相继开埠以后,使南京地区不仅成为长江下游乃至长江流域的水陆空交通运输枢纽,而且成为这个地区的邮电通信枢纽。1899 年南京下关开埠

---

①②张学恕:《中国长江下游经济发展史》,东南大学出版社,1990,第 403、414 页。

③南京市地方志编纂委员会办公室:《南京简志》,江苏古籍出版社,1986,第 433 页。

后,设在下关的金陵关税务司开始设立邮政总局,并在下关建局,划为南京邮区。1901 年和 1903 年,日本和德国先后在南京下关开办邮局各 1 所,日本还在城内府东大街日商大福洋行设信箱 1 处,当时对外国在南京开设之邮局统称之为"客邮"。1910 年金陵关税务司将所辖邮务移交南京邮区邮务总办,苏州、镇江、安庆、芜湖等邮政分区亦为该总办接管,并设总局于下关,表明南京已成为长江下游地区的邮政枢纽。辛亥革命后,南京邮区改名为江苏邮区,1927 年国民政府定都南京后,在南京成立了"中华邮政总局",表明南京又成为全国的邮政管理中心。1931 年初,江苏邮区与安徽邮区合并为苏皖邮区,并在南京设立苏皖邮区的管理局,使南京成为区域性邮政枢纽。

电信是近代最快速的信息传播工具,是推动近代经济发展的必备手段,也是步入近代化社会的标志之一。南京的电信起步很早,1881 年两江总督署创办南洋官电局,1900 年兴办电话,但主要供官府间互递信息。到 1904 年和 1905 年,南京的电报和电话分别收费,为传播商务信息服务。民国初年,南京分设电报、电话两局,后来又分别开办无线电报和长途电话业务,成为传播经济信息的重要工具。国民政府定都南京以后,先后开设宁沪、宁芜、宁杭、江北等长途电话线路。1933 年成立了苏、浙、皖、湘、鄂、赣、冀、鲁、豫 9 省长途电话工程处,开设了通往 9 省重要城市的 7 条长途电话线路,使南京成为长江流域和北方有关省的电信枢纽,并成为全国电信业务最发达的重要地区,这就为长江流域近代经济的发展创造了极为有利的客观条件。

(三)南京是长江下游的重要商埠和对外贸易门户

南京为传统的商业中心,它"北跨中原,瓜连数省,五方辐辏,万国灌输"①,历来是长江下游地区重要的商品集散地和对外贸易门户。进入近代以后,南京下关和浦口相继开埠通商,纵贯南北的沪宁和津浦铁路先后建成通车,同横贯东西的长江这条"黄金水道",形成纵横交错的水陆交通枢纽,使南京的商业和对外贸易日趋活跃。

就国内市场而言,东起东海之滨,西至巢湖盆地,南起太湖流域,北至淮河流域,在纵横数千里范围内,均以南京为其物资交流中心、商品供销中心和转运中心。南京开埠通商以后,在南京集散的商品主要是农副产品和工业用的农产品原料,其中以粮食、木材、茶叶等为大宗商品。苏南江宁、溧水、句容和安徽沿江两岸的芜湖、巢县、合肥等地,每年运销南京的粮食约 280 万石,除大部分在南京销售外,其余运销长江下游各埠。南京又是长江下游地区著名的木材集散地,来自皖南徽州和湖南、江西等地的木材,绝大多数集中于南京上新河木材市场,这里是当时江苏省最大的木材交易市场,除在南京地区销售外,还转销长江下游各埠。来自皖、浙、赣等省的茶叶,每年在南京销售和转销外地的也在 1 万担以上。此外,在南京集散和转口的商品还有棉花、蚕茧、皮革、棉纱、布匹等工业原料和工业品,花生、大豆、芝麻等油料作物,以及禽蛋类、家畜类等各种副食品。

随着南京城市的扩大和城市人口的增多,到 1936 年已超过百万人,一跃成为长江流域和海内外闻名的特大城市之一,因而城市商业也出现了空前繁荣的景象。据统计,1936

①张瀚:《松窗梦语》卷 5。

年南京有商店 1.3 万多家，计 96 个行业，店员 8 万多人，资本约 1240 万元（法币，下同），年营业额 7234 万元[1]。另据 1937 年 11 月《中央日报》统计，当时向南京社会局登记的商店共 22 类，1.68 万家。其中商店数超过 1000 家的种类有：生活必需品类计 2067 家，食品类计 2129 家，杂货类计 2454 家，服装类（含鞋帽、洗染、皮革店等）1478 家，家具类计 1438 家，旅店餐馆类计 1090 家[2]。由此表明，南京已成为长江下游地区的重要商埠。

南京具有通江达海的区位优势，从这里沿江东下出海，既有与天津、牛庄相通的北洋航线，又有与沪、浙、闽、两广相连的南洋航线，而且万吨级海轮可直达南京下关码头。这种优良的对外交通通道，使南京下关在 1899 年对外开埠后，迅速成为长江下游地区乃至整个长江流域的对外贸易门户。下关开埠以后，国外商业资本在南京地区空前活跃，英、法、德、日等国洋行纷纷涌入下关商埠，建楼房、设货栈、大量倾销洋货、收购农副产品出口，其中英商和记洋行共有资本 25 万英镑，在津浦铁路沿线、淮河流域、长江沿岸设置 150 多个农副产品收购点，大量收购蛋品、肉类、粮食等外运出口。由于当时资本主义各国对华大量倾销商品，加之南京是国内重要的消费城市，因而南京当时在进出口贸易中，在总体上是进口大于出口。从下关开埠后的第二年即 1900 年起，到辛亥革命爆发的 1911 年，在这 12 年中进口值累计 650 万海关两，而出口值累计只有 3558 海关两。中华民国成立后的 1912 年到 1931 年这 20 年间，南京出口总值虽然比下关开埠初期有很大的增长，但也只有 5870 万海关两，而进口值累计达 8040 万海关两。1932～1937 年的 6 年间，出口锐减，进口激增，出口值累计只有 360 万元，进口值累计高达 10178 万元[3]。当时南京进口的商品主要是各类工业品，其中包括各色棉布、呢绒、棉纱、紫铜、煤炭、染料、水泥、木材、铁路器材、硼砂、“五洋”杂货和白糖等；出口商品主要是南京地区和长江下游各地的农副产品及手工业产品，其中包括土布、绸缎、各种扇子、中药材、畜产品、麻类、芝麻、花生、白果、瓜子、豆类、各种蛋品、冻家禽、肉类、猪油等。从当时进出口商品的品种上看，既表明南京是长江下游地区的对外贸易门户，也反映了南京和长江下游地区的半殖民地半封建社会的性质。

（四）南京是长江流域“四大中心城市”之一

在长江流域近代逐步形成的沪、宁、汉、渝“四大中心城市”中，南京下关和浦口开埠比沪、汉、渝 3 个城市晚得多，经济发展水平也远远不如我国近代最大的经济中心上海，比长江中游的武汉也较为逊色。在这 4 个城市中，沪、汉对外开埠最早，主要依靠商贸和港口交通使这两大城市迅速崛起，成为区域性中心城市，并发展为全国性中心城市；而宁、渝对外开埠较迟，近代化城市的崛起，除了依靠商贸和港口的优势外，更重要的是受到 20 世纪中国政治中心变更的影响，其中重庆的大发展则是 20 世纪 30 年代中期成为中国陪都之后的事。南京凭借优越的地理位置和自然条件，以及历来为我国东南重镇和民国时期的我国首都这个特殊的政治经济地位，在近代以来一直成为长江流域“四大中心城市”之一，并同

---

①《首都志》第 12 卷；第 1058 页。

②王波：《江苏沿江城市商业发展探析》，载胡平主编《近代市场与沿江发展战略》，中国财政经济出版社，1996，第 282 页。

③南京市地方志编纂委员会办公室：《南京简志》，江苏古籍出版社，1986，第 557 页。

上海这个全国最大的经济、金融、贸易中心一起，对长江下游地区和整个长江流域以及全国近代经济的发展起了重要的推动作用。

上海是长江流域、也是全国典型的近代崛起的城市，又是中国近代化起步最早和近代化程度最高的城市。上海开埠前只是一个拥有20多万人口的中等城市，当时的政治、经济、文化地位远远不如南京。但在上海开埠以后，凭借襟江带海、腹地广阔的区位优势，以及对外开放给上海经济发展带来的活力，使上海迅速崛起和发展壮大，一跃成为一个拥有500多万人口的中国第一大都市和远东巨埠、世界名城。当时"同饮一江水"的长江上游的重庆还处于开埠前后近代城市的起步时期，位于长江入海口的上海已经是拥有西方先进的机器设备和先进技术的近代化大都市了。

在长江流域近代经济的发展过程中，上海不仅始终居于"龙头"地位，而且是具有强大辐射力的全国"四大中心"：一是中国最大的对外贸易中心。19世纪60年代末，上海的对外出口总额即超过广州3~4倍，早已取代广州成为中国对外贸易中心。在上海开埠后不到100年的时期内，对外贸易总值增长了90多倍，并长期占全国对外贸易总值的一半左右。据统计，1936年上海占全国外贸总值的55.5%，武汉和重庆分别占全国的2.8%和0.15%[①]。二是中国最大的工商业中心。上海开埠以后，外商纷纷在上海开设工厂，洋务派也先后在上海创办江南制造局、轮船招商局、上海机械织布局等一批近代企业。民族资本主义商业也最早在上海产生和发展起来，使上海成为近代中国最大的工商业基地。全国大型近代工业生产约一半集中于上海，1932~1933年，全国雇工30人以上并使用机器的2435家近代工厂中，有1200家设在上海[②]。上海又是全国埠际贸易中心。长江流域各埠同上海贸易往来十分频繁。1936年长江流域另外3个中心城市向上海输出的货值占该地输出的比重为：南京53.3%，汉口78.8%，重庆51.0%；同年输入上海货值占该地输入的比重为：南京59.5%，汉口59.3%，重庆83.6%[③]。三是中国最大的金融中心。上海开埠后，外资纷纷在上海建立近代银行。我国第一家华资银行——中国通商银行于1897年在上海成立。到20世纪20至30年代，上海已基本形成功能比较完整的中国金融中心。1932年，有6家近代银行的总行设于上海，它们占有全国银行资本的63.8%(不包括东北和香港)。按资产计，26家上海银行公会会员银行约占中国所有近代银行总资产的3/4以上[④]。四是传播西方文化科学技术的中心。上海是我国第一批被迫对外开放的"五口通商"之一，西方先进的科学技术和管理方法往往首先传到上海，并在上海推广和应用，然后再由上海向长江流域和中国内地传播。

大量事实表明，上海成为近代多功能经济中心以后，对长江流域特别是宁、汉、渝3个中心城市近代的经济发展起了重要的辐射作用。1936年全国各大城市从上海输入货值量按大小排列的前8个城市中，汉口、重庆两大中心城市分别居第一位和第四位，芜湖和长

①胡平：《近代市场与沿江发展战略》，中国财政经济出版社，1996，第480页。

②④杜恂诚：《民族资本主义与旧中国政府(1840~1937)》，上海社会科学院出版社，1991，第253页。

③张仲礼主编《近代上海城市研究》，上海人民出版社，1990，第150~151页。

沙分别居第七位和第八位[1]。其中上海输往重庆的工业品占输出货值总量的56%,而重庆输往上海的工业品仅占1%[2]。在近代工业中,据1934年符合《工厂法》规定的全国8个重要城市的工厂统计,上海的工厂总数、资本总额和工人总数,分别占8个城市的69.1%、60.5%和66.4%;南京分别占8个城市的4.2%、1.3%和1.3%;汉口分别占8个城市的2.7%、4.3%和1.5%。当时重庆因近代工业相对落后,未被列入全国8个重要工业城市。由此可见,无论是近代工业还是近代商业,上海在长江流域都占有绝对的优势,对宁、汉、渝3个中心城市近代经济的发展有着重大影响和带动作用。而地处经济富庶的长江下游西部的南京,在民国时期较长的时间内作为中国的首都,同位于长江下游东部的上海这个多功能经济中心一起,凭借各自独特的政治、经济地位和优势,对长江中游的武汉和长江上游的重庆这两个中心城市的近代经济发展产生重大影响。同时,以沪、宁、汉、渝四大中心城市为依托,带动整个长江流域逐步走上了近代化的道路,并使长江流域成为中国近代化起步较早、近代化程度较高和近代经济较发达的重要地区。

三、南京和长江流域近代经济的特征

从鸦片战争和中国历史上第十个不平等条约——《南京条约》签订以后,包括沪、宁、汉、渝在内的长江流域诸多重要城市相继被迫对外开埠,长江流域的近代经济逐步产生和发展并壮大起来,显示了与开埠前的经济若干不同的特征。

(一)开放性:从国内市场走向国际市场

列宁曾经指出:"资本主义只是广阔发展的、超出国家界限的商品流通的结果"[3]。西方资本主义国家发动鸦片战争的主要目的,在于获得和扩大世界市场,以便大规模地对华销售商品,并掠夺廉价的原料,以满足国内机器大生产的需要。长江流域是我国人口众多、资源丰富、交通便利、市场容量广阔的重要地区,因而各国列强都把争夺的目标集中在长江流域,首先是富庶的长江中下游地区。

鸦片战争以前,长江流域同我国其他地区一样,在清政府的腐朽统治下,实行闭关自守政策,自给自足的封建经济占统治地位,传统的手工业生产效率低下,商业也只是封闭式的国内贸易,少量的对外贸易完全是为了满足统治者奢侈生活的需要。西方列强发动的侵略中国的鸦片战争,用武力叩开了中国对外封闭的大门,使长江流域特别是长江中下游地区先于我国内地其他地区被迫对外开放,并被卷入了资本主义世界市场的漩涡。从此,长江流域开始由国内市场走向国际市场,尽管长江流域当时对外开放蒙受了极大的耻辱,付出了沉重的代价,使这个地区先于我国内地沦为半殖民地半封建社会,但对外开放是历史发展的潮流,就推动近代经济产生和发展而言,在长江流域被迫对外开放以后,就逐步迈开了同世界各国经济联系和贸易往来的步伐,不断从国外引进先进的机器设备和科学技术,并不同程度地获得经济发展所必需的资金和工业原料,如向国外贷款兴建铁路,以

---

①②林刚等:《南京工业近代化与国内国际经济局势之关系》,载江苏省社联历史学会《江苏史论考》,江苏古籍出版社,1989,第330页。

③《列宁全集》第3卷,人民出版社,1959,第44页。

及向国外购买中国奇缺的化工原料等,从而带动了长江流域近代工业、近代交通和其他近代经济事业的发展,并使长江流域特别是中下游地区先于内地走上了近代化的道路。

上海是长江流域第一个被迫对外开放的城市。上海开埠以后,从器物到精神,从行为方式到价值观念,从经济基础到上层建筑,无不受到西方资本主义广泛而深刻的影响。伴随着我国资本主义经济势力的增长,中国民族资本主义经济也首先在上海兴起和发展壮大起来,并逐步成为中国最大的多功能经济中心和世界瞩目的大都市。近代上海的迅速崛起,成为长江沿岸城市近代化的催化剂。宁、汉、渝等大城市和芜湖、九江、沙市、宜昌等一批沿江港口中小城市,在对外开埠后,近代经济也都逐步发展起来,并成为世界资本主义市场的一个组成部分。具有通江达海区位优势的南京,在下关正式开埠以后,英国的太古、怡和、和记等洋行,日本的邮船会社和日清公司,德国的京宝公司和禅臣洋行,法国的立兴洋行等,都纷纷涌入下关商埠,建楼房、设货栈、拓街道,大肆推销各种洋货,广为收购农副产品和土特产出口,使下关地区不仅成为南京新兴的商业区,而且成为长江下游重要的港口和对外贸易口岸。邻近南京的芜湖,在对外开埠以后,外资势力席卷而来,在这里设租界、建海关、开洋行、办教堂,使芜湖成为外商倾销洋货和收购原料的重要据点和中转站,昔日因战祸而萧条的城市面貌为之改观,一跃成为"长江巨埠"之一。

大量事实表明,包括南京在内的长江流域的重要城市相继对外开放,产生了两个直接后果:一是伴随着外国资本主义势力的步步入侵,使长江流域传统的封建经济逐步解体,并由原来的闭关自守转而向世界敞开大门,使长江流域的经济发展同国际市场紧密联系起来;二是迈开了经济近代化的步伐,逐步走上近代化的道路,并成为长江流域社会演变的一个重要转折点,即由原来的封建社会逐步变为半殖民地半封建社会。

(二)进步性:出现了以机器大工业为重要标志的近代物质文明

沪、宁、汉、渝和长江沿岸诸多港口城市相继对外开埠后,外国资本主义势力纷至沓来,在大肆进行掠夺和剥削的同时,也带来了西方国家的近代物质文明。尽管这是出于他们自身的需要,如外国轮船络绎不绝地驶进长江是为了大量倾销商品和掠夺原料,但是,这种体现先进生产力的物质文明传来以后,必然会刺激和带动长江流域以机器大工业为代表的近代经济的产生和发展,乃至推动长江流域的社会变革和社会进步。具体说来,长江流域出现的近代经济的进步作用主要表现在:

一是提高了社会劳动生产力。"资本主义的进步的历史作用,可以用两个简短的命题来概括:社会劳动生产力的提高及其社会化。"[①]用先进技术和先进设备装备起来的近代工业,具有更高的生产效率和更多的优越性。据有的专家对棉纺织业测算,手工织布生产率只有动力布机的1/16,手工纺纱生产率只有英式纺机的1/80[②]。换言之,机器织布和机器纺纱,分别比手工织布与手工纺纱高16倍和80倍。再从交通工具来说,近代轮船比传统的木船,不仅运载量大,而且速度快得多。"自宜昌至重庆,利用木船,来回需时六周至两个

①《列宁全集》第3卷,第456~457页。

②《近代改革家张謇》下册,江苏古籍出版社,1996,第730页。

月，而借助汽机，则需五天”[①]。马克思高度评价近代机器设备对推动社会进步的重要作用。他说：“蒸汽、电力和自动纺机甚至是比巴尔贝斯、拉斯拜尔和布朗基诸公更危险万分的革命家。”[②]他认为，铁路、电报、大机器，是推动社会变革和造就新人的最终力量。

二是促进了城乡联系和近代化市场的形成。在长江流域近代经济形成和发展的过程中，无论外商还是华商，都离不开原料产地和城乡市场，都要冲击原来的封建割据和自给自足的自然经济，都要培育和发展广阔的城乡市场。从外商来说，除了在长江流域开放口岸开设洋行和雇佣买办之外，还要利用中国的商人和商业机构，形成了由城市到集镇乃至穷乡僻壤的商业网络。从倾销洋货来说，一般沿着洋行—买办—中国商户—批发或代销—零售店的渠道进行；从收购农产品原料来说，一般是沿着农民—农村小贩—产地商号—销地商号—洋行—出口的渠道进行。华商工厂销售产品和收购农产品原料，大体上也是按照上述两条渠道，但比外商方便得多，他们不需要开办洋行和雇佣买办，而是通过华商的商业网络，把工业品销往城乡各地，并从广大农村收购农副产品作为工业原料。随着近代经济的产生和发展，长江流域的近代市场也逐步形成和扩大，并日趋繁荣，反过来又进一步推动长江流域近代经济的发展和繁荣。

三是逐步以生产集中代替生产分散。列宁指出：“资本主义在农业和工业中都创造了空前未有的生产集中以代替过去的生产分散。”[③]生产分散，是落后的小生产的具体表现，而生产集中则是机器大生产的特征。随着近代经济的发展，长江流域的民族资本主义经济逐步发展壮大，并初步出现了生产经营高度集中的规模经济。特别是在经济发达的长江中下游地区，先后涌现出一批跨地区、跨行业和经济实力雄厚的企业集团，其中最为著名的有：“状元实业家”张謇创办的近代中国第一个企业集团——“大生”资本集团；被誉为“面粉大王”“棉纱大王” 两大桂冠的荣宗敬、荣德生兄弟创办的近代中国最大的民族资本集团——“茂新、福新、申新”资本集团；孙多森经营的“通、孚、丰”资本集团；从火柴业起家的刘鸿生资本集团；吴蕴初创办的“天”字号化工资本集团；郭乐经营的“永安”资本集团；聂云台经营的以纺织业为主体的资本集团；严裕棠父子经营的以大隆机器厂为核心的资本集团；以武汉为中心的“裕大华”资本集团；卢作孚经营的以航运业为主的“民生”资本集团。这十大企业集团分布在长江流域各地，其中有6个集中在长江下游地区。这些民族资本企业集团对长江流域和中国近代经济的发展起着领先、凝聚和带动作用，对外国资本主义的侵略也起着削弱和抵制作用。

（三）全面性：全方位迈开了经济近代化的步伐

从19世纪下半叶逐步产生，到20世纪20至30年代获得进一步发展的长江流域的经济近代化，涉及的地域和经济领域十分广泛而全面。从地域来说，不仅在长江三角洲和长江下游地区，而且在长江中游和上游地区；不仅在城市，而且延伸到广大农村；不仅在长江沿岸，而且延伸到整个长江流域。从经济领域来说，不仅在工业部门，而且涉及农业部

①聂宝璋、朱荫贵：《中国近代航运史资料》第1辑（上册），中国社科出版社，2002，第402页。

②《马克思恩格斯全集》第2卷，第75页。

③《列宁全集》第3卷，第548页。

门;不仅在物质生产部门,而且包括交通、商贸、金融等流通领域。从工业内部说,不仅在轻纺工业部门,而且在各个重工业部门。再从全社会范围说,不仅在经济领域,而且包括科技、教育、文化以及其他上层建筑领域。总之,包括南京在内的长江流域许多重要城市相继对外开埠后,全方位地迈开了经济近代化的步伐,并推动整个长江流域逐步走上了近代化的道路。

(四)不平衡性和多层次性:由点到面、从长江中下游到长江上游逐步推进经济近代化

长江流域由于地理、资源、交通、社会历史等诸多因素的不同,经济发展水平历来存在不平衡状态。从自然资源来看,长江上、中、下游地区之间呈现"由高到低"的状况,即上游资源丰富,下游资源相对贫乏,中游介于两者之间;从经济发展水平看,长江上、中、下游地区之间呈现"由低到高"的发展态势,即下游经济发达,上游相对落后,中游仍介于两者之间。鸦片战争以后,西方列强首先入侵富庶的长江三角洲和长江下游地区,然后逐步向长江中游和上游地区推进。因此,以机器大工业和近代科学技术为代表的近代物质文明,首先在以上海——南京为中心的长江三角洲和长江下游地区产生和发展起来, 然后逐步向长江中游和上游地区推进。所以,从鸦片战争以后,长江上、中、下游地区之间的经济发展不平衡就显得更为明显和突出。

鉴于上述情况,长江流域近代经济的发展水平呈现出明显的多层次性。从地域上看,大体上可分为三个层次:第一个层次是上海——南京为中心的长江三角洲地区;第二个层次是长江沿岸地区;第三个层次是长江流域和广大内陆地区。再从近代市场网络和城乡关系来看,长江流域的近代经济又可细分为四个层次:第一个层次是沪、宁、汉、渝四大中心城市;第二个层次是地区性的政治经济中心和工商业发达的中等城市;第三个层次是各地县城和重要城镇;第四个层次是农村集镇和广大农村。

就整个长江流域而言,无论从哪个层次来说,从近代以来,上海一直是长江流域和全国最大的经济、金融、对内对外贸易和交通运输中心,上海具有雄厚的经济实力和物质技术基础,首先对邻近的长江三角洲近代经济的发展产生强烈的辐射、聚集和带动作用,然后通过长江三角洲的四通八达的交通和通信网络,在商品、资金、技术、人才、信息等诸多方面,对整个长江流域进行辐射和扩散,以带动长江流域近代经济的发展。

经济地位次于上海的宁、汉、渝三个中心城市,在近代以来既接受上海的经济扩散和市场辐射,又分别是长江下游西部、长江中游和长江上游的区域性经济中心,分别对长江下游西部(主要指苏、皖、赣等省)、长江中游(主要指湘、鄂等省)和长江上游(主要指四川和西南各省)地区,在商品、资金、技术、人才和信息等诸多方面进行区域性的辐射和扩散,并逐步形成了以上海为龙头、以宁、汉、渝为中心的长江流域近代市场体系。由此可见,沪、宁、汉、渝四大中心城市是长江流域近代经济产生和发展的重要支柱。上海作为近代中国最大的多功能经济中心,在整个长江流域都始终居于"龙头"的地位,扮演着"领头羊"的重要角色。正如 1907 年 8 月 16 日《北华捷报》的报道所说:"南京这个长江中部各省的行政中枢,政府部门所需的造币厂、兵工厂等均须通过上海的商号进行采购,南京与上海的商业联系异常紧密。"当时的《北华捷报》还指出:汉口"凡是有关的外国商品,他们都是从上

海市场进货”。汉口的零售商“迄今为止都通过上海的本国批发商做生意。”[①]近代经济起步较晚的重庆,则更是唯上海马首是瞻。

结束语

作为中华文明重要发祥地之一的长江,经常被人们喻为中国的一条巨龙。从 19 世纪中叶长江流域相继被迫对外开放以后,上海迅速崛起成为这条巨龙的龙头,南京则逐步发展成为这条巨龙的龙颈,武汉和重庆分别成为这条巨龙的龙腰和龙尾。随着长江流域近代经济的产生和发展,特别是近代市场经济逐步形成以后,沪、宁、汉、渝和长江三角洲等地的市场经济异常活跃和繁荣,因而这条横贯东西、沟通南北的巨龙,对全国近代经济的发展起了先导、辐射、带头和骨干作用。后来由于日寇的疯狂侵略以及国内战争的破坏,使这条巨龙遭受极大的创伤,衰败不堪。新中国成立后,长江流域的经济虽然有了复苏和发展,但因计划经济和条块分割的行政管理体制的束缚,使这条巨龙未能发挥应有的活力。改革开放以来,特别是在市场经济条件下,这条巨龙焕发了青春,充满了活力,出现了空前繁荣的景象,并成为当代中国经济发展的脊梁。历史经验证明,对外开放和市场经济是长江这条巨龙起飞的先决条件和根本保证。可以预料,长江这条巨龙全面腾飞之日,则是 21 世纪中国经济全面振兴和更加繁荣之时,也是加强中国内陆经济和外洋经济交流、实现国内外双向开拓的必由之路。

---

①《北华捷报》1907 年 6 月 14 日、8 月 16 日。

论中国近代化的开拓者张謇

张謇是中国近代化的开拓者和先驱者之一，不仅是一位推进中国近代化的思想家和倡导者，而且是一位推进中国近代化的实干家，是近代中国名扬海内外的爱国实业家和教育家。在19世纪90年代到20世纪20年代，他冲破封建专制主义思想的束缚，顺应时代前进潮流，积极倡导改革开放，创办了以近代机器大工业为主体的，包括一系列近代经济部门和近代教育、科技、文化在内的上百个企事业单位，其中有近20个近代化项目堪称全国首创，并发展成为近代中国第一个民族资本企业集团，有力地推动中国走上了近代化的道路。

一、张謇推进中国近代化的思想和决策

为推进中国的近代化事业，张謇到处奔走呼号，为近代化大造舆论，积极倡导改革开放，明确地提出了实业救国和教育救国两大立国自强的纲领和一系列强国富民的措施，主要表现在以下四个方面：

1.倡导振兴实业，尽快强国富民

张謇是近代中国“实业救国”论的典型代表。他认为发展经济和加强国家的经济实力是救国和治国之本，“救国为目前之急。……譬之树然，教育犹花，海陆军犹果也，而根本则在实业。”[①]他批评当时有些人提出“商务立国”的口号，“世人皆言外洋以商务立国，此皮毛之论也。不知外洋富民强国之本实在于工。”[②]他以欧美和日本等发达国家为例，论证发展近代大工业的极端重要性，强调指出：“欧美各国，工列专科，日本崛兴，先图工业。”[③]“工苟不兴，国终无不贫之期，民永无不困之望。”[④]如像欧美和日本那样采用机器大生产，“一机所成，小者当人工数十，稍大者当牛马数十，更大者当数百或至千”。[⑤]这是因为近代大工业“讲格致，通化学，用机器，精制造，化粗为精，化少为多，化贱为贵”。[⑥]中国“但能于工艺一端，蒸蒸日上，何至有忧贫之事哉。此则养民之大经，富国之妙术，不仅为御侮计，而御侮自在其中矣。”[⑦]他把发展近代机器工业视为我国挽救民族危机和强国富民的根本出路。

---

①②《张季子九录，政闻录》卷3，上海中华书局，1935，第31页。

③④《张季子九录·教育录》卷2，上海中华书局，1935，第14、15页。

⑤《张季子九录·实业录》卷3，上海中华书局，1935，第5页。

⑥⑦《张季子九录，政闻录》卷1，上海中华书局，1935，第18、20页。

张謇虽然高度重视近代工业,把它看作强国富民之本,但他丝毫没有轻视农业和商业在国民经济中的重要地位和作用,认为“实业者,西人赅农工商之名,义兼本末,较中国汉以后儒者重农抑商之说为完善,无工商则农困塞。”①他强调指出:“实业在农工商,在大农、大工、大商。”②可见他提出振兴实业,就是发展资本主义近代化的大工业、大农业和大商业,而农工商三者又是发展近代商品生产和商品流通领域中紧密联系、缺一不可的整体。他说:“凡有国家者,立国之本不在兵也,立国之本不在商也,在乎工与农,而农为尤要。盖农不生则工无所作,工不作则商无所鬻。相因之事,理所固然。”③他从生产和流通的角度来论述农工为立国之本,又从农业为工业提供原料的角度来强调农业的重要性。后来,他进一步提出,“工商之本在农。”④他这个提法,与上述“富民强国之本实在于工”的观点并不矛盾。上述是从强国富民主要依靠工业这个角度讲的,而这里是从生产与流通的关系而言,说明农业为工业提供原料,而工业又为商业提供商品,因而农业是工商业乃至整个国民经济的基础;他还提出了农工商三者的关系是“义有先后而无轻重”⑤的观点,提醒人们在振兴实业时,要正确处理好“大农、大工、大商”三者之间的关系。

由于“农工商业为类至多,政府、人民财力均困,若事事并营,力分而益薄”,⑥特别是当时资本主义国家向中国大量倾销棉纺织品和以钢铁为原料的机械产品,造成中国对外贸易的严重逆差,因此,张謇提出中国发展实业首先要集中力量发展棉铁工业,他称之为“棉铁主义”(又称“棉铁政策”)。他认为“棉铁为中国近世要务”,发展这两大工业部门,“可以操经济界之全权”,以抵御外国的经济侵略。在棉铁两大工业中,他特别重视发展棉纺织工业,再三强调“棉尤宜先”,认为“可富之业,私以为无过于纺织,纺织中最适于中国普通用者惟棉。”⑦因为发展棉纺织业比重工业投资少、周期短、收效快、利润高,有利于资本积累和扩大再生产。这是符合国家工业化初期的经济发展规律的正确主张。

2.实行对外开放,加速振兴经济

张謇顺应当时社会历史发展的潮流,明确地提出了对外开放的主张和一系列对外开放的政策与措施。他针对当时闭关自守、盲目排外的弊病,利用担任北洋政府农商总长的职务之便,于1913年12月14日向大总统正式提交了呈文,提出了“以振兴实业,为挽救贫弱之方,又以开放门户,利用外资,为振兴实业之计”,⑧作为治国的基本国策和强国富民之路。他还提出:“铁矿需本尤重,非用开放主义,无可措手。但使条约正当,权限分明,既藉以发展地质之蕴藏,又可以赡贫民之生活,其由钢铁而生之机械铁工厂,亦可听欧美人建设;于工业可省远运之资;于工学尤得实习之地,计所获益,良非浅鲜。”⑨他认为在我国资金不足、技术力量薄弱的情况下,只要“条约得当,权限分明”,即以不丧失主权为原则,就

①⑤《张季子九录·文录》卷2,上海中华书局,1935。
②《张季子九录·自治录》卷4,上海中华书局,1935,第18页。
③《张季子九录·实业录》卷1,上海中华书局,1935,第6页。
④《张季子九录,政闻录》卷3,上海中华书局,1935,第14页。
⑥⑦《张季子九录·实业录》卷5,上海中华书局,1935,第5页。
⑧⑨沈家五编:《张謇农商总长任期经济资料选编》,南京大学出版社,1987,第9~11、140页。

应当充分利用外资来开发中国资源。

为了更好地利用外资，张謇结合当时的国情，提出了利用外资的方式。其一是中外合资。他认为这是“利用外资最普通的方法，凡利害参半之事业用之。盖有利于与外人相共，亏损亦然。在华人一方，虽不能独占利益，而所冒之险，亦止及其半也。”①可见举办中外合资企业，可使企业同外国资本直接发生关系，共同占据利益，共同承担风险，有利于近代化经济的发展。其二是借外债。张謇批评有些人不懂得借外债办企业可“生利”的偏见和错误，明确地提出了“外债可借”的主张，并提出了借外债的目的和条件：“借时即须为还计，用于生利可，用于分利不可。而用之何事，用者何人，用以何法，尤不可不计”。②这就是说，借外债只能用于“生利”的事业，同时必须具有归还本息的能力。他特别强调：借外债“不可丧失主权。”③这是张謇在借外债问题上同清政府的根本区别所在。其三是“代办”。即由外商承建某企业，以企业的产品抵偿，在代办合同期满时，企业归还中方所有。他提出采用外商“代办”方式，主要是“凡先难后易而可以永久获得之事业用之，如开垦荒地等”④。他还提出：外商在中国承办企业，应“遵守中国法律”⑤，并建议中国各级政府部门对外商的生产经营活动，要依法进行必要的监督和管理。

张謇不仅提出了对外开放的主张和措施，而且直接参与对外开放的实践活动，多次亲自参与洽谈中外合资项目，为引进外资做出了许多决策和决定。他还鼓励我国民族工业产品出口，亲自主持全国各省参加的三次国际博览会，即 1906 年在意大利举办的万国博览会，1914 年在日本举办的大正博览会，1915 年在美国旧金山举办的世界博览会。从多方面推动中国产品进入国际市场和参与国际市场竞争，并为中国产品在国际上争得了荣誉，如 1915 年的世界博览会上中国产品共获得各种奖牌和奖状 1200 多个，名列参加此次博览会的 25 个国家之首。

3.推进经济立法，促进经济发展

被誉为“状元实业家”的张謇，从自身兴办实业的实践中，深深感到经济立法对保护和促进经济发展，具有十分重要的作用。他说：“法律作用，以积极言，则有诱掖指导之功；以消极言，则有纠正制裁之力”。⑥因此，发展近代经济，“当乞灵于法律”。⑦从 1913 年 10 月至 1915 年 9 月，他担任北洋政府农林、工商总长期间，明确提出“农商部之责任，首在增订法律”。⑧他“专聘通晓商律之士，调查各商埠商业习惯”“其斟酌既不厌其详，推行自能有利”。当时，他充分利用辛亥革命后有利于发展资本主义的形势，致力于各种经济法规的编制工作，先后制订和颁发了 20 多种经济法规和法令，给我国近代经济的发展提供了法律保障。

张謇推进经济立法的范围很广，涉及当时主要经济领域和经济部门。在工商业方面，他对公司法特别重视，认为“无公司法，则无以集厚资，而矩业为之不举”。⑨为此，他以清末

①《张季子九录，政闻录》卷 7，上海中华书局，1935，第 8、9 页。

②③《张季子九录，实业录》卷 8，上海中华书局，1935，第 27、28 页。

④⑤⑥⑦⑧⑨《张季子九录，政闻录》卷 7，上海中华书局，1935，第 2～10 页。

公司律为蓝本,“参酌全国商务总会提出之商法调查案,加以审酌修订”,[①]完成了《公司条例》的制订工作,于 1914 年 1 月 13 日以大总统敕令形式公布,同年 9 月 1 日起施行。《公司条例》规定,公司须经地方官署登记注册方被确认并具有法人资格,并对公司的组织、内外关系、股份、债务、清算、处罚和撤销等做了规定,以保证公司沿着正当的轨道运行。同时,还颁布了《商人通例》,规定商人须向官厅登记,并规定可经营买卖业、赁贷业、制造或工业、出版业、银行业、运输业、保险业等 17 种行业。上述《条例》和《通例》是民国以来保护和发展我国民族工商业的重要法规。鉴于“民间集股公司,三年之内,多不能获利”,1914 年 1 月 13 日又颁布了《公司保息条例》,规定棉、毛织业与制铁业,按资本额 6 厘呈请保息;制丝、茶、糖业,按资本额 5 厘呈请保息,并拨存公债券 2000 万元作为保息基金。此外,还颁发了《公司注册条例》《商业注册条例》等有利于工商业发展的法规。在矿业方面,1914 年 3 月 11 日颁布了《矿业条例》,规定金、银、铁、煤等矿产按生产地平均市价 1.5%征税,这比清政府的矿产税要低得多,有利于开发矿业。在农牧业方面,1914 年 3 月 3 日颁布了《国有荒地承垦条例》,规定“于竣垦年限内提前竣垦者,得优减地价”,目的是鼓励人们开荒种地。1914 年 4 月 11 日又颁布了《植棉制糖牧羊奖励条例》,规定凡扩充植棉、种植改良棉、种植制糖原料和畜养改良种等,均给予不同金额的奖励。在渔业方面,1914 年 4 月 28 日颁布了《公海渔业奖励条例》,规定农商总长每年对至公海捕鱼的渔船和渔员,区别不同情况,分别予以奖励。在林业方面,1914 年 11 月 3 日颁布了《森林法》,规定个人或团体承领官荒山地造林者,“得无偿给与之”,并免缴 5 年以上、30 年以内的租税,并对造林成绩显著者另行给予奖励。

张謇参与制订和颁发的上述各种经济法规和法令,对改变我国民族工商业的落后状况和推动中国近代经济的发展,起了十分重要的作用。正如当时出版的《中华实业界》所指出的:“民国政府厉行保护奖励之策,公布商业注册条例、公司注册条例,凡公司、商店、工厂之注册者,均妥为保护,许各专利。一时工商界踊跃欢忭,咸为振兴实业在此一举,不几年大公司大工厂接踵而起”。[②]

4.积极培养人才,巩固立国之本

张謇总结了世界各国强国富民的根本经验,明确地提出了人才是立国之本。他说:“人皆知外洋各国之强由于兵,而不知外洋之强由于学。夫立国由于人才,人才出于立学,此古今中外不易之理。”[③]他认为,不仅国家富强,离不开人才,振兴实业,同样离不开人才。这是因为兴办近代工业,需要有近代科学技术知识,特别是在国际上进行竞争,更离不开“学问”。他说:“世界今日之竞争,农工商之竞争也。农工商竞争,学问之竞争”。[④]这就是说,当今世界的经济竞争,归根结底,是知识的竞争、人才的竞争,而人才又是通过教育培养出来的。因此,张謇明确地提出了“教育为实业之母”的口号,再三强调指出:“有实业而无教育,

①《公司法论文集》,台湾财团法人证券交易市场发展基金会版,第 16 页。

②《中华实业界》第 2 卷,第 5 期。

③《张季子九录,政闻录》卷 1,上海中华书局,1935,第 18、20 页。

④《张季子九录·教育录》卷 4,上海中华书局,1935,第 18 页。

则业不昌”“不广实业,则学又不昌”。[①]“苟欲兴工,必先兴学”。[②]“一国之强,基于教育”。[③]他把兴学育才,提高到立国、治国的高度来认识,并以此作为振兴经济、强国富民的根本措施和推进近代化的必由之路。

二、张謇推进中国近代化的特点

近代化和现代化,在英文里本来是一个词。现代化是在近代化的基础上发展起来的,是近代化更高层次的延续和发展。因此,研究张謇推进中国近代化的过程及其特点,对于当代中国实现现代化具有直接指导意义和借鉴作用。

张謇早年受西方近代化的影响,提出了中国实现近代化的主张和一系列策略措施,特别是从他 1895 年筹办近代工业起到 1926 年逝世止,用了 30 多年时间直接从事推进中国近代化的各项实践活动,创办了 4 个近代纺织企业和包括冶铁、机器、日用品、食品、交通运输、银行、码头、仓库和服务行业在内的各类企业 34 个,全力推进了以机器大工业为核心的经济近代化,并由此带动了社会各个领域的近代化。他在推进中国近代化的过程中,具有以下几个显著特点:

第一,开放性。近代化的本质要求,是打破封建割据和闭关自守,全面实行对内、对外开放。张謇在推进近代化的过程中,始终坚持对内、对外全面开放的方针和政策,加强同国内外政治、经济、科技和文化的紧密联系,认真学习西方的科学与民主。在思想政治方面,他虽为士大夫出身,曾为朝廷命官,但他能冲破封建思想束缚,学习西方民主政治思想,积极推行地方自治。特别是在科学技术方面,他大量引进或仿制国外先进的机器设备,学习、传播和运用国外先进的科学技术和管理方法。

对于各类人才,他更是予以重用,并明确宣布:“无论教育、实业,不但打破地方观念,并且打破国家界限……只要那个人能担任,无论中国人、外国人都行。”[④]他始终坚持唯才是举,多方延揽人才,不拘一格重用人才。他曾经聘请国内著名专家王国维到通州师范学堂任教,聘请刺绣艺术家沈寿到女工传习所任所长兼教习,聘请戏剧教育家欧阳予倩主持伶工学社和更俗剧场,聘请刚从美国留学归来、年仅 26 岁的沈燕谋到纱厂任职兼纺织专门学校教授,并以私资千金资助宋达庵赴欧美学习和考察水利工程。对国外人才,他同样予以重用。他东渡日本考察时访求各类人才,延聘几位日本人到南通厂、校任职,聘请荷兰人特来克为南通保坍会工程师,当特氏染疫病故,他亲自为之安葬并撰写墓表,高度赞誉特氏的功绩。第一次世界大战开始后,中国政府对德宣战,所有德侨须遣返回国,他果断地向我国政府恳请保留了十数名德籍专家,分别委以学校教师、工厂技师和技术顾问等重任。

由于他始终坚持对内、对外开放的方针,从而给原来闭塞落后的南通,带来了各种信息、人才、劳动力和资金,使南通成为国内企业、商品和人才竞争的舞台,并增强了南通同上海、南京、汉口等国内大中城市的联系,增强了南通同海外各国特别是经济与科技发达

①《张季子九录,政闻录》卷 3,上海中华书局,1935。
②③《张季子九录·教育录》卷 6,上海中华书局,1935,第 6 页。
④《张季子九录,政闻录》卷 4,上海中华书局,1935,第 32 页。

国家的联系，从而使南通地区从物质到精神，都发生了根本性的变化，有力地推动了南通地区全方位走上了近代化的道路，并成为中国近代的一个卓有成效的模式。

第二，进步性。张謇在南通和苏北沿海地区推进近代化，不仅改变了这些地区原有分散落后的小农经济结构，带来了以机器大工业为重要支柱的先进生产力，而且改变了人们的行为方式、生活方式和精神面貌。这个地区近代化的进步性突出表现在：

其一是提高了通海地区的社会生产力。据统计，张謇最早创办的大生纱厂从 1899 年至 1921 年 20 多年内，从一个资本不足 45 万两，纱锭仅为 2.04 万枚的中型棉纺织厂，发展到拥有资本 250 万两、纱锭 6.5 万枚、布机 720 台（不包括大生二厂、三厂）的大型棉纺织企业，并进而成为农、工、商并举，控制资金 2400 万两的大生资本集团的核心。[①]

其二是以生产集中代替生产分散。张謇无论在以大生纺织企业为代表的各类工业系统，还是在苏北广大沿海地区的农垦系统，都采取了社会化的大生产方式。在工业中，以集中进行的机器大生产，取代了过去分散的家庭纺纱手工业；在农业中，以农垦公司组织的集中生产，取代了过去分散的小农经济，采用集约生产。

其三是提高了经济效益，增加了社会财富。张謇创办的大生纱厂 1899 年建成投产时实际集资只有 44.51 万两，到 1922 年发展成为以近代工业和近代农业为主体，包括第一、二、三产业在内的，规模庞大的大生资本集团。据日本人驹井德三 1922 年的调查估计，这个集团的资本总额达到 3300 多万元，以通海垦牧公司为代表的大生企业系统所属各农垦公司，把苏北沿海大片荒滩变成了一望无际的膏腴良田。

其四是城乡经济一体化发展。南通的近代化道路，不是以农民破产作为建立大工业的前提，而是充分利用当地农村盛产棉花的优势和农村拥有大批从事土布生产而富有纺织经验的人力优势，采用西方先进机器发展近代化的棉纺织工业。张謇又利用近代工业的盈利开垦苏北沿海大片荒滩，发展近代化的大农业，大面积播种棉花和小麦。其结果，一是为发展近代纺织工业提供了更多的工业原料——棉花；二是开发和利用了苏北沿海广阔的海滩；三是解决了苏北广大贫苦农民的土地问题，也就是为他们开辟了由贫穷走向逐步富裕的道路。由此可见，张謇在南通和苏北沿海地区推进的近代化道路，是城乡经济的一体化发展的，符合中国国情的新型的近代化道路。这条道路，实质上是以近代化工业为主导，依靠农村提供原料、劳动力和市场，逐步实现城市工业化，而城市工业化又带动了农村经济的发展和繁荣，使农村也逐步走上了近代化的道路，最终形成了城乡经济一体化发展的近代化新格局。

第三，全面性。张謇在南通和苏北沿海地区推进近代化，采取了全方位逐步推进的方针和方法，涉及的地域和范围十分广泛与全面。从地域说，推进近代化不仅在城市，而且包括广大农村。从产业部门说，近代化在第一、二、三产业部门分别推进，不仅在工业部门推进近代化，而且在农业部门和交通运输等部门推进近代化；不仅在生产领域推进近代化，而且在金融、贸易等流通领域推进近代化。从工业部门说，不仅在轻纺工业部门推进近代

①《南通张季直先生传记》，上海中华书局，1930，第 54、276、22 页。

化，而且在重工业部门推进近代化；在轻工业和重工业两大工业部门中，又在若干工业门类分别推进近代化。从全社会范围说，不仅在物质领域推进近代化，而且在教育、科技、文化、思想等精神领域推进近代化；不仅在经济基础领域推进近代化，而且在政治等上层建筑领域推进近代化。从时间顺序说，不仅注意当前，而且注重长远。由此可见，张謇在众多的领域和部门以及城乡各地，全面地迈开了近代化的步伐，并取得了惊人的成就。像张謇这样的全方位的推进近代化，在近代中国是极为罕见的。

第四，渐进性。张謇在南通和苏北沿海地区推进近代化的内容和发展阶段，具有渐进性和不平衡性。他推进的各项近代化事业，发展速度有快有慢，发展程度有高有低，发展地域有先有后，因而近代化事业的成就也有大有小。他推进近代化的目标虽然是全方位和多方面的，但他却始终遵循他提出的“父教育而母实业”的基本原则，即先从发展实业入手，以近代工业获取的利润作为兴办教育、文化和其他社会事业的基金，再用教育和文化事业培养出来的各类人才，推进经济和其他社会事业进一步发展。他推进各项近代化事业也不是齐头并进，而是分清轻重缓急，循序渐进。他始终抓住实业和教育两大中心环节，并为之奋斗终生。在实业中，他又始终抓住投资少、见效快、利润大的近代纺织工业，并紧紧围绕纺织工业而兴办近代农业和近代其他轻工业与重工业。在教育中，他根据纺织工业和其他经济事业的需要，着重兴办职业教育和为经济建设服务的各级各类教育，也就是为着经济建设和社会发展的需要而培养各类人才。他兴实业、办教育的根本目的，又都是为着强国富民和中国近代化这个远大目标。这是张謇比同时代其他先进人物的高明之处。

第五，长期性。中国近代化是一个历史范畴，是一项伟大而长期的系统工程，需要几代人的共同努力奋斗，绝非任何圣贤和英雄豪杰个人所能完成的事业。张謇在中国近代化的起始阶段，凭借高昂的爱国热忱、宏大的气魄和不折不挠的精神，充分利用当时国内外有利于推进近代化的机遇，全面推进以实业和教育为中心内容的各项近代化事业，并取得了杰出的成就，有力地推动了中国近代化事业的发展。但是，由于他推进的近代化事业，“求援于政府，政府顽固如此，求援于社会，社会腐败如彼”，特别是由于第一次世界大战结束后帝国主义国家卷土重来，以及国内军阀连年混战，内忧外患日趋严重，加之大生资本集团的战线拉得过长，摊子铺得过多，自身财力无法应付办得过多、过急的事业，以致 1922 年以后，作为大生资本集团核心的大生纱厂日趋困难，资金严重不足，并高筑债台，到 1925 年大生资本集团被上海 4 家银行和 2 家钱庄组成的债权人团接管，从而使南通和苏北沿海地区的近代化事业遭到挫折，最终也未能全面实现张謇毕生为之奋斗的近代化的远大目标。因此，南通和苏北沿海地区的近代化又存在着一定的不彻底性。

尽管张謇推进中国近代化存在着这样或那样的问题，但在当时的历史条件下，在中国近代化的初期，他能够克服重重困难，率先在南通和苏北沿海地区全方位地推进各项近代化事业，其历史功绩将永载近代中国的史册。他勇于开拓创新、艰苦创业和顽强奋斗的精神，更值得后人永远崇敬和学习。历史证明，张謇不愧为推进中国近代化事业的杰出的开拓者和先驱者之一，不愧为近代中国追求强国富民的爱国知识分子的楷模。

论辛亥革命与近代民族工业的发展

伟大的革命先行者孙中山领导的辛亥革命，推翻了统治中国268年的清王朝，结束了从秦始皇以来绵延2000余年的封建专制制度，建立了我国历史上第一个资产阶级政府，为中国民族资本主义工业的发展扫清了障碍，有力地推动了我国近代民族资本主义工业的发展。但是，由于种种历史原因，在较长时间内，我国近代史和近代经济史的许多论著，却很少提到这个重要问题。因此，有必要重新评价和充分肯定辛亥革命推动我国近代民族工业发展的历史功绩。

一、辛亥革命为我国近代民族工业发展开辟了道路

从19世纪60年代后期开始，在清政府洋务派创办近代工业的同时，我国近代民族资本主义工业首先在沿海和长江沿岸地区兴起。但因清政府封建顽固势力在政治上的压迫和经济上的打击，使我国近代民族工业的发展受到极大的阻碍。清政府洋务派代表人物李鸿章在1882年批准创办我国第一家机器织布厂——上海机器织布局时，公然明文规定："十年以内只准华商附股搭办，不准另立新局。"①各地封建政府和顽固势力十分惧怕近代民族工业的发展，到处设立关卡，层层勒索捐税，使民族工业的发展受到很大限制。1911年爆发了资产阶级的辛亥革命，在很大程度上扫除了民族资本主义工业发展的障碍，为近代民族工业的发展创造了极为有利的条件。

(一)大造振兴实业的舆论，唤起国人大力兴办民族工业

早在辛亥革命之前，孙中山在1894年《上李鸿章书》中就呼吁国人兴办近代机器工业。他说："机器巧，则百艺兴，制作盛，上而军国需要，下而民生日用，皆能日就精良而省财力，故作人力所不作之工，成人事所不成之物。"又说："我中国地大物博。……倘能推广机器之用，则开矿治河易收成效，纺纱织布有以裕民。"②同年，他在《兴中会宣言》中，第一次向国人提出了"振兴中华"的口号，激励亿万炎黄子孙大力兴办民族工业。他在1905年同盟会成立时，进一步提出：要充分利用我国丰富的资源"振兴中国"，"十年二十年之后，不难举西人文明而尽有之，即或胜之焉，亦非不可能之事也。"③这充分表明他追赶西方工业发达国家的强烈愿望和迫切要求。

---

①孙毓棠、汪敬虞编：《中国近代工业史资料》第一辑(下册)，科学出版社，1957，第1501页。

②《孙中山选集》上卷，人民出版社，1956，第12页。

③《孙中山选集》上卷，人民出版社，1956，第65页。

辛亥革命爆发后，孙中山认为发展实业、振兴中华的时机已经到来，他当时向国人大声疾呼："此后社会当以工商业为竞点，为新中国开一新局面，至于政权，皆以服务视之为要领。"①他把发展工商实业作为中华民国建国后的一项根本战略任务，要求各级政府为发展实业服务。

作为辛亥革命的领袖和统帅，孙中山一直把发展实业作为振兴中华的实际行动和具体途径。他不辞劳苦，到处奔走呼号，呼吁国内外同胞为发展中国近代工业多做贡献。他于1912年4月1日在南京辞去临时大总统职务后，致力于"比政治更要紧"的"民生主义事业"。他在同年7月发表的《中国革命的社会意义》一文中，强调指出："中国正在大规模的工业发展的前夜，商业也将大规模地发展起来，再过五十年，我们将有许多上海。"他在同年7月接见纽约《独立杂志》特约代表李佳白时，再三表明，他正在集中思想和精力"从社会、实业与商务几个方面重建我们的国家""希望看到人民大众的生活状况获得改善，而不愿帮助少数人增殖他们的势力，直至成为财阀"。②可见他振兴实业的根本目的，完全是为了"利国福民"。据统计，孙中山在1912～1913年所做的58次演讲中，专讲发展实业和民生主义以及涉及这个问题的就有33次之多。③他关于发展实业的号召，获得了国内外同胞的真诚拥护和广泛支持，成为发展我国近代民族工业的战斗号角。

（二）建立有利于民族工业发展的革命政权，颁布一系列发展我国近代民族工业的政策和法令

辛亥革命的直接成果，是中华民国临时政府宣告成立。1911年12月29日，各省代表齐聚南京开会，选举孙中山为中华民国第一任临时大总统。1912年元旦，孙中山从上海到南京宣誓就职，并向中外庄严宣告："中华民国临时政府正式诞生！"

革命的根本目的是解放生产力。资产阶级领导的南京临时政府成立后的首要任务，就是制定和发布一系列发展资本主义工商业的政策和法令。孙中山在南京就任临时大总统后，即颁发了打破封建所有制和保持私有财产的5次命令：

"①凡在民国势力范围之内之人民，所有一切私产，均应为人民享有。②前为清政府官产，现入民国势力范围者，应归民国政府享有。③前为清政府官吏所得之私产，现无确实反对民国证据，已在民国保护之下者，应归该私人享有。④现虽为清政府官吏，其本人确无反对民国之实据，而其财产在民国势力范围者，应归民国政府管理，俟本人投归民国时，将其财产交该本人享有。⑤现为清政府官吏，而又为清政府出力，反对民国政府，其财产在民国势范围者，应一律查抄，归民国政府享有。"④

南京临时政府颁布的根本大法——《临时约法》进一步明确规定："人民有财产及营业之自由。"也就是说，民族资产阶级和其他资产阶级的财产不可侵犯，并享有经营资本主义工商业的自由。这项规定，使近代工业从清政府的"官办""官商合办"的控制下解放出来，

①党史委员会：《国父全集》第3册，中央文物供应社，1984，第163页。

②陈福霖：《美国〈独立杂志〉所刊孙中山先生的三篇著作》，载《研究孙中山先生的史料和史学》，第332页。

③王德昭：《孙中山先生革命思想的分析研究》，载《中国现代史丛刊》第二册，第201页。

④中国第二历史档案馆：《南京临时政府档案》（二十六）。

并从法律上保障近代民族工商业的顺利发展。

南京临时政府还颁布了一系列保护民族工商业的法规、法令和政策。据不完全统计，在孙中山担任临时大总统期间，先后颁布了30多件有利于民主政治和发展资本主义工商业的法律和法令。这些法令宣布了政府兴办实业的具体方针、政策，鼓励国民兴办工商业，振兴农垦业，鼓励华侨向国内投资，促进我国近代民族工商业的发展。

（三）建立各级政府主管实业的机构和成立民间各种实业团体，从组织上保证和推动民族工业的发展

南京临时政府成立时，首先在中央政府设立了实业部，由“状元实业家”张謇任实业总长，同盟会骨干马君武任次长，并通令各省政府成立实业司，推动各省发展地方工业。实业司于1912年2月5日给各省部督的电报中说：“本部司理本国农工、商矿、山林、渔猎及度量衡，窃念为民国将来生存命脉，今虽兵战未息，不能不得不切实经营，已成者当竭力保存，未成者先事筹划。今外省官制虽未划一，而各省之实业司，当速行成立，隶属本部。”[①]

为推动民族工商业的发展，孙中山亲自挂帅，先后担任全国铁路协会名誉会长、中华实业银行董事长，永年保险公司董事长、全国铁路督办等经济部门要职，并在上海设立了铁路公司，与浙江资本家沈缦云等联合华侨资本家筹组中华银行。为发展实业培养人才，孙中山还亲自兼任上海复旦大学校董，具体帮助该校解决办学中的实际问题。由于积极从事发展民族工商业的各种实际工作，以致当时有人认为他“俨然商界闻人”。

在孙中山领导的南京临时政府的倡导和孙中山亲自兴办实业的行动感召下，辛亥革命后全国各地民间的实业团体纷纷宣告成立，并以振兴实业为根本宗旨。1912年2月，中华民国工业建设协会首先在我国最大的工商业城市——上海诞生。该会在《发起趣旨》中说：辛亥革命前，“专制之政毒未除，障害我工业之发达”“今兹共和政体成立，……所谓产业革命，今也其时矣。”[②]该会章程明确规定：“本会以群策群建设工业社会，企图工业发达为宗旨。”[③]同时，中华民国实业协会在当时的首都南京宣告成立，选举李四光、万葆元为正副会长，实业部次长马君武为名誉会长。该会宗旨是：“振兴实业，扩充国民生计，挽回权利。”[④]中华实业团、民生团、经济协会等全国性的实业团体也相继成立。当时，各地还成立了许多地区性的实业团体，如西北实业协会，下辖河南、山西、陕西等分会，还有安徽、苏州、镇江等地的实业协会和黑龙江实业总会等。以海外华侨为主体的同仁民生实业会，在上海成立了总会，并在安徽、江西以及江苏扬州等地成立了分会。据报载，海外华侨加入该会者达20多万人。[⑤]各地实业团体，为发展民族工业献计献策，有力地推动了当地近代工业的发展。

（四）制订发展近代民族工业的规划，提出实现规划的具体途径和办法

1917～1919年间，孙中山集中精力研究和全面规划我国的实业建设问题，亲自制订了

①《南京临时政府公报》第8号，1912年2月5日。

②③汪敬虞编：《中国近代工业史资料》第二辑（下册），科学出版社，第860～862页。

④《天铎报》1912年2月3日、2月6日。

⑤《时报》1913年3月29日。

我国第一个工业化方案——《实业计划(物质建设)》,作为他提出的《建国方略之二》。他在这个《计划》的《自序》中说:“此书为实业计划之大方针,为国家经济之大政策。”[①]他特别强调指出:“此后中国存亡之关键,则在此实业发展之一事也。”[②]他把发展实业的问题,从关系到国家生死存亡的高度,提到国人面前,激励全国同胞为振兴实业而英勇奋战。

孙中山提出的我国近代工业化的规划十分宏伟,基本上符合当时的国情和经济发展规律。其主要内容是:

第一,交通先行。孙中山指出:“予之计划(指《实业计划》——引者注),首先注重于铁路、道路之建筑,运河、水道之修治,商港、市街之建设。盖此皆为实业之利器,非先有此种交通运输屯集之利器,虽则全具有发展实业之要素,而亦无发展之也。”[③]因此,他在《实业计划》中提出:“在全国范围内,建筑中央、东南、西北、西南、东北、高原六大铁路系统,计长10万英里,使全国‘铁道纵横,四通八达’。同时,修建公路100万英里;修浚现有运河两条,新开运河两条,并对长江、黄河、淮河、西江等水道进行治理。还要在中国北部、中部和南部分别建立北方、东方、南方三大世界商港,以及4个二等港、9个三等港和15个渔业港,以便加强同国内外的经济联系和贸易往来。”

第二,农、矿为实业之母。孙中山说:“农、矿二业,实为其他种种实业之母也。农、矿一兴,则凡百事由之而兴矣。”[④]他认为:“政府当与人民协力共谋农业之发展,以足衣食。”[⑤]他还认为矿业是“实业之母”“工业之根”。在矿业中,他强调要着重于铁矿、煤矿、油矿、铜矿和各种特种矿的开采与冶炼,并开办矿业机械制造厂和各种冶炼厂,为各个工业部门提供丰富的原材料、燃料和动力,带动我国近代工业的全面发展。

第三,全面发展近代各类工业。孙中山在《实业计划》中,提出要发展钢铁、机械、动力等重工业和关系到人民“衣食住行”的轻工业、建筑业。他还考虑到第一次世界大战结束后,要使军用工业转向民用工业服务。

为了实现我国第一个工业化的方案,孙中山及时地做出了对外开放的战略决策。他说:“今欲求发达,则不得不持开放主义。”[⑥]又说:“今之美国,吾人知其为世界最富强之国也;然其所以富强者,实业发达也。当其发展实业之初也,资本则悉借之欧洲,人才亦多聘之欧洲,而工人且有招之中国”。[⑦]因此,我国要由穷变富,就必须仿效美国,采取对外开放政策,吸收国外资金和人才,振兴我国民族工业。

孙中山根据当时国内外形势,认为振兴实业的当务之急是做好两件事,其一是利用外资。他说:“欲兴大实业,而苦无资本,则不能不借外债。借外债以兴实业,实内外所赞同

①②《孙中山选集》上卷,人民出版社,1956,第187页。
③孙中山、胡汉民:《总理全集》第一集,民智书局,1930,第1016页。
④《总理遗教全集》,1943,第683页。
⑤《总理遗教全集》,1943,第596页。
⑥孙中山、胡汉民:《总理全集》第二集,民智书局,1930,第48页。
⑦《孙中山全集》第六卷,中华书局,1985,第225页。

的。"[1]又说:"凡诸工业国其资本有余者,中国尽数吸收之。"[2]其二是学习国外先进技术和管理经验。他说:"人才问题之解决,则有二法焉:一为多开学堂,多派留学生到各国之科学专业学校肄业,毕业后则入各类工厂练习数年。二为广罗各国实业人才,为经营创造也。"[3]显然,这是实现我国近代工业化的一项根本性的战略措施。

二、辛亥革命后我国近代民族工业发展出现了新局面

辛亥革命后,以孙中山为首的资产阶级民主革命派,对发展我国民族资本主义工业采取了一系列有力措施,从而使民族工业出现了空前发展的热潮,在第一次世界大战期间和战后几年,进一步出现了民族工业大发展的"黄金时代"。

由于辛亥革命首先在武昌爆发和中华民国临时政府在南京建都,因而长江下游地区是辛亥革命和临时政府的重要活动地区,也是首先贯彻落实南京临时政府关于发展民族资本主义工业的一系列政策法令的重要地区,加之这个地区具有发展近代工业的较好基础和有利条件,因此,在辛亥革命后长江中下游地区首先掀起了兴办近代民族工业的热潮,并由这个地区向内地逐步推进,带动全国各地相继兴办近代民族工业。

上海是当时全国最大的工商业城市,在辛亥革命后兴办实业的成效也最为显著。电力是发展近代工业的重要标志。从上海电力工业迅猛发展的事实,可以看到上海近代工业的发展异常迅速。据1912年5月报载:"目前上海工业发展中,一个令人注意的特点,为电力日见扩充。现在各个干线的电力已在2000匹马力以上,而最近的将来,将为这个数目的三倍,现在正在进行的准备工作,将使这个消费量马上增加一倍,同时在未来的十八个月中,还会有进一步的发展。"[4]另据罗志如编《统计表中之上海》的统计,1911年上海新设工厂9家,1912年即陡增至28家,1913年为29家,1914年为26家,1915年为31家。这些数字中虽然包括外资工厂在内,但同时华资工厂也有了相当大的发展。

长江中下游一带的其他各地的近代工业,也都有了较大的发展。据1912年记载:"镇江光复后,一般志士有振兴工业之思想。故有办袜厂者,有办织布厂者,此外如织帽织衣诸厂,皆能极力经营。"无锡在"民国以来,各业兴起渐多,如针织、翻砂(渭新机器厂)均兴起于民元年(1912年),榨油兴起于民三年(1914年)。"安徽"自光复后一二年间,当涂、繁昌两县陆续发现铁矿多至数十处"。在芜湖,1912年由"庐州商人于本埠建有工厂一所,内设洋式机器,以织汗衫等物";同年"四月间本埠新设一碾米机器厂……本埠共设有砻坊六家,皆装配新式机器,内三家系本年所建设"。[5]在湖南,据1912年长沙商务报告说:"自辛亥革命以来,几乎每天都有新公司注册,其最大的目的是尽可能使湖南在工业上不仅不依

---

①《孙中山全集》,中华书局,1985,第96页。

②《孙中山全集》,中华书局,1985,第216页。

③《国父全集》第1册,第463页。

④汪敬虞编:《中国近代工业史资料》第二辑(下册),科学出版社,1957,第848页。

⑤黄逸平编:《中国近代经济史论文选》(下册),上海人民出版社,1985,第726~727页。

赖外国,而且不依赖其他省份”。[①]

全国其他各省在辛亥革命后,也分别兴建了一批近代工业企业。河南省在1912年成立了豫泰、中州、明德、凭心4个煤矿公司。四川省的重庆和成都,山东省的济南和烟台,东北的哈尔滨、长春等地,以及云南等各省、市,在民国初年都分别建立了为数众多的近代轻工业和重工业企业。

从辛亥革命后我国民族工业发展的过程来看,大致有以下几个显著特点:

1.新建工业企业迅猛增加,新的工业部门急剧兴起

辛亥革命后,各地近代工业如雨后春笋,迅速发展起来。据统计,在辛亥革命前的1903～1908年,全国每年平均注册的工厂只有21.1家;在辛亥革命以后,从1913年至1915年,每年平均注册的工厂增加到41.3家;1916～1919年,每年平均注册的工厂猛增至124.6家。再从资本额来说,从19世纪60至70年代起我国近代民族工业开始产生到1911年辛亥革命后的1912～1918年,中国民族工业所增资本总额为1.3亿～1.4亿元,即辛亥革命后的8年间超过了辛亥革命前50年的投资总额。

在辛亥革命后,我国出现了许多新的工业部门,如针织(包括织袜业和织毛巾业)、味精、搪瓷、灯泡等许多轻工业门类相继兴起,为我国近代民族工业填补了一批空白。以针织业为例,过去我国市场上的机器针织品,都是依赖外国进口。从1916年以后,上海和江浙地区的机器针织业蓬勃兴起,其中仅上海一地就有8家使用电机的针织厂,其中上海中华第一针织厂是国内第一家使用电机生产针织品的,并且是规模最大的企业。

2.轻重工业都有发展,工业门类日益增多

辛亥革命后,我国近代民族工业的发展首先从轻工业起步,其发展速度和规模在各类工业部门中,一直处于遥遥领先的地位。棉纺织业、面粉业和缫丝、丝织业是全国轻工业的三大支柱,也是我国近代机器工业的主体。当时全国棉纺织业主要集中于江苏和上海,到1918年,全国棉纺织业的纱锭有80.3%集中在江苏,而上海一地就占了全国纱锭总数的61.8%。[②]面粉业也有很大的发展,从1914年至1922年,长江下游的沪、苏、浙、皖、赣五省、市共兴建了26家规模较大的面粉企业,其中上海一地就有15家之多。[③]缫丝业和丝织业主要集中于江浙和上海一带,以丝织业最发达的上海为例,1911年有缫丝厂260多家,1917年增加到460多家。[④]杭州在1913～1920年间,各丝织厂的丝织机增加了1032台。[⑤]我国近代轻工业的其他部门,如火柴、卷烟、造纸、玻璃、制革、肥皂、碾米、榨油、罐头、食品等行业,在辛亥革命后也都有了相当大的发展。以火柴业为例,1911年全国有火柴厂30家左右,1911～1914年增加了43家,1920年又增加23家。[⑥]据记载,“民国建立以后,苏、浙、鄂、川、粤、滇、冀、吉等省已原有火柴厂外,黑、辽、鲁、晋、甘、豫、皖、赣、闽、桂、黔等省殆无

①汪敬虞编:《中国近代工业史资料》第二辑(下册),科学出版社,1957,第848页。

②③⑤张学恕:《中国长江下游经济发展史》,东南大学出版社,1990,第271～278、283～284、285、286、288～316页。

④⑥赵矢元等:《新编中国通史纲要》(近代部分),吉林文史出版社,1987,第302～303页。

不有新厂之创设。”[1]可见火柴厂几乎遍布全国各省。

辛亥革命后,我国重工业发展的速度和规模虽然不如轻工业,但重工业的各个部门仍然有了较大的发展。首先是机器制造业发展较快。全国使用动力的机械工厂,1912 年约有 400~600 家,到 1913 年猛增到 2000 家以上。当时上海是全国最大的机械工业基地。1913 年以前的 10 年,上海只开办了 34 家机器厂;1914 年后的 10 年,上海的机器厂增加到 284 家。[2]其次是钢铁工业开始起步。我国民族资本家创办的第一家规模较大的新式钢铁企业——上海和兴钢铁厂,于 1917 年兴建炼铁厂,到 1921 年底发展成为炼铁、炼钢、轧钢等配套的钢铁企业。钢铁工业的发展,带动了铁矿开采业的进一步发展。1912~1915 年,安徽省铁矿砂产量为 7.5 万余吨,1916~1919 年猛增到 23.6 万余吨。[3]再次是煤炭工业迅速发展。全国华商机器采煤的产量,1912 年为 80 万吨,1919 年增加到 330 万吨。[4]最后是电力工业和建材工业分别有了较大的发展。从 1914 年至 1918 年,全国新增电厂 62 家,到 1924 年,仅江苏省(包括上海市)的发电厂就有 61 家之多,[5]居全国各省之首。建材工业在 1920 年首先创办了上海水泥公司,1921 年无锡成立太湖水泥公司,1922 年南京成立中国水泥公司。这 3 家水泥公司,是我国当时著名的大型建材企业[6]。

3.涌现出一批规模庞大的企业集团,积累了相当丰富的近代化的生产经营管理经验

辛亥革命后,随着我国近代民族工业的蓬勃发展,在我国近代工业最为发达的长江下游一带和全国其他各地,逐步形成一批著名的大型企业和企业集团,有些企业集团甚至同时跨越几个行业和地区,成为规模宏大、实力雄厚、盈利丰厚的民族资本集团。当时,长江下游地区的主要企业集团有:张謇在南通地区创建的、以棉纺织业为主体的、包括许多行业的大生企业集团,他因此被人们誉为“实业大王”;荣崇敬、荣德生兄弟在上海、无锡等地创办的棉纺织和面粉企业,组成旧中国最大的民族资本企业集团——“茂新、福新、申新”资本集团;华侨郭乐、郭顺兄弟在上海创办的永安纺织印染厂和永安百货公司;聂云台经营的上海恒丰纱厂、大中华纱厂、华丰纱厂、中国铁厂和中美贸易公司;莫觞清、蔡声白翁婿经营的上海亚美丝绸厂,这是旧中国丝绸业中规模最大、产销联合的全能企业集团;无锡薛南溟、薛寿萱父子开设的,以永泰丝厂和锦纶丝厂为代表的缫丝企业集团,薛寿萱因此被人们誉为“缫丝大王”;刘鸿生在上海经营的、以大中华火柴公司为主体的、包括轻重工业许多行业在内的刘鸿生企业集团,他因此被人们誉为“火柴大王”;吴蕴初在上海创办的“天”字号化工企业集团,靠味精起家的吴蕴初被人们誉为“味精大王”;华侨简照南、简玉阶兄弟在上海和香港开办的南洋兄弟烟草公司，这是我国近代工业史上最大的机制卷烟企业;张元济和夏瑞芳、鲍威昌在上海创办的商务印书馆,这是旧中国历史最久、规模最大的出版和发行企业。[7]此外,全国工业发达的天津、武汉、广州、青岛、济南等地,也分别涌现出一批规模不等的企业集团。

---

①黄逸平编:《中国近代经济史论文集》(下册),上海人民出版社,1985,第 762 页。

②③⑤⑥⑦张学恕:《中国长江下游经济发展史》，东南大学出版社,1990，第 271~278、283~284、285、286、288~316 页。

④赵矢元等:《新编中国通史纲要》(近代部分),吉林文史出版社,1957,第 302~303 页。

辛亥革命后,我国近代民族工业由小到大、由点到面、由沿海向内地广泛深入发展,不但创造了较为丰富的近代机器工业产品,在一定程度上满足了国内市场的需要,并有许多产品进入了国际市场,而且积累了相当丰富的生产经营管理的经验。这些经验归纳起来主要是:一是提倡实业救国,坚持抵制洋货;二是革新管理制度,推行科学管理;三是狠抓原料的生产和收购,保证原料供应;四是提高产品质量,创造名牌产品;五是经营方式灵活多样,产品销售日益扩大;六是重视技术改造,不断更新设备;七是努力增加积累,不断扩大再生产;八是重用专业技术人才,锐意进取创新。[①]这些经验,为我国近代工业的进一步发展创造了极为有利的条件。

4.培养了一支素质较好的职工队伍和专业技术人员、管理人员的队伍,为中国革命和我国近代工业进一步发展奠定了坚实的基础

辛亥革命后,随着我国近代民族工业的蓬勃发展,中国工人阶级的队伍也日益发展壮大。在辛亥革命前,中国近代产业工人只有60万人,到辛亥革命后的1919年,我国近代产业工人增加到200万人。[②]尽管这些工人中包括外资企业工人在内,但有相当一部分是在民族资本主义工业企业内工作的。从分布地区看,当时产业工人主要集中在上海、无锡、南通、武汉、广州、天津、青岛、济南、哈尔滨等大中城市里,并且多数在大中型企业里;从分布行业看,他们主要集中在纺织、面粉、缫丝、矿山、铁路、轮船、邮电等部门。这种分布的集中性,有利于加强工人阶级的内部团结,有利于开展反帝反封建的革命斗争,也有利于我国近代工业的进一步发展。与此同时,近代民族工业企业还为我国培养了一定数量的、素质较好的工程技术人员、各类专业管理人员,他们同广大产业工人团结一致,为我国革命事业和近代工业的发展创立了不朽的功勋。

---

①张学恕:《中国长江下游经济发展史》,东南大学出版社,1990,第301~316页。

②赵矢元等:《新编中国通史纲要》(近代部分),吉林文史出版社,1957,第302~303页。

论孙中山与中国经济现代化

孙中山先生不仅是中国民主革命的伟大先行者，而且是中国现代化的伟大先驱者和开拓者。他在1894年发表的《兴中会宣言》中，第一次明确地提出了“振兴中华”这个推进中国现代化的战斗口号。1911年武昌起义爆发后，他于回国途中在巴黎向国民军政府发电报及时明确提出：“此后社会当以工商实业为竞点，为新中国开一新局面。至于政权，皆以服务之为要领。”[①]这就是说，进行大规模的经济建设，全面推进中国经济现代化，是新中国所面临的一项最根本的战略任务，而政权必须服务于经济建设，以促进经济发展为首要任务。他领导的中国第一个资产阶级共和国——中华民国成立后，更致力于民生主义事业，亲自制订了中国第一个工业化方案——《物质建设(实业计划)》，并郑重告诫国人：“此后中国存亡关键则在此实业发展之一事也”，[②]他把经济建设问题提高到关系中国生死存亡的高度来认识，以此来说明中国尽快实现经济现代化的重要性、必要性和迫切性。这充分表现了孙中山的高瞻远瞩和盼望中国由贫穷落后尽快变为繁荣富强的坚强决心。

一、孙中山对中国经济现代化的伟大构想和决策

早在1894年，孙中山在《上李鸿章书》中，即提出了全面发展国民经济的思想。他说：“人能尽其才则百事兴，地能尽其利则民食足，物能尽其用则材力丰，货能畅其流则财源裕。故曰：此四者，富强之大径，治国之大本也。四者既得，然后修我政理，宏我规模，治我军实，保我藩邦，欧洲其能匹哉”。[③]1911年辛亥革命推翻清王朝的反动统治后，他满怀信心地筹划经济建设工作，致力于“比政治更要紧”的“民生主义事业”，他抓住第一次世界大战结束后有利于我国经济发展的机遇，于1919年提出了推进中国现代化建设的《实业计划》，指出“中国正需机器，以营其钜大之农业，以出其丰富之矿产，以建其无数之工厂，以扩张其运输，以发展其公用事业”，[④]认为这是“国家经济之大政策”。[⑤]

孙中山对中国经济现代化的构想和决策涉及诸多经济领域，内容极为丰富，归纳起来主要有几个方面：

第一，优先发展现代化交通运输。他认为“实业之范围甚广，农工商矿，繁然待举，而不

---

①《致国民军政府电》，《民主报》1911年11月17日。

②④《孙中山选集》上卷，人民出版社，1956，第186页。

③《孙中山选集》上卷，人民出版社，1956，第15页。

⑤《孙中山选集》上卷，人民出版社，1956，第185页。

能废者，指不胜屈。然负之而可取者，其作始为资本，助之而必成者，其归结为交通”。但在交通中，若“无铁道，转运无术，工商皆废”。“故交通为实业之母，铁道又为交通之母”。[①]因此，他首先从修建铁路入手，来推进中国经济的现代化。他亲自拟订的修筑贯通全国的三大铁路干线计划，即南路（自南海至天山之北）、中路（自长江口达伊犁）和北路（自秦皇岛达蒙古乌梁海）3条主要铁路干线。他计划10年内“赶紧造竣20万里铁路”。后来，他在著名的《实业计划》中，从全面推进中国现代化和对外开放的高度出发，进一步提出了在全国建设六大铁路系统的宏伟规划，即中央、东南、东北、西南、西北、高原六大铁路系统，总共要修建91条铁路，计长16万英里，组成遍布全国的铁路网络，使全国“铁道纵横，四通八达”。他认为，中国的铁路按人口比例能达到美国的水平，中国就可成为“全球第一富强之国”。可见他不遗余力地修建铁路的目的，完全是为了使中国自立于世界强国之林。

孙中山对发展公路、水路交通和海港建设也高度重视。在《实业计划》中，他明确提出“在全国修建100万英里公路，修浚现有运河两条和新开运河两条，治理长江、黄河、淮河、西江等水运通道，使长江‘起汉口，迄于海，以便航洋船直达该港’。”[②]为发展对外海洋交通，他特别重视海港建设，提出在中国沿海建立北方、东方、南方3个世界大港，以及4个二等港、9个三等港和15个渔港，使中国全部海岸线平均每百英里有一港口，组成中国沿海大、中、小配套的海港体系。

孙中山优先发展交通运输业的构想，是符合中国实现现代化必须充分利用两种资源（国内资源和国外资源）和两个市场（国内市场和国外市场）这个客观要求的。他设想中国有丰富的农产品、矿产品等大量物资要出口，外国有大量的资金、技术、设备要进口，就必须有发达的现代化交通运输作为载体，才能保证大出大进这种双向交流的及时完成。而只有这种双向交流的畅通无阻，才能保证中国现代化经济的顺利发展。他在制订优先发展交通运输的规划时，也正是从上述要求出发的。他提出兴建全国六大铁路系统，都是直接或间接与海港相连接，组成水陆联运、通往世界的现代化交通网络。以北方、东方、南方三大世界港口为铁路起点，修建扇形辐射铁路干线；向内地延伸的4个二等港和9个三等港，也是设想铁路之起点，从而使中国内陆广大地区通过铁路和海港同世界各国紧密联系起来。

第二，全面推进工业化和工业现代化。孙中山把发展中国工业分为两大类：一类为“关键及根本工业”，即包括各种矿业和机器制造业在内的重工业；另一类为“本部工业”，即包括粮食加工业、丝麻棉毛为原料的纺织工业、皮革工业、服装制造业、建筑业、家具制造业、交通工具制造业、印刷业等诸多轻工业部门。他高度重视为各个工业部门提供原材料、燃料和动力的基础工业，认为矿业是“实业之母”“工业之根”，“如无矿业，则机器无从成立，如无机器，则近代工业之足以转移人类经济之状况者，亦无从发达。总而言之，矿业者，为物质文明与经济进步之极大主因也。”[③]因此，他提出全面开发铁矿、铜矿、煤矿、油矿和各种特种矿，兴办各类矿业机械制造厂和冶炼厂，使各项资源和能源能“物尽其用”。他十分

①《总理遗教·谈话》，中国国民党中央党部宣传委员会编印，第18～19页。

②《孙中山选集》上卷，人民出版社，1956，第189页。

③《孙中山选集》上卷，人民出版社，1956，第329页。

重视作为“工业心脏”的机器制造业，认为“机器巧，则百艺兴，制作盛，上而军国要需，下而民生日用，皆能日就精良而省财力，故作人力所不作之工，成人事所不成之物。”[①]他强调指出：“我中国地大物博，无所不具，倘能推广机器之用，则开矿治河易收成效，纺纱织布有以裕民。”[②]因此，他在《实业计划》中，提出了各类工业部门和农业、交通运输业诸多经济领域普遍推广应用机器生产的具体规划。对于直接关系到人民群众生活需要的轻工业，他同样予以高度重视，分别提出了发展各类轻工业的途径和措施，以满足人民群众“衣、食、住、行”多方面的需要。

电力是现代化生产和生活的重要标志。孙中山高度评价电力在中国现代化进程中的重要作用，特别强调要大力发展“价钱很便宜”的水力发电。他说：“如果能够利用扬子江和黄河的水力，发生一万匹马力的电力，那便是有 24 万个工人来做工，到了那个时候，无论是行驶火车、汽车、制造肥料和种种工厂的工作，都可以供给。”[③]他特别重视开发利用长江三峡巨大水力资源发电的问题，并提出了西江、翁源江等地水力发电和粤汉铁路电气化等设想。他满怀信心地指出：“拿这么大的电力，来替我们做工，那便有很大的生产，中国一定是可以变贫为富的。”[④]

第三，逐步推进农业现代化。孙中山认为，“中国之所以没有饭吃，原因是很多的：其中最大的原因，就是农业不进步。”[⑤]为发展农业生产，除了“农民解放问题之外”[⑥]就是要解决机器（农业机械化）、肥料（用化学的方法来制造肥料）、换种（改良和培育优良品种）、除害（根治农作物病虫害）、制造（各种农产品机械化加工）、运送（农业机械化运输）、防灾（消除水旱自然灾害）等农业现代化的系列问题。[⑦]他认为农业机械化是发展农业生产的首要问题和根本出路。“如果用机器来耕田，生产上至少可以增加一倍，费用可减轻十倍或百倍。”[⑧]因此，他提出了普遍“设立农器制造厂”“自（己）制造一切农器”。他还提出兴办各级各类农业技术学校、举办农业博览会等兴农办法，大力培养众多的农业技术人才，全面推广农业科学技术，以彻底改变我国农业落后的面貌，使中国现代化农业雄居世界先进国家之列。

此外，孙中山还提出了发展现代化商业和金融业等构想，使中国各类经济部门全面走上现代化的道路。

为了实现中国经济现代化的伟大构想和宏伟蓝图，孙中山适时地做出了对外开放的明智决策。他说：“国家欲兴大实业，而苦无资本，则不能不借外债。”[⑨]我们要拿外国已成的资本，来造中国将来的共产世界，能够这样做去，才是事半功倍。如果要等我们自己有了资

①《孙中山选集》上卷，人民出版社，1956，第 12 页。
②《孙中山选集》上卷，人民出版社，1956，第 186 页。
③《孙中山选集》上卷，人民出版社，1956，第 813 页。
④《孙中山选集》上卷，人民出版社，1956，第 814 页。
⑤《孙中山选集》上卷，人民出版社，1956，第 807 页。
⑥⑦⑧《孙中山选集》上卷，人民出版社，1956，第 811 页。
⑨《孙中山选集》上卷，人民出版社，1956，第 87 页。

本之后，才去发展实业，那便是很迂缓了。”[①]他针对当时中国有些人“一言及外债，便畏之如鸩毒”的错误倾向，明确指出：“借外债以营不生产之事则有害，借外债以营生产之事则有利。美洲之发达，南美阿根廷、日本等国之勃兴，皆得外债之力”。[②]他用大量事实证明借外债以发展本国经济，是许多国家走上强国之路的共同经验。他根据国内外引进外资的诸多经验教训，提出我国引进外资必须遵循4条原则：“（一）必选最有利之途，以吸外资。（二）必应国民之所最需要。（三）必期抵抗之至少。（四）必择地位之适宜。”[③]这4条原则充分体现了“以我为主”的精神，其中前两条是以是否对中国有利和是否相宜为前提，后两条是讲究社会效益和经济效益。他还提出了中国利用外资有3种形式：其一是借外债。鉴于清政府借外债而丧权辱国的惨痛教训，他提出借外债要坚持一不失主权，二不用抵押，三利息轻微3条原则。其二是中外合资。他认为这种办法优于对外借款，通过中外合资建工厂、开银行、修铁路、办商业，可以充分利用外国的先进技术和设备，促进我国现代化经济的发展。其三是鼓励外商在中国兴办独资企业。他提出“开办实业可直接批归外人承办，限年无偿收回。则此期限内，以彼之资本，彼之人材，营彼之事业，自无不竭尽之所长。”[④]这种办法既适应当时的需要，又符合国家的长远利益。

引进国外先进技术和设备，学习国外先进科学技术和经营管理经验与方法，是孙中山提出对外开放的一个重要内容，也是全面推进中国经济现代化的一个重要战略措施。他强调指出：“欧美二洲之工业发达，早于中国百年，今欲于甚短时期内追及之，须用其资本，用其机器。若外国资本不可得，至少亦须用其专家发明家，以为吾国制造机器。”[⑤]他认为，尽快建立一支宏大的包括各类专业人员和管理人员的队伍，是中国实现现代化的关键问题。为此，他提出一方面要大力兴办各级各类学校，多派留学生到西方发达国家学习和实习，掌握其先进的科学技术和管理经验；另一方面要广为吸引外国专家和各类专业技术人才来华帮助我国“开发实业”，并提出“受雇于中国外人必尽义务之一”，是“教授训练中国之佐役，俾能将来继其乏”[⑥]，以便我国“人才可以陆续成就，则我可以独立经营矣。”[⑦]

二、孙中山推动中国经济现代化的伟大实践和成效

孙中山在长达40多年的革命和建设的实践活动中，一直以振兴中华、推进中国现代化为己任。他不仅首创了符合中国国情的工业化道路，绘制了全面推进中国经济现代化的宏伟蓝图，而且提出了推进中国经济现代化的一系列法规、法令、方针和政策，更亲自参与和领导现代化经济建设的许多重大实践活动，为中国经济现代化创立了不朽的功勋。

---

①《孙中山选集》下卷，人民出版社，1956，第804页。

②《孙中山选集》上卷，人民出版社，1956，第87页。

③⑥《孙中山选集》上卷，人民出版社，1956，第192页。

④《孙中山全集》第二卷，中华书局，1982，第482页。

⑤《孙中山选集》上卷，人民出版社，1956，第317页。

⑦《孙中山选集》上卷，人民出版社，1956，第167页。

1.大造振兴实业的舆论,唤起民众推进中国经济现代化

早在辛亥革命之前，孙中山即广为宣传振兴实业、追赶西方发达国家之主张。他在1905年7月同盟会刚成立时,在东京华侨和学生欢迎会上的演说中,提出要充分利用我国丰富的资源“振兴中国”,“十年二十年之后,不难举西人文明而尽之,即或胜之焉,亦非不能之事也。”1912年4月中华民国初创时,他在同盟会的一次演说中,进一步提出:“能开发其生产力则富,不能开发其生产力则贫。从前为清政府所制,欲开发而不能,今日共和告成,措施自由,产业勃兴,盖可预卜”。他在辞去临时大总统的职务后,更集中全力进行经济建设的宣传和实践活动。他不辞劳苦,到处奔走呼号,从南京出发,先到上海,继往武汉,再至福州、广州,最后又去北京和华北各地,走遍了半个中国,到许多城市和农村宣传和考察,呼吁国人万众一心,建设新民国,推进中国经济现代化。

孙中山在1912年7月发表的《中国革命的社会意义》一文中,满怀激情地向国人宣告:“中国处在大规模的工业发展的前夜,商业也将大规模地发展起来,再过五十年,我们将有许多上海。”他在同年7月接见纽约《独立杂志》特约代表李佳白时,再三表明他正在集中思想和精力,“从社会、实业与商务几个方面重建我们的国家”,“希望看到人民大众的生活状况获得改善,而不愿望帮助少数人增殖他们的势力,直至成为财阀”。①可见他振兴实业、推进现代化的根本目的,完全是为了“利国富民”。据统计,孙中山在1912~1913年所做的58次演讲中,专讲发展实业、民生主义和推进经济现代化等有关经济问题的就有33次之多。②他关于中国经济现代化的宣传和号召,获得了国内外同胞和实业界人士的真诚拥护和广泛的支持,成为推动我国经济现代化的战斗号召。

2.建立有利于中国经济发展的革命政权,颁布一系列推进我国经济现代化的法规和政策

1911年爆发的辛亥革命和1912年元旦在南京成立的中华民国临时政府,在很大程度上扫除了民族资本主义发展的障碍,为中国经济现代化开创了极为有利的条件。以孙中山为首的南京临时政府,设立了主管经济发展的实业部、交通部以及同经济发展有关的财政部、内务部。南京临时政府和主管经济的各部,制订和颁布了一系列推动民族工商业发展的法律、政策和法令,从政权和法律上解放生产力,推动生产力的发展。孙中山在就任临时大总统后不久,即下达了打破封建主义的桎梏和保护私有财产的5条命令,其中第1条就宣布:“凡在民国势力范围之内之人民,所有一切财产,均归人民享有。”③孙中山主持制订和颁布的南京临时政府的根本大法——《临时约法》也明确规定:“人民有保有财产及营业之自由(第6条)”。据不完全统计,在孙中山担任南京临时政府的临时大总统期间,先后颁布了30多条有利于民主政治和发展经济的法律和法令，宣布了政府兴办实业的方针、政策和办法,鼓励国人兴办工商业,振兴农垦业和各类经济事业,并鼓励华侨向国内投资,推进中国经济现代化的发展。

①陈福霖:《美国〈独立杂志〉所利孙中山先生的三篇著作》,载《研究孙中山先生的史料和史学》,第332页。

②王德昭:《孙中山先生革命思想的分析研究》,《中国现代史丛刊》第2卷,第201页。

③中国第二历史档案:《南京临时政府档案》。

3.建立各级政府和民间的实业机构,从组织上保证和推动民族工商业的发展

以孙中山为临时大总统的南京临时政府,设立了直接主管全国经济工作的实业和交通两大部。其中实业部由"状元实业家"张謇任总长,同盟会骨干马君武任副总长,主管农、工、商、矿、渔、林、牧、猎及度、量、衡等事务。实业部成立后,除规划和督办全国性经济发展事务外,还通令各省的省政府,要求各省迅速成立实业司,推动地方经济的发展。交通部由汤寿潜、于右任分任正副总长,主管全国铁路、公路、航运、邮政、电报、船舶制造等事务,推动现代化交通和邮电事业的发展。

在孙中山领导的辛亥革命和南京临时政府的倡导与推动下,全国各地民间的实业团体如雨后春笋般地建立和发展壮大起来。在南京临时政府成立的前夕,中华民国实业协会于1912年1月30日在南京首先宣告成立,选举后来任实业部次长的马君武为名誉会长、科技专家李四光为会长,宣告该会的宗旨是:"振兴实业,扩充国民生计,挽回权利"。[①]同时,中华民国工业建设协会在我国最大的工商中心——上海宣告成立,明确地提出了"产业革命"的口号,"以群策群力建设工业社会,企图工业发达为宗旨。"[②]中华工学会、中华民国商学会、中华实业团、民生团、经济协会等全国性实业团体,以及全国各省许多地方性的实业团体,也先后纷纷成立,广泛开展宣传、研究和兴办实业等活动,有力地促进了各地民族工商业的发展。

4.亲自参与和直接领导经济工作的实践,有力地推动了中国经济现代化

孙中山于1912年4月1日宣告解除临时大总统职务后,在南京同盟会会员饯别会上明确表示:"解职不是不理事",而是致力于比政治紧要的"民生主义"事业。他想以在野之身,从事实业建设,使祖国臻于富强之境。他首先到全国各地调查研究,考察经济发展问题。他认为,要全面实现宏伟的《实业计划》,首先要从修筑铁路入手。他于1912年9月正式担任全国铁路督办,立志要在10年内修筑20万里铁路,"使中国全境,四通八达"。为此,他全力以赴,积极投入到筹建铁路的各项工作中去。他"日夜筹思,不敢稍懈",认真钻研铁路工程资料,规划铁道建设事宜。他先后考察了华北、华中的北宁、津浦和胶济等铁路线,取得了铁路建设的第一手资料。他于1912年10月回到我国最大的工商业城市上海,亲自主持成立了中国铁路总公司,并设立了全国铁路督办办事处。同时,他领导了全国各地铁路干线分布的设计,并着手筹集修筑铁路的经费。当时,他在上海同英国宝林公司签订了广州至重庆的铁路借款合同。他还到江苏、安徽、江西、浙江等省,筹划修筑铁路的各项工作。

孙中山对金融业也十分重视,积极参与创建新式银行的工作。辛亥革命后,沪军都督陈其美遵照孙中山的指示,联络商界沈缦云、朱葆三等人,在上海创建中华银行,公举孙中山为总董,黄兴为协董。孙中山于1912年7月30日亲临该行视察,开会决定银行改为完全商办,并制订了各种业务章程,为发展现代银行树立了榜样。1913年2月,中华银行改名

---

①《天铎报》1912年2月3日、2月6日。

②汪敬虞编:《中国近代工业史资料》第二辑(下册),科学出版社,1957,第860~862页。

为中华商业储蓄银行,孙中山仍任该行董事长。孙中山领导的南京临时政府成立后,创建了自己的国家银行——中国银行和各类专业银行,并“筹划币制的统一,创建中央造币厂,致力于建设现代化的货币金融体系。此外,孙中山于 1917 年初同虞和德等 7 人联合筹备组织上海交易所股份有胆公司,并担任永年保险公司董事长,从事现代化金融实践活动。由于他积极从事发展民族工商业的各种实际工作,以致当时许多人称誉他“俨然商界闻人”。

在孙中山领导的辛亥革命推动下,在以孙中山为首的南京临时政府和广东革命政权的倡导和具体部署下,特别是在孙中山亲自参与领导经济实践的带动和影响下,各地爱国志士和实业界人士纷纷掀起了兴办民族工商业的热潮,使中国民族工商业出现了前所未有的“黄金时代”。有人统计,1840~1911 年的 72 年中,中国历年所设创办资本额在 1 万元以上的工矿企业总共为 953 家,创办资本额总计 20380.5 万元,而 1912~1927 年的 16 年中,中国历年所设创办资本额在 1 万元以上的工矿企业总数达 1984 家,创办资本额总计 45895.5 万元。可见创办企业户数和创办资本总额,这 16 年都超过了前 72 年的一倍以上。[①]当然,这 16 年中国民族工商业发展的原因,同第一次世界大战和战后恢复使西方帝国主义国家无暇东顾而放松对中国的侵略有一定的关系。但更应当看到,这 16 年中国民族工商业迅速发展的根本原因还是内因,即孙中山领导的辛亥革命和革命政府推动的结果,也是包括革命先行者孙中山在内的全国各族人民为推进中国经济现代化而英勇奋斗的结果。

最后应当指出,我们在全面评价和充分肯定孙中山对中国经济现代化创造伟大历史功绩的同时,也应当看到他对中国经济现代化的认识和规划及实践上都还有某些局限性。但我们决不能苛求前人,更不能用今天的认识水平去看待前人。从总体上看,他对中国经济现代化的构想和实践以及勇攀时代高峰的首创精神,对当代中国现代化事业仍有重要的现实意义和借鉴作用。

①杜恂诚:《民族资本主义与旧中国政府(1840—1937)》,上海社会科学出版社,1991,第 106 页。

迈向21世纪的长江经济带

中国第一大河、世界第三大河长江和广阔的长江流域，在中国经济发展中历来具有举足轻重的地位和作用。它是中国古代文明的重要发祥地。自唐宋以后，中国经济重心逐步南移，江南开始成为全国最富庶的地区，并延续一千多年经久不衰，基本上未出现经济发展的"断层"。历代建都于北方的封建王朝，通过南北大运河，把江南广大地区和江北沿江地区的粮食、物资等财富源源不断地运往京师和北方地区，以维持封建国家庞大的财政支出，同时也推动了北方广大地区经济的发展。它是中国近代文明的摇篮和最集中的地区。以机器大工业和近代科学技术为代表的近代物质文明，绝大多数在以上海为中心的长江中下游沿江地区兴起和发展，并逐步向全国推广，从而带动了全国逐步走上了近代化的道路。它是当代中国经济发展的脊梁和现代科学技术的重要基地。新中国成立后，在20世纪60至70年代，国家在长江中上游地区搞"三线"重点建设，投资2000多亿元兴建了2000多个大中型企业，形成了30多个各有特色的新兴工业城市和40多个包括尖端科技在内的重要科技与现代工业基地。改革开放以来，以上海为中心的长江三角洲和沿江地区的现代化经济迅速崛起，综合经济实力、科技和人才以及物质财富，均雄居于中国各大江河之首，许多方面在全国处于遥遥领先的地位。特别是进入20世纪90年代以后，党和国家适时地做出了浦东开发、开放和长江发展战略决策，使我国改革开放和经济建设的重点，转移到中国最大的贯通东西、连接南北的长江经济带。目前，在万里长江两岸，已经形成了沪、宁、汉、渝四大中心城市与宜昌三峡工程"五大经济发展极"，和沿江几十个城市连成一线的"五点一线"全面开发开放的新格局，从而使这个地区成为当代中国经济增长潜力最大的区域。

和平与发展是当代世界的主题。当今世界经济发展的重心正在东移，海内外有识之士认为："21世纪世界看好亚太地区，亚太地区看好中国，中国看好长江沿岸。"这是因为以上海为龙头的长江沿岸地区，不仅具有丰富的水资源、矿产资源、生物资源等诸多资源优势，以及工农业发达、科技水平高和经济实力雄厚等经济优势，而且更因为这个地区横跨中国东部、中部、西部三大地带，具有横贯东西、连接南北和通江达海的区位优势。它通过"黄金水道"长江可以直达东海，连接大陆的"黄金海岸"，与国际市场接轨；长江又是沟通中国内陆东西南北的纽带和桥梁，具有广阔的腹地和国内市场。因此，这个地区是我国充分利用国内和国外两种资源、国内和国外两个市场的最佳地带。如今长江经济带已成为中国内陆与外洋交流、国内外双向开拓和陆海经济相互融合的重要通道。它具有我国其他任何江河流域和经济带无法比拟也不可替代的综合优势。在未来的21世纪,长江经济带将以崭新的姿态和更加雄厚的经济实力,跻身于世界巨型江海经济带的行列,成为中国和世界经济发展中的一盏光芒四射的明灯。因此,抓住世纪之交的有利时机和大好机遇,加快长江经济带开发开放的步伐,对于实现党的十五大提出的跨世纪战略任务,推动中国经济新的腾飞和全国振兴,加速中国全面实现现代化的进程,具有特别重要的作用和巨大意义,并对世界经济未来的发展也将产生重大影响。

具体来说,走向21世纪的长江经济带,在中国经济未来发展中的主导地位和重要作用,集中表现在以下几个方面。

一、以上海为龙头的长江三角洲将成为21世纪中国率先实现现代化的示范区

党的十一届三中全会以后,尽管上海未被列入我国沿海对外开放特区,但位于长江三角洲上的上海和南通、连云港、宁波、温州5个城市,被国家首批列入沿海14个对外开放城市。从此,改革开放的春风吹遍了长江三角洲,有力地推动了这个地区经济的发展和乡镇企业的全面起飞。1990年4月,党中央和国务院适时地做出上海浦东开发、开放的战略决策后,以上海为龙头的长江三角洲立即掀起了一浪高过一浪的、经久不衰的开发开放的热潮,出现了以下4个显著特点:

第一,浦东开发、开放一马当先。浦东新区位于中国东海岸线的中部和长江出海口的交汇处,背倚经济发达的长江三角洲,面向太平洋与亚洲的许多国家和地区,是当今世界不多见的最优良投资场所。特别是浦东新区能够依托中国最大的经济中心上海浦西固有的综合经济技术优势和良好的社会服务,可以实现以东带两、以西促东、东西联动、共同繁荣。因此,海内外投资者蜂拥而至,来到浦东这块522平方公里的热土,投资开办各类经济企业。如今浦东已成为当今中国的“聚宝盆”,而外商特别是世界上许多大财团已成为浦东开发的一支生力军。浦东金桥是中国大陆第一个出口加工区,现已形成以高层次的跨国公司和企业集团为主力,以现代化大企业为支柱,以高新技术产业为主体,以多元化功能开发为基础的新局面。金桥现代工业园区开发启动后的两年零两个月内, 共引进200个项目,吸收内外商投资26亿美元,平均每个项目1300万美元。而我国最早的开发区深圳用5年时间,引进外商项目2700多个,共吸收外资20多亿美元,平均每个项目74万美元,引进内资项目600个,吸收内资5.1亿美元,平均每个项目8.5万美元。按照开发区引进项目投资量标准划分,浦东金桥引进的大项目居多,而深圳引进中小项目居多。由此证明了邓小平同志的下述科学论断:浦东开发比深圳晚,但起点可以更高,我们相信可以后来居上。还应当提到的是,金桥现代工业园区每平方米土地吸纳投资910美元,为全国所有开发区平均数的10倍,也远远超过中国台湾高雄开发区的220美元、韩国马山的200美元、马来西亚槟榔的60美元、泰国拉甲邦的40美元、菲律宾巴丹的30美元。可见浦东金桥的投资开发的经济效益,在中国和世界上都居于遥遥领先的地位。

浦东开发开放的目的,是要使上海尽快成为国际经济、金融和贸易中心,带动以上海

为龙头的长江三角洲的经济腾飞和率先实现现代化，进而推动整个长江经济带乃至全国的经济发展和社会进步。因此，浦东开发开放是一个跨世纪的系统工程，着眼于起点高、动作大、格局新、功能全，立足于建设一座国内领先和世界一流的现代化城区。为此，上海提出到21世纪初，浦东新区要在6个方面处于国内领先地位：建立全国最完备的市政基础设施、全国最大的商务办公中心、全国开放度最高的综合性自由贸易区、全国最先进的出口产品加工基地、全国最现代化的城郊型农业、全国配套服务条件最好的高质量生活区。这6个国内领先，对21世纪中国逐步实现现代化，无疑将起到重要的示范、引导和推动作用。

第二，长江三角洲开发开放势如潮涌。20世纪90年代初上海浦东开发、开放，对与之接壤的长江三角洲地区首先产生强烈的辐射和示范作用，使长江三角洲成为长江经济带开发起步最早、开发速度最快、开发效益最好的核心地区。位于浦东周边的苏州市，抓住浦东开发开放带来的大好机遇，适时提出了“四沿”开发开放战略，即沿沪宁高速公路建设高新技术产业带，沿长江岸线建设耗水大、运量大的基础工业产业带，沿上海周边地区建设加工工业产业带，沿太湖岸边建设旅游度假产业带，并在这四大产业带分别建立4个国家级经济开发区，即：苏州国家高新技术开发区、昆山经济技术开发区、张家港保税区和苏州太湖国家旅游度假区。特别应当提到的是：为推动长江三角洲率先实现现代化和经济国际化，中国和新加坡两国政府于1994年4月联合签署了关于合作开发建设苏州工业园区的协议，并由中国副总理李岚清和新加坡副总理李显龙担任由两国政府高级官员组成的联合协调理事会主席。该园区总面积214平方公里，其中由中新两国政府合作开发规划面积70平方公里，预计总投资将达300亿美元。这是迄今为止中国与国外合作开发建设的最大项目。它不仅引进国外的资金、技术和设备等“硬件”，而且引进新加坡的经济发展和公共管理等“软件”(经验)。江泽民主席称赞它开创了中外合作的新模式，并于1995年5月12日视察该区时亲笔题词：加快建设苏州工业园区，为发展中外经济技术互利合作积累新经验。如今，苏州市除上述5个国家级开发区外，还有10个省级开发区，共有7000多家外商来苏州投资办企业，其中世界500强的跨国公司55家，全市实际利用外资已突破100亿美元，在长江沿岸城市中仅次于上海，1996年出口创汇38.5亿美元，居江苏省第一位。外资的大量引进，使新兴产业逐步占主导地位，成为苏州最为闪光的经济增长点。1996年，苏州国内生产总值达到1002亿元，成为江苏省第一个超千亿元市；全市人均国民生产总值已从1991年的800美元，到1996年增长到2100美元。苏州在开发开放中建立起新型的经济结构，为迈向新世纪的经济全面腾飞打下了坚实的基础。

在长江三角洲的“精华之地”，除苏州市现已形成以利用外资为主、外向型经济为主的开发开放的新格局外，素有“小上海”之称的无锡和明星城市常州，近几年开发开放也势如潮涌。锡南高科技产业开发区、宜兴环保科技产业开发区和常州高新技术产业开发区，都是国家级的产业开发区，现已成为海内外引人注目的投资热点。苏州、无锡、常州3市所属各县市还有一批省、市、县兴办的开发区、工业区或工业新村，成为本地区新的经济增长点。在开发开放浪潮的推动下，苏、锡、常3市的经济发展突飞猛进，1993年这3个市的工业总产值首次超过我国最大的工业城市上海，一跃成为当今中国最大的工业区。其中无锡市工业销售收入，从 1992 年的 706 亿元，到 1996 年上升到 1841 亿元；实现利税从 1992 年的 59 亿元，到 1996 年上升到 125 亿元；全市人均国内生产总值，也从 1992 年的 7196 元，到 1996 年上升到 20232 元。

第三，长江三角洲开发、开放整体推进。长江三角洲位于我国东海岸线的中段，扼长江入海口，并处于世界环球航线附近，土地面积 10 万平方公里，人口 7000 万，在行政区划上分属于上海、江苏、浙江 3 个省市，以上海为龙头，包括江苏的苏州、无锡、常州、南京、镇江、扬州、南通、泰州 8 个市，浙江的杭州、宁波、绍兴、嘉兴、湖州、舟山 6 个市，以及我国最大的经济中心上海，共 15 个城市。这里是全国经济、科技和文化最发达的地区，虽然分属于 3 个省市，但在经济上早就联成一体。特别是 20 世纪 90 年代初党和国家做出建设以上海为龙头的长江三角洲及沿江地区经济带的战略决策后，这个地区进一步加强了外向开拓和经济联合，江、浙各城市积极响应浦东开发开放，区域经济联合进一步紧密和加强。据不完全统计，上海在长江三角洲的 14 个城市，已转移和投资工业、商贸项目 1300 多个，注入资金 56 亿元，占上海市对外总投资的 60%以上；长江三角洲的 14 个城市到上海兴办投资项目 3000 多个，注册资金近 80 亿元。随着开发开放的深入发展，长江三角洲 15 个城市的经济联合，已由民间各种方式的经济交往，进一步发展到政府之间有组织的经济合作。1997 年 4 月，长江三角洲 15 个城市的市长聚会扬州，商讨 21 世纪长江三角洲城市群发展战略，正式成立长江三角洲城市经济协调会，坚持以市场为导向，以产业为主线，以资产为纽带，以企业为主体，平等协商，优势互补，讲求实效，联合发展，标志着这个地区城市经济开始进入高层次、多领域、全方位的合作阶段，15 个城市一致表示要把长江三角洲建成有高度竞争力的经济共同体，以迎接 21 世纪的挑战。

第四，长江三角洲的开发开放和经济实力在全国居于领先地位。早在 20 世纪 80 年代，上海浦东开发开放尚未开始，我国改革开放的重点还在南部沿海地区的时候，长江三角洲的经济发展水平就超过了珠江三角洲和闽南三角地区。详见下表比较数字。

经济发展水平比较（1987 年）

单位：元

	人均国内生产总值	人均国民收入
全国	1022	862
长江三角洲	2258	1982
珠江三角洲	1952	1523
闽南三角地区	642	542

在 20 世纪 80 年代后期，长江三角洲全区人均国民收入水平是全国人均水平的 2.3 倍，而珠江三角洲全区人均国民收入水平是全国人均水平的 1.8 倍。进入 20 世纪 90 年代，以上海为龙头的长江三角洲的开发开放和经济发展进入快速发展时期。上海利用外资从 1994 年到 1996 年连年突破百亿美元，国际市场的依存度达到 40%以上。目前，世界上最大的 100 家跨国公司中，已有 50 多家在上海投资 100 多个项目，总金额达 30 多亿美元。这些跨国公司在沪投资项目，普遍具有技术层次高、高新技术产业化程度高、知识含量高

的特征，其产品一直保持世界先进水平。为实施跨世纪发展战略，上海市重点扶持54家对国民经济具有支柱和骨干作用的大型企业集团，经过未来几年的努力，上海将有一批企业集团进入全国100强，有几家进入世界500强，使上海尽快成为国际经济、金融、贸易、航运中心之一。上海市的人均国民生产总值，在党的十四大到十五大的5年间有了迅速增长，从5年前的千余美元一跃突破了3000美元大关，达到新兴工业化国家的水平。联合国官员称赞上海为“当今世界最具活力的城市之一”。包括江、浙、沪3个省市所属的15个城市的长江三角洲地区，在20世纪90年代国民经济也获得了全面发展，它以只占全国1%的土地面积和7%的人口，创造了占全国1/6的国内生产总值。因此，在未来的21世纪，以上海为龙头的长江三角洲地区，进一步发挥我国其他地区无可比拟和替代的、独特的综合优势，必将成为中国率先实现现代化的示范区。

二、长江经济带将成为21世纪中国经济发展的脊梁和经济快速增长潜力最大的地区

作为未来21世纪中国经济发展的脊梁，必须具备这样几个条件：一是要有布局合理的“经济发展极”；二是要有保证经济发展的丰富的资源优势和物质技术条件；三是要有国内外双向开拓和开发开放的优势与有利条件；四是能够带动中国东、中、西三大地带的经济实现新的腾飞和全面振兴。而贯通东西、连接南北的长江经济带，完全具备上述几个条件和综合优势，并将成为中国未来经济发展和经济增长潜力最大的区域。

第一，长江经济带已经形成沪、宁、汉、渝四大中心城市和宜昌三峡工程五大“经济发展极”。进入20世纪90年代以来，作为长江三角洲和沿江地区龙头的上海，长江下游西段经济中心南京，长江中游经济中心武汉，长江上游经济中心重庆，本着优势互补、互惠互利、联合发展、共同繁荣的原则，充分发挥这四大中心城市的优势和作用，进一步加强同周边地区的经济联系和合作，形成了以这四座特大城市为中心的经济协作网和“经济发展极”。以上海为中心的长江三角洲经济协作区，经济快速增长，1994年全区14个城市国内生产总值达6890亿元，占当年全国国内生产总值的1/8。以南京为中心的苏、皖、赣18个地市组成的长江下游经济协作区，围绕建立商品、物资、资金、科技4个市场为主的市场体系，市场经济获得蓬勃发展。总面积达30万平方公里的武汉经济协作区，现已发展到湘、鄂、赣、豫4省24个地市，组建了一批跨地区跨行业的企业集团。以川东南5地、5市和从万县到宜宾沿江6市组成的重庆经济区，横向经济联合获得了很大发展。上述四大经济协作网在近两年内新增产值139亿元，实现利税23亿元，融通资金2703亿元，商贸物资交易额达1000多亿元。至于跨世纪的长江三峡工程，是我国有史以来投资最多、规模最大的建设工程，具有防洪、发电、航运、灌溉、水产、旅游等综合经济效益和社会效益，因而是长江经济带一个新的“经济发展极”。仅以发电而言，规模居世界首位的三峡水电站，装机总容量达1820万千瓦，年平均发电量为847亿千瓦时，相当于10座大亚湾核电站，可以初步满足长江经济带开发开放的能源需要。三峡工程的兴建，将导致沿江各种资源的重新配置，加速整个长江经济带开发开放的步伐。

第二,长江经济带具有丰富的资源和雄厚的物质技术基础,长江沿岸地区具备经济快速增长所必需的资源、科技、人力、人才等诸多要素优势。一是水资源丰富。水域面积占全国的40%,拥有鄱阳湖、洞庭湖、太湖、巢湖、洪泽湖五大淡水湖泊,年均入海水量居全国七大江河之首,相当于黄河水量的20倍。水能可开发量为1.97亿千瓦,占全国可开发量的53.4%,至今只开发利用了10%左右,尚有90%左右有待开发利用,因而开发的潜力极大。二是矿产资源丰富。在我国已列入矿产储量表的136种矿产资源中,储量占全国60%以上的有铜、锑、钨、钴等13种,其中钒、钛矿储量居世界前列。三是生物资源丰富。我国三大林区,长江流域占其二,木材积蓄量占全国1/3,茶、果、竹、漆及药材等经济林木积蓄量占全国80%以上,还有大熊猫、中华鲟等珍奇动物,在国内外均占有重要地位。四是旅游资源丰富。长江流域拥有国家和省级名胜景区40多处,国家文物重点保护点数万处,下游的钟山—黄山—庐山已成旅游热线,中游的三国、三峡、武陵旅游线已经形成,上游的巴山蜀水旅游线正在开发延伸中。发展经济固然需要丰富的物质资源,但更重要的是需要发达的科学技术和整体素质高的劳动力与各类专门人才。在科技和智力竞争更趋激烈的21世纪,对科技和人才的需求将更为突出。长江流域是我国科技、教育和人才实力最为雄厚的地区。其中,科技人员占全国40%以上,两院院士占全国半数左右,国家发明奖、进步奖、星火奖、质量奖、自然科学奖占全国45%,均高于我国沿海和其他地区。沿江地区在校大学生数高出沿海、沿黄(河)地区11和12个百分点,教授和科学家人数高出60和68个百分点。目前,长江流域的生物、航天、信息、激光、新材料、自动化和能源7个高新技术项目,已在我国处于领先的地位。长江流域现有416所高校和数以万计的专业科研机构,将成为推动我国经济和社会发展长盛不衰的源泉。

第三,长江经济带具有对外开放的悠久历史、优良的通道和优越的区位。远在古代,长江流域特别是下游地区就同海外各国有着较多的经济联系和文化交流。在1936年,我国20个贸易量最大的口岸中,长江沿岸就占12个,其中位居前10名的有5个。在当代,作为我国"黄金水道"的长江干支流通航里程占全国73%,其中长江干线重庆以下可通1500吨级船舶,宜昌以下可通3000吨级船舶,武汉以下可通5000吨级船舶,南京以下可通万吨级以上船舶。特别是长江干线上的上海、南通、张家港、江阴、镇江、南京、芜湖、九江、武汉等14个主要港口已全部对外开放,使长江一跃成为当今世界上内河对外开放线最长的港口群。近10年内,有40多个国家6400多艘次外轮进入长江港口装卸货物。与此同时,长江水道又与10多条铁路干线纵横交错,并同蛛网式的公路和蓬勃发展的高速公路,以及发达的航空线相连接,已形成水陆空立体交通体系,可通往世界五大洲150多个国家与地区。特别是长江经济带具有横贯东西、地接南北、东临大海、腹地广阔的区位优势,是我国内陆与外洋交流、国内外双向开拓的最佳地带。因此,从改革开放以来,特别是1992年党和国家提出长江发展战略以来,长江经济带已成为外商投资的热土,有100多个国家和地区的外商以投资的形式来这里实施产业转移,使之成为我国接受国际产业转移的重要地区。在长江上游地区,四川省虽位于我国西南内陆,现已成为外商投资的重点地区。四川已批准建立的三资企业和引进的外资数,在中国西南地区的18个省市中名列第一,重庆经济开发区和高新技术开发区已有日本、美国、新加坡等 16 个国家和地区的 190 多个企业落户。在长江中游地区，湖北省主要吸引欧洲各国的投资，其中武汉市现有外资企业 73 家，总投资达 16.6 亿美元。在长江下游地区，江西、安徽、江苏、浙江和上海等地正在成为国际产业转移的重要地区，特别是沪、苏、浙 3 省市的外商投资项目最多、最大。1997 年 1 至 9 月，江苏省对外进出口贸易额达 164.9138 亿元，比上年同期增长 19.3%，其中出口贸易额 100.173 亿元，增长 26.6%。可见江苏已成为长江经济带、也是我国发展外向型经济的重要地区。

第四，长江经济带是带动中国东、中、西三大地带的经济全面振兴和共同繁荣的重要地带。长江经济带地处全国中心腹地，由东向西跨越我国华东、华中、西南三大地区，是中国唯一兼跨三大地带的流域经济区，具有东、中、西地带的三重性，享有东、中、西三重发展优势和机遇。由于自然和历史等诸多原因，在长江经济带的上游、中游和下游形成了各具特色的经济区域。上游地区具有水力、煤、天然气、磷、铁矿等自然资源的优势，以及 20 世纪 60 至 70 年代“大三线”建设时期形成的重工业为主体的现代工业基础。中游地区位于中国内陆中心地带，京广、京九铁路纵贯南北，长江干流横贯东西，东连吴会，西通巴蜀，北达京华，南接港澳，具有交通和流通的优势。下游地区处于“黄金水道”和“黄金海岸”的交汇地带，具有通江达海的区位优势和先进的科学技术、雄厚的经济实力与较高的劳动生产率。长江经济带的上述三个地区，存在着明显的两大梯度差：从上游到下游的自然资源，存在着由高到低的梯度差；从上游到下游的经济技术发展水平，存在着由低到高的梯度差。这就是说，从自然资源看，上游自然资源非常丰富，下游相对贫乏，中游介于二者之间；从经济发展水平看，下游最为先进，中游次之，上游较为落后。改革开放以来，特别是进入 20 世纪 90 年代以后、上、中、下游之间的经济发展水平的差距呈现出进一步扩大的趋势。其结果，不仅直接影响了我国经济发展总体水平和整体效益的提高，而且有可能出现社会不稳定的因素。归根结底，会直接影响中国全面实现现代化的进程。因此，在未来的 21 世纪，必须充分发挥上、中、下游之间各自的优势，扬长避短，优势互补。也就是说，下游地区的资金、技术、人才等优势应当向中西部地区传递和转移，加速中上游地区经济开发的步伐，使中上游地区成为我国最大的能源和原材料生产基地，形成新的经济发展极和经济增长点，并使下游地区经济发展获得足够的能源和原材料保障。这样，不仅拥有 33 万平方公里面积和 1.8 亿人口的长江经济带，在 21 世纪可以实现经济全面振兴和共同富裕，而且拥有 180 万平方公里面积和 4.45 亿人口的整个长江流域，也将出现共同繁荣和共同富裕的局面，从而将大大加速中国实现现代化的进程。

三、长江经济带将成为 21 世纪中国最发达的产业密集带和三次产业协调发展的最大的综合经济带

以上海为中心的长江三角洲和沿江地区，是中国近代工业和近代科技的最早发祥地和最集中的地区，是旧中国的主要工业基地和近代交通、商业、金融等较为发达的地区。新中国成立后，在充分发挥长江下游地区老工业基地作用的同时，又在长江中上游地区建立

了一批新兴工业基地。改革开放以来,特别是 20 世纪 90 年代初提出长江发展战略以后,以长江为中轴,东起上海,西抵攀枝花,横贯七省二市,绵延 4000 公里的长江两岸,现已初步形成一条以冶金、石化、建材、电力、机械五大产业为主体的产业带,并将成为 21 世纪中国乃至世界上最重要的产业密集带和中国经济发展战略的核心区主干, 成为中国与世界经济全面接轨的关键地带和主要大通道。

在中国经济未来发展中,长江经济带将出现以下几个新的特点:

(一)在中国经济中起主导作用的优势产业群迅速崛起和走向繁荣

长江经济带优势产业较多、分布较广、经济实力较强,在全国具有举足轻重的地位。从充分利用长江的水运之便、水能之利、供水之惠和丰富的资源、雄厚的经济基础来看,冶金、石化、建材、电力、机械等五大产业具有更大的优势和更为广阔的发展前景。冶金工业是沿江地区的首要支柱产业。上海宝钢集团是新中国成立以来投资规模仅次于三峡工程的特大型的现代化钢铁联合企业,一、二期工程总投资 300 亿元人民币,同长江中游的武钢集团,雄居 1993 年中国 500 家最大工业企业前十名。整个长江沿岸各重点钢铁企业,钢和钢材的生产能力占全国 43%以上。苏、皖、赣、鄂、湘、川等省市沿江地区,是我国有色金属的重要基地。石油化工是沿江地区的另一个支柱产业。上海、南京、浙江镇海、湖南岳阳等地的 10 多个大型石化企业,总产值约占全国的 1/3 以上。位于江苏省境内长江两岸的金陵、扬子、仪化、南化 4 家特大型企业,打破条块分割,实行强强联合,按市场经济要求,于 1997 年 8 月在南京组建石化产业集团公司,成为我国最大的石油、化工、化肥、化纤基地。沿江两岸的建材业以水泥为主,中国水泥厂等大型水泥厂的年产量为 400 万吨左右,年产 30 万吨以上的水泥厂多达数百家。沿江两岸的火力发电厂现已形成年发电能力 1000 多万千瓦,同葛洲坝、丹江口、新安江等水电站一起,形成了火电、水电并举的格局。到 2003 年,举世瞩目的三峡工程首批机组发电后,将使我国电力工业再上一个台阶。以汽车、机床及大型成套设备为主的机械制造业,是长江经济带实力雄厚的一大支柱产业。上海、南京、湖北襄樊、十堰和重庆,是我国重要的汽车生产基地,上海汽车工业总公司,名列中国 500 家销售额最大的工业企业第二位。此外,沪、宁、汉、渝四大中心城市和沿江许多大中型城市的轻纺等传统工业,在我国也占有举足轻重的地位,进一步享誉国内外市场。

(二)高新技术产业方兴未艾并在全国居领先地位

高新技术产业以其科技含量高、附加值大、带动作用强而著称,它对全国经济的发展、经济整体素质和经济效益的全面提高以及国内外市场竞争能力的增强, 都具有不可估量的作用和特殊重要的意义。因此,它是长江经济带未来经济发展的主导产业,是长江经济带在国内外竞争中永远立于不败之地的根本保证。改革开放以来,以上海为龙头的沿江各省市相继提出了“科教兴省(市)”的发展战略,兴办了上海漕河泾、苏州、无锡、常州、南京、武汉、长沙、重庆等一批国家级高新技术开发区,以及上海闵行和虹桥、南通、芜湖、合肥、武汉、重庆等一批国家级经济技术开发区,出现了高新技术产业蓬勃发展的新格局。横贯江苏 8 市的沿江高新技术火炬带和穿越广袤苏北平原的星火产业带均为全国首例。该省 80%以上的科技人员投身经济建设主战场,1100 多名高级专家组成 820 多个“智囊团”,直接参与经济社会发展的重大决策。在1996年内，江苏高新技术产品产值达1000多亿元，其中新产品销售收入占全国新产品销售收入的比重达17.8%，居全国第一位。全国科技百强县中江苏占1/3。目前江苏拥有各类科技人员190万人，成为推动全省高新技术产业迅猛发展的一支重要的生力军。在未来的21世纪，包括江苏在内的长江沿岸七省二市，将进一步依托上海、南京、杭州、合肥、长沙、武汉、重庆等科技实力雄厚的大中城市，大力发展生物、信息、激光、航天、自动化、能源、新材料等高科技产业，以带动整个长江经济带的产业结构升级和优化，并使长江经济带的高新技术产业在中国乃至世界上居于领先地位。

（三）三次产业协调发展，综合经济实力雄居全国七大经济区之首

长江经济带具有优越的地理位置和自然条件，第一、二、三次产业在全国历来占有十分重要的地位。除第二产业已如上所述以外，第一和第三产业也相当发达。从第一产业来说，长江上游有号称“天府之国”的粮仓，中游有“两湖熟天下足”的江汉平原，下游有享誉“鱼米之乡”的长江三角洲水网地带，是我国主要农产区和商品农业基地，并以占全国1/5的土地为全国提供1/2的农业产值，50%的粮食和淡水鱼，40%的棉、油，70%的水稻。进入20世纪90年代以来，长江经济带各省市从实际情况出发，加快农业结构调整，大力推进农业产业化经营，以市场为导向，优化组合各种生产要素，延长农业产业链，推行贸工农一体化，大力发展高效农业，从而加快了农业现代化的步伐。在经济发达的江苏省苏南和沿江地区，已在全国率先形成了崭新的农业物质基础、崭新的农业技术体系、崭新的经济组织方式和强大的社会服务体系。据有关农业现代化指标体系测评，苏州、无锡两市所属各市县已在70分以上，接近基本实现农业现代化的指标。其中锡山市亩均农机动力为1千瓦，比发达国家还高，农机已承担了80%的农活。

长江经济带的第三产业，在20世纪90年代以来有了突飞猛进的发展，从而使经济结构有了明显的改善和优化。以长江经济带的经济大省江苏为例，该省国内生产总值中三大产业结构比例，由1991年的21.5∶49.6∶28.9演变为1996年的16.1∶51.2∶32.7。可见按照产业结构优化规律，第三产业的比重迅速上升。在第三产业中，长江经济带以“两通”（交通和流通）为突破口，带动第三产业全面发展。在交通产业方面，长江经济带现已有水路、公路、铁路、航空和管道5种运输方式，现代化的立体交通体系已初具规模，综合运输体系正在崛起。特别是外商踊跃投资交通基础设施的建设，群策群力办交通的局面已经形成，从而大大加速了交通建设的步伐。在流通方面，多种经济成分参与的流通体制已经形成，促进了长江经济带的物资、劳力、资金、技术、信息等生产要素在城乡市场的流动，初步显示了市场的作用和活力。特别是1997年7月在上海成立了长江流域产权交易共同市场，这是破天荒的一个重大突破，它可以促进以产权为纽带的跨地区、跨部门的存量资产盘活，有利于社会生产力的发展。在未来的21世纪，长江经济带将进一步优化产业结构，着力加强第一产业，调整和提高第二产业，积极发展第三产业，使这个地区的三大产业进一步协调发展，实现整个经济由粗放经营向集约经营转变，大大地提高国民经济的整体素质和综合经济效益。

在党和国家提出的“九五”计划和2010年远景目标中，把建设以上海为龙头的长江三

角洲及沿江地区经济带，列为我国 20 世纪末和 21 世纪初建设的全国七大经济区域之首，并明确提出长江经济带是“一条横贯东西、连接南北的综合经济带”。而我国其他六大经济区则分别是综合经济圈、或外向型经济区、或各具特色的重点产业区。这是因为长江综合经济带具有我国其他六大经济区域不可替代的综合优势和最为雄厚的经济实力。作为长江经济带的龙头上海，历来是我国最大的经济中心和世界第四国际贸易大港，在未来的 21 世纪，上海将进一步成为雄居世界名城行列的国际经济、金融、贸易、航运四大中心之一。同上海毗邻的江苏省是接受上海浦东开发开放辐射力最大的地区，因而经济发展速度和经济实力均在全国名列前茅。江苏省国内生产总值由 1991 年的 1601.3 亿元到 1996 年增加到 6004.2l 亿元，占全国 1%的土地创造了占全国 10%的国内生产总值，5 年内增长了 1.27 倍，平均每年增长 17.8%。全省人均国内生产总值 1991 年为 2347 元，1996 年增加到 8447 元，人均突破 1000 美元大关。按国家确定的小康标准测评，1996 年全省综合评分已达94.65 分。苏南及沿江大部分地区在实现小康的基础上，正在向现代化的目标迈进。长江沿岸地区各省市本着共建长江经济带的目标，发挥各自的优势，扬长避短，以点带面，分层推进，在大江南北现已形成了 7 个各具特色的重点发展区和经济发展极。这就是：上海浦东新区和上海周边卫星城市；长江三角洲沿江产业带，包括沪宁铁路沿线高新技术产业带和滨江基础产业带；安徽皖江经济带，即“两点一线”（合肥、黄山和沿江一线）；江西昌九工业走廊，即从南昌到九江沿线包括景德镇在内的工业带；湖南“五区一廊”经济带，即以岳阳、长沙、株洲、湘潭、衡阳 5 市为中心的经济带；湖北沿江经济带，即以武汉为龙头，兼顾两江（清江、汉江）两线（京广、汉渝铁路），全方位开发开放；重庆将成为长江上游的商贸、金融、科技、信息中心，交通通信枢纽和现代化工业基地。在未来的 21 世纪，长江经济带各省市将本着互联互动、共存共荣的精神，沿着一条“高起点、大兼容、深开发、集约化”的路子，加快实现工业化和经济的社会化、市场化、现代化的步伐，把整个长江经济带建设成为经济发展集约化、社会结构现代化、国民素质优良化、社会发展协调化和城乡一体化的全国最大的经济区域，并将成为中国最发达的、经济实力最雄厚的综合经济带。

四、长江经济带将成为 21 世纪中国所有制结构与经济结构完善的、国内外双向开拓的经济区

调整和完善所有制结构与经济结构，是我国经济改革与发展中必须解决的两大课题，也是长期禁锢人们思想，直接影响经济发展的两大难题。在长江经济带特别是沪、宁、汉、渝四大中心城市，这“两大难题”曾经严重地束缚了经济的发展和生产力的提高。党的十四大以来，长江经济带各省、市在所有制结构和经济结构的调整方面进行了有益的探索，并在两个结合上做好文章，为建立比较完善的社会主义市场经济体制取得了可喜的成绩。多年保持经济上的强劲增势的江苏省，对经济结构进行了全局性、战略性调整，以投资结构调整强力拉动产业结构调整，以发展战略调整推动区域结构调整，以资产重组为手段，调整企业结构，从而使全省经济跨入集约型增长的新时期。在所有制调整方面，江苏省现有股份有限公司 323 户、有限责任公司 17400 户、股份合作制企业 41851 户。此外，还有私营

企业 5.67 万户和个体工商户 121.5 万户。公有制的多种实现形式和非公有制经济的发展，为江苏经济发展注入了新的活力。全省 323 家股份有限公司 1996 年实现税后利润 35.11 亿元，与改制前相比，资产平均增值率为 86.48%。长江经济带其他各省市的所有制结构和经济结构的调整，也都取得了可喜的成绩，有力地推动了整个长江经济带的经济持续、快速、健康的发展和经济效益的提高。实践证明，所有制结构调整和经济结构调整，两者互为促进，相辅相成。所有制结构调整是经济结构调整的动力，经济结构优化是所有制结构调整的目标。这两个调整又是两个根本性转变的重要途径和手段。调整所有制结构是推进经济体制转变的重要任务，调整经济结构是推进经济增长方式转变的重要内容。当前长江经济带经济结构调整的重点：一是资产重组，要以优势企业和名牌产品为主体，以市场为导向，以资产为纽带，通过联合、兼并、购买、控股等资产重组形式，组织具有较强竞争力的跨地区、跨行业、跨所有制和跨国经营的大公司、大集团。发展企业集团要重点抓好优化主导产品系列，提高资产扩展能力，提高技术开发能力和提高国际经营能力。对中小企业要强调专业化方向，引导中小企业为大企业配套，向高、精、尖方向发展。二是技术创新，要大力发展高新技术产业，并用高新技术改造和提高传统产业。我们通常所说的经济优势，按其本质而言，“优”就是技术，“势”就是规模，只有把技术和规模结合起来，才能形成面对国内外市场的强大的竞争力。

完善的所有制结构和经济结构，不仅为长江经济带的经济增长模式从主要依靠外延扩张和粗放经营向内涵提高和集约化经营转换提供了前提条件，而且为长江经济带同国际经济接轨，实现国内与国际双向开拓，参与国际经济大循环提供了必要条件。这是长江经济带在未来国内外激烈的市场竞争中永远立于不败之地的根本保证。

当今的世界是开放的世界，世界范围内的新技术革命突飞猛进，必将对全球经济的发展产生不可估量的影响。当前世界经济重心正在向亚太地区转移，太平洋经济圈正在形成，而东亚地区又是世界上经济最具活力和增长最快的地区，中国正在成为世界经济发展中的新增长极。伴随着亚太地区经济的迅速崛起和全球经济一体化趋势，以上海浦东开发开放为契机，为整个长江经济带的全方位、多层次、有重点的对外开放格局的形成和发展，提供了极为有利的机遇和经济发展空间。进一步扩大对外开放，充分利用国际国内两种资金、两种资源、两个市场，是未来 21 世纪长江经济带经济持续快速发展的必由之路。进入 20 世纪 90 年代以来，江苏经济发展之所以不断上到新的台阶，国内生产总值之所以多年在全国名列前茅，一个重要的原因，就是江苏经济融入了世界经济大潮。近 5 年来，全省对外贸易以年均 34.6%的速度递增，大大超过了国民生产的增长速度。1996 年全省出口总额占国内生产总值的 1/4 以上。到 1996 年末，外商在江苏投资金额超过 193 亿美元，占全省总投入的 30%。外商投资企业的平均规模已达 398.9 万美元，高出全国平均数 100 万美元。同时，以江苏小天鹅集团股份公司为代表的一批大企业集团合计在境外兴办了 342 家非贸易公司，也名列全国前列。大量事实表明，加速与国际经济接轨，实行国内与国际双向开拓和经济双向循环，把内陆经济与外洋经济结合起来，是 21 世纪带动长江经济带经济新的起飞和全国经济全面振兴的重要途径。

五、长江经济带将成为21世纪中国城市化水平最高的地区、长江三角洲将成为未来第六个世界级城市群

城市是经济发展和人类文明的产物。人们通常把人口向城市地区集中和农村地区转变为城市地区的过程称为城市化。城市化水平的提高,是经济繁荣、科教发达和社会进步的重要标志。长江经济带历来是中国城市化水平较高的地区,改革开放以来,特别是进入20世纪90年代以后,随着上海浦东开发开放和长江发展战略的实施,长江经济带的城市化水平又有了进一步提高,并出现了以下几个新的特点:

第一,城市数目与城市人口迅速增加、城市规模日趋扩大。改革开放以来,长江经济带根据经济和社会发展的需要,因地制宜发展特大城市,合理发展大城市,积极发展中小城市,进一步加速了整个经济带城市化的进程。1978~1992年,长江流域城市数量的增长比全国高25.5个百分点,城市年平均增长速度分别是:特大城市3.41%、大城市5.96%、中等城市4.40%、小城市10.68%。由于计划生育这一基本国策贯彻落实得好,也由于城市经济发展快,从1978年以后,全流域总人口的增长比全国慢,而非农业人口和城市市区人口的增长则快于全国。1992年全流域非农业人口和城市市区人口,分别占全国的34.6%和33.1%。城市规模结构也进一步向合理化方向发展。1978~1992年流域内百万人口以上的特大城市由5座增加到8座,平均规模达到256.8万人,占全流域人口比重为37.94%,同一时期,流域内大城市由4座增加到9座,中等城市由23座增加到42座,小城市由29座增加到120座,合计全流域各类城市由61座增加到179座。

第二,城市功能多样化,逐步向综合性城市方向发展。按城市职能划分,流域内城市大体上有这样几种类型:一是作为政治、经济、文化中心的城市。全流域现有省级市2个(上海和重庆),地级市63个,县级市117个,县府驻地的镇492个,还有数十个建制镇,已形成了层次分明、结构较为合理的城市等级。二是工矿城市。流域内特大城市和大城市以及部分中等城市,均为国家或省区的重要工业基地,具有较为齐全的工业门类。三是交通职能城市。从攀枝花到上海的长江沿岸的近30座城市,基本上都是水陆交通要道或交通枢纽。四是旅游城市。流域内几乎每个城市都有可供游览的风景区或景点。列入历史文化名城的市(县)达34个,苏州、杭州、黄山、庐山等一批旅游城市享誉海内外。

第三,沪、宁、汉、渝四大中心城市和城市群的聚集与辐射作用更加突出。长江经济带从东到西,在长江上、中、下游地区有数十座特大型和大中型城市,像一串璀璨的珍珠镶嵌在沿江两岸,形成了4个紧密的、各具特色的城市群:第一个是以重庆为中心,包括万县、涪陵、泸州、攀枝花等大中城市组成的长江上游城市群;第二个是以武汉为中心,包括黄石、鄂州、荆沙、石首、九江、岳阳、宜昌等大中城市组成的长江中游城市群;第三个是以南京为中心,包括镇江、扬州、马鞍山、合肥、芜湖、铜陵、安庆等大中城市组成的长江下游西段城市群;第四个是以上海为中心,包括南通、苏州、尤锡、常州、杭州、宁波、舟山等大中城市组成的长江三角洲城市群。以沪、宁、汉、渝四大中心城市为核心的上述四大城市群,本着优势互补、互惠互利、联合发展、共同繁荣的指导思想,以市场为导向,以产业为主线,以

资产为纽带，以企业为主体，通过一大批跨地区、跨行业、跨所有制的企业集团，走经济协作和联合发展的道路，推动长江经济带发挥整体优势和综合经济效益，进而带动全国经济的发展。

在未来的21世纪，沪、宁、汉、渝四大中心城市，不仅进一步成为上述4个城市群的区域经济和社会发展的中心，而且将成为整个长江经济带乃至全国具有强烈吸引和辐射作用的中心。随着改革开放的深入发展，长江经济带以沪、宁、汉、渝为中心的四大城市群未来的发展趋势是国际化、市场化、协调化和层次化。城市的国际化与国际性城市的形成，是现代城市发展的总趋势和世界经济发展的客观要求，而城市的国际化又必须建立在城市的现代化基础上。作为我国跨世纪战略重点的长江经济带的中心城市和城市群，将率先建立起社会主义市场经济的基本框架，并以初具规模的市场体系为基础，进一步形成体现中心城市功能的全方位、高层次、大容量的现代化大市场体系。区域经济协调发展，是现代经济发展的客观规律和必然要求，也是沪、宁、杭3座特大城市为代表的全国最大的超级城市群。这个城市群近10万平方公里，拥有1个直辖市和14个省辖市，总面积和总人口分别占全国的1.03%和6.5%。每1万平方公里平均分布着68座市、镇，比全国市、镇分布密度要高10多倍，也远高于我国城镇较密的京、津、唐地区（7.6座）和辽宁中南部地区（7.8座），总体上已形成了一个包括特大城市、大城市、中小城市和集镇等各具特色、多层结构的城镇体系，具有较高的城市群体效益。长江三角洲地区是我国经济实力和科技力量最雄厚的地区，综合经济效益在国内处于领先地位，比珠江三角洲、环渤海经济区这两大沿海开放地区具有更多的优势。长江三角洲城市群，由包括浦东在内的上海市及其卫星城市群，苏、锡、常、通城市群，宁、镇、扬、泰城市群，杭、嘉、湖城市群和甬、绍、舟城市群组成。当前，长江三角洲城市群的开发开放正以前所未有的速度和规模向前推进。再经过20年左右的艰苦创业，长江三角洲城市群将进一步发展成为经济高度繁荣、科技空前发达、人民生活富裕、城乡一体、社会文明的有中国特色的社会主义现代化示范区。

按照国际性城市群的标准和要求，在未来的21世纪，以上海为中心的长江三角洲城市群，将成为继伦敦、巴黎、东京、纽约、洛杉矶五大世界城市群之后的第六大世界城市群。未来第六个世界级城市群——以上海为中心的长江三角洲都市圈，将成为中国重要的经济核心区和制造业中心，成为中国规模最大的高科技产业基地，成为中国最富有国际竞争力的外向型经济区，成为中国率先实现现代化的先导区，从而成为世界瞩目的亚太经济发达地区，在未来世界经济发展格局中占有特殊重要的地位。

六、长江经济带将成为21世纪中国经济与社会协调发展的“两个文明”高度发达的重要地区

长江经济带是中华文明的重要发源地。这个地区不仅创造了许多具有划时代意义的物质文明的丰硕成果，而且也孕育和发展了辉煌的精神文明。从唐宋以来，这个地区经济繁荣，文化灿烂，教育兴盛，科技发达。长江上游的巴蜀文化、中游的荆楚文化和下游的吴越文化，是盛开在长江流域的三大绚丽多彩、经久不衰的区域文化之花，并与中原文化竞

趋争先，大有后来居上之势。这个地区从古代到当代人才辈出、群星璀璨。据《中国大百科全书》所列资料统计，长江流域的江苏、浙江、安徽、江西、湖南、四川等6省历代杰出专家学者共有1426人，其中现代杰出专家学者有698人，均居于我国各大江河流域之首。特别是改革开放以来，长江经济带各省坚持经济与社会协调发展、“两个文明”一起抓的方针，大力发展教育、科技、文化事业，使精神文明建设出现了一个新的局面。经济发达的江苏省，拥有高校和在校大学生数均居全国首位，博士点和硕士点亦居全国前列，并有66个县市跨入了全国科技工作先进行列，在全国独领风骚。苏南地区的张家港市，则是全国闻名的“两个文明”的先进典型，对长江经济带乃至全国精神文明建设产生了重要的推动作用。江苏省在建设经济大省的同时，最近又做出了建设文化大省和社科大省的战略决策。当前，整个长江经济带从东到西、从南到北、从城市到农村，万众一心，团结奋战，把建设中国特色社会主义事业全面推向21世纪。

我们可以预料，在新世纪内，长江经济带将在全国率先形成社会主义市场经济的运行机制，率先实现社会主义现代化的宏伟目标，实现长江上、中、下游协调发展、三大产业协调发展、城乡协调发展、经济与社会事业、生态环境协调发展、物质文明和精神文明协调发展，整个长江经济带将进一步呈现经济繁荣、科教发达、法制健全、社会文明、环境优美、生活富裕的灿烂前景。

此文原载上海炎黄文化研究会编：《长江流域经济文化初探》，上海人民出版社，1999。

论浦东开发开放与长江流域经济协调发展

进入20世纪90年代,我国经济建设布局的重点转移到长江流域。党的十四大报告提出:长江流域的全面开发开放,形成上海—南京—武汉—重庆的沿江经济走廊,在中国东部、中部、西部三大地带之间建立起一条发达的经济纽带,以贯通东西、辐射南北,对于促进我国经济全面腾飞和国家繁荣昌盛,对于我国到21世纪中叶基本实现社会主义现代化,具有极为重要的战略意义和现实意义。

一、实施"沿江"战略是我国经济发展的必由之路

加快我国现代化经济建设的步伐,首先要在生产力布局上选择一个既有客观可能、又符合实际需要的立足点和出发点,并以此带动和促进其他地区的经济发展。经济发展的历史表明,经济发展多数是从大江大河起步,充分利用水利资源,以河兴港,以港兴城,形成经济发展的重心和先导,以流域经济带动内陆经济的发展。

长江流域具有我国其他任何流域不可替代的综合优势。长江全长6300公里,是我国第一大河,世界第三大河。干流流经青海、西藏、四川、云南、湖北、湖南、江西、安徽、江苏、上海等10个省、市、自治区,支流伸展到甘肃、陕西、河南、贵州、广西、广东、福建、浙江等8个省、自治区,整个流域面积为180.7万平方公里,占全国土地总面积的1/5,超过黄河、珠江、海河、辽河和闽江等流域面积的总和。长江既是我国东西交通的"黄金水道",由西沿江东下入海,可通往世界各地,又是我国南北方的交界处和过渡地带,其地理位置比黄河和珠江流域优越得多。

长江流域拥有雄厚的人力资源和丰饶的物产资源。全流域有3.58亿人口,占全国人口总数的1/3以上,人口密度高于全国平均数的1.88倍。特别是由于这个地区的文化、教育和科学历来较为发达,人口素质和智力水平相当高。这个地区是我国著名的富水地带,水资源十分丰富,水域面积约占全国的40%,拥有鄱阳湖、洞庭湖、太湖和巢湖四大淡水湖。全流域每年平均入海水量占全国地表径流总量的37%,居全国七大江河之首,相当于黄河入海水量的20倍。长江可能开发的水资源发电量为1.97亿千瓦,年发电量可达1万亿度,占全国水力可能开发量的53.4%。长江流域又拥有丰富的矿产资源,在全国列入矿产储量表的136种矿产中,该流域即有109种;在38种主要矿产中,储量占全国总量60%以上的有13种,有些矿产在世界上名列前茅。这个流域的旅游资源也相当丰富,既有国内外著名的名胜古迹,又有许多秀丽的自然风光和人文景观,黄山、庐山、三峡、太湖等许多著名风

景区吸引着亿万中外游客，为国家创收大量外汇。

长江流域是中国经济最发达的重要地区，工农业总产值和国民收入分别占全国的40%以上，人均产值和人均收入都高于全国平均水平。全流域农业经济历来发达，拥有耕地3.7亿亩，占全国耕地总面积的1/4，主要农作物粮食产量占全国40%，棉花产量占全国1/3以上，木材产量占全国1/3以上，各种经济作物十分丰富。全流域工业也相当发达，工业总产值和重要工业产品产量均占全国的40%以上，拥有许多闻名中外的钢铁、有色金属、机械电子、轻纺、石油化工等工业基地。

长江流域的水陆交通便捷，四通八达。长江干线江面宽阔，终年不冻，特别是武汉以下可通行5000吨级江海轮，南京以下更可通行1.5万吨级海轮和2.4万吨级油轮，这与黄河基本上不通航形成鲜明的对照。长江干线现有港口26个和码头500多个，其中上海、南通、张家港、镇江、南京、江阴，芜湖、九江、武汉等9个港口均已对外开放，自武汉以下平均每100公里就有一个对外开放港口，从而形成了世界上少有的内河对外开放港口群体。这9个对外开放港口，1991年完成货物吞吐量2.5亿吨，约占长江干线港口吞吐量的80%。此外，长江干线还有一批外贸港口，每年开出至香港、日本、新加坡、美国等地的定期航班达500多个。长江港口群体和外贸港口，为发展长江沿岸和长江流域的外向型经济做出了重要贡献。“依托港口，依托长江，内联腹地，外通海洋”，现已成为沿江各省市的重要战略措施。除长江干流这条“黄金水道”外，长江各支流可通航河道共有3600多条，干支流通航里程达7.9万公里，占全国通航里程的72.7%，目前内河货运量占全国的65%以上。干流航运条件优于我国任何一条江河，也优于北美的密西西比河和欧洲的莱茵河，是国内外少见的优良航道。此外，长江流域的铁路、公路等陆路交通和航空事业也相当发达，在我国现代交通运输业中占有举足轻重的地位。

长江流域城市密集，城市化程度很高，除拥有上海、南京、武汉、重庆等沿江特大城市外，沿江两岸和近江地区还有47座大中型城市，并有数以百计的小城市和星罗棋布的城镇，形成大中小城市疏密相间的城市网络，为发展城市经济奠定了坚实基础。

上述大量事实表明，具有优越的地理位置、富饶的物产资源、雄厚的物质技术基础，并以全国最大的经济中心上海为“龙头”的长江流域，应当是我国当代经济发展的轴心和“根据地”。通过对这个区域的开发开放带动全国经济的腾飞。可以预见，长江巨龙腾飞之日，必然是整个中国经济起飞之时。

二、浦东开发开放给沿江经济发展带来极好机遇

开发开放浦东的目标，是要把上海建设成为多功能、现代化的国际大都市，成为国际经济、金融和贸易中心，以此带动长江三角洲和整个长江流域乃至全国经济的发展。因此，开发开放浦东不仅是上海人民的一件头等人事，也是直接关系到我国今后经济发展的一个重大战略决策。

上海地处我国“黄金海岸”东海岸和“黄金水道”长江所组成的“T”字形结构的交汇点，邻近世界环球航线，具有被称为世界四大港的海港，拥有雄厚的经济实力和人才、技术、管

理等优势,同长江流域历来具有紧密的经济联系和经济往来。开发开放浦东是20世纪90年代我国实行更大的改革开放的一个显著标志，也是我国改革开放进入更广阔领域的一个新的里程碑。一个具有强大吸引力和辐射力的经济中心的形成和发展,必将对其周围地区经济的发展产生巨大的带动作用。具体说来,浦东的开发开放对长江流域经济发展的推动作用,主要表现在以下几个方面：

1.经济管理体制上的创新和示范作用

经国家有关部门批准,浦东新区除享有经济特区和经济开发区的优惠政策外,还要进行一些新的改革开放的试点,享受比特区还要优惠的政策。现在浦东新区面积350平方公里,与目前上海市区的面积大致相等，比全国14个开发区至今累计完成的开发总面积还大11倍。浦东按发展市场经济的要求和国际惯例搞改革开放的试点,建立以市场为基础,以企业为中心的小政府、大社会的体制。大胆地吸收浦东新区改革开放的成功经验,就能使长江流域广大地区更好地参与国际竞争,并尽快地与国际市场接轨,成为国际市场的重要组成部分。

2.发展长江流域外向型经济的窗口作用

上海浦东新区外高桥设立中国开放度最大的保税区,免关税、免许可证,允许设立内、外资国际贸易机构,允许企业外汇金额留成,允许各国货币自由流通,允许外国企业开办百货商店、超级商场等第三产业,允许外资在整个上海范围内开办银行、财务公司等金融机构。1992年初,上海又率先成立了全国最大的证券交易所,中资、中外合资、外商独资等国内外金融机构也纷纷进驻浦东。这些经济活动,不但为上海进一步发展奠定了基础,而且也为整个长江流域开辟了更多的出口创汇渠道,引进先进的新技术、新工艺、新产品、新经营管理方式以及资金、人才。

3.调整和优化产业结构的促进作用

20世纪90年代上海产业结构将进行战略性调整，总的方针是稳定提高第一产业,积极调整第二产业,大力发展第三产业。随着浦东的开发开放,上海的一部分劳动密集型产品将向劳动资源丰富的地区转移，一部分以农副产品为原料的工业将逐步向农副业发达的地区转移,一部分以矿产资源为原料的工业将逐步向矿产资源丰富的地区转移。上海的产业结构调整,对长江流域的经济结构必将产生重大的影响。以江苏为例,据调查,同上海邻近的江苏各市县的工业生产的产、供、销,基本上都是依托上海和以上海为后盾发展起来的。太仓县纺织、轻工、机械、电子、冶金、化工、食品、建材等8个行业的1023家工厂中,有30%的工厂从上海引进项目,有25%的工厂同上海合作加工,有23%的工厂同上海联营生产,有34%的工厂原料供应靠上海,有34%的工厂的产品销售靠上海,有216家工厂通过上海口岸进出口原料和成品。常熟市3300多家乡镇企业中,绝大部分企业同上海有原材料、资金、商品销售和技术人才等经济联系。同上海毗邻的苏州市主动迎接上海和浦东新区的吸引和辐射，使本地区的经济获得迅猛发展，全市工农业总产值跃居全国第四位,仅次于上海、北京、天津三大直辖市。

4.高新技术的聚集和扩散作用

浦东的开发开放,带来了浦东高新技术园的开发和建设,将使国内外的高新技术进一步云集上海,使上海进一步发挥高新技术及其产业化的领航作用,推动高新技术向长江流域各地转移和扩散,带动这些地区的科技及其产业化的发展。据调查统计,仅江苏太仓一个县近几年从上海引进的各类专业技术人员即达400人之多,从而带来了太仓县经济的发展和繁荣。

5.信息流量的增大和信息传播作用

浦东的开发开放,将使国际国内的最新信息云集于浦东新区,形成我国新的信息中心和发达的信息市场。长江流域各省、市、自治区,将及时通过上海浦东正在崛起的信息咨询产业和信息网络,了解国内外市场的行情,掌握国际经济贸易和技术、劳务等各方面的信息,及时调整产业结构和产品结构,实现高效的生产和流通,以取得最大的经济效益和社会效益。邻近上海的江苏各市县,首先能及时、准确地获得上海市场的供求行情和价格波动的信息,以最快的速度采取合理的对策,从而在激烈的国内和国际市场竞争中不断获胜,并使这些县市成为全国经济最发达的地区之一。

三、浦东开发与长江流域经济协调发展,当前应处理好两个关系

(一)处理好务虚与务实的关系

要解放思想,转变观念,在心态上由"计划模式"转到"市场模式"上来,从思想上到行动上都要按照社会主义市场经济的原则和方法办事。有无市场意识,经济发展的结果会截然不同。根据上海市工业经济协会调查,上海市5家生产收录机的企业,同江苏省南京、常州、无锡、盐城、扬州等地5家生产收录机的企业,生产条件大致相同,职工总数基本相等,但因上海5家企业长期受计划经济模式的控制,不注重市场的变化和市场预测,结果在激烈的市场竞争中连连败退,从1988年至1991年5家企业共亏损590.8万元,而江苏的上述5家同行企业十分注重市场的变化,在求发展中孕育了市场观念,按市场经济规律进行生产经营,结果在同一时期盈利6695.8万元。由此可见,有无市场观念是经济能否发展的关键。

(二)处理好"龙头"与"龙体"的关系

要实现长江流域的经济腾飞,就必须使上海这个"龙头"与长江流域这个"龙体"的经济协调发展。这是发展长江流域经济应当解决的一个带有战略性的关键问题。

从经济学的角度来看,"龙头"与"龙体"的关系,就是"发展轴"与"辐射流"的关系。要成为经济发展的"龙头",至少应当具有"聚集""创新""辐射"三大功能。所谓"聚集",就是要把作为"龙体"的各地的人、财、物等生产要素吸收过来、聚集起来;所谓创新,就是加工、改造、开拓、创新,形成新的更高层次的生产力与市场;所谓辐射,就是要把自己的优势传播、辐射、嫁接出去。在20世纪三四十年代,上海曾经是长江流域和全国经济运转的"龙头"。新中国成立以后,上海也曾经是长江流域和全国经济发展的"龙头",但因旧的计划经济体制统得过死,加之条块分割的行政管理体制束缚,"龙头"的作用日益下降。在社会主义市场条件下,要充分发挥上海这个"龙头"地位的作用,就必须在观念上勇于更新,在体制上敢于创新,以上海的先进的生产力和发达的市场经济,带动"龙体"即长江流域各地经济的发展和繁荣。

上海经过40多年的建设,具有雄厚的物质技术基础,拥有资金、人才、信息、物资、技

术等综合优势。上海应当充分利用这些优势发挥“龙头”作用,大力培育和发展自己的市场经济,积极开拓资金、人才、信息、物资、技术等各类要素市场,并对长江流域各省、市、自治区开放金融市场、批发和零售市场、房地产市场等,一起参与国际市场竞争。整个长江流域经济繁荣了,上海这个“龙头”才能有广阔的、富裕的腹地,才能使上海成为国际经济、金融、贸易中心。二是要实行“超越战略”,领先发展第三产业。目前,上海在产业结构上同长江流域特别是江浙地区存在“同构化”的问题,无法显示自己的“龙头”地位。因此,上海产业结构的调整必须实行“超前战略”,走在长江流域乃至全国的前列。调整产业结构的出发点和立足点不应局限于上海自身的平衡, 而应从长江流域和全国乃至国际范围来实行平衡。按上海的“龙头”地位的要求,上海三大产业结构的顺序应当是“三、二、一”,重新形成集商流、物流、资金流、信息流、人才流于一体的大流通、大贸易、大市场的产业体系。三是尽快使上海成为最大的科技和人才基地。上海历来的最大优势,是具有先进的科技水平和众多的人才队伍。这是长江流域各地所无法比拟的。上海要把自己拥有的先进的科学技术向长江流域各地转移和扩散,带动这些地区更好地依靠科技进步发展经济,加速这些地区科技成果的商品化和向现实生产力的转化。这是上海为长江流域整个“龙体”服务的一项根本性的战略性措施。

作为“龙体”的长江流域各省、市、自治区,要进一步树立全局观点,彻底消除条块分割的弊端和影响,从实际情况出发,尽快地同上海浦东开发开放接轨,形成长江流域的整体优势。要突出地区产业接轨的整体要求,形成区域推进、整体接轨的优势,依托接轨站、接轨带和接轨城协调发展,加快基础设施联网接轨,使长江流域各地经济发展优势互补、相得益彰。

为了“龙头”和“龙体”的协调发展,江苏省决定把建设江苏沿江经济带作为 20 世纪 90 年代江苏经济建设的重点。这个经济带同上海和浦东接壤,位于我国沿海和沿江开放地区的要冲,具有临江通海、承东联西、南北交流的“结合部”优势,开发江苏沿江经济带,既可促进江苏南北经济的发展,又可辐射长江中上游地区的经济发展,能收到“一箭双雕”之效应。安徽省及时地提出了“开发皖江,呼应浦东”的经济发展战略决策,抓住机遇,迎接辐射。江西省决定把省内长江沿岸和赣江流域作为开发开放的重点,并决定把九江建成商品大进大出的赣北大市场,亦即湘、鄂、皖、赣毗邻地区大市场,同时为浦东开发开放提供各项优质配套服务,以此带动江西省外向型经济的发展。湖北省在实施开放浦东的战略决策后,不失时机地提出了“以武汉为龙头、以长江经济带为重点、加速开发三江(长江、汉江、清江)两线(京广、汉渝)”的新战略。

海外经济界有识之士有一个形象的比喻,以中国大陆北方沿海的开放地带为一翼,以南方经济活跃的沿海各省市为另一翼,以整个长江流域为其庞大的躯体,中国经济宛若正在起飞的雄鹰,而浦东,正是雄鹰之首。雄鹰展翅,鹰击长空,鹏程万里,飞向中国实现现代化的目的地。

此文原载《城市研究》1993 第 6 期(总第 43 期)。

论长江流域是当代中国经济发展的脊梁

进入 20 世纪 90 年代，党和国家科学地分析了上海和长江流域在我国经济发展中的重要地位和作用，认真地总结和吸取了上海与长江流域经济发展的经验教训，英明地做出了浦东开发开放和沿江发展的战略决策，标志着我国经济建设的重点由沿海通过长江流域向内陆腹地纵深拓展的时代已经到来。这将有力地促进我国东、中、西部三大地带共同发展，带动当代中国经济全面腾飞。

以上海为龙头的长江流域之所以能够并必然成为当代中国经济发展的脊梁，这是由于长江流域自身具有不以人们意志为转移的诸多客观因素决定的，并且这些因素都不是短期的，而是长期起作用的。

1.长江流域具有得天独厚的区位优势

长江是我国第一大河，也是世界第三大河，全长 6300 公里，干流流经青、藏、滇、川、鄂、湘、赣、皖、苏、沪等 10 个省、市、自治区，支流伸展到贵、陕、甘、豫、桂、粤、浙、闽等 8 个省、自治区，横跨我国西南、华中、华东三大经济区。全流域总面积为 180.7 万平方公里，约占我国土地总面积的 1/5，超过黄河、珠江、海河、辽河、闽江等江河流域面积的总和。长江历来是我国东西交通的“黄金水道”，通航里程占全国通航总里程的 72.7%，沿江由西向东入海，同我国东部沿海“黄金海岸”构成“T”字形，成为我国内陆走向世界的主要通道；长江又是我国南北方的分界线和过渡地带，以此为基地既可贯通我国东部、中部和西部，又可辐射我国南方和北方，其腹地之广阔和地理位置之优越，远远超过我国其他任何江河流域。

2.长江流域拥有雄厚的人力资源和科技力量

全流域有 3.58 亿人口，占全国人口总数的 1/3 以上，人口密度高于全国平均数的 1.88 倍。特别是这个地区的文化教育历来发达，民众的智力开发程度、广大劳动者的素质和管理人员的经营管理水平，在全国都处于领先的地位。

科技是第一生产力，在发展现代化经济中具有决定性作用。万里长江两岸，科技力量历来雄厚，仅沪宁汉渝 4 市，现有科研机构和高等学校 1700 所以上，拥有各类专业科技人员百万有余。我国现有 9 个重点高新技术开发区，长江流域就占有 5 个，即：上海漕河泾微电子工业区、南京浦口高新技术开发区、武汉东湖新技术开发区、长沙科技开发实验区、重庆沙坪坝科技产业开发区。此外，苏州、无锡、常州、南通、合肥、成都等地的高新技术开发区也具有较强的实力。我国确定的发展高新技术的 7 个战略领域，即生物、信息、激光、航天、自动化、能源和新材料等七大学科，在长江流域都处于全国的领先地位。目前，在长江流域尤其是沪宁汉渝4市,都建立了上述7个领域的科研基地,并取得了卓越的成绩。如上海在微电子、新材料、生物工程、光纤通信等多项新技术方面,在国际上都有一定的地位,现已形成批量生产能力。南京的电子工业在科研和生产应用方面居全国之冠。重庆在开发微电子技术、信息产业、激光、工业机器人、生物工程方面,具有雄厚的基础。特别是四川,作为我国火箭导弹发射基地,在航天尖端技术方面取得了举世瞩目的成就。科技力量历来雄厚的长江三角洲地区,在高新技术开发应用方面已形成群体优势,并在全国名列前茅。比如,无锡的微电子工程开发应用,现已形成一批国内领先并跟踪国际先进水平的高新技术样本群。再如,苏州的电子信息、机电一体化、精细化工、新型彩电技术、程控交换机和高档丝绸服装;常州的航空航天、医学生物和电子信息技术;陶都宜兴的环保科技工业园;杭嘉湖地区的高新科技开发应用;苏、皖、赣、鄂等省沿江地区的农业高科技开发应用等,在全国都占有十分重要的地位。大量事实表明,长江流域的高新科技产业具有雄厚的基础和超前发展的条件,近期发展目标主要是改造传统产业,长远发展目标则是推动长江、带动全国、走向世界。

3.长江流域拥有富饶的物产资源

长江流域是我国著名的富水地区,水力资源十分丰富。这个地区水域面积约占全国水域总面积的40%,并拥有鄱阳湖、洞庭湖、太湖和巢湖四大淡水湖。全流域每年平均入海水量占全国地表径流总量的37%,居全国七大江河之首。长江可能开发的水力发电量为1.97亿千瓦,每年发电量可达1万亿度,占全国水力可能开发量的53.4%。

长江流域的矿产资源种类多、品位高、储量大。南岭山地和横断山脉是全世界有色金属最富集的地区之一。我国所有矿产资源中80%的品种在长江流域都有蕴藏。在全国列入已探明矿产储量表的136种矿产中,长江流域就有109种;在全国38种主要矿产中,长江流域储量占全国总储量60%以上的有13种。江西钨矿的储量、产量均居全国之冠,并在世界上占有重要地位。湖南冷水江被誉为“世界锑都”,云南锡矿也有“锡都”之誉。我国的磷矿几乎全部集中在长江流域境内。湖北应城的石膏矿闻名中外,郧县绿松石矿的绿松石是雕刻宝石的珍贵材料。镁、钒、钛、汞等储量在全国名列前茅;铜、铅、锌、钴、铁、锰、铝等矿产储量在全国均占有重要地位。四川的井盐、天然气和沿海的海盐,均为长江流域取之不尽的天然资源。随着科学技术的进步,长江流域的新矿藏不断被发现,储量和产量不断增加。如近年来在鄂西地区找到了金、铜、铅、锌、石墨、煤等多种矿藏,并找到了全国屈指可数的特大型磷矿。上述丰富的矿产资源,是长江流域经济赖以腾飞的物质基础。

长江流域的森林资源也很丰富。全流域木材蓄积量约占全国的1/3。长江上游地区的金沙江、岷江、雅砻江、大渡河的沿岸,有大规模的原始森林,被誉为“森林王国”。滇、贵、川3省的森林面积约20多万平方公里,接近世界上两个著名的森林国家——瑞典和芬兰。长江中游地区湘、赣两省的森林蓄积量也相当丰富。著名的湖北神农架有大片原始森林,皖南山区也是重要的木材产地。长江流域还有大批出产桐油、茶叶、樟脑的经济林,其中四川盆地的桐油产量约占全国总产量的1/3。在长江流域的原始森林区,还有许多驰名中外的中药材和珍禽异兽,并成为我国著名的自然保护区。

长江水系是我国最大的淡水鱼产区。整个长江水系鱼类品种多达 200 ~ 300 种，著名的中华鲟、白鳍豚、扬子鳄等江海奇珍，驰名中外；鲈鱼、鲥鱼、鳜鱼、东坡墨鱼、武昌鱼、银鱼、麦鱼、琴鱼等名贵淡水鱼，畅销国内外市场。目前，全流域淡水鱼产量约占全国淡水鱼总产量的 2/3。

4.长江流域已形成我国最重要的产业密集带

上海从近代以来，一直是我国最大的工业城市和经济中心，对长江流域的经济发展历来起着巨大的辐射和推动作用。经过新中国成立以来 40 多年的建设，长江流域现已形成以上海为龙头，以长江为纽带，各种类型不一、纵横交错的产业密集带。这个产业密集带及其附近地区，已成为当今中国经济最发达的重要地区，在我国经济发展中居于举足轻重的地位。如今长江流域的工业总产值和主要工业产品产量，均占全国的 1/3 以上乃至一半左右，并拥有一批国内外闻名的工业基地。比如，上海的宝钢、武汉的武钢、四川渡口的攀钢以及马鞍山的马钢等一批钢铁工业基地；上海、南京、铜陵、黄石、武汉，重庆等有色冶金基地；上海、南通、镇江等火电基地和宜昌、丹江口等水电基地；上海、武汉、重庆等机械制造基地；上海、南京、安庆、九江等石油化工基地；上海、南通、苏州、无锡、常州、芜湖、九江、沙市等轻纺工业基地。

长江流域具有全面发展农、林、牧、副、渔多种经营的诸多有利条件，历来是我国最重要的农业区，农业经济最为发达。全流域拥有耕地 3.7 亿亩，约占全国耕地总面积的 1/4，粮食产量约占全国总产量的 40%，其中水稻产量占全国 70%以上，棉花产量占全国 1/3，成都平原、江汉平原、洞庭湖区、鄱阳湖区、巢湖区、太湖区和长江三角洲等，都是全国重要的商品粮棉基地和国内外闻名的鱼米之乡。这个地区的蚕桑、茶叶、油茶、芝麻等多种经济作物，在全国也居于重要的地位。我国现有三大蚕丝产区，长江流域有其二，即太湖地区和四川盆地。

随着改革开放的深入发展，以上海为轴心的长江下游经济区，以武汉为轴心的长江中游经济区，以重庆为轴心的长江上游经济区，以及以这三大经济区为依托而兴起的一大批中小经济区，星罗棋布地列于长江两岸，彼此相互辐射、相互依托、相互促进，已经形成了经济开发由东部发达地区向中部和西部逐步推进的态势， 越来越显示出长江流域是当代中国经济大发展的支柱和脊梁。

5.长江流域拥有四通八达的交通网络

交通运输是国民经济的基础产业。发达的交通运输是发展现代化经济的先决条件。长江是我国最大的水运网，具有优越的航运条件，武汉以东江面可通行 5000 吨级江海轮，南京以东江面可通行 1.5 万吨级海轮和 2.4 万吨级油轮。长江干线现有 26 个港口和 500 多个码头，其中上海、南通、张家港、镇江、南京、江阴、芜湖、九江、武汉等 9 个港口均已对外开放，自武汉沿江向东平均每 100 公里就有一个对外开放港口，现已形成了世界少有的内河对外开放的港口群体。这 9 个对外开放港的货物吞吐量，约占长江干线港口吞吐总量的 80%。此外，长江干线还有大批外贸港口，每年开出至香港、日本、新加坡、美国等地的定期航班达 500 多个。“依托港口，依托长江，内联腹地，外通海洋”，现已成为沿江各地发展经济的重要战略决策。除长江干线外，还有长江各支流可通航河道3600多条，干支流通航里程共有7.9万公里，目前内河货运量占全国的65%以上。此外，长江流域还有四通八达的铁路、公路等陆路交通，以及迅速、便捷的航空交通，形成长江干支联运、江海联运、水陆联运、陆空联运等多种运输形式，组成了相当发达的综合运输体系，为发展长江流域和全国的现代化经济创造了必不可少的物质条件。

6.长江流域具有相当高的城市化水平

"城市是经济、政治和人民的精神生活的中心，是前进的主要动力。"①城市化程度和经济发展水平互为条件、相互依赖、相互促进。较高的城市化水平，必然带来经济的发展和繁荣。长江流域从近代以来，城市化水平一直居于全国的先进行列。上海是我国典型的近代崛起的城市，是中国近代化起步最早、程度最高的城市，它带动中国逐步走上了近代化的道路。经过40多年来的社会主义建设，上海已发展成为拥有1200多万人口的、我国最大的多功能经济中心，也是世界闻名的国际大都会之一。长江流域除有当代中国经济发展的"龙头"上海以外，长江下游西段有历史文化名城南京，中游有"九省通衢"武汉，上游有西南最大的经济中心重庆，除这4座特大城市外，沿江地区还有47座大中型城市，并有数以百计的小城市和星罗棋布的城镇，形成特大城市和大中小城市疏密相间、布局完整的城市群体，并逐步向城乡一体化的方向迈进，为发展长江流域和全国的现代化经济奠定了坚实的基础。

历史和现实已经证明并将继续证明，长江流域必将成为中国现在和今后经济大发展的支柱和脊梁。党中央和国务院遵循长江流域经济发展的规律，顺应历史发展的潮流，适时做出了长江进一步开发开放的战略决策。实施的这个重大决策，就是以浦东开发开放为龙头，以三峡工程兴建为契机，着重推进长江沿江地区的开发开放，形成上海—南京—武汉—重庆为轴心的长江经济走廊，在中国东部、中部、西部三大地带之间建立起一条高度发达的现代化经济纽带，并以这条纽带为强大支柱，贯通东西、辐射南北，最终形成我国内陆与外洋交流、国内外双向开拓的崭新格局，从而带动我国现代化经济的全面腾飞和繁荣。由此可见，长江流域经济的崛起和蓬勃发展，不仅关系到20世纪末我国达到小康水平的第二步发展目标，而且关系到21世纪中叶我国基本实现社会主义现代化的第三步发展目标。

此文原载《长江论坛》1994年第4期(总第7期)。

---

①《列宁全集》第19卷，人民出版社，1989，第264页。

论长江经济带的开发开放

中国第一大河长江,历来被誉为横贯我国东西的“黄金水道”,具有通江达海的区位优势。它可以直达东海,连接大陆的“黄金海岸”,与国际市场接轨;而长江三角洲和沿江地区,则是沟通中国东西南北的纽带和桥梁,具有广阔的腹地和国内市场。在历史上,以上海为中心的沿江地区是我国近代文明的发祥地,以机器大工业为重要标志的近代物质文明,绝大多数从这个地区起步并逐步向全国扩展。经过新中国成立以后特别是改革开放以来的建设,长江三角洲和沿江许多地区的工业基础更为雄厚,商品农业和乡镇企业相当发达,科技、文化和人才优势得到进一步发挥,从而使沿江地区成为当今中国优良的投资开发场所。

根据我国社会主义现代化建设的需要,党中央和国务院于 1990 年 4 月适时做出了开发开放浦东的战略决策,1992 年 6 月又提出了沿江发展战略。这标志着 20 世纪 90 年代中国改革开放和经济建设的重点,已经转移到以上海浦东为龙头的长江流域。从此,海内外有识之士和广大投资者纷纷把目光集中在以上海为中心的长江三角洲和整个长江流域,在万里长江两岸掀起了一浪高过一浪、经久不衰的投资开发热潮,从而使这个地区成为当代中国最大的投资场所和投资最密集的区域。目前,在长江沿岸已经形成以沪、宁、汉、渝和宜昌三峡五大“经济发展极”与沿江两岸的“五点一线”全面开放的新格局,从而使长江经济带进入了全面开发和高速发展的新时期。

加快中国最大的贯穿东西、辐射南北的长江经济带的建设,对于推动中国的内陆地区经济的全面振兴和发展,对于我国经济新的腾飞和全国逐步实现现代化,都具有十分重要的意义。回顾近几年来长江经济带开发开放的过程,我们可以看到这个经济带的投资开发有如下一些显著特点。

一、浦东投资开发一马当先

浦东新区位于中国东海岸线的中部和长江出海口交汇处,背倚经济发达的长江三角洲,面向太平洋和亚洲的许多国家与地区,是当今世界不多见的优良投资场所。开发开放浦东的目的,是使上海尽快成为国际经济、金融和贸易中心。为此,上海提出到下一个世纪初,浦东新区要在以下六个方面处于国内领先地位,即:建立全国最完备的市政基础设施,全国最大的商务办公中心,全国开放度最高的综合性自由贸易区,全国最先进的出口产品加工基地,全国最现代化的城郊型农业和全国配套服务条件最好的高质量生活区。

党和国家做出开发开放浦东的决策后,海内外广大投资者立即蜂拥而至浦东这块 518

平方公里的热土，投资开发各类经济企业。4 年来，浦东新区投资总额已逾 900 亿元人民币。目前，浦东新区已有 1979 家外商投资企业，投资总额为 79.8 亿美元；内资企业 3137 家，投资总额为 238 亿元人民币。1994 年一季度，又有 203 家内资企业在浦东落户，注册资金为 6570 万元人民币[①]。而在开发前，浦东"三资"企业只有 37 家，投资总额为 2.2 亿美元，国内投资兴办的企业仅 54 家，投资总额为 0.25 亿元人民币[②]。如此迅猛的投资开发速度，使浦东一跃成为当今中国的"聚宝盆"，也表明外商投资已经成为浦东开发的一支主力军。

浦东金桥作为中国大陆第一个出口加工区，现已形成以高层次的跨国公司和企业集团为主力，以现代化大产业为支柱，以高新技术产业为主体，以多元化功能开发为基础的新局面。金桥出口加工区开发启动后的 2 年零 2 个月内，共引进 200 个项目，吸收内外商投资 26 亿美元，平均每个项目 1300 万美元。而我国最早的开发区深圳用 5 年时间，引进外商项目 2700 多个，共吸收外资 20 亿美元，平均每个项目 74 万美元；引进内资项目 600 个，吸收内资 5.1 亿美元，平均每个项目 8.5 万美元[③]。按照开发区引进项目投资量标准划分，金桥引进的大项目居多，而深圳引进的中小项目居多。由此证明了邓小平同志所说"浦东开发比深圳晚，但起点可以更高，我相信可以后来居上"[④]这个科学论断。同时，金桥出口加工区每平方米土地吸纳投资 910 美元，为全国所有开发区平均数的 10 倍，也远远超过中国台湾高雄开发区的 220 美元、韩国马山的 200 美元、马来西亚槟榔的 60 美元、泰国拉甲邦的 40 美元、菲律宾巴丹的 30 美元。[⑤]可见金桥出口加工区投资开发的效益在国内外都居于遥遥领先的地位。

二、长江三角洲投资开发势如潮涌

浦东开发开放时，与之接壤的长江三角洲首先产生强烈的辐射和示范作用，使长江三角洲成为长江流域开发起步最早、开发速度最快、开发效益最好的重要地区。位于浦东周边的苏州市，抓住浦东开发开放带来的大好机遇，适时提出了"四沿"投资开发战略，即沿沪宁高速公路，投资建设高新技术产业带；沿长江岸线，投资建设大耗水、大运量的基础工业产业带；沿上海周边，投资建设加工工业产业带；沿大湖岸边，投资建设旅游度假产业带，并在这四大产业带分别建立四个国家级经济开发区，即苏州国家高新技术开发区、昆山经济技术开发区、张家港保税区和苏州太湖国家旅游度假区。这四个国家级开发区现有启动面积 20.98 平方公里，入区项目已达 500 多个，总投资额为 26 亿美元[⑥]。

为加速苏州经济与国际经济接轨，推动长江三角洲率先实现经济国际化，中国和新加坡两国政府于 1994 年 4 月签署了关于合作开发建设苏州工业园区的协议。该园区位于苏州城东金鸡湖地区，规划开发面积 70 平方公里，首期开发 8 平方公里，用 10～15 年时间

①《买卖报》1994 年 5 月 29 日。
②《解放日报》1994 年 4 月 19 日。
③《文汇报》1994 年 4 月 18 日。
④⑤《浦东开发》1992 年第 4 期，第 1 页。
⑥《经济日报》1993 年 10 月 6 日。

建成，总投资约200亿美元，折合人民币1700亿元，相当于苏州市区1949～1992年全社会累计完成的固定资产投资总额的15.4倍。这是迄今为止，我国与国外合作开发建设的最大项目。它不仅引进国外的资金、技术和设备等“硬件”，而且引进新加坡的经济和公共管理等“软件”（经验）。江泽民主席在谈到这个项目时，称赞它开创了中外合作的新模式。

在长江三角洲地区，除苏州市现已形成以利用外资为主、以外向型经济为主的大开发新格局外，素有“小上海”之称的无锡市和明星城市常州，近几年的投资开发也突飞猛进。锡南高科技产业开发区、宜兴环保科技产业开发区和常州高新技术产业开发区，都是国家级产业开发区，现已成为海内外引人注目的投资热点。此外，还有吴县、常熟、太仓、吴江、江阴等县、市，都先后兴办了自费开发区、工业区或工业新村，成为吸引海内外投资的重要场所。由于各地加快投资建设的步伐和老企业不断挖潜、革新、改造，使苏州、无锡、常州三市1993年工业总产值首次超过我国最大的工业城市上海，一跃成为当今中国最大的工业区。

三、长江三峡工程开始启动

在整个长江经济带的开发中，有两大跨世纪的战略性工程，除前述浦东开发开放这个系统工程外，还有正在启动的长江三峡枢纽这个特大型骨干工程。1992年4月，全国人大五次会议通过了兴建长江三峡工程的决议，使我国从孙中山到毛泽东等几代人的宏伟理想变为现实。这个举世瞩目的伟大工程可实现防洪、发电、航运、灌溉、水产、旅游等综合经济效益和社会效益。三峡水电站装机总容量为1820万千瓦，其规模世界第一。水电站年平均发电量为847亿千瓦时，相当于10座大亚湾核电站，可以初步满足长江经济带开发开放的能源需要。三峡水利枢纽建成后，不仅能有效地控制长江上游100万平方公里流域面积的洪水，而且能从根本上改善宜昌至重庆的航运条件，并可降低运输成本35%～37%。三峡工程总工期为17年，总投资需静态投入950亿元、动态投入1700亿元①。这是我国有史以来投资最多、规模最大的工程，它将导致沿江各种资源重新配置，加速整个长江经济带开发建设的步伐。

为全面负责三峡工程的建设和经营，经国务院批准，1993年夏我国在宜昌市成立了中国长江三峡开发总公司，作为三峡工程的“业主”。这是一个集投资、管理、生产、经营于一身和自主经营、自负盈亏的特大型经济实体。该公司以国有资产投入为主，充分运用市场机制，多渠道、多形式地筹集资金，并积极利用外资。整个三峡工程采用“一级开发，一次建成，分期蓄水，三期导流”的建设方案，主要工程由拦河大坝及泄水建筑物、水电站厂房、通航建筑物等组成。第一期工程共5年（1993～1997年），实现长江截流；第二期工程共6年，要求2003年首批机组发电；第三期工程也是6年，要求2009年全部建成。

三峡工程已于1993年开始启动，当年投资18亿元，1994年投资40亿元。1994年是第一个开挖高峰年，预计开挖土石方3000万方，主要是一期导流工程，以确保1997年大江截流，右岸土石方工程也已全面开工。同时，西陵长江大桥正在兴建中。这是一座钢箱梁

①《新华日报》1994年5月25日。

悬式大桥，主跨长900米，全长1480米，宽18.5米，要求1996年建成。它是国内目前同类型桥梁中跨度最大的，其结构和造型同美国著名的旧金山大桥相似。目前，沿江各地已普遍掀起了对口支援三峡工程的热潮。武汉市已向库区投资贷款8300多万元，江苏对口支援三峡工程已完成19个项目，正在实施、近期可完成的有15个项目。三峡工程上马，对沿江经济走廊的建设将发挥越来越大的促进作用。

四、沿江产业带方兴未艾

以长江为轴，东起上海，西抵攀枝花，横贯七省一市，绵延4000公里的沿江两岸，现已初步形成一条以冶金、石化、建材、电力、汽车五大产业为主体的产业带。沿江各省、市正在进一步利用长江的区位优势和沿江的资源优势，加快投资建设的步伐，使长江经济带成为当代中国乃至世界上重要的产业密集带。

冶金工业是沿江两岸的首要支柱产业。上海宝钢是新中国成立以来投资规模最大的现代钢铁联合企业，一、二期工程总投资300亿元人民币，现已发展成为宝钢集团，并同长江中游最大的钢铁联合企业武钢集团一起，雄居1993年中国500家最大工业企业前十名。整个长江沿岸各重点钢铁企业每年钢产量达3000多万吨，生产能力占全国钢铁生产总能力的40%以上。沪、皖、赣、鄂、湘、川等省、市沿江地区，也是我国有色金属的重要基地。石油化工是沿江两岸的另一个支柱产业。从长江入海口溯江而上，上海、南京、安庆、九江、岳阳、武汉、重庆等市，分布着一批著名的化工企业，沿江地区年炼油能力已超过3000万吨。沿江两岸的建材业以水泥为主，南京、宁国、繁昌等大型水泥厂年产量分别为400万吨左右，年产量30万吨以上的水泥厂多达数百家。沿江两岸的火力发电厂现已形成年发电能力1000多万千瓦，同葛洲坝、丹江口、新安江等水电站一起，已形成火电、水电并举的格局。汽车制造业近几年在沿江地区迅速崛起。上海、南京、湖北十堰和重庆4市，现已成为我国4个重要的汽车生产基地。上海汽车工业总公司，名列中国500家销售额最大的工业企业第二位。此外，沿江两岸的纺织、轻工等各类工业部门，在全国也居于举足轻重的地位。沿江的沪、宁、汉、渝4个中心城市和苏州、无锡、常州、南通、沙市等一批中等城市的轻纺工业历来十分发达，在国内外享有良好的声誉。

五、双管齐下筹集资金

长江沿岸地区在20世纪末将动工兴建一大批重点工程，其中投资两亿元以上的骨干项目有100多个，包括：上海金山600万吨炼油工程、浦东国际航空港、上海年产30万辆轿车工程、秦山核电站二期工程、攀枝花有色金属工程、湖北年产30万辆轿车工程、长江三峡工程等。近几年已经建成和将要建成的长江大桥共有20座，大桥总长度超过100公里，总投资200亿元左右①。据有关部门测算，到20世纪末建设长江经济带投资总规模将达一万亿元人民币。但因我国建设资金历来紧缺，特别是中西部建设资金缺口更大，如四

①《文汇报》1994年1月8日。

川省仅解决公路交通难一项,共需投资200亿元。即使经济发达的江苏省,兴建沪宁高速公路等5项交通工程,计划投资108亿元,经多方筹集资金,缺口仍达60亿元。因此,资金紧缺已成为长江开发建设中的一个“瓶颈”。

如何解决资金紧缺的问题?沿江各地普遍采取”双管齐下”的办法,即通过国内和国外、中央与地方两个“双管齐下”的渠道,逐步突破资金紧缺这个“瓶颈”。在国内,中央政府为实施沿江发展战略,将投资1110亿元人民币,约占长江开发总投资的1/10;各级地方政府将通过国内各种渠道,自筹一部分资金。在国外,通过各种方式,大量吸收国际资本的投入,预计吸引外资将达100亿美元①。为此,我国将首先在长江沿岸地区采用国际通用的“BOT”(Build—Operate—Transfer,建设—经营—移交)方式,加快基础设施建设资金的筹集。即允许外商在中国投资承包建设若干重大工程,项目建成后,15年的承包期内由外商经营管理,中方收税;承包期满后,整个项目归还中方。四川省提出利用外资贷款办交通,外资可来川投资修路,承揽川江开发,现有一些交通能源设施的部分股权可以卖给外国财团,拿到的钱再办新的交通项目。重庆新建地铁,即是由港商独资修建和经营。1993年,重庆新批外商投资企业628家,协议吸收外资6.45亿美元②,成为西南地区利用外资最多的城市。在武汉,与港商合作兴建机场、高速公路和电厂等基础设施与基础产业,总投资达240亿元港币。武汉现已成为我国内陆地区外商投资最多的城市。江苏利用外资兴办基础产业和基础设施,1993年全省累计批准外商投资企业近两万家,在全国居第二位。上海市到1994年3月底已累计批准472个重大外资项目,协议吸收外资102.38亿美元,成为整个长江流域吸引外资最多的城市。

六、联合投资开发形势喜人

近几年来,沿江各省、市按照市场经济规律的要求,打破行政区划的束缚,从本地实际情况出发,本着优势互补、互惠互利的原则,统筹规划、分工合作、联手开发,带来了长江经济带全面起飞的新局面。

早在1985年底,沪、宁、汉、渝4市即发起成立了长江沿岸中心城市经济协调会,后来协调会成员扩大到沿江23个中心城市,成为覆盖长江流域主要地区的、以经济为纽带的区域性经济协调组织,在资金、科技、航运、旅游、邮电、物资、商贸、信息、环保、社科等10个方面,开展对口联合协作活动,有力地推动了长江经济带的迅速崛起和蓬勃发展。

在横向经济联合中成立的“长江经济联合发展(集团)股份有限公司”是我国第一家横跨8个省、市的特大型集团公司,是一个以产权联系为纽带,以促进区域经济发展为宗旨,跨地区、跨行业、综合性、多功能的经济实体,现已成为沿江各地联合投资建设长江经济带的一支主力军。该集团公司由上海、南京、武汉、重庆等沿江31个城市的政府、交通银行总行和沿江28家分行,以及沿江368家大中型企业共同投资组建,于1992年9月正式宣告成立,总公司设在上海,在宁、汉、渝3个中心城市分别成立3个区域性分公司。总公司和

---

①②香港《经济导报》1994年6月13日。

分公司分别成立了房地产、新技术产业、商业、运输业、广告咨询、旅游等许多子公司。该集团公司和沿江各市联手开发基础产业群，规划建设“长江商贸走廊”，促进长江经济带的资金、商品、物资和信息的大流通。目前，总公司已拥有各类企业50多家，总资产规模达16.5亿元人民币，比初创时总投资6.5亿元翻了一番多[①]，充分显示了打破条块分割，联合开发长江的优势和强大生命力。

在当今神州大地上，一个以上海浦东开发开放为龙头，以三峡工程建设为契机，以长江流域中心城市和中小城市群为依托，以现代化产业为支柱的长江经济带正在形成和发展，并已成为当代中国最大的和最重要的经济区域，它必将带来我国现代化经济的全面腾飞。

此文原载《投资经济》1994年第8期（总69期）。

①《人民日报》1994年5月25日。

长江经济带的战略地位和重要作用

长江经济带与长江流域是两个紧密联系又有所区别的地域概念。长江流域是自然地理的水系概念，是长江干流及其支流所到之处，有明确的地理界限。而长江经济带则是经济地理概念，属于经济区划范畴。由于历史上以“黄金水道”长江为纽带所形成经济联系，加之新中国建立后特别是改革开放以来的资源配置和生产力布局的调整，因此在长江流域逐步形成了长江经济带。两者面积大体相同，人们通常交替使用这两个地理概念。长江流域按水文、地貌等特征，分为长江上游、中游、下游三大地区，长江经济带亦延用这种划分方法。就自然资源分布而言，长江上、中、下游三大地区是由高向低，即上游地区资源蕴藏丰富，中游地区次之，下游地区较少。再就经济发展水平而言，长江上、中、下游三大地区是由低向高，即上游地区经济发展水平较低，中游地区次之，下游地区发展水平较高，特别是长三角地区已成为当今中国经济最发达、最富裕的地区。

唐宋以后，随着中国经济重心南移，长江流域特别是长江中下游的江南地区开始成为我国经济和文化最发达的地区，并延续千余年历久不衰，从未出现过较大的经济“断层”，如今仍是中国经济和文化最发达的精华之地，这是中国乃至世界经济史上的一大奇迹。究其原因，主要是因为以江南地区为核心的长江下游地区具有优越的自然条件、丰富的物产资源和素质较高的人力资源，加之唐宋以来江南地区具有较为稳定的社会环境，很少有较大的战争破坏，即使有战乱，时间也不长久。新中国成立后，长江流域特别是中下游地区发扬尊师重教的优良传统，高度重视科学技术，大量培养各类人才。改革开放后又大力引进国外先进技术、先进管理方法和高素质人才，千方百计地发展先进生产力，全面推动经济和社会发展。如今长江经济带已成为我国重要的资源带、能源带、产业带、财富集聚带和城市群带，在我国社会主义现代化建设中发挥领先、带头、示范作用，努力推进和实现中华民族伟大复兴的使命。

长江经济带在中国现代化建设中具有十分重要的战略地位和作用，集中表现在以下八个方面。

一、优越的区位与自然条件

长江经济带具有横贯东西、连接南北、通江达海、广聚海内外经济“势能”的区位优势，其经济增长能量可沿长江两岸传递、扩张和覆盖全中国。

长江是中国第一大河,也是中华民族的母亲河。长江干流全长6300公里,长度仅次于南美洲的亚马孙河(6751公里)和非洲的尼罗河(6650公里),居世界著名大河的第三位。长江每年输送入海总水量约10000亿立方米,占我国河流入海总水量的1/3以上,是欧洲最大的河流伏尔加河的4倍,仅次于亚马孙河(69300亿立方米)和非洲的刚果河(13300亿立方米),也位居世界第三。长江水系的水能资源极为丰富,长江干支流总蕴藏量达2.68亿千瓦,占全国1/5,相当于美国、加拿大和日本三国水能资源的总和,在全世界同样位居第三。[①]但长江流域的径流模数,却超过了横跨赤道的亚马孙河,而居世界之冠。

长江发源于有"世界屋脊"之称的青藏高原的唐古拉山主峰——各拉丹冬雪山的西南侧。长江干流流经青海、西藏、云南、四川、重庆、湖北、湖南、江西、安徽、江苏、上海11个省、市、自治区。按水文、地貌等特征,长江干流分为三大段:从江源至湖北宜昌为上游,长4529公里;宜昌至江西湖口为中游,长927公里;湖口至长江入海口(上海市吴淞口)为下游,长844公里。[②]长江支流众多,仅一级支流即达700多条,流经甘肃、陕西、贵州、河南、浙江、广西、福建、广东8个省、自治区。长江干支流共流经全国19个省、市、自治区,占全国34个省、市、自治区的55%。

长江流域地域广阔,总面积达180.8万平方公里,其中长江上游地区100.6万平方公里,中游地区67.9万平方公里,下游地区12.3万平方公里。[③]整个长江流域面积约占我国国土面积的1/5,超过黄河、珠江、海河、辽河、闽江等江河流域面积的总和,相当于英、法、西德、意大利、奥地利、日本等6国面积的总和。

上述事实表明,长江经济带拥有中国最广阔的内陆腹地和经济发展空间,成为我国生产力布局中最大的东西向发展主轴线,成为我国华东、华中、西南三大经济区的重要纽带。加之长江经济带集"黄金水道"长江和"黄金海岸"东部沿海于一身,沿江和沿海相融合的叠加效应相互竞发,有利于推进我国内陆经济与海洋经济互动和交流,加速我国充分利用国内国际两种资源和两个市场的步伐,推进我国的社会主义现代化建设事业。

二、丰富的自然与物产资源

长江流域拥有多种多样的物质资源,为人们的生产生活和经济建设提供了雄厚的物质基础与根本保障。

第一,水资源和水能极为丰富。水是人类赖以生存和发展经济的先决条件。长江流域大部分地区位于丰水带和多水带,是我国重要的富水区。长江之水连年滚滚东流、川流不息,同我国另一条母亲河——黄河1997年断流达到220天以上,形成了鲜明的对比。长江流域因水源丰富,其流域虽比黄河流域面积大1.4倍,却拥有多于黄河20倍的水量。为解决我国北方缺水问题,长江流域通过"南水北调"工程,缓解了北方缺水甚至干旱之忧。

长江水系以湖泊众多而著称。长江水系的湖泊面积达1.52万平方公里,接近全国湖泊

①庄辉明等:《十大江湖》,上海古籍出版社,1992,第25~26页。

②③黄锡荃等:《中国的河流》,商务印书馆,1995,第47页。

总面积的 1/5。长江中下游平原拥有著名的洞庭湖、鄱阳湖、巢湖、太湖、洪泽湖等五大淡水湖,有些湖泊与长江相连,对长江起着天然的调节作用。长江五大湖流域人均淡水量和亩均占有量分别为北方的 3.3 倍和 7 倍。长江水资源占全国的 34%，水域面积占全国的 40%,地表总径流量占全国的 57%,水能蕴藏量达 2.68 亿千瓦,目前开发仅为 10%,可供开发利用量占全国的 5.4%,居全国七大江河之首。①

长江之巨大水资源具有航运、灌溉、水产、旅游、发电、发展经济等多种功能,为人类创造巨大的各种财富。长江流域水电在全国占有重要地位,最大的水电站是驰名中外的长江三峡水电站,装机容量为 1820 万千瓦,年发电量 846.7 亿千瓦时,全流域可开发的大型水电站共有 102 座,其中 86 座在长江游域地区。②

第二,矿产资源最为丰富。全国已探明的 130 多种矿产中,长江流域占有 110 多种,占全国已探明矿藏品种的 80%左右。其中铜、铅、锌、锑、钨、铁、锡、锰、铝、金、银等金属矿储量所占比重,分别占全国储量的 30%~50%;镁、钒、钛、汞等储量占全国储量的 80%左右;驰名世界的锑都、锡都、钨都均在长江流域。另有储量丰富的非金属矿藏。长江中、上游是我国最重要的内生矿区。湘、赣、川和云贵高原是我国南方有色金属矿带的中心。特别是攀枝花——六盘水地区,是我国多种稀有金属的富集地,其矿藏资源的潜在资源的潜在经济总价值约在 62500 亿美元,按全国人口平均,每人拥有 5000 美元以上。长江流域已拥有 20 余处堪与世界同类矿藏重要矿区相媲美的大矿区。③由此表明,长江流域是我国享誉世界的硕大无比的“聚宝盆”,也是我国“地大物博”美誉的重要佐证。

第三,生物资源多种多样。长江流域地处暖温带到热带的过渡地带,除有亚热带本身所特有的植物种类外,还汇集了暖温带、亚热带以及青藏高原高寒区相当多的生物品种。在中国植物 3980 个属近 3 万种种子植物中,长江流域约占有属的 2/3 种的 1/2。长江流域的禽、兽、鱼类等动物品种也十分丰富。受到国家保护的特有动物品种有鳍豚、中华鲟,以及珍稀动物扬子鄂、大鲵、华南虎、麋鹿、金钱豹、穿山甲、猕猴、麝、毛冠鹿等。长江流域的淡水鱼产量年均 300 万吨,约占全国淡水鱼总产量的 2/3。

第四,森林资源丰富。长江流域属于亚热带气候,光、热、水等适合林木发育生长,自古就是杉木、毛竹、油茶、桐油、生漆等传统商品的生产基地。在全国三大林区中,西南、中南两个林区的大部分在长江流域。长江上游的云、贵、川三省,森林面积达 20 万平方公里,为世界上两个著名森林国家瑞典和芬兰森林面积之和。长江流域森林总积蓄量 25.85 亿立方米,占全国总量的 1/3 以上。长江上游的金沙江、岷江、乌江、清水江、大渡河、嘉陵江等流域,盛产云南松、云杉及珍贵的樟、楠、柚木、紫檀木等;长江中下游林区主要分布在清江、湘江、沅水、青弋江、鄱阳湖和湖北神农架等地,主要树种除松、杉外,还有油茶、油桐、乌柏、漆树、女贞、毛竹、茶叶等。

具体来说,长江流域具有以下九大林区:一是青海东南部高山峡谷林,这里有较大面

①上海炎黄研究会:《长江流域经济文化初探》,上海人民出版社,1999,第 37 页。

②王杰等:《长江大辞典》,武汉出版社,1997,第 12 页。

③王杰等:《长江大辞典》,武汉出版社,1997,第 12~13 页。

积的天然乔木林和高山灌木林。二是金沙江中上游林区,以冷杉、云杉为主。三是川西林区,分布在雅砻江、大渡河和岷江中上游,典型植被为亚高山常绿针叶林。四是秦巴山地林区,以常绿阔叶林、针叶林等为主。五是湘鄂川黔边境林区,是我国史前植物保护中心。六是江南丘陵区,包括湘、赣两省及皖南山区,主产杉木、马尾松、樟树、红楠等木材。七是南岭山地林区,长江流域典型的常绿阔叶林区。八是淮阳山地林区,马尾松林居多。九是镇扬丘陵林区,位于江苏南部,山毛榉、马尾松分布很广。①

由于长江流域气候温和、湿润,特别适宜于经济林木的生长。这里的经济林不仅分布面广,而且品种和产量在全国均占有优势。长江流域的经济林中,木本原料有油桐、油茶、乌桕、核桃、油橄榄、香榧等;木本粮食有板栗、木豆等;工业原料有生漆、白蜡、棕榈、木棉、松脂、五倍子等;药用原料有杜仲、厚朴、枳壳、黄柏、木瓜等;副食产品有茶、花椒等,还有种类繁多的果木林、竹林等。经济林主要分布在四川、贵州、江西、湖南、湖北等省。四川的桐油产量居全国首位;湖南、江西的油茶产量占全流域的80%以上;长江流域的生漆产量居世界首位。长江流域的竹林分布很广,面积占全国70%。②

第五,旅游资源享誉中外。长江流域旅游资源丰富,享誉中外。主要有两大特点:一是名胜古迹光辉灿烂。众多的历史文化名城和数以万计的文物,是历代政治、经济、文化和社会生活各个方面的宝贵财富载体,是人类文明的集中表现。1982年和1986年,国务院分别公布了国家历史文化名城共62座,其中位于长江流域的国家历史文化名城有23座。首批公布的位于长江流域的历史文化名城有南京、苏州、扬州、杭州、景德镇、江陵、长沙、成都、遵义、昆明;第二批公布的有上海、武汉、南昌、重庆、镇江、常熟、南阳、襄樊、阆中、宜宾、自贡、镇远、丽江。这些历史文化名城,有的是历代帝王之都,有的是历代重要交通枢纽,有的是历代军事重镇,有的是历代少数民族聚集地,有的是瓷都、盐都、恐龙之乡,有的已发展成为近代工业、科教、文化中心和国际港口城市。此外,长江流域还拥有历代文物点10万处以上,已公布的县级以上文物保护单位两万处,其中国家级143处、省级近3000处。

二是山川壮丽、自然风光秀丽。著名的长江三峡,由雄伟险峻的瞿塘峡、幽深秀丽的巫峡和滩多流急的西陵峡组成,是长江流域壮丽山川的杰出代表。江西的庐山、安徽的黄山等诸多名山,分布于长江流域各地,为中外游客提供了广阔的旅游场所,也为长江流域发展旅游经济提供了雄厚的物质基础。

三、宝贵的土地资源和农业开发成效突出

长江流域总面积为27亿亩,已开垦利用的耕地面积约3.8亿亩,占流域土地总面积的14%。长江流域江湖水体面积约1亿亩,占流域总面积的4%,其余大部分山区、丘陵为林草覆盖。除去不能用作农耕的山石、冰川、荒漠和城镇用地以外,还有70%即近19亿亩的山区和丘陵面积,可供开发农、林、牧、渔各业。经过历代垦殖和农耕,地处长江流域的成都平原、江汉平原、洞庭湖区、鄱阳湖区、巢湖地区、太湖地区等沿江滨湖平原,都已成为我国

①②王杰等:《长江大辞典》,武汉出版社,1997,第13页。

农业高产稳产区和一等耕地面积地区。仅苏南、皖南、浙北及湘、鄂、赣等省的一等耕地就有 2.3 亿亩，占全国一等耕地的 1/4，成为我国重要的农业丰产区和商品粮基地。

由于长江流域特别是长江中下游地区具有精耕细作的优良传统，加以大力推广农业科学技术，农业开发取得了惊人的成就。如今长江流域耕地约占全国耕地总面积的 1/4，生产的棉花和油料占全国总产量的 1/3 以上，生产的粮食占 36%，生猪占 3/5，水稻占 2/3 以上。此外，麻类、烟叶、烤烟、蚕茧、茶叶等占 1/2 以上。[①]

四、发达的产业密集带和高新技术产业蓬勃兴起

随着工业化的全面推进，长江流域的各类工业部门、交通运输业、商业、物流、金融、信息等诸多产业全面发展，形成了发达的产业密集带。电力工业包括火电、水电和核电，集中于上海、南通、镇江、南京、马鞍山、九江、武汉、岳阳、宜昌、重庆、宜宾、攀枝花等一线，中下游以火电为主，上中游以水电为主。钢铁工业密集带包括宝钢、马钢、武钢、重钢、攀钢等大型钢铁基地，以及大冶、南京、新余、湘潭、涟源等一批中型钢铁厂。机械工业已形成包括上海、南京、无锡、扬州、合肥、芜湖、武汉、长沙、株洲、湘潭、十堰、重庆、成都等产业密集带。化学工业已形成包括上海、南京、安庆、九江、黄石、武汉、荆门、岳阳、泸州、自贡、长寿等产业密集带。纺织工业已形成包括上海、南通、苏州、无锡、泰州、安庆、九江、武汉、荆沙、宜昌等产业密集带。

随着对外开放步伐的加快，以技术密集和知识密集为标志的高新技术产业蓬勃兴起和发展，在长江干流各省市涌现出 17 个国家高新技术开发区，它们是：上海市高新技术开发区；江苏省南京、苏州、无锡、常州高新技术开发区；浙江省杭州高新技术开发区；安徽省合肥高新技术开发区；江西省南昌高新技术开发区；湖北省武汉东湖、襄樊高新技术开发区；湖南省长沙、株洲高新技术开发区；四川省重庆、成都、绵阳高新技术开发区；贵州省贵阳高新技术开发区；云南省昆明高新技术开发区。[②]这些开发区都具有较强的经济实力、技术优势、人才优势、资源优势和基础工业的优势，成为带动长江流域经济社会发展的领头羊。

五、雄厚的人力资源和科技实力

长江流域具有尊师重教的优良传统，历代人才辈出，有力地推动了经济社会发展。在历史上，长江流域涌现出无数卓越英才，代表人物有睿智聪颖的朱熹、陆九渊、顾炎武、戴震等著名的哲学家、思想家；有司马相如、杨雄、孟浩然、陈子昂、秦观、梅尧臣、王世贞、吴敬梓等杰出的诗人、文学家；有顾恺之、王蒙、唐寅、文徵明、仇英、郑燮、吴昌硕等冠绝一时的书画艺术大师；有陈寿、习凿齿、常璩、沈约、谈迁、钱大昕、孟森等史学名家；有葛洪、陶弘景，黄道婆、徐光启、陈潢、华蘅芳等卓有造诣的科学家、发明家。[③]他们如璀璨的群星，争奇斗艳，推动中华文明繁荣和发展。

---

①王杰等：《长江大辞典》，武汉出版社，1997，第 13 页。

②王杰等：《长江大辞典》，武汉出版社，1997，第 14～15 页。

③庄辉明等：《十大江湖》，上海古籍出版社，1992，第 42 页。

进入近代以来,人力资源成为推动长江流域经济社会发展的决定性因素。1993 年,长江流域拥有 4 亿多人口,约占全国总人口的 40%,人口密度比全国高 1.88 倍,人力资源极为丰富,随着科技教育的逐步普及,广大劳动者的素质不断提高,并同科技人员一起,发挥各种优势,创造一个又一个奇迹。长江流域科技力量雄厚,科技人员占全国 40%以上,两院院士占半数以上,国家级各类奖项占 45%,专利受理和批准量占 1/3 以上。[①]

六、便捷的交通和通信网络

长江流域拥有内河河道通航里程 7 万多公里,占全国内河通航里程的 70%,其年货运量和周转量分别占全国内河运量和周转量的 60%和 90%以上,是我国最发达、最重要的内河运输系统。长江干线现有港口 26 个和码头 500 多座,有京九、京广、京沪等 10 多条铁路主干道。特别是近 10 多年来各地陆续兴建了一批高速公路和高速铁路以及城际铁路,形成了四通八达的高速公路网和高速铁路网。改革开放以来, 长江流域的航空运输快速发展,流域内各大中城市分别新建和扩建了各类机场,东方、南方、西南三大航空公司和上海、云南、武汉等地方航空公司优势互补,共同形成了便捷的航空运输网。如今长江流域已形成以高速铁路和高速公路为主体,包括水运、航空和管道五种运输方式齐全的、四通八达的立体交通运输网络。

随着对外开放和经济社会发展,长江流域的邮电通信也有了高速发展,传输手段从过去的以明线、电缆为主向以光缆为主转换,沿江各省、市已实现全程光缆通信。业务种类从过去单一的电话发展为长途电话、移动电话、磁卡电话、无线寻呼、卫星通信等多种业务并举。上海在全国率先启用中国电话卡,武汉磁卡电话位居全国省会城市之首。

七、空前繁荣的城市群

长江流域是我国城镇布局的重心地之一,是我国城市化水平最高的地区之一,现有大中小城市 200 余座,特大城市 7 座,干流沿线大中城市 47 座,并已形成发展水平层次不同的成熟型、发展型和形成型 3 种类型的城市群,出现了城市群蓬勃发展的局面。

以上海为中心和以南京、杭州为副中心的长三角城市群,是当今中国最大的、经济实力最雄厚的成熟型城市群, 与京津冀和珠三角城市群并列为引领中国经济发展的三大引擎,也是世界公认、中国唯一的世界第六大前城市群。长三角城市群的形成起步较早,从 20 世纪 90 年代上海浦东开发开放以后,就开始运作。在上海的带动下,江苏沿江地区城市带和杭州湾城市群共 15 个地级市,开始经济和文化多方面联合,由上海市和江苏省的 8 个市(南京、苏州、无锡、常州、镇江、扬州、南通、泰州)和浙江省的 7 个市(杭州、宁波、嘉兴、湖州、绍兴、舟山、台州)共 16 个城市,组成以上海为龙头的长三角经济协调会,统筹协调发展长三角地区的经济和文化。长三角城市群不断扩容, 如今人们通常称长三角即指上海、江苏、浙江3 省市。长三角经济区土地面积 21.1 万平方公里,人口 1.1 亿人。[②]2013 年长

①上海炎黄文化研究会:《长江流域经济文化初探》,上海人民出版社,1999,第 38 页。

②潘璠:《2012 中国地区经济监测报告》,中国统计出版社,2012,第 234 页。

三角地区生产总值达到 97760 亿元，逼近 10 万亿元，占全国 17.2%，比 2012 年增加 7809 亿元，增速均值为 9.7%。同年实现进出口总额 12404 亿美元，同比增长 1.7%。[①]如今安徽省的合肥、马鞍山等市也加入了长三角城市群的行列。长三角城市群成为当今中国经济实力最为雄厚、发展速度最快、最具竞争力和发展潜力的城市群。

2010 年 5 月 24 日，国务院正式批准实施的《长江三角洲地区区域规划》，明确提出长三角地区发展的战略定位，即亚太地区重要的国际门户、全球重要的现代服务业和先进制造业中心、具有较强国际竞争力的世界级城市群。根据规划，长三角将形成以上海为核心的“一核九带”空间格局，上海将成为国际经济、金融、贸易、航运中心和国际大都市，同时提升南京和杭州作为长三角两翼中心城市的功能，并发挥南京在长江中下游地区承东启西的枢纽城市作用。[②]

根据《全国主体功能规划》，长三角是国家层面的优化开发区，其功能定位是长江流域对外开放的门户，我国参与经济全球化的主体区域，有全球影响力的先进制造业基地和现代服务业基地，世界级大城市群，全国科技创新与技术研发基地，全国经济发展的重要引擎，辐射带动长江流域发展的龙头，我国人口聚集最多、创新能力最强、综合实力最强的三大区域之一。[③]

2015 年 4 月，国务院批复同意《长江中游城市群发展规划》，明确提出长江中游城市群是以武汉城市圈、环长株潭城市群为主体形成的特大型城市群，国土面积 31.7 万平方公里，承东启西、连南接北，是长江经济带三大跨区域城市群支撑之一，也是实施促进中部崛起战略、全方位深化改革开放和推进新型城市化的重点区域，在我国区域发展中占有重要地位。

为贯彻落实长江经济带重大国家战略，《规划》明确提出了六大重点任务和战略举措：一是城乡统筹发展。坚持走新型城镇化道路，强化武汉、长沙、南昌的中心城市地位，依托沿江、沪昆和京广、京九、二广等重点轴线，形成多中心、网络化发展格局，促进省际城市合作发展，推动城乡发展一体化。二是基础设施互联互通。三是产业协调发展。依托产业基础和比较优势，建立城市协调发展机制，联手打造优势产业集群，建设现代服务业集聚区，发展壮大现代农业基地，有序推进跨区域产业转移与承接，加快产业转型升级，构建具有区域特色的现代产业体系。四是共建生态文明。五是公共服务共享。以推进基本公共服务均等化为重点，全面加强教育科技、医疗卫生等交流合作，共同推动文化繁荣，创新社会治安体制，提升公共服务共建共享水平。六是深化对外开放。把握全球化趋势和我国对外开放新格局，大力实施开放带动战略，共建开放通道和平台，推进国内外区域合作，提高开放型经济水平。[④]

在长江上游地区，最大的城市群是成渝城市群。早在 2007 年，川渝两省市签订了《重

---

①《现代快报》2014 年 2 月 14 日，第 5 版。

②张学良主编《2013 中国区域经济发展报告》，人民出版社，2013，第 157 页。

③张学良主编《2013 中国区域经济发展报告》，人民出版社，2013，第 151 页。

④《扬子晚报》2015 年 4 月 5 日，A2 版。

庆市人民政府、四川省人民政府关于推进川渝合作共建成渝经济区的协议》，成渝城市群建设迈上新的台阶。2011 年 5 月，国务院正式批复了《成渝经济区区域规划》，进一步为成渝经济区发展指明了方向。成渝城市群以直辖市重庆和四川省会成都为核心，包括四川省的德阳、绵阳、眉山、资阳、遂宁、乐山、雅安、自贡、泸州、内江、南充、宜宾、达州、广安 14 个市和直辖市重庆的全部辖区，土地面积 23.99 万平方公里，占全国国土面积的 2.5%。2011 年年底人口 10819.7 万人，占全国总人口的 8.07%。2010 年地区生产总值达到 23202.13 亿元，占当年国内生产总值的 5.78%。[①]就面积和人口而言，成渝城市群是中国面积最大和人口最多的城市群。

成渝城市群地处我国西部地区的核心位置，北临西北、南带西南、东联华中、西引西藏，是连接西部各省、市、区的交通枢纽。该城市群总体规划以重庆和成都的双核为中心，发展服务业和先进制造业，带动沿江发展带、成乐发展带、成内渝发展带、成南（遂）渝发展带、渝广达发展带的发展。根据《成渝经济区区域规划》规定，成渝城市群发展的定位是：我国西部地区重要的经济中心，全国重要的现代产业基地，辐射西部的现代服务业高地，深化内陆开放的试验区，统筹城乡发展的示范区，长江上游生态安全的保障区。[②]

此外，在长江流域还有 3 个规模不等的城市群。一是江淮城市群。以合肥、芜湖两市为双核，以安乐、池州、铜陵、巢湖、芜湖、马鞍山沿江 6 市为发展轴，滁州和宣城为两翼。江淮城市群定位为，承接产业转移的示范区，全国重要的科研教育基地，能源原材料、先进制造业和科技创新基地，区域性高新技术产业基地。江淮城市群在发展水平上属于发展型城市群。二是以昆明为核心的滇中城市群和以贵阳为核心的黔中城市群。这两个城市群在发展水平上大体属于形成型城市群。

八、打造长江绿色生态廊道

长江是我国重要的生态宝库。新中国成立前，由于水利失修，多次发生洪涝灾害。新中国成立后，许多地方盲目开发，导致水土流失，水质污染严重。长期以来，长江承载着沿江 220 多座城市的生活污水和数万家企业的工业废水排放，承接的污水量占全国总量的 1/3 以上。2005 年、2013 年，长江流域污水排放总量从 296.4 亿吨增加到 336.7 亿吨，占全国比重由 41.34%上升至 43.44%。[③]长江生态安全早已敲响了警钟。党和政府从维护人民群众的根本利益出发，从 20 世纪 80 年代初开始，就把环境保护列为基本国策，先后颁布了一系列法规和政策，使长江流域的生态破坏和环境污染得到一定程度的控制，干流水质污染逐步得到改善。

为维护生态安全，国家在长江流域设立了 19 个国家自然保护区和 5 个国家森林公园，再加上流域内各省、市、区设立的保护区，全流域共有 99 个自然保护区。按照保护对象的不同，大体上可分为以下四大类：①以保护典型的有代表性的自然生态系统为主的自然

①张学良主编《2013 中国区域经济发展报告》，人民出版社，2013，第 264 页。

②张学良主编《2013 中国区域经济发展报告》，人民出版社，2013，第 265 页。

③《扬子晚报》2016 年 3 月 5 日，A6～A7 版。

保护区,如安徽黄山自然保护区、湖北神农架自然保护区。②以保护特有生态系统为主的自然保护区,如湖南省莽山常绿阔叶林自然保护区、江西省鄱阳湖湿地生态系候鸟自然保护区。③以保护某些珍贵稀有动植物资源为主的自然保护区,如四川省卧龙大熊猫、湖北省新螺江段白鳍豚自然保护区、贵州省赤水桫椤自然保护区。④以保护特殊的自然景观为主的自然保护区,如四川省九寨沟、湖南省张家界等自然保护区。

生态环境保护是一项宏大的系统工程,必须全党动员、全民动手,经常抓、抓到底,才能抓出成效来。习近平同志 2016 年 1 月 5 日在重庆召开的推动长江经济带发展的座谈会强调指出:“推动长江经济带发展,必须从中华民族长远利益考虑,走生态优先、绿色发展之路,使绿水青山产生巨大生态效益、经济效益、社会效益,使母亲河永葆生机活力。”他明确提出:“要把修复长江生态环境摆在压倒性的位置,共抓大保护,不搞大开发。要把实施重大生态修复工作作为推动长江经济带发展项目的优先选项,实施好长江防护林体系建设水土流失及岩溶地区石漠化治理、退耕还林还草、水土保持、河湖和湿地生态保护修复等工程,增强水源涵养、水土保持等生态功能。”他明确提出,在长江经济发展中,必须坚持走“生态优先、绿色发展”之路,为长江经济带指明了发展方向和途径。

在 2014 年和 2016 年“两会”期间,江苏人大代表两次联名请求全国人大将长江水污染防治法列入立法计划,提出“长江经济带的发展,必须将流域生态保护和生态文明建设放在首位”。同时响亮地提出了“把长江经济带打造成绿色生态廊道”的奋斗目标。出席“两会”的重庆、湖南、湖北等长江沿岸人大代表和政协委员,在“生态共同体”共建的理念指引下,决心共建共享长江生态安全。

九、牢固树立创新、协调、绿色、开放、共享的发展理念

以习近平为总书记的党中央从国情和宏伟目标出发,明确提出了创新、协调、绿色、开放、共享的发展理念,也为长江经济带的发展指明了发展道路和具体途径。这 10 个字发展理念,具有丰富的科学内涵,彼此紧密联系、相互促进。在这完整的发展理念中,创新是灵魂、是动力,处于引领地位。只有始终坚持创新,才能有动力,才能使各项工作不断走上新的台阶。没有创新,墨守成规,必将一事无成。

回顾改革开放 30 多年来,苏南地区通过不断创新,取得一个又一个新胜利。最早是在计划经济夹缝中,办起了乡镇企业,通过思想创新和实践创新,解除了思想束缚和制度束缚,使乡镇企业突飞猛进,成为全国乡镇企业的发祥地。后来,通过制度创新,创造了享誉全国的“苏南模式”。通过经济转型改制这种创新模式,“苏南模式”又发展成为“新苏南模式”,再次享誉全国。随着现代化步伐的加快,苏南经济获得空前发展,通过创新,并经国务院批准,苏南成为我国第一个现代化建设示范区,经过继续创新,其按照创新要求,全面推进创新的各项改革,取得显著成效。到 2014 年 10 月 30 日,央视新闻联播报道:日前,苏南自主创新示范区获国务院批复上升为国家战略,成为我国首个以城市群为基本单元的国家自主创新示范区。以创新驱动为内核、以一体化发展为特色的又一个“新苏南模式”展现在国人面前。

苏南国家自主创新示范区,不是以一个城市或一个国家高新区为主体,而是由 8 个国

家高新区和苏州工业园区组成，横跨南京、无锡、常州、苏州、镇江5个国家创新试点城市。据规划，苏南5市将在利用自身优势、资源禀赋、产业基础构建各具特色的创新型经济的同时，进一步强化资源共享和联动发展。2013年，苏南5市以占全国0.29%的土地面积创造了全国6.4%的经济总量，人均地区生产总值超1.7万美元。规划明确到2030年，全面实现区域现代化，经济和社会发展事业达到主要发达国家水平。①

苏南自主创新示范区，是当今我国跨行政区规模最大的示范区。在区内，南京是创新源头，其他城市是产业创新基地，既能接受南京辐射，又能接受上海辐射，并且能实现区内从研究开始到变成产业的全产业链，比国内其他示范区效果更好。苏南原来以外向型经济为主，在内需转型背景下，苏南自主创新示范区将有助于自主创新发展。

十、优良的对外开放传统和通道

当今的世界是开放的世界，任何国家和地区的经济社会发展都离不开同外部世界的互动互促和交流。纵观长江流域的对外开放有两个显著特点和优势：一是对外开放的优良传统。远在古代，长江上游西南地区就是陆上丝绸之路的起始地区，长江下游则是海上丝绸之路的主要地区。明代郑和下西洋大都由长江口岸开始，外人来华也多由长江口岸入境。特别是近代鸦片战争后，我国被迫对外开放，长江流域则成为我国对外经济文化交流的重要地区。据1936年中国20个贸易量最大的口岸统计，仅长江沿岸就占12个，其中位于前10名的有5个。地处长江入海口的上海，由对外开放前的普通县城，一跃成为远东国际大都会和东方不夜城，对外贸易额雄居全国榜首，外国居民达10万人以上，外资企业产值占上海总产值的60%以上，外资占上海总资产的64%，外资银行总部均设沪地。地处长江中游的武汉，对外贸易也名列全国前茅，外国居民占当时全市人口的1/3，外资工厂占全市工厂总数的1/3，外资银行机构达19家，外商公司机构近170家。近代长江沿岸城市对外开放和中外经济文化交流，为当今长江流域对外开放提供了较为丰富的经验，创造了有利条件。

另一优势是广阔的对外开放通道。长江干支流通航河道有3600条，通航里程8.2万公里，占全国73%，其通航里程是美国的1.6倍。加之长江干流水深面宽，终年不冻，整治后可达40条京广铁路的运输能力。据统计，重庆以下可通1500吨级船舶，宜昌以下可通3000吨船舶，武汉以下可通5000吨船舶，南京以下可通万吨级以下船舶，这同黄河基本上不通航的条件形成鲜明对照。长江“黄金水道”不仅通航能力大、运输成本低，而且有10多条铁路干线与之纵横交错，还有四通八达的公路网与之衔接，再加上航空和运输配合，形成强大的现代化立体运输体系，成为长江流域广阔而便捷的对外开放通道。

长江经济带应当充分利用对外开放的优良传统和广阔的通道，建立全方位、多领域、多层次的对外经贸合作机制，进一步扩展国内外市场，增强长江经济带发展活力，形成陆海联动、东西双向、面向全球的开放新格局。

①《扬子晚报》2014年11月1日，A18版。

“一带一路”战略的提出及其重要地位

连接中国与西方国家丝绸贸易的商路即丝绸之路，这个名称最早是由德国著名地理学家费南迪·冯·李希霍芬提出来的。他在1877年出版的《中国》第一卷中，首次提出了“丝绸之路”这个概念，后来被中外各国广为使用。

中国国家主席习近平根据当今中国和世界经济发展的新格局，首次创造性地提出了“一带一路”的战略构想，赋予“丝绸之路”以全新的概念和科学内涵。2013年9月，习近平在访问哈萨克斯坦时明确提出了建设丝绸之路经济带的构想，同年10月，他在出席APEC领导人非正式会议期间，提出了中国愿同东盟国家加强海上合作，共建21世纪海上丝绸之路的倡议。于是，由中国首倡、举国推进的“一带一路”国家战略正式诞生。2014年3月，经国务院授权，国家发改委、外交部、商务部联合发布《推动共建丝绸之路经济带和21世纪海上丝绸之路的愿望与行动》，为全面推进“一带一路”建设指明了方向和具体路径。

“一带一路”具有高度开放性的特征。其起点是全球最大的发展中国家中国，终点是经济发达的欧洲，其辐射范围涵盖亚欧非大陆。就中外合作方向而言，丝绸之路经济带重点疏通中国经中亚、俄罗斯至欧洲(波罗的海)；中国经中亚、西亚至波斯湾、地中海；中国至东南亚、南亚、印度洋。21世纪海上丝绸之路的重点方向，是从中国沿海港口过南海到印度洋，延伸至欧洲；从中国沿海港口过南海到南太平洋。再从共建国际大通道和经济走廊来说，陆上依托国际大通道，共同打造新亚欧大陆桥、中蒙俄、中国—中亚—西亚、中国—中南半岛等国际经济合作走廊；海上以重点港口为节点，共同建设通畅安全高效的运输大通道。中巴、孟中印缅两个经济走廊与“一带一路”关系紧密，完全可以进一步相互衔接，实现共赢。

“一带一路”战略构想一旦成为现实，将成为当今世界跨度最长、规模最大、覆盖国家最多、最具发展潜力的跨国经济走廊。据有关部门统计，“一带一路”沿线国家和地区有65个，覆盖人口44亿，经济规模21万亿美元，分别占全世界的63%和29%；货物和服务出口占全世界的23.9%。在“一带一路”建设中，参与各国秉持共商、共建、共享的原则，相互尊重、平等相待、合作共赢，并同沿线国家和地区的现有发展战略相互衔接、优势互补，必将给沿线国家和地区带来巨大利益，推动相关各国和地区经济的发展和繁荣。

“一带一路”战略提出后，在国内外引起巨大反响，获得广泛支持。中国作为首创国，举国积极响应。在2015年全国“两会”期间，人大代表和政协委员纷纷献计献策，国务院专门成立了推进“一带一路”建设的领导机构，要求各省市区都要编制实施方案。目前，全国已有 30 多个省市区将贯彻落实这一战略写进了政府工作报告,积极参与、主动融入,已成为全国上下的一致行动。在国外,也已有 60 多个国家和国际组织表示要积极参与“一带一路”建设。

“一带一路”为江苏发展带来新机遇

“一带一路”是丝绸之路经济带和21世纪海上丝绸之路的简称，这是党中央在新形势下统筹国际国内两个大局提出的宏大国家战略。全面贯彻落实这个战略，对于开创我国全方位对外开放新局面，推进中华民族伟大复兴的进程，促进“一带一路”沿线国家乃至世界经济发展，都具有划时代的重大意义。

具有通江达海区位优势和对外开放优良传统的江苏，曾是中国丝绸的重要发源地之一。数千年历史积淀铸就的江苏丝绸艺术和丝绸文化，为历史上丝绸之路的形成和发展做出过重要贡献。如今，国家提出的“一带一路”战略，更为江苏经济的发展带来了诸多新机遇。

首先带来的是江苏企业“走出去”发展的新机遇。江苏经济文化发达，经济总量长期雄居全国前列，经济开放程度高，与“一带一路”沿线国家有着深厚的历史渊源和经贸合作关系。2014年，江苏GDP达到6.51万亿元，人均超过8万元，区域创新能力连续6年居全国首位。目前，江苏已拥有众多实力雄厚、具备资金、技术和管理优势的企业，而“一带一路”沿线拥有60多个国家和40多亿人口，正好为原材料和产品市场“两头在外”的江苏提供了广阔的原材料产地和庞大的产品销售市场。因此，江苏企业应当抢抓机遇，大踏步走出国门，在国外兴办各类企业，参与国外基础设施建设。这不仅可以有效化解过剩产能，而且能加快发展和壮大江苏的开放型经济，实现由经济大省向经济强省的跨越。

其次，带来了江苏沿江和沿海发展的新机遇。地跨我国东中西部11个省市的长江经济带，与“一带一路”同为国家重要发展战略，对内对外开放则是两大战略的共同点。作为两大战略交汇点的江苏，具有战略叠加优势和发展空间，应当充分发挥开放程度高、经济基础好、区位条件优越等优势，加强省级层面的顶层设计，统筹、互动、协调贯彻落实两大战略。国家对长江经济带的战略定位是：

（1）具有全球影响力的内河经济带；

（2）东中西部互动合作的协调发展带；

（3）沿江沿海沿边全面推进的对外开放带；

（4）生态文明建设的先行示范带。

地处长江经济带龙头的江苏，应当充分发挥自身的诸多优势，加快沿江地区的开发开放步伐，全面推进企业、城市、人才的国际化，迎来沿江地区经济文化空前繁荣发展的新局面。

“一带一路”还为江苏沿海地区的经济腾飞带来了新的动力和机遇。作为新亚欧大陆桥国际经济合作走廊东方起点的连云港，不仅是中国中西部地区向东最便捷的出海口，也将成为中亚许多国家最便捷的出海口，成为中哈两国物流合作基地。地处长江入海口的南通，将进一步发挥沿江和沿海港口优势，加强同上海自贸区的融合，推进江苏开放型经济发展。

第三，带来了加快江苏经济转型升级的新机遇。“一带一路”包括诸多发达国家、发展中国家和新兴经济体，它们为江苏加速发展战略性新兴产业和高新技术产业提供了较为丰富的经验和广阔的发展空间，也为江苏按照“高、轻、优、强、绿”的要求，调整和改造传统产业提供了可供借鉴的新路子和新方法，使江苏经济能较快地走上科学发展、集约发展、绿色发展的道路。同时，通过大力推进创新驱动战略，立足自主创新，全面推进智能制造，也将进一步提高产业的国际竞争力，推动江苏经济抢占国际竞争的制高点。

第四，带来了江苏现代服务业发展的新机遇。江苏服务业目前有一定基础，2014 年全省服务业在产业结构中的比重已超过 46%，随着“一带一路”建设的进展，必将给江苏带来金融、商贸、物流、科技、信息等生产性服务业大发展的新局面，并将带来江苏旅游、文化、教育、医疗、养老等生活性服务业空前繁荣的景象，形成以服务经济为主的现代产业体系。以旅游业为例，通过举办中国苏州国际旅游节等活动，打造陆上丝路和海上丝路旅游经济带，并推动宁、苏、连、徐等市发展成丝路旅游名城。

第五，带来了建设新江苏的新机遇。习近平总书记在视察江苏时提出了建设“经济强、百姓富、环境美、社会文明程度高的新江苏”的宏伟目标。建设新江苏，经济强是基础，发展始终是第一要务，而“一带一路”正是通向大国崛起和富强繁荣之路。江苏人民积极参与“一带一路”建设的实际行动，必将大大加快建设新江苏的进程，开创江苏“强、富、美、高”的新局面。

长三角城市群的新定位

前不久，国务院总理李克强主持召开国务院常务会议，通过了《长江三角洲城市群发展规划》。会议指出，以改革创新推动长三角城市群协调发展，有利于促进产业升级、推进以人为核心的新型城镇化、加快农业现代化、辐射带动周边区域和中西部地区发展、增强国家竞争力。为此，一要打造改革新高地，二要争当开放新尖兵，三要带头发展新经济，四要以生态保护提供发展新支撑，五要创造联动发展新模式。会议提出，要进一步发挥上海中心城市的作用，推进南京、杭州、合肥、苏锡常、宁波等都市圈同城化发展，到2030年，全面建成具有全球影响力的世界级城市群。

长三角城市群是长江经济带中工业化和城镇化起步最早、经济和文化最发达、经济实力最雄厚、人才最集聚、财富最集中的重要区域，历来是长江流域和正在崛起的长江经济带的领头羊和支撑者，对长江经济带乃至全国的经济发展都起着十分重要的引领、示范、带动和促进作用。加速长三角城市群的现代化建设步伐，对于整个长三角经济带的经济发展和产业提升，对于把长江经济带建成黄金经济带，具有十分重要的意义。因此，党和国家历来十分重视长三角城市群的建设和发展，给长三角城市群以科学的定位，提出新任务和新目标，推动长三角城市群不断跨越新的台阶。

国家发改委等部门于2016年6月3日正式公布了《长江三角洲城市群发展规划》(以下简称《规划》)，表明长三角城市群新一轮发展目标正式面世。综观这个宏伟的《规划》，有以下一些特点：

一是规模大、实力强。最新公布的长三角城市群由直辖市上海和苏浙皖3省共26个地级以上城市(含地级)组成，包括江苏省的南京、无锡、常州、苏州、南通、盐城、扬州、镇江、泰州等9个市；浙江省的杭州、宁波、嘉兴、湖州、绍兴、金华、舟山、台州等8个市；安徽省的合肥、芜湖、马鞍山、铜陵、安庆、滁州、池州、宣城等8个市，至此，长三角城市群由原来的苏浙沪3省市的16个地级以上城市，扩展为如今的苏浙沪皖4省市的26个地级以上城市。扩大后的长三角城市群面积为21.17万平方公里，总人口1.5亿人，2014年地区生产总值为12.67万亿元。

二是城市规模等级结构齐全、合理。扩大后的长三角城市群，拥有1个常住人口1000万以上的超大城市——上海，1个常住人口500万~1000万的特大城市南京，在13个大城市中，常住人口300万~500万的一型大城市3个，100万~300万的二型大城市10个，还有常住人口50万~100万的中等城市9个，另有42个小城市。可见，在长三角城市群内部，超大、特大及大城市与众多中小城市之间优势互补，并同更多的小城镇形成“众星拱月”的繁荣景象。

三是已形成“一核五圈四带”的网络化空间格局。“一核”是指长三角城市群中唯一的超大型城市——上海，这是长三角城市群各类城市公认的名副其实的核心，拥有其他任何城市都无法代替的地位。在历史上，上海曾是近代中国最大的经济中心、金融中心、工业基地和远东国际大都会，如今，上海又成为当代中国现代化建设的引领者和国际经济、金融、贸易、航运“四个中心”，也是长江经济带的龙头。

“五圈”是指以南京、苏锡常、杭州、合肥、宁波等5个城市和城市群为中心的五大都市圈。

(1)南京都市圈。南京是我国四大古都之一，也是民国时期的首都，如今是长三角地区唯一的特大城市，地位仅次于超大城市上海，经济文化素来发达。南京都市圈包括南京、镇江、扬州3市，今后要着力提升南京的中心城市功能，加快建设江北新区，加快产业和人口集聚，辐射带动淮安等市发展，促进与合肥都市圈的融合发展，将南京打造成区域性创新创业高地和金融商贸服务集聚区。

(2)苏锡常都市圈包括苏州、无锡、常州3市，今后要建设苏州工业园国家开放创新综合试验区，发展先进制造业和现代服务业集聚区，推进开发区城市功能改造，加快生态空间修复和城镇空间重塑，提升区域发展品质和形象。

(3)杭州都市圈包括杭州、嘉兴、湖州、绍兴4市。

(4)合肥都市圈包括合肥、芜湖、马鞍山3市。杭州是浙江省会和著名旅游城市，合肥是安徽省会，这两个城市都要着力提升省会城市功能，从实际情况出发，着力发展经济文化。

(5)宁波都市圈包括宁波、舟山、台州3市，这3个城市都是沿海港口城市，特别是宁波，历来是我国东部沿海的著名港口，要充分发挥其港口优势，推进内陆经济与海洋经济双向交流和发展。

“四带”是指长三角城市群的四条发展带：

(1)沪宁合杭甬发展带。依托沪汉蓉、沪杭甬通道，发挥上海、南京、杭州、合肥、宁波等中心城市要素积聚和综合服务优势，积极发展服务经济和创新经济，成为长三角城市群吸聚最高端要素、汇集最优先人才、实现最高产业发展质量的中枢发展带，辐射带动长江经济带和中西部地区发展。

(2)沿江发展带。依托长江这条“黄金水道”，打造沿江综合交通走廊，促进长江岸线有序利用和江海联运港口优化布局。

(3)沿海发展带。坚持陆海统筹，协调推进海洋空间开发利用、陆海污染防治与海洋生态保护。

(4)沪杭金发展带。依托沪昆通道，连接上海、嘉兴、杭州、金华等，以中国(上海)自由贸易试验区、义乌国际贸易综合改革试验区为重点，打造陆海双向开放新高地。

四是突出统筹协调发展。优先发展交通和通信产业，是长三角城市群统筹协调发展的先导和关键。《规划》提出，依托国家综合运输大通道，以上海为核心，南京、杭州、合肥为副中心，以高速铁路、城际铁路、高速公路和长江黄金水道为主通道，建设多层次的综合交通网络，增强京沪高铁、沪宁城际、沪杭客专、宁杭客专等既有铁路城际客货运功能，推进沪宁合、沪杭、合杭甬、宁杭、合安、宁芜安等主要骨干城际通道建设。规划建设上海—南通—泰州—南京—合肥、南通—苏州—嘉兴、上海—苏州—湖州、上海—嘉兴—宁波、安庆—黄山等铁路(含城际铁路)，以及上海—南通跨江通道等城际通道建设，提高城际铁路对 5 万以上人口城镇、高等级公路对镇的覆盖水平。此外，要鼓励电信企业逐步取消城市群异地移动漫游资费，实现通信一体化和通信市场一体化，降低信息沟通成本。

从实际情况出发，合理布局城镇、人口和产业，是长三角城市群统筹协调发展的又一举措。《规划》提出，特大城市中心城区等其他优化开发区域，采取完善卫星城与周边中小城市联动发展等措施，推动人口合理分布；通过产业升级和功能疏解等方式，有效控制人口过快集聚。同时，合肥、南通、扬州、泰州、宁波、绍兴、台州、芜湖、马鞍山、滁州、宣城等城市，要积极发展特色产业，合理布局产业空间，促进产城融合，提升公共产品和公共服务水平，营造宜居环境，提高人口吸聚能力。全面放开芜湖、马鞍山、盐城、泰州等城市落户限制，有效降低合肥等城市落户门槛。

五是发展前景光明。《规划》提出了长三角城市群联动发展、打造世界级城市群的宏伟目标，中期发展目标是：到 2020 年，基本形成经济充满活力、高端人才汇聚、创新能力跃升、空间利用集约高效的世界级城市群框架，人口和经济密度进一步提高，在全国 2.2%的国土空间上集聚 11.8%的人口和 21%的地区生产总值。远期发展目标是：到 2030 年，长三角城市群配套全球资源的枢纽作用更加凸显，服务全国、辐射亚太的门户地位更加巩固，在全球价值链和产业分工体系中的地位大幅跃升，国际竞争力和影响力显著增强，全面建成具有全球一流品质的世界级城市群。

综上所述，《规划》在新的时代条件下为长三角城市群的中长期发展制定了新的科学定位。遵循这个定位，通过长三角城市群广大干部群众的共同努力，我们一定能在制度创新、科技进步、产业升级、城乡统筹、全方位开放、绿色发展等方面走在全国前列，联手打造一个具有全球影响力的世界级城市群，加快形成国际竞争新优势，更好地服务于“一带一路”建设和长江经济带发展战略，充分发挥对全网经济社会发展的重要支撑和引领作用。

长江流域交通产业现状分析

长江流域是当代中国经济发展的脊梁和战略布局的重心。要发展长江流域的现代化经济,作为国民经济基础和社会循环系统载体的交通产业必须先行。新中国成立以后特别是改革开放以来,长江流域的交通产业虽然有了很大的发展,但仍然相当滞后,同发达国家相比,差距就更大了。如今长江流域的交通产业,已经成为制约长江流域乃至全国经济和社会发展的“瓶颈”。因此,优先发展长江流域的交通产业,尽快建立和完善长江流域的立体综合运输体系,是摆在我们面前的一项刻不容缓的战略任务。

一、长江流域交通产业的现状

经过新中国成立40多年来的建设,长江流域的交通产业有了相当大的发展,如今水运、公路、铁路、航空和管道5种运输方式齐全,现代化的立体交通体系已初具规模。具体说来,有这样几个特点:

1.水路运输现已形成干支相连、江海相通的水运网络

长江干流总长6300公里,居世界第三位。长江干流总通航里程为3638.5公里,其中长江上游溪洛渡以下至长江入海口连续通行里程为2995.5公里。长江还有通航支流3600多条,干支流可通航里程总计7万多公里,构成一个庞大的航运系统,为发展现代化航道网提供了良好的条件。除江海直达的长江干流主航道外,还有8个自成系统的地区性航道网:以重庆为中心的西南航道网,以长沙为中心的洞庭湖水系航道网,以武汉为中心的江汉平原航道网,以南昌为中心的鄱阳湖水系航道网,以合肥为中心的巢湖水系航道网,以上海为中心的长江三角洲航道网、淮河水系航道网、钱塘江水系及浙东航道网。1990年长江水系通航里程57447公里,占全国内河通航里程的52.6%。

长江水系港口功能得到有效发挥。1990年长江干支流拥有港口924个,完成货物吞吐量47265万吨。据1993年年底统计,长江沿岸23个主要港口城市拥有码头总长度37844米,泊位564个,其中万吨泊位37个。同时,长江干线上的上海、南通、张家港、江阴、镇江、南京、芜湖、九江、武汉等14个主要港口已全部对外开放,使长江一跃成为当今世界上内河对外开放线最长的港口群。

长江水系航运运力有较大发展。1990年长江水系拥有各类船舶220322艘,载容量63.7万客位,载重量1158.7万吨(驳船占55.6%),总功率366万千瓦。随着对外开放的扩大和外向型经济的发展,长江水系的外贸物资和集装箱运量也迅猛增长。1993年外贸运量

达1460万吨，比1992年增长35%，国际标准集装箱运量达26万箱，比1992年增长45%。

长江水系基础设施建设进一步加快。1992～1994年，长江基础设施建设投资近20亿元，是前34年的3.7倍，新建货物泊位47个，新增吞吐能力2032万吨。

2.公路建设特别是高速公路和高等级公路建设方兴未艾

公路交通是长江流域交通产业的主体。1990年长江流域汽车货运量为3.37亿吨，为全流域货物总运量的44%，汽车客运量占全流域客运总量的46%。到1993年底，长江流域10省市公路总里程为42.53万公里，占全国公路总里程的39.2%。

为加快现代化建设的步伐，长江流域各省、市正在掀起建设高速公路和高等级公路的热潮，已经建成或正在集中力量兴建的有10余条之多。

3.铁路运输占有重要地位

长江流域的铁路运输远远超过水上运输，1990年铁路货运量为水运的179.5%，周转量为水运的206.7%。到1993年底，长江流域10省市的铁路营业里程共有15004公里，占全国铁路营业里程的28%。“七五”计划期间提出的“中取华东”铁路建设计划，绝大部分在长江中下游地区，待全部建成通车后，将使华东铁路运输能力提高40%左右。

4.航空运输蓬勃发展

改革开放10多年来，长江流域的民用航空事业获得空前发展，特别是进入20世纪90年代以后，空运旅客量每年增长率达20%左右。上海是我国最大的航空基地之一，上海虹桥国际机场可承受目前世界上最大的民航客机降落，1994年客运吞吐量达872万人次。长江沿岸的南京、武汉、重庆等中心城市与各省省会城市的机场，也都有较大的吞吐能力，其中有许多机场已成为对外开放的国际机场。目前，长江流域正在营运的民用机场已有30多个，约占全国机场总数的1/3。

5.管道运输开始起步

全流域管道运输有两种：一是输油管道，如纵贯鲁、皖、苏三省的鲁宁输油管道，全长655.37公里。二是输气管道，用于输送煤气、液化气、天然气等。

6.长江干流掀起建桥热潮

1957年和1968年，长江干流上先后建成武汉和南京两座公路、铁路两用的长江大桥。改革开放以来，特别是进入20世纪90年代以后，万里长江上掀起了建设长江大桥的热潮。已建成通车的有九江长江大桥，武汉长江二桥，江苏省扬中长江大桥及宜宾长江铁路桥，重庆、白沙沱、泸州及葛洲坝三江航道、船闸等5座长江公路桥；正在施工兴建的有江苏江阴、安徽铜陵、湖北黄石、宜昌三峡大坝、三斗坪等长江公路桥；已经立项和计划兴建的还有芜湖、安庆、沙市、鄂州、赤壁、西陵、万县及南京二桥、重庆二桥等14座长江大桥。

7.外商踊跃投资交通建设

利用外资来建设基础设施和发展基础产业，是长江流域改革开放的一项重大举措，也是长江流域交通建设的一个显著特点。在长江上游地区，四川省委和省政府提出利用国外贷款办交通的政策和措施，1994年10月开工兴建的全程90公里的成都到绵阳的高速公路，由四川省高速公路建设开发公司与香港新中港集团有限公司共同投资 13.53 亿元兴建；全程 154.78 公里的成都至乐山的高速公路，总投资 31.56 亿元；以及成都市外环高速公路，总投资 13.56 亿元，均由川港双方共同投资兴建。全程 340 公里的成渝高速公路，是利用世界银行的贷款兴建的。成都至都江堰的高速公路，是四川省成都市与加拿大 D.B 公司共同投资合作修建的。重庆市长江二桥，是利用日本政府为期 30 年的低息贷款兴建；重庆市修地铁，是由港商独资兴建。

在长江中游地区，香港新世界集团、香港九龙仓集团与武汉市合作兴建机场、高速公路、轻轨铁路等基础设施和基础产业，预计总投资达 240 亿港元。1995 年初建成的武汉天河国际机场国家投资 9.96 亿元，其中利用日本政府贷款 62.79 亿日元(折合人民币 3.3 亿元)，并用日元通过招标购买了国外先进设备。1995 年建成的武汉长江二桥和正在兴建的湖北黄石长江大桥，也都是利用日本政府为期 30 年的低息贷款兴建的。

在长江下游地区，江苏宁沪高速铁路股份有限公司和英属维尔京群岛百胜发展有限公司，于 1994 年 4 月合作兴建江苏境内总投资 47 亿元的宁沪高速公路。南京与港商于 1994 年 5 月共同投资 800 万元兴办南京华孚巴士有限公司。南京与美商合资组建南京美达客运有限公司，共同投资两亿元开发华东最大的客运合资项目——南京地下客运站和地下停车场等。正在兴建的南京禄口国际机场，利用英国政府的贷款 3500 万美元，购置英国西门子、普莱塞公司的设备修建。在安徽省，被誉为“亚洲第一斜拉桥”的铜陵长江大桥，是利用日本政府为期 30 年的低息贷款兴建的。

8.群策群力办交通的局面正在形成

民间各方面积极参与交通建设，是长江流域交通产业蓬勃发展的一个重要因素和显著特色。号称“民间建桥第一举“的赤壁长江大桥，由北京阳光高科技实业公司筹资兴建。正在筹建的南京长江二桥的 20 多亿元建设资金，由江苏省和南京市自行筹集、自行还贷。1994 年 11 月建成通车的我国内湖第一长桥——太湖大桥，全长 4308 米，桥面宽 12 米，完全由大桥所在地的江苏省吴县地方财力和群众集资建造。在长江航线上，近几年经批准登记跨省运输的地方和民营航运企业达 2300 多家。各有关单位通力合作，在长江全线掀起高速客运热，到 1994 年 5 月，已开辟长江高速客运航线 12 条，拥有高速船 24 艘，使长江客运航线朝高速化、旅游化、舒适化的方向发展有了良好的开端。

二、长江流域交通产业的问题

当前，长江流域的交通产业远远不能适应经济建设和社会发展的迫切需要，主要存在以下几个问题：

1.基础设施落后，运载能力不足

主要表现在：一是水运航道等级低和不畅通。长江水系航道大多数处于自然状态，航道标准低，大型船舶不能终年畅通无阻。现今长江水运的突出问题是：

(1)高等级航道所占比例低。在长江水系 57447 公里的航道中，能通航千吨级以上船舶的航道仅占 5.3%，300～500 吨级的航道占 6.4%，加之高等级航道不连贯、不畅通、中转环节多,因此运输效益差。

(2)航道水深不足。南京以下一般维护水深为10.5米,其中南通以下的白茆沙水道,维护水深只有7.1米,万吨海轮经此唯有乘潮或减载方可过漕;南京至安庆维护水深为4.5米,安庆至武汉维护水深4米。因此,吃水在6米以上的5000吨海轮,每年能通航到九江、武汉的时间只有5个月,其余时间因水浅而无法向上游行驶,到城陵矶和重庆则更不可能。若遇特大洪水,因南京长江大桥净空高度不够,5000吨船舶连大桥都过不去。特别是从湖北省枝城到湖南省陵矶的航道,更是多年存在的长江"肠梗阻",船舶通航困难。每逢枯水季节,自石首至监利的20公里江面上,曾有数十或数百艘客轮被迫在此抛锚等待通过。

(3)航道障碍多。长江航道长期未能整治,水底暗礁、浅滩、险段、沉船得不到治理,常常导致客货轮搁浅。万吨海轮经过被称为长江"瓶子口"的南通下面的白茆水道,不是候潮耽误时间,就是减载损失运力。而在此候潮多停泊一天,中国货轮将要损失5000~6000元人民币,外轮将要损失8000~10000美元。

二是公路等级低和车速缓慢。居长江流域客货运输总量第一位的公路运输,高等级和次高等级的路面少,简易表处油路面多,还有大量的泥结碎石路面。全封闭、高速度的高速公路还刚刚起步。同时,干线公路堵塞严重,快慢车和行人混合行驶,车速缓慢。

三是铁路密度低和铁路网不完备。长江流域的铁路密度远远低于我国东北地区。长江流域的铁路布局基本上是南北纵向多,东西横向少,迄今尚无一条与长江干线平行的铁路干线。沿长江干流的铁路只有几个路段且不连贯,铁路复线和电气化铁路也稀少,高速铁路尚未起步。全流域至今尚未形成纵横交错、四通八达的铁路网络。

四是航空和管道运输均较为落后。长江流域相当多的民航机场条件差、机型较小、航程短、航线少,很不适应经济建设和对外开放的需要。管道运输更是刚刚起步,全流域许多省市迄今尚无长距离的完备的管道运输设施。

2.交通结构不协调,综合运输能力差

长江流域在交通产业内部结构中,公路、铁路和航空3种运输方式最为紧张,经常处于运载能力超饱和的状态,买票难、乘车(机)难、运货难问题相当严重。而被誉为"黄金水道"的长江水系的运输能力,只开发利用了10%左右,未能充分发挥"黄金效益"。据测算,长江流域内河航道通航里程的经济相关密度,虽为铁路营运里程的5.28倍,但同期每公里的货运密度,铁路却为内河航运的13倍。若同国外相比,其差距更为惊人。长江的通航里程比美国的密西西比河多60%,运量等却只有该河的1/5;与欧洲的莱茵河相比,长江运量只有莱茵河的40%,而莱茵河的长度比长江的支流——汉水还短200公里。

3.运输设备陈旧,技术力量薄弱

在长江流域运输总量中居重要地位的汽车,多数是几十年一贯制的老牌汽车,技术性能落后、速度慢、效率低、能耗高、客车舒适性差。即使在经济发达的江苏省,20世纪70年代以前购置的客车占43.2%,货车占49.5%,"超期服役"的占40%。各地还较为普遍地存在着汽车车型单一,大吨位柴油车、集装箱车、多种散装车、自卸车、特种车、重型车、大小豪华客车等均为缺少。车队、站埠、仓库等设施跟不上,修造设备和工艺落后。

长江水系的水上运输工具也相当落后，船型吨位小、机型老、能耗大、效率低。较多的港口泊位少、库场小、设施简陋、装卸工艺落后、装卸效率低。许多港口装卸设备多为20世纪50年代的水平，简易机械居多，现有80%以上的装卸机械需要更新换代。特别是中小港口和地方兴建的码头，仍处于半机械化甚至靠人力装卸的落后状态。

技术力量薄弱、经营管理水平低是长江流域交通产业的另一个亟待解决的问题。交通建设的各类专业技术人才奇缺，职工队伍的文化、技术、业务素质不高，老中青交替脱节，这是交通产业长期滞后的一个重要原因，也是其发展后劲不足、缺乏竞争力的症结所在。

4.资金严重不足，交通建设步伐滞缓

长江流域的交通建设资金历来短缺。目前正在兴起的长江建桥热潮中，已经建成和正在施工及立项兴建的长江大桥有20座，总长度将超过100公里，总投资达200亿元左右，建桥资金缺口较大。特别是经济欠发达的中西部地区，交通建设资金缺口更大。上海浦东新区到20世纪末兴建航空港、深水港、长江口整治、长江隧道、外环线、地铁、越江隧道、轻轨铁路等基础设施，总投资共需1500亿元，也存在资金不足的问题。

从交通产业内部来看，长江航运的建设资金短缺更为突出。在对长江航运投资最多的"六五"和"七五"两个五年规划期间，包括港口和航道建设总投资只有32亿元。1991年和1992年两年内，国家对内河航道的建设投资，分别为9000多万元。资金严重短缺，是长江航运建设长期滞后的一个重要原因。

5.交通建设缺乏统一规则，管理多头、混乱

长期以来，长江流域的交通建设缺乏长远观念、整体观念、系统观念和超前观念，缺乏统一规划和合理布局，以致在某些方面造成不可弥补的损失。比如，建造长江大桥使天堑变通途，本来是一件功在千秋的大好事，但作为长江通海第一桥——南京长江大桥，在20世纪60年代建桥时通航净空高度只有24米，只能满足3000吨以下的船舶通行，万吨级海轮根本无法通过，以致南京以上沿江港口进出口物资运输被迫采用"多程运输法"。又由于南京长江大桥限制了万吨巨轮沿江西上，以致芜湖、九江、武汉3个港口对外开放后的近一年内，只接待外轮26艘，最大吨位为3000吨，而在南京长江大桥以下的港口同期接待外轮1000余艘，且多在万吨以上。

条块分割，管理多头、混乱，是发展长江流域交通产业亟待解决的又一问题。长江流域的公路、铁路、水运、航空、管道等各种运输方式，历来分属于交通、铁路、民航等交通部门和石油化工等工业部门主管，而每种运输方式内部又分部属、省属、市属、县属和自筹自营等不同的条条和块块管理。各级主管部门对交通产业的发展缺乏全面规划，统一协调。

由于历史和管理体制等原因，长江流域的各种运输方式往往各自发展，政出多门、管理混乱、布局不合理、综合运输能力小。加之各种运输方式价格关系没有理顺，运输方式之间及其内部衔接和中转能力薄弱，运输未能合理分流，使得各种运输方式未能扬长避短，充分发挥各自的潜力，造成人力、物力和财力的巨大浪费。

此文原载《长江论坛》1997年第2期（总第23期）。

长江流域交通建设的问题与对策

改革开放十多年来,长江流域的交通建设有了很大的发展。特别是进入 20 世纪 90 年代以后,长江流域的交通建设显现出两个显著特点:一是外商投资交通建设形成热潮。在长江流域各省、市,外商纷纷投资高速公路、铁路、港口、码头、机场和长江大桥等交通基础设施的建设,加速了交通运输向现代化迈进的步伐。二是群策群力办交通方兴未艾。长江流域各地普遍改变了过去完全依赖国家投资办交通的被动局面,出现了国家、地方、企业、民间等各方面同心协力办交通的新格局。如今长江流域呈现出水运、公路、铁路、航空、管道 5 种运输方式齐全、现代化立体交通体系初具规模并蓬勃发展的新局面。但是,我们还应当清醒地看到,长江流域的交通建设还存在不少问题,必须采取有力措施,认真加以解决,以适应长江流域开发开放和经济发展的需要。

一、长江流域交通建设亟待解决的问题

由于种种历史的和现实的原因,长江流域交通建设严重滞后的问题相当突出,现已成为制约长江流域乃至全国现代化经济建设和社会发展的“瓶颈”。具体来说,当前长江流域的交通建设存在以下几个突出的问题:

第一,基础设施落后,运载能力不足。主要表现在:一是水运航道等级低、不畅通。在长江水系中,能通航千吨以上船舶的航道仅占 5.3%,300~500 吨级航道占 6.4%。因航道水深不足,5000 吨海轮每年能航行到九江、武汉的时间只有 5 个月,其余时间因水浅而无法向上游行驶。万吨海轮经过被称为长江“瓶子口”的南通以下白茆水道,不是候潮耽误时间,就是减载损失运力。而在此候潮多停泊一天,中国货轮将要损失 5000~6000 元人民币,外轮将要损失 8000~10000 美元。二是公路等级低、车速缓慢。长江流域较为普遍地存在着高等级和次高等级的路面少,简易表处油路面多,还有大量的泥结碎石路面。全封闭高速度的高速公路还刚刚起步。三是铁路密度低、铁路网不完备。长江流域的铁路密度远远低于我国东北地区。铁路布局又是南北纵向多,东西横向少,迄今尚无一条与长江干线平行的铁路干线。铁路复线和电气化铁路更为稀少。四是航空运输也比较落后,管道运输则刚刚起步。

第二,交通结构不协调,综合运输能力差。在长江流域的现有 5 种运输方式中,公路、铁路和航空 3 种运输最为紧张,运载能力经常处于饱和甚至超饱和的状态,买票难、乘车(机)难、运货难历来相当严重。由于工业布局不合理,运量大的工业企业远离长江水系航

道，相当多的企业集中在铁路沿线，以致铁路运输长期超饱和运行，每逢运输旺季甚至“以运定产”。而被誉为“黄金水道”的长江水系的运输能力，迄今只开发利用了10%左右，未能充分发挥“黄金效益”。若同国外相比，其差距则更为惊人。长江的通航里程比美国的密西西比河多60%，运量却只有该河的1/5；西欧莱茵河的长度比长江的支流汉水还短200公里，而长江的运量却只有莱茵河的40%。因此，在长江航行过的人感叹道：“孤帆远影碧空尽，一江‘金水’枉东流！”

第三，运输设备陈旧，技术力量薄弱。居长江流域客货运输总量首位的汽车运输，多数是几十年一贯制的老牌汽车，技术性能落后、速度慢、效率低、能耗高、客车舒适性差。各地普遍地存在着汽车车型单一，缺少集装箱车、多种散装车、自卸车、特种车、豪华客车等。号称经济发达的江苏省，20世纪70年代以前购置的客车占43.2%，货车占49.5%，“超期服役”的汽车占40%。长江流域的水上运输工具也相当落后，船型吨位小、机型老、能耗大、效率低。许多船舶“超期服役”甚至“带病”运转。许多港口泊位少、库场小、设施简陋、装卸工艺落后、装卸效率低。

第四，建设资金严重不足，交通发展步伐滞缓。这是长江流域交通建设普遍存在的一个重要问题，也是造成交通基础设施长期滞后的一个根本原因。目前，长江干流正在兴起建桥热潮，已经建成和正在施工以及立项兴建的长江大桥共有20座，桥面总长度将超过100公里，总投资达200亿元左右。在建桥中，各地都存在资金短缺的问题。

第五，交通建设缺乏统一规划，管理多头、混乱。长期以来，长江流域的交通建设缺乏全面规划和合理布局，以致有些建设项目造成失误或产生负效应。比如，20世纪60年代建成的南京长江大桥的通航净空高度只有24米，只能满足3000吨以下的船舶航行，导致南京以上沿江港口的外贸物资运输被迫采用“多程运输法”，即先用小船将货物运到下游港口再集中换装大船出海，既费时费力又增加运输成本。而20世纪90年代建成的九江长江大桥的通航净空高度也只有24米，成为长江上百型船舶通航的又一大障碍。为解决桥位过低的问题，不少专家提出必须对27年前建成的南京长江大桥“动手术”，提高其通航高度。但刚刚建成通车的长江上最长的一座公路铁路两用桥——九江长江大桥，仍然是巨轮不可逾越的障碍。此外，条块分割、管理多头、政出多门、缺乏协调，是长江流域交通建设中的另一个亟待解决的问题。现有的公路、铁路、水运、航空和管道等5种运输方式，历来分属于交通、铁路、民航和石油化工等主管部门，而每种运输方式的生产建设又涉及诸多的条条和块块管理，它们彼此间缺乏统一规划和协调。

二、发展长江流域交通产业的对策

发展经济，交通先行，这是国内外经济建设的普遍规律和共同经验。从全面实施党和国家提出的长江发展战略，以及当前长江流域交通建设存在的问题来看，今后长江流域交通建设的指导思想和战略目标应当是：以交通发展高速化、交通结构合理化、交通手段现代化、交通网络国际化为目标，以江河海的水运线、高速公路和高等级公路、铁路主干线和航空线为主轴，以上海为龙头和总枢纽，以宁、汉、渝等中心城市和长江流域各省省会以及沿江沿海各大港口为枢纽,形成连通全国、沟通世界、内外直达、干支相连、各种运输方式协调发展的,多层次、立体型、现代化的综合运输体系和支持保障体系,以适应长江流域现代化经济建设和社会发展的需要。为此,长江流域的交通建设必须采取以下战略措施和对策:

1.更新观念,深化改革

交通建设是一项跨世纪的、规划宏大的系统工程,必须牢固地树立长远观念、整体观念、系统观念、开放观念、综合观念、协调观念、高起点观念和超前发展观念,充分发挥各种运输方式的优势,全面提高综合运输能力,进一步完善运输市场,建立和发展多家经营,以交为主,交、工、贸、旅相结合的和以股份制为主体的经营机制及多元经营方式,使交通产业走上以运输为主、多种经营、多功能、多元化发展的路子。在管理体制上,要充分发挥国家对交通产业的宏观管理和调控的职能,强化对重点交通的建设和对运输市场的宏观指导,加强决策的民主化和科学化。对重大建设项目必须通过全面的、反复的科学论证,始终把长远的和整体的利益放在首位。对各种运输方式的发展要全面规划,统一管理,合理布局,防止顾此失彼。要进一步加强交通产业的法制建设,依法办交通和依法管理交通。要通过改革,逐步建立和完善统一、高效、协调的交通管理体制。

2.全面协调发展交通产业,大力提高综合运输能力和经济效益

长江流域地处我国东、中、西三大地带,物产资源和经济发展水平各不相同,因此,长江流域的交通建设,应当根据不同地区、不同运输对象和客货流向、流量的不同,充分发挥各种运输方式的优势和技术经济特点,使水运、公路、铁路、航空和管道5种运输方式的路线、布局、枢纽和运输装备等合理分工,做到优势互补、协调发展。水运具有运量大、能耗少、成本低、投资省、占地少、污染少等优点,最适宜于大宗、笨重、低价、时效性不强的货物长途运输,因此,大力发展以长江干线航道为主体的水上运输,是长江流域交通建设的当务之急。水运重点是加强长江干线高等级航道的建设,力争在20世纪末,使5万吨级海轮通至南京,万吨级海轮通至铜陵,5千吨级海轮通至武汉,3千吨级海轮通至城陵矶,万吨级船队通至重庆。公路运输具有机动、灵活、直达、迅速、适应性强、服务面广、集散方便等优点,适宜中短距离、小批量客货运输。特别是高速公路具有通过能力强、行车速度快、服务水平高、能开展大型集装箱运输等优点,是一个国家和地区具有现代化交通的重要标志。因此,大力加强公路建设特别是高速公路和高等级公路的建设,是长江流域交通建设的一个至关重要的战略重点。要力争在20世纪末,形成以高速公路和高等级公路为骨干、干线和支线相结合、设施齐全、便捷安全、四通八达的公路运输网络。铁路运输具有不受气候条件影响、运载量大、成本低、速度快、能耗低、污染少、占地少,安全性、通用性、准确性好等优点,适宜中长距离、大批量客货运输。因此,加快新建和扩建铁路建设的步伐,特别是兴建沿长江行驶的东西铁路干线和填补迄今尚无铁路的苏北、赣南、闽西、浙东南等铁路空白地区,则是长江流域交通建设中的一项刻不容缓的大事。要尽快形成纵横交错、四通八达的铁路网络,并力争使长江流域的铁路密度跃居全国各大江河流域之首。航空运输具有快速、省时、舒适、便捷、安全等优点,适宜中长距离旅客运输和重量轻、体积小、价值

高及鲜活货物的运输。而长江流域幅员辽阔,经济和文化联系历来密切,因此,加快发展航空运输,及时传递经济信息和科研成果,则是长江流域交通建设的一个十分重要的内容。要从实际情况出发,加快长江流域中心城市和重要交通枢纽的机场建设步伐,并增开至国内各重点城市、旅游城市和海外重要国际机场的航线。管道运输具有不占耕地、不受自然条件影响、运费低廉、安全可靠等优点,适宜中短距离的液体、气体、粉状货物的运输。因此,长江流域各地要根据需要和可能,适当发展管道运输。总之,长江流域的交通建设应当充分发挥5种运输方式各自的优势,尽可能扬长避短,尽快建立和完善功能综合化、发展协调化的现代化立体交通运输网络。

3.多渠道、全方位筹集资金,进一步增加对交通建设的投资

要迅速改变长江流域交通建设严重滞后的状况,加快现代化交通建设的步伐,关键是要有足够的资金保障。仅20世纪末长江水系航运基础设施建设一项,按1992年价格估算需静态投资120亿元,其中航道建设投资51亿元,港口建设60亿元,支持保障体系9亿元,这还不包括船舶建设投资等费用。另据有关部门提出长江口整治工程,总投资需78亿元,再加上长江流域的公路、铁路、航空、管道等4种运输方式的建设,所需资金则更为庞大。因此,必须全面开拓筹集资金的渠道,尽快形成多元的投资渠道和全方位筹资的办法,方能解决资金短缺这个关键问题。具体说来,一是国家增加对交通建设的投入——这是解决资金问题的一个主要渠道。国家在投资政策导向上,应向交通运输这个重要的基础产业倾斜,进一步加大对交通基础设施投资的比例,并通过征收、加征、新征、转征税收等办法筹集交通建设经费。重要的交通基础设施,如高等级航道、高等级公路、铁路干线、重要机场、港口等,一般都应由国家和地方政府专项拨款解决大部分或一部分资金,以保证交通建设有足够的资金。二是采取多渠道、多形式的方式筹集交通建设资金。按照"谁投资、谁使用、谁管理、谁受益"的原则,发展多层次、多渠道、多形式、多目标,跨行业、跨地区乃至跨国界的横向经济联合,实行联建联运联营。按照市场经济要求,以股份制形式,建立水运、公路、铁路、航空、管道等专业公司,对国内外广为招股集资,并鼓励中外客商、货主独资或合资兴建交通基础设施,自主经营、租赁经营或联合经营专用航道与专用码头、公路与铁路专用线、专用站场等一切专用设施,以及货物装卸、仓储和国内外客货运输任务。三是大量引进和利用国外资金。这是解决交通建设资金的一个重要渠道和行之有效的办法。国家和省市交通部门乃至经济团体,可向海外全方位和连续性招商,充分利用外国政府、国际金融机构和海外华商的贷款,并给予种种优惠政策以鼓励外商直接投资长江流域的交通建设。四是国内金融机构和交通企业经过批准,可发行交通建设债券和股票。各级商业银行可承办交通建设的集资、融资、划拨、增值等项业务,并设立交通建设专项贷款,增加车船更新改造的贷款指标,以加快交通运输工具更新改造的步伐。

4.政策上扶持,规划上落实

交通产业是国民经济的基础产业,直接经济效益较小,社会效益较大。为此,国家和地方政府应对交通产业实行特殊的配套扶持政策、必要的优惠倾斜政策和较为完善的政策保护措施,进一步加快长江流域交通建设的步伐。首先,国家和各级地方政府应把优先发

展交通产业放在重要战略地位和提上重要议事日程。各级政府和交通主管部门要制订全面发展交通产业的长期规划和年度计划,确定本地区、本系统交通产业协调发展的目标和布局,提出具体的扶持政策和保护措施,并扎扎实实地狠抓落实。其次,对交通产业和微利的交通企业实行特殊的优惠政策。比如,交通建设用地和拆迁等要尽可能减免税(费),等等。再次,对发展严重滞后的长江水运采取特殊的扶持政策。比如,可设立长江航运发展基金,实行"以海养河,以陆补水"的方针,航电结合开发,以电养航等。

5.依靠科技进步,加快培养交通建设人才

科技和人才,是振兴交通的关键。要依靠科学规划,提高交通建设的宏观效益;依靠科学管理,提高交通工具的利用率和经济效益;依靠科技开发,改进和研制新型、快速、节能、安全的交通工具,以加速交通产业现代化的进程。科技进步,振兴交通,都离不开各类建设人才。因此,大力培养和重用各类交通建设人才,是交通建设的根本大计。特别是在当前长江流域交通建设滞后、运输工具落后和人才奇缺的情况下,依靠科技进步,加速培养交通建设人才,更具有特殊重要的意义。这是解决长江流域交通建设问题的带有根本性的战略措施和唯一出路。

此文原载《投资经济》1995年第11期(总第85期)。

刍议长江经济带的优势和产业布局

长江经济带拥有广阔的发展空间和诸多优势，是中国横贯东西、连接南北最大的综合经济带。其可开发规模和发展潜力之大，在全球各大内河经济带实属罕见。加速长江经济带的开发开放和现代化建设，对于实现中华民族伟大复兴的中国梦，具有十分重要的战略意义。

一、长江经济带的综合优势

长江经济带包括沪、苏、浙、赣、湘、渝、川等七省二市。唐宋以后，中国经济重点南移，江南成为全国最富庶的地区，并延续千余年久盛不衰，至今仍是推动中国经济发展的引擎。究其原因，主要是这里具有得天独厚的优势。

一是区位优势。这里是中国唯一地跨东、中、西三大地域的经济带，兼有华东、华中、西南三大地区的优势和发展机遇。特别是“黄金水道”长江和东部沿海“黄金海岸”交汇的叠加优势，使长江经济带成为中国内陆腹地与外洋交流、国内外双向开拓、内陆经济与海洋经济优势互补和共同繁荣的“宝地”。

二是资源优势。

(1)得“水”独富。水是人类赖以生存和发展经济的战略性资源，而长江流域则是中国最大的富水区。长江水域面积占全国水域总面积的40%，可开发利用水量占全国的53.4%，属我国七大水系之首，总水量相当于黄河的20倍，鄱、洞、太、洪、巢五大淡水湖的人均淡水量和亩均占有量分别为北方的3.3倍与7倍。长江不仅满足了流域内占全国40%人口的生产和生活用水，而且通过“南水北调”支援了北方缺水和干旱地区。长江具有航运、灌溉、水产、旅游等诸多功能，并为发展长江流域庞大的工业走廊和农业走廊提供了丰富的水资源保障。

(2)得“土”独肥。长江流域土地肥沃、地质优良、耕地集中，耕地面积占全国27%，加之气候温和、湿润，有利于农作物稳产高产和全面提升农业生产水平。

(3)得“矿”独宝。长江流域拥有110种矿产资源，占全国矿种的80%以上，尤以金属矿产最负盛名。在38种主要矿产中，储量占全国总量60%以上的有13种，钒、钛等矿储量位居世界前列。

(4)得“物”独优。生物品种优良，资源丰富。盛产多种优质药材、木材和茶、竹等经济林木，拥有量占全国80%以上，木材积蓄量占全国1/3以上，大熊猫、中华鲟等多种珍贵动物更是驰名中外。

(5)得“景”独秀。旅游景区风光秀丽,各具特色。国家自然保护区占全国 1/3 以上,拥有 35 座中国历史文化名城,省级以上名胜景区有 40 多处,自然与人文景观交相辉映。

三是产业优势。长江流域历来农业发达,是全国重要的农业区和商品农业基地。长江上游的“天府粮仓”,中游的“两湖熟,天下足”,下游的“鱼米之乡”,历来享誉全国。工业基础雄厚,是中国近代工业文明的发祥地和中国当代现代化工业密集带。沪、宁、汉、渝四大经济中心的钢铁、机械、石化、建材等重化工业雄居全国前列,航天、电子、信息、自动化、新材料、生物工程等高新技术产业在全国占有重要地位,许多产品跻身国际先进行列。苏南自主创新示范区 2012 年以占全国 2.9%的土地面积创造了占全国 6.4%的经济总量,人均地区生产总值超 1.7 万美元,成为我国首个跨行政区的规模最大的国家级自主创新示范区。

四是科教与人才优势。长江经济带区域科教历来发达,人才高度密集。科技人员占全国 40%,两院院士占全国半数以上,重点高新技术开发区占全国六成以上。苏、浙两省分别拥有历代杰出专家学者 484 名和 443 名,雄居全国第一、二位。

五是城镇密集的优势。该区域拥有沪、渝两座超大城市和汉、蓉、宁、杭、苏 5 座特大城市,并有大中小城市 200 余座,已形成超大和特大城市为主导、大中城市为支撑、小城市和众多城镇为基础的,布局合理、功能齐全的城镇体系,并形成了中国唯一的世界级城市群,即以上海为龙头的长三角城市群。

六是对外开放的优势。改革开放以来,长江沿岸城市借鉴本地近代率先对外开放的历史经验和渠道,加快对外开放的步伐,大力引进国外先进设备、技术、人才和管理经验,充分利用国际国内两种资源和两个市场,采取“引进来”和“走出去”相结合的途径,大力发展开放型经济,形成了全方位、宽领域、多渠道、多形式的对外开放格局。

二、长江经济带的产业发展方向

中共十八大提出坚持走中国特色新型工业化、信息化、城镇化、农业现代化的道路,不断开拓生产发展、生活富裕、生态良好的文明发展道路,为长江经济带指明了发展方向和途径。

当今长江经济带的产业结构总体上处于“二三一”的发展阶段,表现出以重化工业和制造业为主的工业化中后期特征,因此,全面推进新型工业化,发展结构优化、技术先进、清洁安全、附加值高、吸纳就业能力强的现代产业体系,是今后较长时期内的首要任务。具体目标是:以沿江地区为轴线,以特大和大城市为中心,以战略性新兴产业为主导,加快调整和优化产业结构,加强能源、冶金、化工、建材等重化工业,发展和提升直接关系民生的轻纺、食品等加工业,积极培育和加快发展高新技术产业群,强化沪、宁、汉、渝四大工业基地及其他地区性工业中心,使长江经济带成为基础工业更发达、加工工业技术更先进、结构层次更高、轻重工业协调发展、布局合理均衡的现代化工业密集带。

加快发展以生产性服务业为主导,包括生活性服务业在内的现代服务业,是长江经济带发展第三产业的重要内容。金融业是现代服务业的核心,加快建设上海国际金融中心和宁、汉、渝等区域性金融中心，推动特大城市形成以服务经济为主的产业结构。还要加快发展交通、信息、商贸、旅游、教育、文化、医疗等第三产业，以满足人们日益增长的物质和文化生活需要。

坚持第一产业的基础地位，加快发展高产、优质、高效、环保、安全农业，增强农业综合生产能力，全面实现农业现代化，是长江经济带的又一重要任务。要以市场为导向、资源为基础，依托便利的交通运输和雄厚的技术力量，发展以大中型农副产品基地为支撑点的长江农业走廊。长江上游地区要依托丰富的农业综合资源，向生态农业要效益；中游地区要努力提高农业发展水平，承担国家粮、棉、油生产基地的重任，向规模农业要效益；下游地区要大力发展创汇农业和城郊农业，立足粮食自给，向设施农业和高科技农业要效益。

三、六大经济圈的形成

经过改革开放 30 多年，长江经济带现已形成以下六大经济圈：

（1）上海经济圈。以我国最大的经济中心上海为龙头，包括苏浙两省的苏、锡、常、通和杭、嘉、湖、甬、绍、舟共 11 个城市，是全国经济最发达、城市化水平最高的核心地区。上海正在加快建设国际经济、金融、贸易、航运“四个中心”，并带动长三角逐步建成亚太地区重要的国际门户、全球重要的现代服务业和先进制造业中心、有较强国际竞争力的世界级城市群，并成为中国率先实现现代化的示范区。

（2）南京经济圈。以长江下游西部经济中心和交通枢纽南京为中心，包括苏皖两省的镇、扬、马、芜、铜、巢共 7 个城市，是我国重要的冶金、石化工业基地，重点发展冶金、石化、能源、建材工业，依托南京发展微电子、机电一体化等高新技术产业，构建长江下游西部沿江工业走廊。

（3）安九经济圈。包括皖、赣两省的安庆、池州、九江等城市，是六大经济圈中相对薄弱的地区，重点发展石化、轻纺、造船等工业。

（4）武汉经济圈。以长江中游经济中心和交通枢纽武汉为中心，包括鄂、湘两省的黄、荆、宜、岳、常、益等 12 个城市。产业基础雄厚，已形成冶金、机械等五大支柱产业和商品农业基地。重点发展武汉的钢铁、汽车、商贸、科教“四城”和华中地区的金融、商业、外贸“三个中心”，带动鄂、湘两省沿江地区产业发展。

（5）重庆经济圈。包括长江上游经济中心和交通枢纽重庆市的全部辖区。重点发展以水电为主的电力、原材料、机电等工业，开发机电一体化、新材料、生物工程等高新技术产业，相应发展交通、旅游等第三产业。

（6）攀泸经济圈。包括四川省攀枝花、泸州等城市，是水能、矿产等资源丰富的地区。以水电开发为突破口，加快发展能源，冶金、化工等重化工业，相应发展机械和农副产品加工，加速发展第三产业、推进生态文明建设，使之成为长江经济带的能源和原材料供应基地。

此文原载《江苏党校报·夕阳红》2016 年 12 月 30 日。

略论苏商的地位和特点

苏商历来是推动江苏经济社会发展的一支重要力量。无论过去和现在,苏商都同全省人民一道,创造了江苏经济发展的一个又一个奇迹,使江苏经济发展水平长期雄踞全国前列。继承和发扬苏商创业创新的优良传统和生产经营管理的丰富经验,对于当今江苏实现“两个率先”宏伟目标,有着十分重要的意义。

一、苏商的发展和贡献

苏商的历史源远流长,曾与徽商、晋商、浙商、粤商并称为我国“五大商帮”,经历了古代、近代和当代三大发展阶段。历史上第一位苏商,首推春秋时期的范蠡,号称陶朱公,在苏南经商,富甲天下。他的经商诀窍至今传为美谈,尊之为“商圣”。唐宋以后,江南之所以逐步成为中国的经济重心,苏商起了极为重要的作用。明清时期,苏商称雄江南,为我国资本主义的萌芽做出了重要贡献。

近代苏商崛起并成为我国新式商界的杰出代表,有力地推动了江苏成为中国近代民族工商业的发祥地。苏商创办的近代工业呈现两大特色。一是起步早,企业数量多。无锡商人杨宗濂兄弟 1895 年创办的业勤纱厂,是江苏第一家机器棉纺织厂。接着,苏商又早于内地众多地区,相继创办了一批近代机器工业企业。到 1919 年,苏商创办的工厂达 155 家,占我国注册工厂总数的 40%,居全国各省之首。二是资本实力雄厚,成为中国近代工业化的领头羊和主力军。善于经营管理的苏商,充分发挥自身的优势,逐步形成了以南通大生纱厂和沪锡“茂、福、申”公司为代表的十大资本集团。被誉为“状元实业家”的张謇创办的大生资本集团,囊括工业、交通、农垦、金融、商贸、航运等诸多企业,被公认为中国近代第一个民营大实业家。无锡商人荣宗敬、荣德生兄弟在无锡、上海等地创办的荣氏资本集团,是近代中国规模最大的民族资本企业集团,其面粉产量占全国民族工业面粉生产能力的 1/3,纱锭和布机分别占全国民族棉纺织业设备总数的 1/5 和 1/4 以上,被毛泽东称为“中国民族资本家的首户”。到 1932 年,江苏民族工业资本占全省工业资本总数的 80.3%。无锡、常州、南通三城市的近代工业,则全部由纯华资企业构成。

当代苏商更是群星璀璨、功勋卓著。改革开放以来,苏商在党和政府的领导与广大群众的共同努力下,先后掀起了三次规模巨大、影响深远的创业浪潮。

一是乡镇企业异军突起。改革开放之前,苏南人民在计划经济一统天下的夹缝中,首创了一批乡镇企业。改革开放以后,乡镇企业迎来了迅猛发展的春天。20 世纪 80 年代末,江苏乡镇企业产值占到了全省工业总产值的 2/3,涌现出“天下第一村”江阴华西村和以农民企业家吴仁宝为代表的一大批苏商杰出人物。

二是外向型经济突飞猛进。在上海浦东开发开放的带动下,同上海毗邻的苏商加快发展外向型经济的步伐。昆山市在全国首创自费建设开发区的先河,走出一条“投资少、速度快、效益好”的开发开放新路子,盐城悦达集团走出一条“国际化带动苏北新型工业化”之路。广大苏商坚持全方位、多渠道、多形式对外开放,取得了显著成效。2003 年,江苏吸引外资居全国之首。云集万家外企的苏州市,以不到全国 1‰的土地,创造了全国 1/50 的 GDP 和 1/4 的进出口总额。

三是民营经济空前繁荣。江苏是民营经济的沃土,具有亲商、安商、富商的传统和良好的投资环境。进入 21 世纪以来,民营经济蓬勃发展,形成国资、民资、外资“三足鼎立”的新格局。江苏民资的崛起,在很大程度上得益于乡镇企业的改制和重组。到 2000 年底,全省乡镇企业改制面达到 93%,“小微亏”企业普遍改为个体私营企业。2002 年,江苏民资企业总数一跃超过浙江和广东,位居全国各省市之首。在全国民营企业 500 强中,江苏民企“三分天下有其一”。特别是全国民企前十强中,江苏的沙钢、苏宁、雨润等民企连续多年名列前茅。2011 年,江苏民营企业占全省企业总数的 99%,创造了全省经济总量的 60%,吸纳了 80%以上的劳动力就业,提供了 50%以上的国家税收收入。实践证明,民营经济是富民经济,带动全省城乡居民逐步走上共同富裕之路。

二、苏商的特点

苏商在长期发展过程中,继承和发扬了中华文化特别是作为江苏本土文化的吴文化善于吸纳融合、工农商并举、开放兼容的优良传统,形成了以下 4 个特点:

首先是进步性。苏商的进步性集中体现在两个方面。一是以实业救国、实业报国为己任。近代苏商开创者张謇明确提出“实业救国”的口号,并始终践行这个口号。无锡荣氏兄弟认为,只有发展工业才能“杜侵略、抵外货”,并同日寇进行了长期斗争。当代苏商普遍以“实业报国”作为企业发展之本。张家港市民营企业家沈文荣怀着“实业报国”之志,努力打造民族品牌,把原来名不见经传的沙钢建成了世界级钢铁集团,并成为我国民营企业家中屈指可数的中共十六大、十七大代表。二是不断引进国内外先进设备、技术和管理方法。无论近代还是当代苏商,在国内外激烈的竞争中,总是千方百计地运用先进的科学技术,同先进生产力紧密联系在一起。

其次是广泛性。当代苏商是集传统人文精神与现代经营智慧于一身的创业群体。他们人数众多、实力雄厚,不仅扎根于江苏城乡各地,而且遍及全国各省市和海外许多地区。目前,在全国各地投资的苏商已超过 300 万人,开办企业 60 万家,注册资本逾 1 万亿元,出省创业人员在全国名列前茅,有力地促进了苏商投资所在地的经济社会发展。

再次是开放性。市场经济是开放型经济。苏商始终把对内和对外开放作为生存和发展的必要条件。为适应经济全球化和区域经济一化的需要,苏商充分运用国际国内两种资源和两个市场，加速开放型经济发展的步伐，特别注重产品、资本、劳务的国际流动和整合，大力推进产品市场、资源配置、资本利用、科技创新、人才开发的国际化，更加积极主动地参与全球经济大循环。苏州工业园区和全省众多开发区取得举世瞩目的成就，充分显示了苏商的开发开放具有强大的生命力。

最后是创新性。创新是国家和民族兴旺发达的灵魂，也是苏商之魂和不断取胜的法宝。苏商的创新集中表现在观念创新、科技创新、制度创新、管理创新等方面。张謇首开近代苏商创新的先河，在推进诸多企业技术创新的同时，率先采用股份制公司这种新型模式，并创办“大农、大工、大商”，用经济近代化带动南通在全国较早走上了近代化的道路。当代苏商更是把创新作为企业生存和发展的第一核心战略，坚持在实践中创新，在创新中发展。2011 年，江苏省委提出以“创业创新创优、争先领先率先”作为新时期江苏精神，进一步推动苏商的创新活动更加广泛深入发展。如今，以企业为主体的技术创新体系和以高新技术产业为中心的创新与服务体系正在江苏蓬勃发展，一个以知识经济为先导、高新技术为主导的民营经济发展新格局已经形成。随着全省创新型经济的发展壮大，江苏必将在我国率先建成创新型省份。

此文原载《江苏党校报·夕阳红》2013 年 9 月 30 日，第 2 版。

实施科教与人才强省战略之思考

坚定不移地实施科教与人才强省战略，是中共江苏省第十二次党代会和全省“十二五”规划中明确提出的第一位基础战略,也是关系到国强民富大局而必须长期坚持的带有根本性的发展战略。

一、科教与人才强省战略的重要性

在当今激烈竞争的时代,经济竞争、综合国力和地区实力的竞争,归根到底是科教与人才的竞争。国家之间和地区之间经济文化发展的不平衡,从根本上说,是由于人才的多寡和国民整体素质的高低所决定的。

实施科教与人才强省战略,首先要从思想上充分认识并在行动上真正落实以下“四个第一”的理念:

(1)科技是第一生产力。科技是推动经济发展、社会进步和人民生活改善的决定性因素,是全面建设小康社会和实现社会主义现代化的关键性因素,也是维护国家安全和巩固社会主义制度的重要因素。科技还是一个国家和地区提升国际竞争力的核心因素。

(2)教育是第一基础。教育是民族振兴和社会进步的基石,在经济社会发展中具有基础性、先导性、全面性的地位和作用。人杰地灵的江苏,具有尊师重教的优良传统,教育在全国一直处于领先地位。如今全省在校大学生数雄居全国榜首，平均每 10 个人中就有 1 位大学生。

(3)人才是第一资源。人才是国强民富的根本保证。全面落实人才优先发展、优先投入战略,是强省之基、竞争之本、经济转型升级之要。江苏历来是人才辈出的沃土,当代江苏更成为全国人才高度集聚的宝地。1955 ~ 2009 年当选的中科院和工程院的院士中,江苏籍院士多达 323 人。雄居全国首位。

(4)创新是第一驱动力。创新是国家和民族进步的灵魂,是推动经济社会发展的根本动力。优先发展科技、教育和人才事业,必须紧密依靠创新这个第一驱动力,坚持用创新指导实践,在实践中不断创新。

二、科教与人才强省战略的内涵和重点

科教与人才强省战略内容丰富,在“十三五”期间的主要任务是:

(1)建设科技强省。遵循自主创新、重点跨越、支撑发展、引领未来的方针,全面实施知

识创新和技术创新工程。一是把技术创新作为主攻方向。以培育自主知识产权、自主品牌为重点,加快推进科技成果向现实生产力转化,使更多产品由“江苏制造”向“江苏创造”提升。二是强化企业创新的主体地位。大力推进科技资源向企业集聚,使企业成为研发投入、技术创新和创新成果应用的主体。三是把产学研结合作为创新的主要途径。增强科研院所和高校的创新能力,鼓励企业家和科技创新人才优势互补,共同推进科技创新,率先建成科技强省。

(2)建设教育强省。坚持教育优先发展、优先投入的方针,加快实现教育现代化,率先建成教育强省。一是加快教育发展和改革的步伐。按照优先发展、育人为本、改革创新、促进公平、提高质量的要求,高水平普及基础教育,创新发展职业教育,提升高等教育办学水平,努力办好各级各类学校,加快建设全民学习、终身学习的学习型社会。二是全面进行素质教育。坚持德育为先、能力为重,让德智体美全面发展成为教育引擎。三是坚持“教育大计,教师为本”。依靠广大教师造就一支德育高尚、业务精湛、结构合理、充满活力的高素质、专业化的教师队伍。切实维护教师权益,改善教师待遇,关心教师身心健康,努力改善教师工作条件和生活条件,并鼓励优秀人才终身从教。

(3)建设人才强省。坚持服务发展、人才优先、以用为本、创新机制、高端引领、整体开发的方针,加快人才资源大省向人才强省提升,率先建成人才强省。一是加强各类人才队伍的建设。在重点培养和引进创新型科技人才和科技企业家的同时,统筹党政和社会管理、企业经营管理、专业技术等各类人才的培养。二是创新人才发展和管理机制。优化人才结构,突出重点,多元开发,整体推进,完善人才培养、调配、使用、激励保障机制,充分发挥人才的活力,使各类人才在江苏创业有机会、创新有条件、发展有空间。三是优化人才发展环境。大力营造充满活力、富有效率、更加开放的人才环境,加快建设人才公共服务体系,进一步完善人才市场,促进人才公平竞争和合理流动。鼓励和支持各类人才向苏北和本省沿海地区流动,推动全省区域经济协调发展。

三、贵在坚持,重在落实

坚持科教与人才强省战略,关键是要做到“四个到位”:

(1)认识到位。这是能否坚持和落实科教与人才强省战略的先决条件。

(2)优先发展到位。建议江苏省各级党委和政府始终把这个战略决策列入本地区、本部门的重要议事日程,并作为考核业绩的重要指标。在制订发展规划时优先安排科教与人才事业的发展,公共资源优先满足科教与人才发展的需要。要从大处着眼、实处着手,同心协力,高水平地建设科教与人才强省。

(3)资金投入到位。各级财政资金应优先保证科教与人才发展的需要,并要建立健全以政府投入为主、多元化、多渠道筹集科教与人才发展资金的体制和工作机制。

(4)全社会关心和支持到位。必须动员和组织全社会人人参与和支持科教与人才发展事业,为全省实现“两个率先”和中华民族的伟大复兴做出更大的贡献。

此文原载《江苏党校报·夕阳红》2011 年 12 月 30 日,第 2 版。

推进苏南现代化建设示范区的思考

最近经国家批准的“苏南现代化建设示范区规划”(以下简称“示范区”),是我国第一个以区域现代化建设为主题的战略规划,也是江苏省又一个上升到国家层面的发展规划,具有时代性、前瞻性、创新性和示范性。全面贯彻落实这个宏伟规划,高标准、高起点、高水平地推进示范区建设,是摆在我们面前的一项刻不容缓的战略任务,对于开创江苏省“两个率先”新局面和全国现代化建设事业都有十分重要的战略意义。

一、示范区建设的有利条件

苏南地处我国东部美丽富饶的长三角核心区,是当今中国经济最发达、最具发展活力和综合竞争力的地区之一。示范区包括省会南京和苏州、无锡、常州、镇江 5 个省辖市及其辖区,人口和土地面积分别占全省的 31.82%和 24.88%。建设示范区是苏南历史和现实发展的必然抉择,具有诸多有利条件。

首先,苏南在中国经济发展中历来处于领先地位。它有通江达海的区位优势,优越的自然条件,丰富的物产资源,素质较高的人力和智力资源,历史上曾出现过“三个发祥地”的辉煌业绩:一是中国古代农业文明的发祥地之一。水稻、蚕桑、棉花等农作物生产在全国一直处于领先地位,并延续千余年久盛不衰。二是中国近代工业文明的发祥地。鸦片战争后,曾隶属于江苏的上海及其毗邻的苏南,率先引进西方国家的先进技术、设备和管理方法,首创一批近代机器工业,率先走上了近代化的道路。到抗日战争前夕,无锡的近代工业产值和工人总数已名列全国第三和第二位,面粉、蚕丝出口总额居全国首位。三是中国当代乡镇企业发祥地。苏南在计划经济的夹缝中首创大批乡镇企业。改革开放后,乡镇企业“异军突起”,并大量吸收外资和民资,基本上实现了外向化、民营化、集约化,成为推进苏南工业化的生力军。

特别是 20 世纪 90 年代以来,在浦东开发开放的带动下,苏南步入了经济发展的快车道。开放型经济迅猛发展,雄居全国前列。到 2003 年,苏南以占全国 0.3%的土地和 1.7%的人口,创造了全国 6.7%的 GDP、7.1%的固定资产投资、12.1%的进出口总额。同年,苏南的 GDP 居全国第四位,仅次于粤、鲁、浙 3 省;进出口总额居全国第三,次于粤、沪两省市;实际利用外资居全国第二,仅次于粤。这些成就为示范区建设奠定了雄厚的物质、技术基础。

其次,苏南的“两个率先”为示范区建设提供了丰富的经验和有益的借鉴。进入 21 世纪以来,苏南各市先后实现了全面建设小康社会的“第一个率先”,并不失时机地迈开了现代化建设的步伐,为实现现代化的“第二个率先”创造了前提和条件,取得了举世瞩目的成就。2012年,苏南的GDP达到33381亿元,人均GDP突破1.6万美元,是全国平均水平的2.6倍,远高于全省人均GDP1万美元的水平;进出口总额和实际利用外资分别占全国的1/8和1/5;所有县(市)全部进入全国综合实力百强县(市),其中7个县(市)进入全国前十名。显然,苏南有充分的条件在全省和全国现代化建设中发挥率先、领先、示范的作用。

当然,我们也应当看到,示范区建设也面临一些不利条件和制约因素,主要是人多资源少、环境容量小、生态比较脆弱等。因此,必须加快经济转型升级,坚持走绿色、循环、低碳发展的道路。

二、示范区建设的目标和内涵

中共十八大提出坚持走中国特色新型工业化、信息化、城镇化、农业现代化道路,为示范区建设指明了方向。根据《规划》要求,省委省政府明确提出了示范区建设的具体目标和内涵,着力推进经济现代化、社会现代化和生态文明、政治文明建设,促进人的全面发展,努力建成自主创新先导区、现代产业集聚区、城乡发展一体化先行区、开放合作引领区、富裕文明宜居区,推进苏南现代化建设走在全国前列。到2020年,基本实现区域现代化,成为全国现代化建设示范区。到2030年,全面实现区域现代化,经济发展和社会事业达到主要发达国家水平,成为经济发达、社会进步、生活富裕、生态良好、政治民主的现代化地区。

三、示范区建设的途径和措施

示范区建设是一项宏伟而艰巨的系统工程,必须坚定先行先试、高端引领、示范带动、统筹兼顾,抓紧抓好“四个落实”。

一是落实好“新四化”的同步发展。首先要推进信息化和工业化深度融合,大力运用信息技术提高工业化水平,以信息化带动工业化,以工业化推动信息化。着力推进产业结构战略性调整和转型升级,坚持“高、轻、优、强”的调整目标,以高新技术产业为主导、服务经济为主体、先进制造业为支撑,尽快形成结构优化、技术先进、清洁安全、附加值高、就业吸收能力强的现代产业体系。

其次是工业化和城镇化良性互动。工业化是城镇化的基础,城镇化是工业化的载体,实现两者的良性互动,才能加速苏南现代化的进程。城镇化包括人口城镇化和地域城镇化,其核心是人的城镇化,关键是提高城镇化质量,达到共同富裕的目的。如今,苏南城镇化率已超过70%,苏、锡、常、镇4市名列全国十大宜居城市,南京名列全国知识城市竞争力第五位,整个苏南地区已初步形成以特大城市和大城市为依托、中小城市为重点、小城市和城镇为节点,布局合理、功能完善、协调发展的城镇化新格局,并形成南京和苏锡常两大都市圈,对苏南经济社会发展起着重要的引领和推动作用。

再次是城镇化和农业现代化相互协调。推进农业现代化和城乡发展一体化,形成以工促农、以城带乡、工农互惠、城乡一体的新型工农、城乡关系,是示范区建设的重中之重。采取有效措施,推进城乡基础设施共建共享、社会事业均衡发展、保障体系逐步并轨,使城乡人民共享现代化的成果。

二是落实好“基本实现现代化指标体系”。最近，省委省政府正式发布了“升级版”的现代化指标，新体系更贴近民生，对现代化提出了更高更完善的要求。示范区建设应当率先全面贯彻落实这个新指标体系，为全省实现“第二个率先”发挥表率、示范、带头作用。

三是落实好创新驱动战略和科教与人才基础战略。实施创新驱动战略，最根本的是观念创新、体制机制创新、管理创新。要充分发挥知识和人才的决定性作用，推进科技资源向企业集聚，使更多产品由“苏南制造”转向“苏南创新”。加快创新型城市建设，使之成为区域创新经济的增长极。

四是落实好民生优先、环保优先和共同富裕原则。示范区建设的目的，是满足人民日益增长的物质文化生活需要。为此，必须始终把人民利益放在一切工作的首位，多谋民生之利，全面推进生态文明建设。要像昆山市那样，在全国率先实施城乡各项保障并轨，高标准实现“学有优教、老有颐养、病有良医、住有宜居、劳有厚得”的目标，使苏南率先走上文明发展、共同富裕的道路。

此文原载《江苏党校报·夕阳红》2013 年 6 月 30 日。

把长三角地区建成世界级城市群的战略思考

经国家批准的《长江三角洲地区区域规划》，明确提出把长三角地区（以下简称“长三角”）建成亚太地区重要的国际门户、全球重要的现代服务业和先进制造业中心、具有较强国际竞争力的世界级城市群。这是以上海为中心、南京和杭州为副中心、苏浙两省众多城市为两翼的长三角城市群到2020年经济社会发展的总体战略目标，也是“十二五”期间长三角刻不容缓的战略任务。

一、第六大世界级城市群的崛起

自浦东开发以来，长三角经济迅速崛起，2009年的GDP首次超过1万亿美元，占中国GDP的21.4%，排在全球第11位，列俄罗斯之后、韩国之前。据著名的麦肯锡研究所预测，到2025年，全球经济发展最快的10个城市中，上海雄居第一，南京和杭州分列第八、九位。如今长三角不仅是中国经济发展水平最高、综合经济实力最强、人口和城镇密度最大、城市化水平最高的地区，而且也是亚太地区乃至全球最具经济发展活力与发展速度最快的地区，已成为当今世界继以伦敦为中心的英国城市群、巴黎为中心的西欧城市群、纽约为中心的美国东海岸城市群、芝加哥为中心的北美五大湖城市群、东京为中心的日本太平洋沿岸城市群之后的世界第六大城市群。并有以下几个特点：

（1）优越的自然条件和较为雄厚的经济实力。长三角总面积和人口分别占中国的2.22%和10.9%。这里山川秀丽、土地肥沃、水网密布、气候温和。在中国经济最发达的三大城市群中，长三角经济总量约为珠三角和京津冀两大城市群的总和。

（2）历史文化名城和现代化城市交相辉映。长三角既是中国古代农业文明的发源地之一，也是近代中国工业文明的发祥地，拥有南京、苏州、扬州、镇江、杭州、绍兴、宁波等13座中国历史文化名城。上海是中国近代工业文明和当代现代化文明的代表，曾经是远东繁华的国际大都市和东方不夜城。浦东开放以来，上海现代化建设突飞猛进，浦江两岸高楼林立，现代化气息扑面而来。上海这颗璀璨的东方明珠熠熠生辉，同伦敦、巴黎、纽约、东京等世界名城遥相媲美。

（3）城市群体系完整、功能齐全。长三角城市群是典型的“金字塔”形规模等级结构，就核心区16个城市而言，龙头是非农人口超千万的上海，对长三角乃至全国经济发展起着重要的辐射、带动和示范作用；次级是南京、杭州两个超大城市，为长三角两翼的副中心；还有4个特大城市、3个大城市和6个中等城市；另有33个小城市和星罗棋布的小城镇，形成“众星拱月”之势，发挥各自的优势和不同能量的功能。

(4)城市空间布局合理、各具特色。长三角现已形成以超大和特大城市为依托、铁路和高速公路为轴线，在核心区拥有各具特色的三大城市群空间布局。首先是最大的沪宁线城市群，是由上海、南京两个都市圈和苏锡常城市群组成，平均每 36 公里就有 1 个城市和 4 个城镇，其中南京都市圈是国内唯一的跨省都市圈，包括苏皖两省 7 个地级市。其次是沪杭线和杭甬线两个城市群。此外，还有苏北、浙南等若干规模不等的城市群。

二、建设亚太地区重要的国际门户

国际门户是建成世界级城市群的首要条件。长三角现已成为中外客商参与国际经济大循环的重要通道和亚太地区重要的国际门户，集中表现在：

(1)得天独厚的区位和港口优势。长三角位于长江和我国东部沿海岸线的交汇点，具有内陆和海洋双向开拓的叠加优势。通过沿海各港口，可直达韩国釜山、日本神户、中国香港、中国台湾以及新加坡等亚太地区著名港口。正在建设中的上海国际航运中心，以上海港为核心，宁波港和南通港为南北两翼，依托北仑、舟山和长江下游港口群资源，使长三角成为亚太地区国际门户的海上通道。

(2)发达的现代化交通和信息网络体系。长三角现已形成包括高速铁路、高速公路在内的铁路、公路、水运、航空和管道 5 种运输方式齐全的现代化交通运输体系，并形成了以上海为中心和南京、无锡、杭州、宁波为分中心的信息网络体系及信息社会服务体系，为长三角成为亚太地区重要的国际门户提供了四通八达的交通和信息化保障。

(3)全方位、宽领域、多层次的对外开放格局。如今长三角对外开放出现了更高层次的新特点：一是由出口和吸收外资为主转向进口和出口、吸收外资和对外投资并重；二是由注重数量转向注重质量，由单纯追求经济效益转向经济效益、社会效益、生态效益并重；三是由商品贸易转向商品贸易和服务贸易并重；四是由单纯引进国外资金转向着重引进国外先进技术和优秀人才。

(4)跨国公司总部经济的扩大。上海作为国际经济、金融、贸易、航运中心，首当其冲地成为跨国公司进入中国的桥头堡和集聚中心，并成为跨国公司在亚太地区的总部所在地及其研发、运营和采购中心，世界 500 强企业，已有 400 多家在长三角落户。

三、建设全球现代服务业和先进制造业中心

现代化经济是建成世界级城市群的物质基础。长三角建成世界级城市群的紧迫任务是：

(1)加快建设全球重要的现代服务业中心。长三角地区历来资源、能源紧缺，而科技教育发达，人才众多，因此要把发展高智力、高技术、高附加值和投资少、消耗低、无污染为特征的现代服务业作为长三角产业结构优化升级的重点，以市场化、产业化、社会化、国际化为导向，推动生产性服务集聚化、生活性服务便利化、基础性服务网络化、公共服务均等化，促进服务业比重提高、结构优化、竞争力提升，尽快形成以服务业为主的产业结构。

在现代服务业中，首先要加快发展生产性服务业。优先发展现代经济核心的金融业，加快建成上海国际金融中心，南京和杭州要加快建成地域性金融中心，同时，要大力发展与民生息息相关的生活性服务业。重点发展旅游、商贸、教育、文化、体育、医疗、养老、家政、社区服务等行业，以满足人民群众日益增长的物质和文化生活需要。

（2）加快建设全球重要的先进制造业中心。集中力量打造有较强国际竞争力的先进制造业基地，是长三角坚持走新型工业化道路和建成世界级城市群最为重要的明智决策。为此，首先要大力发展新能源、新材料、生物和新医药、信息技术、高端装备制造、光电、智能电网等高新技术产业和战略性新兴产业。其次要全面提升主导产业。如以机械、汽车、船舶为重点的装备制造业，计算机网络设备、通信设备为重点的电子信息业，精细化工为重点的石油化工业。再次是改造和提升以纺织、冶金、轻工、建材为重点的传统产业的装备技术水平，增强传统优势产业的国际竞争力。

四、创新是建成世界级城市群的第一驱动力

创新是一个民族进步的灵魂，也是长三角经济快速发展的根本动力。要用创新指导实践，在实践中不断创新，坚持做到：

（1）科技创新。科技创新是创新的核心。上海已成为中国最重要的知识生产中心、知识服务中心和高新技术产业基地以及亚太地区的研发中心。苏浙两省依托较为雄厚的科技优势，明确提出建设创新型省份和科技强省的目标。

（2）教育创新。优先发展教育事业和推进教育创新，是长三角建成世界级城市群的第一基础战略。为此，要以提高质量为核心，推进各级各类教育创新；加快教育管理体制创新，完善符合现代化、国际化要求的办学体系和管理制度；落实教育优先投入机制，确保教育经费优先增长。

（3）人才创新。人才是第一资源，是建成世界级城市群的根本保证。面对国内外激烈的人才竞争，要加快人才培养、使用、激励机制创新的步伐，坚持学校教育与实践锻炼相结合、国内培养与国际交流相结合，着力构建创业创新人才高地，推进和完善各类人才队伍的建设。

（4）政策和制度创新。这是增强城市群发展活力和提升国际竞争力的关键。具有多元、包容、开拓、开放等特征的吴越文化、江浙文化和海派文化，为长三角政策和制度创新提供了强大的人文精神支持和不竭的力量源泉。“苏南模式”“新苏南模式”“温州模式”、浦东开发开放的一系列科学决策和新制度，不仅推动了长三角城市群的崛起，而且对全国也起了重要的推动和示范作用。

五、城乡一体化是建成世界级城市群的重要途径

必须坚持新型工业化和农业现代化相结合、城市化与新农村建设相结合，建立和完善以城带乡、以工促农、城乡协调发展的长效机制，破除城乡二元结构，缩小城乡差距，形成城乡一体化发展的新格局。

（1）坚持城乡一体化发展战略。城乡一体化实质上是城乡之间生产要素的自由流动，在优势互补的基础上实现城乡资源共享和合理配置。关键是不断提高农业劳动生产率，推进农业剩余劳动力向非农业转移。要鼓励农民采取多形式、多渠道，广开就业门路，通过创业创新致富，走共同富裕的道路。遵循以人为本、统筹城乡发展的方针，推进城乡规划、产业布局、基础设施、公共服务、劳动就业等“五个一体化”，使城乡生产要素有序自由流动，公共资源合理配置和共享共用。

（2）走可持续发展的道路。要加快建设资源节约型、环境友好型社会的步伐，实现经济效益、社会效益、生态效益的最优化。推进工业向园区集中、人口向城镇集中、居民向社区集中、土地向适度规模经营集中，合理集约利用城乡空间资源，使长三角成为中国率先实现城乡一体化和现代化的示范区，成为亚太地区经济文化高度发达的先进地区和有较强国际竞争力的世界级城市群。

略论长江三角洲的开发开放

一、长江三角洲开发开放的形势与特点

以上海为中心的长江三角洲地处我国沿海地区的中心，具有"黄金海岸"和"黄金水道"（长江）的双重优势和叠加效应，拥有被誉为世界第四大港的上海港以及宁波港、舟山港、南京港、南通港等组成的我国最大的沿海、沿江港口群，是我国内陆地区通向海洋的重要通道，也是我国发展外向型经济的前沿阵地。

浦东开发开放后的4年多时间，长江三角洲抓住机遇，进一步加快全方位开发开放的步伐，呈现出以下几个显著特点：

1.浦东开发势如潮涌

浦东开发一开始就站在高起点上，致力于恢复和再造上海作为国际经济、金融、贸易中心之一的功能，在出效益、出功能、出形象等方面，取得了举世瞩目的成就。

浦东开发过程有4个重要特色：

一是开发速度快。浦东开发4年来，外商投资企业已逾1927家，总投资达79.8亿美元，直接利用外资已超过43亿美元，带来了全区经济的快速增长。到1993年底，浦东新区国民生产总值已达164亿元，比1990年翻了一番，实现了邓小平"三年翻一番"的要求。

二是开发起点高。浦东是按照建设世界一流水平的目标而全面启动兴建的。位于浦东中心地区的陆家嘴金融贸易区，正在建设中国最大的商务活动中心，其规划、设计、功能和设施都与未来21世纪国际水平接近。

三是"含金量"多。以实力雄厚的跨国公司和企业集团为主力、以高新技术产业为基础、以多元化功能开发为格局，是浦东开发"含金量"高的3个重要标志。仅金桥出口加工区，进区的技术附加值高的高新技术项目占工业项目总数的60%。张江高科技园区，是浦东高新技术的大本营，也是中国未来的"硅谷"。

四是开放力度大。外高桥保税区是中国大陆第一个综合型、多功能的自由贸易区，也是中国目前占地面积最大、开放度最高的自由贸易区，开发范围为10平方公里。

2.开发区建设突飞猛进

长江三角洲现有开发区达数十处之多，分属于沪、苏、浙3个省市。按开发区的规模、开发内容、技术档次等划分，大致可分为4种类型：一是国务院批准的经济技术开发区；二是高新技术开发区；三是自费开发区；四是中国和新加坡合作开发建设的苏州工业园区。

进入20世纪90年代,长江三角洲各地开发区建设突飞猛进,取得了惊人的成就。上海闵行等3个经济开发区,截止到1990年5月底,共吸收外资6.66亿美元,占外商在沪直接投资总额的1/4;开发区企业的工业总产值、出口创汇额均占全国14个国家级开发区的1/4以上。在江苏的沿江地区,以南京、苏州、无锡、常州4个国家级高新技术开发区和国家科委批准的南通高新技术开发区为主体,建立了中国第一个高新技术产业带,到1993年上半年,这个产业带已有200多家高科技项目进入实施阶段,年销售额达亿元以上的企业已有10家。

在长江三角洲开发区的建设中,引起国内外普遍关注的是中新两国合建的苏州工业区。这是我国首次实现国外经济管理和市政公共管理"软件"同国际大规模资本"硬件"在国内嫁接的建设项目,将成为培育社会主义市场经济体系的试验田。

3.外向型经济蓬勃发展

主要表现在:一是进出口贸易大幅度增长。上海1993年实际进出口货物总值达309.3亿美元,比上年增长23%,居全国各口岸的领先地位。

二是利用外资步伐加快。到1993年底,苏州市共兴办"三资"企业6055家,累计利用外资90多亿美元,出口商品3000多品种,并兴办境外企业300多家。

三是涌现出一批出口创汇大户和创汇重点基地。湖州现已成为我国丝绸出口创汇重要基地,真丝出口量占全国10%。真丝服装已远销美、英、法、意等国市场,并在海外创办了10多家公司。

四是外商掀起成片开发热潮。张家港保税区,以及太湖国际旅游度假区和南通、昆山等8个国家级开发区,数以千计的海外客商和金融财团纷纷前来投资,进行成片开发。国务院1992年底批准兴建的宜兴环保科技工业园,已成为外商投资热点。

4.高新科技产业领先

主要表现在:一是长江三角洲正在崛起的"中国硅谷"。到目前为止,长江三角洲已建起上海漕河泾、浦东张江、南京浦口以及苏州、无锡、常州、杭州等7个国家重点高新技术开发区,基本形成"Z"字形高新科技产业带。这个产业带已投入开发资金百亿元,有近千个高新科技项目进入区内。据统计,该地区每年有3000多项重大科研成果问世,其中相当一部分达到国际先进水平。

二是拥有门类齐全和处于全国领先地位的重点高新科技项目。我国确定发展高新技术的7个战略领域,在长江三角洲都有一定的基础,有些领域还处于领先地位。上海生物工程、航天技术、微电子、光纤通信等项目,科研成果达到世界先进水平,在国内首创的占半数以上。南京从事微电子、信息、自动控制、生物工程等高新技术研究和开发的科技人员就占全省70%以上,特别是电子工业具有雄踞全国之冠的实力。无锡市江南无线电器材厂,是当今中国微电子工业研制和开发的重要基地,其规模之大和设备之先进,在全国均首屈一指。

三是高新技术产业化取得重大进展。南京市现已初步形成高新技术产业群,江苏省沿江地区1993年技工贸总收入达47.6亿元之多。

5.城市化、城乡一体化进程加速

主要表现在:一是建立市管县(市)和县改县级市的行政体制。长江三角洲已成为长江流域乃至全国的城市与镇增加最多的重要地区,现在,长江三角洲地区共有直辖市 1 个、省辖市 13 个、县级市 23 个。

二是城市面积日趋扩大。如中新两国合作开发苏州工业园区规划面积达 70 平方公里,相当于苏州古城面积的 5 倍。

三是城乡一体化全面推进。闻名国内外的江阴市华西村,在 20 世纪 60 年代还是典型的江南小村,如今已显示出一派现代化城市的风貌。

四是加快工业化和国际化的步伐。苏州市 1993 年国民生产总值的绝对值已在 1980 年的基础上翻了三番,人均国民生产总值为全国平均值的 3 倍;全市工农业总产值已连续 8 年在全国城市中名列第四位,仅次于沪、津、京三大直辖市。苏州、无锡、常州三市 1993 年工业生产总值首次超过上海,一跃成为我国最大的工业区。与此同时,长江三角洲地区进一步加快国际化步伐,已投产的 8000 多家外资企业 8 成以上取得良好效益,世界著名跨国公司在长江三角洲举办企业已近 300 家,成为这个地区发展外向型经济的一支主力军。

二、长江三角洲开发开放的战略构想与展望

长江三角洲地区在自然地理和经济发展上是一个整体,首先应当发挥整体优势,联合起来,创造共同繁荣的局面。但是,这个区域内各地生产力发展水平和科技、文化又存在一定的差异性,因此在产业结构上又应从各地实际情况出发,有所侧重地选择各自的优势产业和优势产品,以实现整个地区经济发展优势互补。如今,长江三角洲 14 个市和所属各县(市)经济发展的趋势和目标,大体上可分为以下五大城市群体:

第一,包括浦东在内的上海市。在历史上,上海曾经是远东的贸易、交通、金融和经济中心,上海的综合经济实力和科技、文化水平历来居于全国各大城市之首。进入 20 世纪 90 年代,上海不仅是长江三角洲和整个长江流域经济发展的龙头,而且也是当今中国改革开放和经济发展战略总格局的龙头。上海市提出:"到 2010 年把上海基本建成国际经济、金融、贸易中心之一,把浦东建成具有世界一流水平的外向性、多功能、现代化的新区。"为此,在整个 20 世纪 90 年代,上海将在建立社会主义市场经济新体制的总框架下,加快与国际经济接轨的步伐,实施下述重大举措:率先建立全方位、高层次、强辐射的现代市场体系;全力组织浦东新区的大发展和大开放;建设与国际大都市相匹配的城市基础设施;建立一批体现城市经济中心功能、地位和作用的现代化大产业;全面提高对内对外开放的层次;逐步实施大上海都市圈战略。

第二,苏、锡、常、通城市群。这 4 个市均被列为 1992 年度"中国城市综合实力 50 强"。4 市和所属各县、市,是我国著名的产业综合密集带。特别是距浦东 80 公里的方圆范围内的苏州、南通两市及其所辖吴江、吴县、昆山、太仓、常熟、南通、海内、启东等 8 个县市,从地理上构成了半月状的"环浦东接轨圈",其中 2/3 以上的企业同上海有紧密联系。在这个城市群体内,应率先形成以外向型经济为主的经济新格局,加快实现高新技术为主导的产业新优势,

重点发展机电仪表、装备性工业、轻纺工业和高新技术产业，以及金融、贸易、交通、信息、旅游等第三产业，使这个地区成为外向度高、产业结构合理、科学技术进步、城乡一体化的全国经济最发达、高新技术产业程度高、交通邮电通信便捷、人民生活文明富裕的重要地区。

第三，宁、镇、扬城市群。南京是长江经济带4个特大城市之一，在1992年度“中国城市综合实力50强”中名列第五位，并被评为“全国投资环境40优”之一。在整个长江流域，上海是龙头，南京是龙喉，具有“承上(游)启下(游)”的区位优势，早在1986年就成立了包括苏、皖、赣3省18个城市的南京区域经济协调会。南京的电子工业、汽车工业和石油化工分别居于全国第二、三位，有的已达到国际先进水平。南京市提出：“在20世纪90年代要逐步建成以‘电(子)、汽(车)、化(工)、特(特色产品)’为主导、轻纺工业有一定特色的综合性工业基地，重要的外贸口岸和对外经济交往中心，交通、通信枢纽和贸易、金融、信息中心，高新技术产业化基地和科技先导性城市，古都风貌与现代文明相融合的文化名城和旅游胜地。”到2010年左右，南京将初步形成国际化大都市的城市格局。

南京、镇江、扬州三市都是国务院批准的历史文化名城，是长江沿岸著名的港口城市，是长江三角洲西部的城市群体。这个城市群今后应着重发展石化、冶金、汽车、电力、建材、轻纺等工业门类和金融、贸易、旅游、信息等第三产业，力争成为我国沿江重化工基地之一，并成为长江中下游地区的交通枢纽、信息中心和旅游胜地。

第四，杭、嘉、湖城市群。这个城市群位于长江三角洲南翼和富饶的太湖南岸，素有“丝绸之府”和“鱼米之乡”的美誉，是以丝绸工业为主体的轻型高技术密集产业区。杭州是国内外有名的历史文化名城和旅游胜地，今后应大力发展旅游事业，把杭州建设成为国际旅游中心、国际会议中心和科技文化交流中心，并利用杭州科技力量较为雄厚的优势，发展一批技术密集型和知识密集型的产品，使杭州成为长江三角洲的高新技术基地之一。在整个杭、嘉、湖地区，要大力发展以丝绸为特色的各种传统工业，包括各种工艺美术品，以及机电、石化、轻纺、建材、农副产品加工等工业门类，并形成以杭州为中心的各具特色的旅游网络。

第五，甬、绍、舟城市群。这个城市群位于长江三角洲的东北角、我国海岸线的中段、浙江宁绍平原范围内。以宁波为中心，包括镇海、北仑和舟山群岛的定海、普院等地，具有举世罕见的深水良港资源。北仑港位于我国沿海南北岸航线与长江内河干线的交汇处，紧邻上海港，同韩国、日本、东南亚诸国大港形成一个等距离的国际水运网络，是内外两个辐射扇面的中心点。因此，宁波北仑港将成为上海港的理想外港和我国沿海与长江沿岸许多省、市大量物资进出口的中转基地。这个城市群体应充分发挥深水海港优势，着重发展石油化工、冶金、电力和船舶等港口工业，以及捕捞、养殖加工业，争取成为我国的国际贸易中转港和重要的对外贸易口岸，以及华东地区的重化工基地和远洋捕捞渔业基地。

当前，长江三角洲地区的开发开放正以前所未有的速度和规模向前推进，可以预料，再经过20年左右的艰苦创业，长江三角洲必将成为经济高度繁荣、科技空前发达、人民生活富裕、城乡一体、社会文明的有中国特色的社会主义现代化示范区，并同长江经济带连成一片，成为雄居全国、闻名世界的“黄金走廊”。

此文原载《长江论坛》1995年第1期(总第10期)。

加速长三角区域经济一体化的进程

本文所论述的长三角地区指上海、江苏、浙江三省市的全部辖区。该地区在中国经济发展中历来有十分重要的地位和作用,特别是改革开放30多年,在上海浦东开发开放及其对周边地区的辐射和带动下,使长三角地区的经济全面、快速、稳步发展,经济一体化的进程出现了前所未有的新局面。现已成为中国经济发展水平最高、经济总量规模最大的地区。2009年,长三角GDP首次超过1万亿美元,排在全球第11位。在全国经济实力最强的35个城市中,长三角占了10个;在全国综合实力百强县中,长三角占了半数以上。该地区以占全国2.2%的土地面积和占全国10.9%的人口,创造了占全国21.4%的生产总值。

一、长三角经济一体化的基础和紧迫性

区域经济一体化是经济社会发展到一定阶段的必然产物。它的产生和发展是区域内部和外部诸多因素决定的。

首先,长三角具有得天独厚的区位优势和优越的自然条件。它地处我国东海岸线的中段,扼长江出海口,通江达海,集“黄金水道”和“黄金海岸”于一体,有广阔的发展腹地和优越的国内外市场。

其次,长三角具有雄厚的物质基础和坚实的人文优势。自唐宋以来,该地区就逐步成为中国的经济重心,并延续一千多年经久不衰。近代,以上海为中心的长三角地区便成为我国以机器大工业为代表的近代物质文明的发祥地,并带动全国逐步走上了近代化的道路。当代,这个地区更成为我国经济最发达、生产力最先进与城镇集聚程度最高、内在潜力最佳、发展前景普遍看好的经济核心区。在历代经济社会发展过程中形成的吴越文化和海派文化,具有多元性、包容性、开放性等诸多特征,为长三角经济一体化提供了文化支持。大量事实表明,在长三角范围内地域相连、人缘相亲、文化相通、经济相融、社会发展相近,则是区域经济一体化极为有利的客观条件。

再次,长三角市场经济发展要求加快经济一体化步伐。随着市场经济的发展,人为的行政区划和地方保护主义与市场经济本质要求的矛盾日益凸显,有些地方重复建设和产业同构化现象依然存在。为此,尽快消除商品和生产要素自由流动的种种障碍,尽量降低经济运行的成本,尽早实现经济一体化,使长三角地区的经济更好更快发展,并成为全国经济发展的火车头,是摆在我们面前的一项紧迫任务。

最后,经济全球化向长三角经济一体化提出了新的挑战。经济全球化和区域经济一体

化是当今世界经济发展的必然趋势，欧共体则为长三角一体化提供了可供借鉴的成功范例。长三角作为我国对外开放的前沿和参与国际市场竞争的核心区，只有加速区域经济一体化的进程，才能适应经济全球化和国外区域经济一体化带来的新的挑战，才能战胜当前世界金融危机带来的负面影响，才能在当今国内外激烈的市场竞争中立于不败之地。

二、长三角经济一体化的目标和原则

根据国内外经济发展的趋势和长三角的现实状况，本着“高起点、高层次、多方位、新模式”的要求，通过产业结构调整和经济发展方式转变，长三角地区在21世纪头20年内，产业结构总体呈现“二三一”的格局：第二产业以技术、知识密集型产业为主导；第三产业以贸易、金融、咨询、信息服务、旅游及宾馆业为主导；第一产业以优质、高效的现代化农业为特征，形成产业结构高度化、区域经济外向化、经济运行机制与国际市场接轨的长三角经济共同体，从而成为中国最大的经济核心区和高科技产业基地，成为中国最富有国际竞争力的外向型经济区和世界瞩目的亚太经济发达的地区，并成为中国率先全面建成小康社会和率先基本实现现代化的示范区。

鉴于长三角分属于苏、浙、沪3个省市行政管理的现状，在推进经济一体化的过程中，必须始终坚持互惠互利、优势互补、市场主导、系统协调的原则，以保证经济一体化顺利、健康发展。

三、长三角经济一体化的内涵

长三角经济一体化的内容十分丰富，在不同的发展阶段有着不同的发展重点。就这个地区的现状来看，今后要着重在以下六个方面加快一体化的步伐：

一是市场一体化。其中包括：一体化的消费品市场、一体化的资本市场、一体化的技术市场、一体化的人才和劳动力市场、一体化的产权市场、一体化的信息市场、一体化的旅游市场、一体化的文化市场等，让各个经济主体和居民在统一、规范的市场中自由交易、公平竞争。

二是产业一体化。要按照比较优势和自身特色，加速调整和优化产业结构，以市场为导向，因地制宜地形成区域性主导产业和支柱产业，构建合理分工和梯度互补的产业体系，并形成以上海为发展极，南京和杭州为支撑点，沪宁、沪杭、杭甬、宁通、宁杭为5条发展轴的产业布局，进一步增强长三角地区在国内外的整体竞争力。

三是基础设施一体化。交通和信息是经济一体化的先导。一是要树立大交通思想。建立和完善各种运输方式联运的、快速高效的综合交通运输网络。在加快高速公路、高速铁路为主的陆路交通网络建设的同时，加速空中交通和水上航运及港口群的建设，形成上海航空枢纽港与区域内各主要城市机场的支线港合理分工的空中交通网络，并加快形成上海组合型国际航运中心和苏、浙为两翼的组合港口群。二是长三角信息一体化。首先要消除信息封锁，强调信息公开、透明，强化信息资源互通共享，构建以上海为中心，宁、锡、杭、甬为分中心的信息网络，建立和完善符合国际规范的区域社会化服务体系，形成宽带、高速、安全、可靠的信息通道。

四是旅游和文化产业一体化。长三角"文同根，脉同源"、人杰地灵，旅游和文化资源极为丰富，要从区域整体利益出发，充分发挥自然和人文景观的优势及绚丽多彩的地方特色，联手共建长三角大旅游圈和大文化产业平台，进一步提高旅游和文化两大产业在国内外市场的竞争力。

五是城乡一体化和生态环境一体化。为适应可持续发展的需要，长三角要联手制订区域性的城乡一体化和生态环境一体化的总体规划，狠抓环境整治，加强水资源和生态环境的保护，着力构建资源节约型和环境友好型社会，形成城乡一体化发展和人与自然和谐发展的生态环境。

六是制度和政策一体化。历史上形成的行政壁垒和政出多门等现象，已成了推进经济一体化的障碍。为此，长三角地区领导机关应从推进一体化的大局出发，清理和废除某些不利于一体化的法规，特别要在户籍、就业、住房、教育、医疗、社保等方面进行必要的改革，以保证区域经济一体化的顺利发展。

我们坚信，在经济全球化的大潮中，长三角这个以上海为龙头、以南京、杭州为两翼的中国最大的经济中心，连同长三角其他城市一起，在经济一体化进程中，一定能够发展成为中国第一个全球化区域和全球经济一体化的先导区之一，并对未来世界经济发展产生重大影响和推动作用。

此文原载《江苏党校报·夕阳红》2016 年 9 月 30 日，第 2 版。

江苏乡镇企业欲以高科技抢滩

乡镇企业是中国亿万农民的一个伟大创造，是中国农村实现工业化、城市化和现代化的必由之路。作为中国乡镇企业主要发祥地之一的江苏省，早在20世纪70年代乡镇企业就异军突起，90年代更成为经济快速发展的"苏南模式"的杰出代表。如今江苏省的乡镇企业已成为全省农村经济的主体力量和国民经济的重要支柱，在全省农村社会总产值中，乡镇企业已是"五分天下有其四"，在全省工业总量中，乡镇工业"三分天下有其二"。到1997年末，全省乡镇企业总资产已达4292亿元，乡镇工业在全省工业经济总量中的比重超过了60%。改革开放以来，江苏之所以迅速发展成为中国的经济大省，主要得益于乡镇企业的突出贡献。

1998年4月，江泽民主席考察了江苏的乡镇企业，并给予高度评价和殷切期望。从江苏乡镇企业在当今市场经济大潮中的第二次创业过程来看，取得成功的奥秘和经验有下述四个方面。

一、深化改革、优化结构

江苏乡镇企业在20世纪70年代刚起步时，人们形容它是"村村点火，处处冒烟"，产品质量虽然不高，品种也不多，但"皇帝女儿不愁嫁"，乡镇企业的产品仍然供不应求。到20世纪80年代后期，特别是进入20世纪90年代以来，市场由短缺经济向饱和经济急剧转变，客观形势迫使乡镇企业进一步深化改革，以产权制度的改革为重点，大力调整和优化所有制结构与经济结构，许多地区的乡镇企业通过联合、嫁接、收购、兼并等多种形式，彻底改变了过去单靠外延扩张和粗放经营的模式，实现了跨地区、跨行业、跨所有制的资产重组和集约化经营，探索出一条适合市场经济发展需要的新模式和最佳途径，从而出现了乡镇企业持续、快速、高效发展的新局面。

乡镇企业发达的苏南和苏北沿江地区，在调整和优化乡镇工业结构方面取得了显著成效。

一是优化产业结构。苏南吴江市经过近几年的产业结构调整，改变了20世纪90年代以前"丝绸一枝独秀"的单一结构，形成了轻纺、通讯电缆、石油化工、新型建材、机械电子等产业"五柱擎天"的新格局。1997年这五大支柱产业在全市乡镇工业总产值中占80%以上，使乡镇工业内部结构进一步趋于合理。

二是优化企业组织结构。苏南各地以资产为纽带，以优势产业、骨干企业和名牌产品为龙头，加快乡镇企业战略改组的步伐，组建了一大批有较强竞争力和在国内外市场有重大影响力的重点企业集团，并通过产业链联合和带动中小企业走“小而专、小而特、小而精”的发展道路。在1997年全国乡镇企业排行榜上，苏南江阴市分别有41家、36家和52家乡镇企业进入了全国千家最大规模乡镇企业、最高利税乡镇企业和最大出口创汇乡镇企业行列，并有46家国家级乡镇企业集团。该市1997年乡镇工业销售收入达到463亿元，实现利税36亿元，其中年销售收入超亿元的有107家、年利税超800万元的有84家，乡镇工业在全市工业中的比重一跃成为“十分天下有其九”。

三是优化产品结构。苏南和苏北沿江地区的乡镇企业根据国内外市场的需要，普遍地调整和优化了产品结构，其中吴江、江阴、锡山、吴县、太仓、常熟、武进、启东等市的成效最为突出。吴江市除称雄国内外市场的丝绸产品外，还有一大批科技含量和附加值较高的新产品，其中通讯电缆、光纤线缆、超细异形涤纶丝等拳头产品年销售收入超过80亿元。

二、市场导向、强化名牌

市场是乡镇企业能否发展的生命线，而质量高超的名牌产品又是占有广阔市场的关键。江苏乡镇企业从诞生之日起就“没有吃过计划饭”。依靠发扬“四千四万”(走遍千山万水，走进千家万户，吃尽千辛万苦，说尽千言万语)的精神，千方百计地到市场上找原料、资金和产品销路。

江泽民主席在1998年4月20日视察并高度赞扬的江苏阳光集团公司，就是江苏乃至全国乡镇企业强化名牌效应、牢牢掌握市场竞争制高点的一个突出典型。阳光集团坐落在苏南江阴市的一个边远小镇上，1986年刚起步时还是貌不惊人的“小毛纺”，经过10多年市场经济大潮的洗礼，如今已拥有一批发达国家最先进的设备，平均每天开发1.5个新产品，成为中国目前最大的精纺呢绒生产基地，连续多年在全国毛纺行业中创下精纺纱锭最多、品种花色最全、产品档次最高、产销量最大、经济效益最好的5项“全国之最”。1997年该集团销售收入超过32.15亿元，出口创汇2000万美元，实现利税2.75亿元。1998年以来，销售收入和实现利税又比上年同期有大幅度上升。

江泽民主席赞扬阳光集团：“你们的产品销往那么多地方，说明了一个道理，这就是重视抓市场。”又说：“我国的乡镇企业一生下来就在市场里闯荡，原料、资金、产品销路都要靠到市场上去找。这是乡镇企业最大的特点。过去是个苦恼，现在是个优势。要充分发挥这个优势。”

在阳光集团的带动和影响下，江阴市乡镇企业中有23个优势产品成为省级名牌，有14个产品的市场占有率在全国同行业中雄踞第一。

三、科技领先、技术创新

“科技是真佛，谁拜谁受益”，这是江苏许多有成就的乡镇企业家的通俗说法和真谛。同样受到江泽民主席表扬的江苏双良集团，是依靠科技创新托起中国制冷业“巨人”的一个成功的典型。这个集团在16年前只是苏南江阴县偏僻乡村一家作坊式村办小厂，后来他们坚持走科技领先、技术创新之路，从全国各地引进500多名科技人才并委以重任，同时相继投入3.5亿元引进美、法、日等国的高、精、尖设备，建成了一流的生产流水线，先后制造成功中国第一台30万大卡的澳化锂吸收式制冷机等产品。他们聘请国内200多名专家学者组建技术中心高级智囊团，使其在全国百家国家级企业技术中心中，成为唯一一家由乡镇企业设立的技术中心。几年来，双良集团已开发出溴化锂制冷机、离心式制冷机、螺杆式制冷机三大系列150多个品种，产品达到20世纪90年代世界先进水平。溴化锂制冷机的国内市场占有率在50%以上，大工程的中标率达到80%以上。如今双良集团不仅成为中国空调制冷行业的巨头，而且同世界最大的中央空调制造商之一的美国特灵公司实行"强强联合"，组建成江苏双良特灵溴化锂制冷机有限公司和江苏特灵电制冷机有限公司，实施国际化经营战略，到21世纪末建成亚太地区最大的中央空调生产基地，并与美国特灵公司同步开发世界一流新产品。

高度重视技术创新，不仅江阴市双良集团是如此，江苏各地许多乡镇企业也都是这样。江阴市这几年以科技改造、技术创新为主的有效投入每年都在30亿元以上。被誉为"华夏第一村"的江阴市华西村村办企业，围绕名牌产品和提高产品质量，年年都有科技大投入和工业大发展。目前全村工业总产值超过20亿元，利税超过两亿元。

四、外向带动、双向开拓

改革开放以来，江苏乡镇企业的发展，始终坚持走国内和国外双向开拓之路，在大力开辟国内市场的同时，积极引进外资和开拓国外市场，把自身经济的发展融入到世界经济的大潮中。苏南张家港市的乡镇企业，为适应国际市场的需要，采取以外商引外商、委托外商招商、推动外商增资扩股等多种办法，大力引进外资、国外先进设备和管理经验，使开放型经济不断迈上新的台阶。到1997年底，该市共有外商投资企业1232家，总投资56.8亿美元。其中乡镇骨干企业中已有年出口创汇和年创利税均超过100万美元的"双百"企业100家，自营出口超200万美元的38家。目前，该市乡镇企业有40%以上的产品外销，50%以上的乡镇企业为三资企业和外贸出口企业，60%以上的乡镇企业的投入来自外资。

被列为中国制鞋业排头兵的江苏森达集团，是江苏乡镇企业同国际鞋业接轨卓有成效的一个典型。为适应国内外日趋严峻的鞋产品的市场竞争，该集团从1993年起，先后同5家国际著名的意大利制鞋厂结盟，从材料到设备、从人才到技术、从管理到文化内涵，博采世界鞋业众长。先后聘请20多名意大利的制鞋设计师、工程师和管理师，担任该集团的设计总监、生产技术和行政领导的副职，帮助开发适应国内外市场需要的鞋产品，使森达皮鞋近几年来在产量、产值、销售、利税上均以超过50%的速度增长，日产1.5万双皮鞋仍供不应求，产品覆盖全国31个省、市、自治区，市场占有率达31.9%，并远销世界11个国家和地区。

回顾既往，江苏乡镇企业在激烈的市场竞争中创造了丰富的经验和辉煌的业绩，为江苏乃至全国经济的快速发展做出了杰出的贡献。展望未来，江苏乡镇企业前程广阔，将以更加雄伟的步伐迈向21世纪。

此文原载香港《经济导报》1998年第23期（总第2573期）。

长江流域和海峡两岸工业经济与技术发展现状及合作前景

长江流域历来是中国经济最发达的重要地区。它是中国古代物质文明的发祥地之一，是中国近代机器工业和近代科学技术的摇篮和最集中的地区，也是当今中国现代工业和现代科学技术最为发达的重要地区。1990年4月，中国政府做出了开发开放浦东的战略决策，标志着20世纪90年代中国对外开放和经济建设的重点已经转移到以上海为龙头的长江流域。从此，海内外有识之士和广大投资者纷纷把目光集中在以上海为中心的长江三角洲和整个长江流域，在万里长江两岸掀起了一浪高过一浪且经久不衰的投资开发热潮，从而使长江流域成为当代中国最大的投资开发场所和投资最为密集的地区，开创了中国最大的经济区——长江经济带的全面开发和高速发展的新时期。

在外商和海外同胞大举投资长江流域的热潮中，台湾工商界和科技界是一支强大的劲旅和生力军。到1992年底，台湾对祖国大陆投资达到90亿美元左右，其中相当多的投资在长江流域。1993年底，台湾在祖国大陆兴办三资企业共20612家，仅次于香港，居投资举办三资企业的国家和地区的第二位。台商在祖国大陆兴办的三资企业，有相当多的在长江流域。在经济发达的长江下游地区，台商大企业、大财团中已有20%～30%在上海有投资项目，如台湾的华新丽华电缆集团、汤臣开发公司、中兴纺织集团等，在沪都有了实质性的重大项目。江苏南京曾经是国民政府的首都，同台湾工商办和科技界历来具有十分密切的关系，因此，江苏引进台资和创办台资企业的上升幅度最近两年连续居于全国之首。江苏省1993年新批台资企业1900多家，协议利用台资金额20多亿美元，其增长数分别是上年的1.3倍和1.2倍。台商在江苏省投资额达1000万美元以上的大项目，1991年只有5家，到1993年猛增至100多家。[①]台商中的一大批技术含量高的项目，相继在江苏各地建成并投入生产。有相当数量的台资企业进入了江苏境内的国家和地方的经济技术开发区、高新技术开发区、保税区和台商投资区。台商纷纷参与江苏的能源、交通、通讯、原材料等基础产业和基础设施的投资开发，并已建成了一批基础原材料工业项目。在长江中游的经济中心武汉，台湾企业家也纷纷前来投资建设，其中投资额超过800万美元的大项目已有10家之多。在长江上游的经济中心重庆，台湾华新丽华电缆集团与重庆特殊钢集团公司合作，对该企业进行大规模技术改造，使该企业尽快走向国际市场。

台湾工商界和科技界之所以要大举投资长江流域，是因为长江流域具有中国其他任

①《南京日报》1994年3月22日。

何流域和地区不可替代的综合优势和雄厚的物质技术基础，现已成为当今中国经济发展战略布局的重心和实现现代化的重要“根据地”。

一、长江流域工业经济与技术发展现状

中国改革开放以来，特别是进入20世纪90年代以后，长江流域的工业经济与技术发展状况呈现出前所未有的崭新局面。具体表现在：

一是浦东开发开放一马当先。上海浦东是当今世界上不多见的最良好的投资场所，在国家做出开发开放浦东的决策后，海内外投资者立即蜂拥而至浦东这块518平方公里的热土。4年来，浦东新区投资总额已逾900亿元人民币，现有1979家外商（含海外同胞，下同）投资企业，投资总额79.8亿美元；内资企业3137家，投资总额238亿元人民币。浦东金桥作为中国大陆第一个出口加工区，启动开发后的26个月内，共引进200个项目，吸收内外商投资26亿美元，平均每个项目达1300万美元。该区每平方米土地吸纳投资高达910美元，为全国所有开发区平均数的10倍，远远超过中国台湾高雄开发区的220美元，韩国马山的200美元，马来西亚槟榔的60美元，泰国拉甲邦的40美元，菲律宾巴丹的30美元。①可见金桥出口加工区投资开发的效益在国内外都居于遥遥领先的地位。开发开放浦东的目的，是把上海尽快建成国际经济、金融和贸易中心，从而带动全国的经济腾飞。

二是长江三峡工程开始启动。这项工程同浦东开发开放成为整个长江流域两大跨世纪的战略性工程。这个举世瞩目的伟大工程，具有防洪、发电、航运、灌溉、水产、旅游等综合经济效益和社会效益。三峡水电站装机总容量1820万千瓦，年平均发电量847亿千瓦时，相当于10座大亚湾核电站。三峡工程总工期为17年，总投资需静态投入954亿元，动态投入1700亿元；坝区静态移民80万人，动态移民高达113万人。三峡工程本身施工、科研、管理人员需10万人，另外库区淹没迁移重建需近350万人的建设大军。这是我国有史以来投资最多、规模最大的工程，其规模在世界上也居第一位。第一期工程共5年（1993～1997年），实现长江截流；第二期工作程共6年，要求2003年首批机组发电；第3期工程也是6年，要求2009年全部建成。三峡工程于1993年开始启动，当年投资18亿元，1994年是第一个开拓高峰年，投资40亿元。目前，三峡工程已开始形成资金、物资、建筑、运输、技术五大市场，运用市场经济的办法组织建设，中外实力雄厚的企业纷纷参与三峡工程的招标。

三是长江三角洲投资开发势如潮涌。浦东开发开放，对与之接壤的长江三角洲产生强烈的辐射和示范作用，使长江三角洲成为长江流域开发起步最早、开发速度最快、开发效益最好的重要地区。位于浦东周边的苏州市，适时提出了“四沿”投资开发战略，即：沿沪宁高速公路建设高新技术产业带；沿长江岸线建设耗水多、运量大的基础工业产业带；沿上海周边建设加工工业产业带；沿太湖岸边建设旅游度假产业带，并在4个产业带分别建立4个国家级经济技术开发区，现有启动面积20.98平方公里，入区项目已达500多个，总投资额为26亿美元。为推动长江三角洲率先实现经济国际化，中国和新加坡两国政府于

---

①《文汇报》1994年4月18日。

1984年4月签署了关于合作开发苏州工业园区的协议，规划开发面积70平方公里，首期开发8平方公里，用10~15年的时间建成，总投资约200亿美元。这是迄今中国与国外合作开发建设的最大项目。它不仅引进国外的资金、技术和设备等“硬件”，而且引进新加坡的经济和公共管理等“软件”。该园区将向国外广为招商，欢迎各国外商前来投资办企业。在长江三角洲地区，除苏州市现已形成以利用外资为主、以外向型经济为主的大开发新格局外，素有“小上海”之称的无锡市和明星城市常州市，也已成为海内外引人注目的投资热点，工业生产突飞猛进，从而使苏州、无锡、常州三市1993年工业总产值首次超过上海，一跃成为当今中国最大的工业区。

四是长江沿岸全方位开放和“五点一线”大开发格局已经形成。早在1984年，上海和宁波等城市即被列为沿海14个开放城市之内。浦东开发开放后，国家决定长江三角洲与苏、浙两省所辖的12个城市全部对外开放。1992年春，国家又决定进一步开放芜湖、九江、武汉、黄石、岳阳、重庆等长江中游6个城市。大开放带来了大发展的新局面。目前，长江沿岸已经形成以沪、宁、汉、渝四大经济中心和宜昌三峡工程为主体的五大经济发展极和支撑点，连同东起上海西至重庆，包括长江三角洲的14个城市及长江沿岸地区的14个城市和8个地区在内的长江沿线，构成“五点一线”全面开发开放的新格局。这“五点一线”拥有33万平方公里土地和1.68亿人口，分别占全国土地面积和人口总数的3.4%和14.7%；1992年工业总产值达到1.5万亿元，约占全国工业总产值的1/3，国民生产总值约占全国总数的近20%[①]，这是全国经济发展的核心区域，亦是中国的精华所在。

五是长江产业带方兴未艾。以长江为轴，东起上海，西抵攀枝花，横贯七省一市，绵延4000公里的沿江两岸，已初步形成一条以冶金、石化、建材、电力、汽车五大产业为主体的产业带。上海宝钢和武汉武钢两大企业集团，雄居1993年中国500家最大工业企业的前十名。沿江各重点钢铁企业年产钢3000多万吨，生产能力占全国钢铁生产总能力的40%以上。沪、皖、赣、鄂、湘、川等省市，是我国有色工业的重要基地。上海、南京、安庆、九江、岳阳、武汉、重庆等市，是我国重要的石油化工生产基地。南京、宁国、繁昌等大型水泥厂年产水泥分别为400万吨左右，还有数百家年产30万吨以上的水泥厂。沿江两岸水力发电厂年发电能力达1000多万千瓦，同水电站一起构成火电、水电并举的格局。上海、南京、十堰、重庆四市，是我国四大汽车生产基地。沿江两岸的纺织、轻工等各类工业部门，在全国也都占有举足轻重的地位。沿江各省、市正在进一步加快建设步伐，把长江经济带建设成为中国乃至世界上重要的产业密集带。

六是高新技术开发区正在崛起。依靠科技进步振兴经济，是长江流域经济开发的一个显著特色。为引进国外先进技术和发展外向型经济，从20世纪80年代后期开始，特别是进入20世纪90年代以来，长江沿岸地区经国家批准先后建立了20多个国家级高新技术开发区或经济技术开发区。同时，经有关省、市政府批准，沿江地区中小城市还建立了20多个地方性的经济技术开发区。这些开发区根据各自的优势和特点，进行了科学规划和必

---

①《长江论坛》1993年第2期，第13页。

要的基础设施建设,在引进外资、吸引国外先进技术和国内外科技人才等方面,取得了令人瞩目的成就,现已成为各地率先推行外向型经济和发展高新技术的重要基地,并将成为中国率先实现现代化的关键地区和示范区域。

但是,长江流域在工业经济和技术发展中还存在两大突出问题:首先是资金紧缺。到20世纪末,建设长江经济带投资总规模将达1万亿元人民币。其中投资两亿元以上的骨干项目有100多个,包括:上海金山600万吨炼油工程、浦东国际航空港、上海年产30万辆轿车工程、秦山核电站二期工程、攀枝花有色金属工程、湖北年产30万辆轿车工程、长江三峡工程等。近几年已建成或筹建中的长江大桥共有20座,大桥总长度超过100公里,总投资200亿元左右。为实施宏伟的"长江战略",中央政府将投资1110亿元人民币,约占长江开发总投资额的1/10,其余大量资金,通过各级政府自筹和大量吸收国际资本。但各省建设资金历来紧缺,特别是我国中部和西部地区资金缺口更大。如四川省仅解决公路交通难一项,共需投资200亿元。即使经济发达的东部地区江苏省,兴建沪宁高速公路等5项交通工程,计划投资108亿元,经多方筹建资金,缺口仍达60亿元。因此,资金紧缺已成为制约长江开发建设中的一个突出的"瓶颈"。解决这个"瓶颈"的一个重要途径,就是通过各种渠道,大量吸收海外客商前来投资。

另一个突出问题是,工业设备陈旧、技术落后。长江流域各地有不少工业企业设备陈旧,技术老化、落后。有些企业的设备早就应当更新换代,但因资金等种种困难,仍在"带病"运转。特别是许多中小企业和乡镇企业,问题就更为严重。这个问题如果不从根本上加以解决,势必影响工业的发展和经济效益的提高。

二、台湾工业经济与技术发展现状

20世纪60年代初,台湾开始实行促进工业化和出口扩张战略,把经济引向国际市场。20世纪60年代至70年代初,台湾的经济取得了令人瞩目的成就,迎来了经济发展的"黄金时代",或称"起飞时期"。1964~1973年,台湾国民生产总值年均增长率达10.37%,工业年平均增长率为19.67%,成为世界上国民生产总值年平均增长率达两位数的少数地区之一。台湾的经济结构最终完成了从农业经济向工业经济的过渡,1973年国民生产总值中,制造业占43%,农业降为1%。同时,从内向型经济变成了外向型经济,出口总值从20世纪60年代初不足两亿美元,1973年达到40亿美元。在工业结构中,食品等传统工业比重下降,重化工业得到加强,纺织、电子、电器工业迅猛发展。80年代以来,台湾工业转向高科技工业阶段,发展了资本密集型的重化工业和基础设施,目前台湾经济进入了以发展高新技术为中心的产业结构调整时期,并取得了显著成效。台湾的人均国民生产总值由1962年的300美元,到1991年猛增至8815美元,1992年又超过1万美元,远远超过当今世界上人均国民生产总值6000美元的高所得国家和地区的标准。

但是,台湾的经济发展还存在以下突出问题:一是台湾地区资源匮乏。土地面积小,人口密度大,搞资本密集型重化工业投资回收期长,能源消耗大,环境污染严重,加上1979年世界第二次能源危机的冲击,能源与重要农工原料价格上涨,且供应很不稳定。二是商品出口优势减弱。随着台币升值,工资的增长已超过了劳动生产率的增长,廉价劳动力的优势正在丧失。三是对外依赖性大。台湾经济以出口贸易为引擎,出口市场又过于依赖美国。近几年来,以美国为首的西方国家贸易保护主义重新抬头,1988年初,美国单方面宣布取消对"四小龙"的普遍优惠制待遇,对台湾经济发展极为不利。四是储蓄率高于投资率。企业家宁愿投资海外,在海外建设劳动密集型工业,也不愿在台湾投资高科技和基础产业,目前台湾民间游资充斥、股市动荡,威胁经济稳定。

三、长江流域和台湾工业经济与技术合作的前景

从长江流域和台湾工业经济与技术发展的现状分析中,我们看到彼此都存在着各自的优势与劣势,如果彼此紧密合作,双方的优势可得到充分发挥,劣势也可得到克服,对双方经济发展都十分有利。特别是在长江沿岸地区将首先采用BOT(Build-Operate-Transfer,建设—经营—移交)这种国际通用的方式,加快基础设施建设资金的筹集,这为海峡两岸彼此合作创造了前提条件。四川省提出利用外资贷款办交通,欢迎外资来川投资修路,承揽川江开发,一些交通能源设施的部分股权还可卖给海外财团。武汉正在利用外资兴办基础设施和基础产业。江苏1993年累计批准外商投资企业近两万家,居全国第二位。上海到1994年3月底累计批准472个重大外资项目,协议吸收外资1023.38亿美元,成为长江流域吸引外资最多的城市。

大量事实证明,长江流域具有优良的投资环境,有着丰富的物产资源和廉价的劳动力,有广阔的生产要素市场,特别是当前正在推进和完善市场经济体制,加快发展外向型经济,努力按国际惯例办事。这就为同海外各国和地区的工业经济与技术合作奠定了基础。海外客商特别是台湾的工商界、科技界如果进一步加强在长江流域的投资开发,必将带来海峡两岸工业经济与技术的全面腾飞。

此文系作者出席经国家教委、国务院台办批准的"海峡两岸工业经济与技术研讨会"(1994年9月在南京召开)提交的论文,并入选冯沪生等编《两岸工业经济技术发展之路》第421~428页,东南大学出版社,1994。

后 记

长江流域是人类起源和最早升起人类文明曙光的地区之一，是光辉灿烂的中华文明的又一重要发源地。唐宋以后，中国经济重心南移，江南地区成为中国经济最发达、最富庶的地区，并延续千余年历久不衰，成为中外历史上一大奇迹。近代以来，以长江三角洲为核心的长江中下游地区，成为中国近代工业文明的发祥地，带动中国逐步走上近代化的道路。新中国成立后，长江流域成为当代中国社会主义建设的核心地区，辉煌壮丽的建设成就举世瞩目。特别是改革开放以来形成的长江经济带，成为当今中国横贯东西、连接南北最大的综合经济带，成为享誉中外的资源丰富带、产业发达带、智力雄厚带、科技开发带、市场繁荣带、交通与信息网络带、城市密集带和财富集聚带，并同“一带一路”共同成为当代中国两大发展主轴和实现现代化的重要引擎。

历史是一面镜子，历史经验是最好的老师。研究长江流域和长江经济带的古代、近代和当代经济发展的历史，揭示这个地区经济发展的规律、经验和特点，吸收推动经济发展的丰富历史和现实经验，更好地按照客观经济规律办事，对于实现中华民族的伟大复兴和全面实现社会主义现代化的伟大事业，具有十分重要的理论和实践意义。

我研究长江流域和长江经济带经济发展的历史，采取“先分后合”“先近后远”的方法，并从历来经济最发达的长江下游地区着手研究。鉴于我长期在地处长江下游的上海、安徽、江苏等省市居住、读书和工作，对这些省市的经济社会发展概况长期耳闻目睹，加之多年来我长期在苏、皖两省经济主管部门和研究机构从事经济实际工作和研究工作，因此，我首次研究包括沪、苏、浙、皖、赣 5 省市即长江下游经济发展的历史，于 1990 年 12 月由东南大学出版社出版《中国长江下游经济发展史》，全书 142 万字，获江苏省人民政府、江苏省新闻出版局和中共江苏省委党校分别颁发一、二等奖。

党和国家 1990 年 4 月适时做出上海浦东开发开放的战略决策。1992 年 10 月，中共十四大明确提出长江经济带的发展战略：“以上海浦东开发开放为龙头，进一步开放长江沿岸城市，尽快把上海建成国际经济、金融、贸易中心，带动长江三角洲和整个长江流域地区经济的新飞跃”。从此，长江经济带的综合开发全面展开。

在党和国家提出的长江发展战略指引和推动下，在有关部门和单位的领导、专家和好友的支持和帮助下，我用整整 25 年时间，其中包括常住上海 10 多年时间，全面搜集长江下游、中游、上游地区的历史和现实资料，综合研究长江流域从古到今经济发展的过程、特点、兴衰原因、经验和教训、发展规律和方向，发表了上百篇研究论文和文章，分别撰著长江流域(含改革开放后形成的长江经济带)的《中国长江流域古代经济发展研究》《中国长江流域近代经济发展研究》《中国长江流域当代经济发展研究》三部贯通古今的长江经济研究专著,也可简称为“长江经济三部曲”。

我在研究、撰著和出版上述三部长江经济著作的过程中,得到了有关省、市、区经济、文化教育等部门的领导、专家和好友的鼎力相助和大力支持。上海贝尔高工张立新、复旦大学管理学院副教授张晓蓉、南京高等职业技术学校副教授张宁新、江苏省人民政府研究室处长臧建东等为三本书提供了大量资料和若干新观点。特别是国家级有突出贡献专家、江苏省社科院研究员沈立人,江苏十大社科名家、南京农业大学教授、博士生导师顾焕章,江苏省委党校原副校长、教授周明生,江苏省委党校教授、硕士点第一带头人李炳炎等著名专家给予热情帮助,为书稿撰写长篇书评和推荐函。本书被评为国家出版基金项目。山西经济出版社编审、第一编辑室主任李慧平,自始至终为三本学术专著的编辑和出版,付出了卓有成效的辛勤劳动,在一年多的时间内多次亲自与作者沟通和交流,耗费了极大的精力。特此向上述各级领导、专家和好友致以由衷的谢意和崇高的敬意!

在本书撰著过程中,曾经大量参考和引用诸多专家学者的著作和论文,为行文方便和减少本书的篇幅,未能一一注明出处。谨致衷心感谢和深切歉意!

由于资料和水平限制,书中恐有诸多疏漏、缺点和错误,谨此恳切期望有关专家和广大读者批评指正!

张学恕

2016 年 3 月 10 日于南京蓝天园